Signes du Temps

APERÇUS

Frank Corless
Department of Education, Southampton University

Ralph Gaskell
formerly of Roehampton Institute, London

Heather Corless
Queen Mary's College, Basingstoke

HODDER AND STOUGHTON

LONDON   SYDNEY   AUCKLAND   TORONTO

Accompanying cassettes are available in a pack from
your usual supplier. Please quote:
ISBN 0 340 41715 3

ISBN 0 340 32574 7

First published 1987
Second impression 1988
Fifth impression 1991

Typeset by Tradespools Ltd, Frome
Printed in Great Britain for Hodder and Stoughton Educational, a
division of Hodder and Stoughton Ltd, Mill Road, Dunton Green,
Sevenoaks, Kent at The Bath Press, Avon

Table des Matières

About Aperçus

The character of the course

Aperçus builds on the foundation provided in our post-GCSE French course **Vécu**. As its contents page suggests, **Aperçus** focuses upon contemporary issues in France and the French-speaking world and its aim is to give students the means to talk and write about those issues in an informed, assured way. In both its content and its language, **Aperçus** takes students to A-level standard and beyond. Whilst the course is suitable for students working to traditional syllabuses, it will, we believe, be of particular value to those preparing for one of the newer examinations.

Aperçus consists of a book, two cassettes which contain a range of authentic recorded material and a **Livret** which provides further material for learning activities as well as transcripts of all recordings. *Teachers are authorised to duplicate any item in the **Livret** as required.*

Its purposes

Aperçus is designed to help students develop their knowledge and understanding of some important issues which, even though they are presented in a French-speaking context, are of general concern: the role and influence of the media, the problems of ethnic minorities, man's use and misuse of the environment, and so on. As they explore such themes, students will be able to develop their sensitivity to French, their knowledge of the language and their skill in using it. Indeed, the aims of **Aperçus** are similar to those which underpin **Vécu**:

- to enable students to understand and respond appropriately to what they hear and read;
- to give them the means to communicate with each other and with the teacher in a variety of ways and for a range of purposes;
- to develop their ability to organise their thoughts effectively in both speech and writing so that they can present an argument or express a point of view in a coherent, persuasive manner.

In order to achieve these ends, **Aperçus:**

- offers revision and consolidation of major areas of *grammar*, which are viewed, in the main, in *notional* terms (negation, comparison, probability, purpose, etc.);
- presents and practises some important language *functions* (asking for agreement, stating a problem, offering advice, etc.);
- creates opportunities for students to collect, practise

and use key items of *vocabulary* relating to each topic studied;
- concentrates, at the *discourse* level, on those means which permit effective use of French in narration, argument, discussion or debate (introducing, sequencing and concluding, clarifying, confirming and conceding, etc.).

Furthermore, **Aperçus** makes a systematic attempt to help students develop those processing and organisational skills which are important in the academic world and in real life: identifying key points, understanding inferences, interpreting graphs and tables, evaluating arguments; making notes, summarising, planning essays or reports, and so on. Indeed, the course is organised in such a way as to encourage students to become increasingly independent in both learning and producing evidence of their learning.

Its contents and their organisation

Aperçus consists of thirteen dossiers, each one dealing with a particular theme. After an introductory activity which seeks to open up the theme in question by encouraging students to draw upon what they already know about it, each dossier focuses on recordings or printed materials which have been selected to illuminate some important aspects of the theme.

Each main text in a dossier is preceded by a *Points de repère*, or overview activity, which is designed to establish its form, character or purpose and to help students come to grips with the essential information or ideas it contains. The sequence of activities following each main text enables students first to investigate its factual content, structure and implications and then to learn or practise some of the language it contains or implies; these activities often involve work of a less detailed nature on other related texts. Students are then encouraged to use the language learnt and insights achieved as a basis for discussion or writing. Not only in their work on each text but also throughout each dossier taken as a whole, students are regularly encouraged to draw on knowledge acquired and language practised in earlier activities as they carry out later ones. The final activity in each dossier is designed to draw together all the main threads, both linguistic and informational, in a coherent way.

Using Aperçus

Whilst each dossier in **Aperçus** is essentially self-contained, the course has its own inbuilt sequence. The earlier dossiers are shorter and perhaps less linguistically and conceptually demanding, though it is notoriously difficult to establish an incline of difficulty at this advanced level. The later dossiers are certainly longer, and they make frequent references back to language items and organisational strategies practised in earlier dossiers. This is not to say that the material in **Aperçus** can only be used in the order in which it is presented: once they are familiar with its structure, teachers will, we hope, be able to use the material in the order which best suits their purposes and their students' needs.

In presenting the activities which accompany each main text to users of the course, we make clear recommendations as to how they might be carried out. Teachers will, of course, use the material in the way *they* think most appropriate. As in **Vécu**, however, we have tried to make flexible use of the range of groupings available in any reasonable-sized class in order to involve students in the process of their own learning:

— *Travail individuel* Students work on their own, listening or reading, identifying and collecting facts or items of language, making notes or writing assignments.
— *Travail à deux, Travail en groupe, Jeu de rôles* Students work in pairs or small groups, comparing notes, investigating the detail of a text, pooling information, exchanging opinions, carrying out interactive activities or role-plays.
— *Mise en commun, Exercice oral* Students work together as a class under the teacher's guidance, checking or comparing what they have discovered, sharing opinions or insights, practising some specific feature of the language which the teacher has introduced or reviewed.
— *Discussion, Débat* These freer whole-class activities encourage students to draw on the knowledge and insights they have acquired, as well as on what they already know, in order to express a view on some issue raised in one of the dossiers.

As in **Vécu** again, most activities in each dossier are presented in carefully interlinked stages. Thus a *Travail individuel* may lead to a *Travail à deux* or *en groupe*, and then to a *Discussion*. An *Exercice oral* may likewise lead to a *Travail à deux* and then to a *Travail individuel*.

Since **Aperçus** offers careful guidance as to how to approach each text, much initial work on the printed material may be carried out in the students' own time. The same is true of the recorded material, though in some instances teachers may feel it prudent to allow students access to the transcript of a recording as a guide to their first

listening of it before they begin their detailed work unaided. Indeed, we have indicated one or two occasions on which this procedure may prove helpful, though we would not recommend it as a regular strategy.

Written follow-up assignments, like initial work on texts, should normally be carried out individually in the students' own time. As well as fostering independence in study, such an approach will permit efficient use of precious classroom time.

Linguistic support

Like **Vécu**, **Aperçus** helps its users to clarify their understanding of *language principles* in a variety of ways:

— Each exercise devoted to a new language principle – a grammatical item or category, a notion, a function or a discourse feature – incorporates a clear presentation of it, with examples. These 'principles' sections are mainly marked off by black triangles: ▶ . . . ◀; in those few instances when students are required to collect for themselves words or phrases which express a notion, a function, etc., we have used triangles of this type: ▷ . . . ◁. The 'principles' sections may provide a useful basis for the students' notes or the teacher's presentation of the language features in question.
— The *Le point sur . . .* section (*pp. 232–40*) presents in detail, with a full range of examples, major areas of grammar under mainly notional headings. Throughout the book, we indicate by the symbol ◉ the point at which students may find it helpful to review one of these areas in our reference section before embarking on a practice activity devoted to it.
— The *index* at the end of the book (pp.243–7) lists all the major language principles dealt with, together with an indication of where they are presented in detail.

As far as *vocabulary items* are concerned, **Aperçus** offers two forms of help to students:

— Each main printed text is accompanied by a vocabulary box which gives English equivalents of words or phrases which might impede comprehension. These words or phrases are indicated in the text in this way: *analphabète.°* As far as main recorded texts are concerned, students are often given a list of words which might pose problems, so that they can check them before starting work on a recording. Teachers themselves may wish to follow this procedure in cases where such a list is not provided.
— Regular exercises are provided to encourage students

to note, memorise and use some key words or phrases relating to the various topics presented in the course. But students should also be advised to make a careful note, preferably in context and under topic headings, of other words and phrases they think will be useful.

In contrast to our practice in **Vécu**, we have not provided a French–English glossary at the end of this book. At this advanced stage of foreign language learning, we believe that students should be encouraged to make discriminating use of a good quality dictionary.

Towards examinations, and beyond

Aperçus is designed to help students make the transition from being language learners to being well-informed, assured users of French. After working with our materials, students will, we hope, have a well-founded knowledge and understanding of some important contemporary issues as seen through French eyes; they should be able to make effective use of authentic printed and recorded material to satisfy their informational needs and they should have a surer command of those language-processing skills which have an important part to play in everyday life. Above all, they will have used the French language regularly to find out information and express opinions, to discuss, argue and debate; they will have communicated their feelings, insights and reflexions in written French and they will have produced essays, articles, reports. Activities required in this or that examination will no doubt require specific practice and teachers will incorporate this as required. What we have sought to provide in **Aperçus** is a secure basis of knowledge, understanding and skills which will serve its student users well, both in the examination room and in the real world beyond.

It only remains for us to acknowledge our debt to all those who gave so generously of their time to help us in the course of producing **Aperçus**. Above all, we would like to offer our warmest thanks to Alison Hamlin for her rapid, highly accurate typing; to Josyane Baillet who read our manuscript with such great care; to Jean and Janine Lévêque, Pierrick Picot and all those other French friends and colleagues, experts and public figures, who spoke so willingly into our microphone; to Greg MacFarlane and Mark Powell for their patient help in editing the recordings; to those students at Queen Mary's College who tried out our materials and offered constructive comment; and finally to colleagues in the School of Languages and Area Studies at Portsmouth Polytechnic, and in particular to Richard Nahmias and Marie-José Leroy of the Service d'Orientation et de Documentation pour l'Enseignement de la Civilisation in Sèvres, for their invaluable help in providing up-to-date, appropriate printed materials.

PUBLICITÉ = DUPLICITÉ?

Vichy: un nouveau type de déodorant. Il n'agit que sur l'odeur

...en la neutralisant, dès qu'elle se forme
chaque fois qu'elle se forme
aussi longtemps qu'elle se forme

Il y a plusieurs façons d'éliminer les odeurs de transpiration. Toute l'originalité du nouveau déodorant Vichy est d'agir directement sur l'odeur, sans intervenir sur le processus naturel de la transpiration.

Comment ?
Quand elle apparaît, la sueur n'a pas d'odeur. C'est ensuite qu'elle est dégradée et qu'elle produit les odeurs de transpiration.
Le nouveau déodorant Vichy les neutralise au fur et à mesure qu'elles se forment, toute la journée.

Déodorant vaporisateur Vichy

Parce qu'il n'agit que sur l'odeur il est vraiment très efficace.

Le temps est à la douceur.

Une petite pluie de lait, c'est frais au visage. Les laits de toilette Nivea Visage nettoient votre peau en douceur, en respectant sa nature : sèche et fragile, mixte ou grasse. Votre peau a soif de pureté, de douceur, de fraîcheur. Offrez-lui le bien-être dont elle a besoin.

**Laits de toilette
Nivea visage.
Pour embellir sans mentir.**

Moi, j'épouserai un fromagère et on mangera du Kiri toute notre vie.

kiri
à la crème

KIRI. LE FROMAGE DES GASTRONOMES EN CULOTTE COURTE.

La diffusion des faits et des pensées par l'imprimé ou l'audio-visuel représente de nos jours une véritable institution. On peut utiliser les médias à des fins très diverses: pour informer, pour distraire, pour seconder l'école dans sa mission éducative, et – dans le cas de la publicité – pour vendre.

Les dessous° d'une annonce°

«Une campagne publicitaire ne s'improvise pas. Lancer° un produit nouveau peut prendre jusqu'à deux ans de préparation. D'abord, il y a l'étude de marketing,° qui doit établir la nature et le prix des autres produits semblables° à celui qu'on veut lancer. Puis c'est aux psychologues° de faire une enquête° sur les réactions des gens devant le produit et sur leurs motivations inconscientes: car on ne construit pas une annonce publicitaire n'importe comment.° Pour trouver ce qu'il faut dire sur un produit (par exemple le déodorant) on écoute dans des interviews faites à domicile° ce que les gens, surtout les femmes, pensent des déodorants; ce qu'elles veulent et ressentent° en les utilisant. Toutes ces informations permettent de trouver les mots importants pour convaincre les consommateurs° que le produit est bon. Pour faire valoir° ses avantages, leur donner envie° de l'utiliser. Bref,° pour créer l'image du produit en associant les arguments pratiques (bonne odeur, pas cher) et les arguments «sentimentaux»° (vous êtes libre comme pendant les vacances). Ces arguments seront la base du slogan publicitaire, qui doit être frappant et facile à retenir.° La publicité montre une personne en train d'utiliser ce produit et cette personne vous ressemble ou vous donne envie de lui ressembler.

On exprime l'image du produit par des symboles accessibles à tout le monde. Des illustrations qui font suffisamment partie° de notre univers quotidien° pour ne pas confondre° ou aliéner le client potentiel. Car la publicité ne s'adresse pas à tout le monde, mais à une catégorie de personnes intéressées par le produit — la «cible»°, c'est-à-dire l'ensemble des clients potentiels. Bien entendu,° avant de lancer une campagne, l'agent de publicité doit établir l'identité de la cible en ce qui concerne son sexe, sa tranche d'âge,° son niveau° d'éducation, sa situation économique et même ses aspirations sociales. Par exemple, la publicité pour le scooter Peugeot s'adresse à des hommes et des femmes plutôt° jeunes (entre 20 et 40 ans), plutôt citadins,° de catégorie socio-professionnelle moyenne° ou supérieure, et ouverts à la nouveauté. Par contre,° le déodorant Ile Verte est celui des femmes qui rêvent ... aux îles tropicales. L'eau, le bleu du ciel expriment la fraîcheur,° les cocotiers° évoquent l'évasion,° les vacances exotiques. Il faut trouver pour chaque produit une image qui lui va.»°

Le nouveau déodorant ...
Frais comme l'océan
Parfumé comme la brise des tropiques ...

● **dessous** (m pl) underwear   **annonce** (f) **(publicitaire)** advertisement   **lancer** launch   **étude** (f) **de marketing** market research   **semblable** similar   **c'est aux psychologues de** ... it's the psychologists' turn to ...   **enquête** (f) survey   **n'importe comment** any old way, anyhow   **à domicile** in the home

ressentir feel   **consommateur** (m) consumer   **faire valoir** bring out   **donner à qqn envie de** make sb want to°   **bref** in short   **sentimental** which have to do with feelings   **retenir** remember   **quotidien** (-ienne) everyday   **confondre** confuse   **cible** (f) target   **bien entendu** of course   **tranche** (f)

d'âge age-group   **niveau** (m) level   **plutôt** relatively; probably   **citadin(-e)** city-dwelling   **moyen(ne)** average   **par contre** on the other hand   **fraîcheur** (f) freshness   **cocotier** (m) coconut palm   **évasion** (f) escape   **qui lui va** which is appropriate

1. Analyse des stratégies publicitaires (L'interrogation)

(a) Avant de lancer un produit, les agents de publicité doivent trouver les réponses à plusieurs **questions**, réponses qui vont les aider à formuler leur campagne publicitaire. Dans *Les dessous d'une annonce*, un professionnel de la publicité parle de la façon dont on s'y prend. A vous de trouver les questions sous-entendues dans l'article.

Travail individuel/à deux → Mise en commun Relisez attentivement les propos du professionel de la publicité. Puis avec un(e) partenaire, notez par écrit les 5 ou 6 **questions-clé** que se poserait un agent de publicité avant de lancer une campagne et de composer des images et des textes publicitaires. Ajoutez-y, si vous le voulez, d'autres questions auxquelles l'auteur de l'article ne fait pas allusion. Employez chaque fois une formule **interrogative** en **langue soignée** (voir *Le point sur l'interrogation directe*, p. 232).

Comparez ensuite vos questions avec celles des autres étudiants. N'oubliez pas de respecter **l'intonation interrogative.**

(b) A vous maintenant d'examiner en détail des annonces publicitaires (pp. 1 et 2).

Travail à deux → Exercice oral La classe se divisera en deux groupes, dont le premier s'occupera des annonces (i) à (iii) et le deuxième des annonces (iv) à (vi). Avec un(e) partenaire, examinez attentivement les trois annonces qui vous concernent. En considérant et l'image et le texte, essayez de trouver pour chacune les réponses aux questions-clé que vous venez de noter *(a)*.

Pour finir, les membres de chaque groupe poseront leurs questions-clé à l'autre moitié de la classe en **langue courante** ou **familière**, tout en variant les formules **interrogatives**. Les étudiants interrogés répondront en présentant les résultats de leur analyse, et en précisant chaque fois l'annonce à laquelle ils font allusion.

2. Le message caché des annonces (Le but: positif et négatif)

▶ Pour exprimer le **but**, on emploie souvent **pour** ou **afin de** + infinitif. Si on veut mettre l'accent sur la **manière** dont le but s'accomplit, on emploie **de façon à** ou **de manière à** + infinitif:

> . . . **pour** lancer ce produit
> . . . **afin d'**atteindre le public
> . . . **de façon à** influencer les clients.

Lorsque le **but** est d'**éviter une conséquence**, les deux éléments de la négation **précèdent** en général l'**infinitif**:

> . . . **pour ne pas offenser** la clientèle
> . . . **afin de ne plus perdre** d'argent
> . . . **de manière à ne jamais** choquer.

Cependant, il faut noter que dans le cas de **ne . . . personne/aucun(e)/nul(le)/que**, le deuxième élément de la négation **suit** l'**infinitif**:

> . . . **pour ne** choquer **personne**
> . . . **afin de n'**avoir **aucun** problème
> . . . **de façon à n'**inspirer **que** le rire
> . . . **pour ne** laisser **nul** doute sur la qualité du produit.

Notez aussi que les expressions **de peur de** et **de crainte de** + infinitif expriment en elles-mêmes un **but à éviter**:

> . . . **de peur d'**échouer
> . . . **de crainte de** voir diminuer la clientèle.

Lorsque les deux parties de la phrase ont un **sujet différent**, on emploie **pour que, afin que** + **subjonctif**:

> La publicité diffuse des renseignements sur les produits nouveaux **afin que** les clients **fassent** des achats supplémentaires.

Et si on veut mettre l'accent sur la **manière**, on emploie **de façon (à ce) que, de manière (à ce) que** ou **de sorte que** + **subjonctif**:

> Les publicitaires utilisent nos motivations inconscientes **de façon (à ce) que** nous **éprouvions** le besoin d'acheter certains produits.◀

Souvent les publicitaires essaient de susciter en nous des sentiments d'envie, de doute, ou même d'inquiétude afin de nous persuader d'acheter tel ou tel produit. Quelles sont les motivations inconscientes sur lesquelles jouent les annonces que vous venez de discuter? Est-ce que le message caché représente un **but à atteindre** ou **à éviter**?

Travail individuel → Mise en commun
Regardez bien une dernière fois les annonces (i) à (vi), pp. 1 et 2. Suivant les indications données par le texte et l'image, rédigez pour chacune d'entre elles une phrase qui en résume le message caché. Employez chaque fois une des formules proposées ci-dessus pour exprimer le **but à atteindre** ou **à éviter**.
Comparez ensuite vos idées avec celles des autres étudiants.

Exemples:
– *Il faut/On doit utiliser ce déodorant **pour ne pas incommoder** les autres.*
– *Une femme a intérêt à se servir de ce déodorant **pour que** ses collègues ne **soient** pas gênés par sa proximité.*

3. Entretien dans une agence de publicité (L'interrogation; Le but)
La campagne de vente d'un nouveau produit commence bien sûr par une discussion entre l'agent publicitaire et son client, c'est-à-dire un responsable de l'entreprise qui fabrique le produit. Au cours de cet entretien ils **s'interrogent** sur la nature du produit et celle de la campagne envisagée. En plus, ils précisent leur **but** commun et proposent des moyens pour l'atteindre. Afin de se rappeler les détails de l'entretien, l'agent publicitaire le fait enregistrer et demande à son secrétaire d'en faire la transcription.

Travail individuel Rédigez en 300 à 400 mots le texte d'un tel entretien à propos d'un produit de votre choix. Employez au besoin les formules proposées pour l'**interrogation** (p. 232) et pour le **but** (2, ci-dessus).

Début possible:

Agent publicitaire	*Alors, monsieur, de quel produit s'agit-il cette fois? Encore un shampooing?*
Client	*Non, je vous apporte un nouveau déodorant … Et bien sûr vous allez nous aider à en choisir le nom …*

La publicité ou passe-t-elle

VOCABULAIRE: le monde publicitaire
Le texte qui suit offre un résumé de l'extrait *Les dessous d'une annonce*, mais il y a des mots qui manquent.
Travail individuel → Travail à deux En consultant le moins possible l'extrait, faites la liste des mots ou expressions qui manquent à ce résumé.
Ensuite avec un(e) partenaire, et en ne regardant que votre liste de mots ou expressions, essayez à tour de rôle de définir ce que c'est qu'une campagne publicitaire. Votre partenaire vous aidera en posant au besoin des questions (sur le but d'une campagne, le temps nécessaire à sa préparation, la création d'une annonce, etc.)

Afin de .... sur le marché un nouveau ...., les agents de .... passent souvent deux ans à formuler leur ...., qui comprendra des spots à la télévision, des messages à la radio et des .... dans la presse. Une publicité s'........ à un groupe spécifique de .... qu'on appelle la .... et dont on établit d'avance le sexe, la .... et la situation .... Pour .... aux consommateurs d'utiliser le produit en question, les psychologues font une .... qui doit leur permettre de .... pour le produit une image séduisante. Ensuite, il faut trouver un .... qui soit frappant et facile à .... Bref, on emploie tous les moyens – arguments pratiques et sentimentaux, motivations .... – afin de .... le consommateur de la qualité du produit en question.

L'ENFANT DEVANT LA PUBLICITÉ

L'enfant aime la publicité, et particulièrement celle qui est télévisée. C'est même en grande partie° la télévision qui a développé ce goût chez les jeunes. Passés maîtres° en psychologie, s'inspirant des enquêtes de motivations faites par les publicitaires° américains, ayant étudié Freud, les spécialistes français sont habiles° dans l'art de séduire° les enfants, de susciter° leurs désirs, c'est-à-dire, au fond,° de les manipuler en les utilisant comme appât,° comme cible, et même comme alibi… Ils savent utiliser le langage qui leur convient,° un langage à base de phrases courtes, faciles à comprendre et à retenir, accompagné d'images-choc, dynamiques et le plus souvent humoristiques. Phrases et images s'incrustent° donc dans le cerveau° tout neuf des jeunes enfants et émaillent° souvent leur conversation. Elles s'inscrivent° aussi dans l'esprit° des moins jeunes. Dans l'université canadienne où j'enseignais°, mes étudiants (entre 20 et 25 ans) ne prenaient que la chaîne° commerciale sur laquelle passaient toutes les cinq minutes des messages publicitaires, et ne parlaient plus que par les slogans entendus et vus sur le petit écran.° Jeu, sans doute. Mais jeu plus dangereux qu'il n'y paraît.

Une enquête faite par la Fédération nationale des associations familiales rurales révélait récemment que 85% des enfants s'intéressaient à la publicité en général et que 94% d'entre eux préféraient la regarder à la télévision. Il n'est donc pas surprenant de constater° qu'à tout moment on passe des spots° télévisés qui vantent° les qualités de petits gâteaux, de bonbons, de boissons sucrées. A ceux qui se plaignent° de ce conditionnement, les intéressés° répondent que les effets de la publicité ne sont pas nocifs;° que les enfants savent très bien choisir entre les produits et qu'ils rejettent ceux qui ne sont pas conformes° au message reçu. Argument contestable° puisque la même enquête montrait que 79% des enfants achetaient des produits à la suite de flashes° publicitaires, notamment des sucreries et des jouets. Si les adultes, qui ont vécu dans une société qui n'était pas encore la société de consommation,° manifestent quelque méfiance° devant les sollicitations° de la «pub», il n'en est pas de même pour les jeunes, assaillis° depuis leur plus jeune âge par une masse de messages publicitaires sous forme de spots et de slogans. A moins que les parents ne prennent garde,° la publicité finit par les imprégner de l'idée que toute la vie se résume° et se ramène° à la possession d'un objet, à la satisfaction immédiate d'un désir.

La grande astuce° de la publicité orientée vers l'enfant est d'associer à la consommation d'autres valeurs qu'elle dénature° tout en les utilisant. L'effort, le dépassement° de soi, c'est Vittel ou Contrexéville, le sport, c'est telle marque° de chaussures, l'exotisme et l'aventure, c'est une boisson Banga. On n'a plus besoin de quitter son fauteuil pour ressentir la satisfaction qui provient° de l'effort fourni, de l'aventure vécue ou imaginée; puisque cette satisfaction s'associe désormais° au produit, on peut tout simplement l'acheter.

D'autre part, les messages publicitaires peuvent ressembler aux contes de fées.° Soucieux° d'efficacité, on va droit au but.° Peu de personnages, un récit° linéaire, de l'action plutôt que des discours.° Comme les conteurs.° Et, comme les conteurs, ils brodent° à l'infini° sur un canevas qui est toujours le même. Le voici: on est malheureux parce qu'on a un problème. Comment faire? Heureusement le produit X ou Y veille.° On l'adopte et on est sauvé. La tornade blanche du produit d'entretien° remplace la baguette° magique, et Monsieur Propre le bon génie. La morale du conte est évidente: pour résoudre ses problèmes, on n'a qu'à faire des achats. Les psychanalystes nous ont appris que les contes de fées n'étaient pas innocents. Alors, que dire de ceux qu'invente aujourd'hui la publicité? Pour ne prendre qu'un exemple, a-t-on le droit de nourrir° l'esprit des enfants d'images qui les encouragent à se gaver° de sucreries, au risque de pourrir° leurs dents et de

déséquilibrer leur alimentation? Faut-il les laisser rêver à un monde dont la seule morale et le seul bonheur sont le plaisir de consommer?

A côté de cet enfant-cible pour qui vivre se réduit° à consommer, les publicitaires ont aussi inventé l'enfant-appât. C'est le petit qui incite sa mère à acheter telle marque de lessive° pour le gadget contenu à l'intérieur du paquet, ou qui engage son père à acheter l'essence au distributeur qui lui offre un petit cadeau ou la possibilité de participer à un jeu. Dans une enquête faite pour un fabricant° de yaourt, 78% des parents reconnaissaient que leurs enfants exerçaient une influence sur leurs achats ... Et l'on sait de quelle force de résistance il faut s'armer pour ne pas céder° aux sollicitations des marmots,° surtout dans les grandes surfaces.°

Les jeunes de moins de 15 ans constituent un énorme marché dont un directeur d'agence reconnaissait «qu'il pouvait faire ou défaire une marque». Les pouvoirs publics° ont bien pris quelques mesures pour préserver enfants et parents de certaines formes de publicité par trop nocives. Mais comment lutter° efficacement

contre la masse de messages qui assaillent le jeune et qui tous tendent à faire de lui avant tout un consommateur? Sans doute l'école, la famille, les jeux éducatifs, pourraient-ils jouer au moins un rôle correcteur. Mais pour ce faire, il faudrait que les adultes soient formés° à ce rôle et qu'ils ne soient pas eux-mêmes les premières victimes des publicitaires.

● **en grande partie** to a great extent **passé maître** (m) past master **publicitaire** (m) advertising executive **habile** skilful **séduire** appeal to **susciter** arouse **au fond** basically **appât** (m) bait **convenir à** suit **s'incruster** become embedded **cerveau** (m) brain **émailler** pepper **s'inscrire** imprint itself **esprit** (m) mind **enseigner** teach **chaîne** (f) channel **écran** (m) screen **constater** realise **spot** (m) advert **vanter** extol **se plaindre** complain **intéressés** (m pl) people concerned **nocif(-ive)** harmful **être conforme à** match up with

contestable questionable **flash** (m) **publicitaire** commercial **société** (f) **de consommation** consumer society **méfiance** (f) suspicion, resistance **sollicitation** (f) enticement **assaillir** bombard **prendre garde** be on one's guard **se résumer à** boil down to **se ramener à** amount to **astuce** (f) device, trick **dénaturer** distort **dépassement** (m) **de soi** excelling oneself **marque** (f) make **provenir de** be the result of **désormais** henceforward **conte** (m) **de fée** fairy tale **soucieux de** concerned with **aller droit au but** come straight to the

point **récit** (m) story **discours** (m pl) talking **conteur** (m) storyteller **broder** embroider **à l'infini** ad infinitum **veiller** be at hand **entretien** (m) cleaning **baguette** (f) wand **nourrir** nourish **se gaver** stuff oneself **pourrir** rot **se réduire à** come down to **lessive** (f) washing powder **fabricant** (m) manufacturer **céder** give in **marmot** (m) brat **grande surface** (f) hypermarket **pouvoirs** (m pl) **publics** authorities **lutter contre** combat **formé à** prepared for

1. Résumé: les moyens employés par les publicitaires (Aborder un aspect d'un sujet)

(a) Tout en examinant l'influence de la publicité sur les enfants, la sociologue a aussi voulu mettre en lumière différents moyens employés par les publicitaires. Au cours de la préparation de son article, elle a sans doute noté tous ces moyens en vrac, sous forme de titres. Dans quel ordre a-t-elle choisi de les aborder dans son texte?

Travail à deux → Mise en commun Relisez attentivement *L'enfant devant la publicité* en consultant la liste de titres ci-dessous. Avec un(e) partenaire, recopiez-les dans l'ordre de l'article. Attention! Une des sections de l'article ne concerne aucun de ces moyens publicitaires. Laquelle, et pourquoi? Ensuite, comparez vos solutions et vos réponses avec celles des autres étudiants.

> Moyens employés par les publicitaires
>
> L'image de la vie qu'offre la pub.
>
> Le langage et les images publicitaires
>
> Les études de motivation et leurs origines
>
> L'influence de l'enfant sur les adultes
>
> La consommation présentée comme solution magique
>
> La déformation des valeurs morales

> **(i) Moyens**
>
> 1. Les études de motivation et leurs origines
>   - Ils ont beaucoup étudié la psychologie
>   - Ils ont profité du travail des publicitaires américains
>
> **(ii) Conséquences**

(b) Que nous dit la sociologue sur chacun des moyens publicitaires que vous venez de recopier (a)?

Travail individuel → Mise en commun Trouvez dans l'article un ou deux points essentiels qui se rapportent à chaque moyen. Rédigez vos notes de la manière indiquée ci-dessus, en laissant vide pour l'instant la colonne (ii) (**Conséquences**).

Pour finir, comparez vos notes avec celles d'un(e) partenaire.

▶ Lorsqu'on veut **aborder** différents **aspects d'un sujet**, on a souvent besoin de préciser celui dont on parle. Pour ce faire, on peut employer des formules telles que:

> **Pour ce qui est du/de la/des …**
> **A propos du/de la/des …**
> **Au niveau du/de la/des …**
> **En ce qui concerne le/la/les …**
> **Quant à la/au/aux …**   ◀

(c) A vous d'aborder maintenant les différents aspects de la publicité que vous venez d'étudier.

Travail individuel → Exercice oral Relisez vos notes en essayant de les mémoriser. Ensuite, mettez de côté vos notes et reprenez la liste de moyens publicitaires que vous avez recopiée (a). Avec un(e) partenaire, à l'aide de cette liste seulement, résumez tour à tour ce qu'a dit la sociologue sur chacun de ces moyens. Employez chaque fois une des formules présentées à gauche pour **aborder un aspect du sujet**.

(Ces expressions vous seront peut-être utiles: *préciser que, donner l'impression que, faire croire que, suggérer que*.)

Exemple:

> ***Quant aux*** *études de motivation et* ***à*** *leurs origines, la sociologue précise que les spécialistes français ont non seulement beaucoup étudié la psychologie, mais aussi largement profité des enquêtes américaines.*

2. Les résultats de la stratégie des publicitaires (La conséquence)

(a) L'auteur de *L'enfant devant la publicité* nous révèle la stratégie des publicitaires et quelques-unes de ses **conséquences** probables.

Travail individuel → Mise en commun Relisez attentivement l'article et notez de la manière indiquée ci-dessous une **conséquence** explicite ou sous-entendue pour chacun des points essentiels que vous avez notés (*1b, ci-dessus*). Comparez ensuite vos idées avec celles des autres étudiants.

(i) Moyens	**(ii) Conséquences**
1. Les études de motivation et leurs origines - Ils ont beaucoup étudié la psychologie - Ils ont profité du travail des publicitaires américains	- Ils savent séduire les enfants - Ils sont habiles dans l'art de susciter leurs désirs

▶ Lorsqu'on veut exprimer le rapport entre un fait et sa **conséquence**, on emploie souvent une des formules présentées en caractères gras dans les phrases ci-dessous. Remarquez leur position dans la phrase (et, dans le cas de **aussi**, l'inversion qui s'ensuit):

> Les enfants sont vulnérables: **par conséquent/en conséquence**, la société doit les protéger.
> Les sucreries pourrissent les dents. **Ainsi**, les dentistes en profitent autant que les fabricants de bonbons.
> Les enfants regardent davantage la télévision que les adultes. Ils sont **donc** exposés plus souvent à la «pub» télévisée.
> Dans les grandes surfaces, les enfants sollicitent souvent des sucreries. **Aussi** les parents **évitent-ils** de les y emmener.

> La vente de cette boisson a triplé. **Il s'ensuit que** le fabricant a réalisé de gros bénéfices.
> 85% des enfants s'intéressent à la publicité: **il en résulte qu'**ils sont très susceptibles à son influence.
> On voit partout cette annonce, **d'où le fait qu'**elle perd de son effet.

(b) *Travail individuel → Mise en commun* Passez en revue votre tableau complété (a). Ensuite, en consultant le tableau le moins possible, composez par écrit quatre phrases qui résument la stratégie des publicitaires et ses **conséquences**. Employez dans chaque phrase une des formules proposées ci-dessus, en les variant autant que possible.
Comparez ensuite vos phrases avec celles des autres étudiants.

3. Témoignage: une directrice parle de son entreprise

(a) Dans l'extrait d'interview que vous allez entendre, Madame Etiennette G., directrice de *Médiavision*, explique à notre enquêteur le rôle de son entreprise.
Travail individuel → Mise en commun Ecoutez une première fois l'extrait d'interview (avec ou sans la transcription à trous, *Livret, p. 1,* selon la discrétion du professeur). Notez ensuite vos réponses à ces questions:

– Quelle est la fonction de *Médiavision*?
– Quels sont ses plus gros clients?
– Qu'est-ce qui, selon Madame G., allait peut-être changer? En quelle année, et pourquoi?

Comparez vos réponses avec celles des autres étudiants.

(b) *Travail individuel → Mise en commun* Repassez la bande et, en l'arrêtant quand vous le voudrez, complétez la transcription à trous (*Livret, p. 1*). Comparez ensuite votre transcription complétée avec celle des autres étudiants.

(c) Une des tâches de l'assistant(e) de Madame G. est de composer des tableaux qui serviront à convaincre les clients potentiels de l'utilité du service qu'offre *Médiavision*.
Travail individuel → Mise en commun Sans consulter votre transcription complétée (*b*), repassez une ou deux fois la bande, en l'arrêtant quand il le faudra, et notez ce qui manque au tableau ci-dessous (*Médiavision et ses clients*). Pour chaque catégorie de produit, notez un exemple cité par Madame G.
Ensuite, passez en revue vos solutions avec le professeur et l'ensemble de la classe.

(d) L'assistant(e) de Madame G. va sans doute devoir expliquer son tableau pour convaincre les annonceurs qui envisagent une campagne en salle de cinéma.
Travail individuel → Exercice oral Regardez attentivement votre tableau complété (*c*) et songez à ce qu'il faudra dire pour démontrer les avantages d'une telle campagne (vous pouvez, bien sûr, ajouter des détails qui ne figurent pas au tableau). Notez également les questions qu'il faudra poser à l'annonceur au sujet de son produit, de l'identité de sa cible, etc. Ensuite, préparez le rôle de l'annonceur. Choisissez ou inventez une marque, un produit, et songez à l'identité de la cible (sexe, tranche d'âge, etc.). Pensez également aux questions qu'il faudra poser à l'assistant(e).
Pour finir, imaginez avec un(e) partenaire la conversation entre l'assistant(e) et l'annonceur, en jouant l'un ou l'autre des deux rôles. Ceci fait, changez de rôle et reprenez la conversation avec un(e) partenaire différent(e).

Début possible:

Annonceur:	*Qui fait actuellement de la publicité au cinéma?*
Assistant(e):	*Eh bien, si vous voulez regarder la structure de notre chiffre d'affaires, vous verrez que nos plus gros clients . . .*

MÉDIAVISION ET SES CLIENTS		
A. **La structure du chiffre d'affaires**		
Annonceurs de:		Pourcentage du chiffre d'affaires:
1 Boissons (p. ex.)		
2		
3		9%
4		8%
B. **Spectateurs de cinéma**		
Tranche d'âge moyenne:	—	ans
C. **Exemple d'une campagne publicitaire entreprise avec le concours de Médiavision** *Marque:* *Produit:* *Cible:*		

4. Discussion: à quoi sert la publicité?

Quelles sont, en général, les conséquences de la publicité? Les extraits d'article à droite vous aideront à répondre à cette question.

Travail individuel → *Discussion* Lisez attentivement ces extraits. Notez par écrit en quelques mots l'**aspect de la publicité** dont traite chaque extrait, et la **conséquence** explicite ou sous-entendue qui en résulte. Classez vos notes de la manière indiquée à droite.

Ajoutez ensuite à votre tableau d'autres aspects (bons ou mauvais) de la publicité qui vous ont frappé(e) et qui ont à votre avis des **conséquences** importantes. Ce travail fait, dialoguez avec un(e) partenaire à propos de l'influence de la publicité. L'un(e) d'entre vous se fera le champion de la publicité et en présentera les aspects bénéfiques: l'autre prendra le rôle adverse. Employez chaque fois l'une des formules proposées ci-dessus (*2, p. 9*) pour exprimer la **conséquence**. Pour finir, le professeur demandera à quelques-uns d'entre vous de présenter à tour de rôle des arguments pour ou contre la publicité.

5. Lettre au journal

Une consommatrice écrit une lettre au journal *La Croix* afin de présenter des arguments pour et contre la publicité avant d'exprimer son point de vue personnel.

Travail individuel En consultant vos notes sur la publicité (*1, 2, 4, pp. 8–10*), rassemblez toutes les idées qui seraient utiles à cette consommatrice. Ensuite, en 200–300 mots, écrivez la lettre pour elle. Employez des formules pour exprimer le **but** (*2, p. 4*), pour **l'interrogation** (*p. 232*), pour **aborder** les différents **aspects du sujet** (*l, p. 8*) et pour exprimer la **conséquence** (*2, p. 9*).

Début possible:

> Ayant lu l'article de Pierrette Sartin dans votre numéro du 26 mars, j'ai éprouvé le besoin de vous écrire sur ce sujet qui nous touche tous: car de nos jours on ne peut nier l'influence . . .

Aspects de la publicité	Conséquences
- Le prix d'une marchandise comprend le coût de la publicité	- Le consommateur paie plus cher les produits pour lesquels on fait de la pub.

PUBLICITÉ OU DUPLICITÉ?

Actuellement le prix de la publicité est inclus dans celui des marchandises concernées et constitue une sorte de taxe que le consommateur est obligé d'acquitter, qu'il le veuille ou non, dès qu'il achète un objet ou un service qui fait de la publicité.

TOUTES les publicités disent, en substance, la même chose: «Achetez». Il semble d'ailleurs que, même en l'absence de publicité, les consommateurs désirent déjà davantage de biens que leurs revenus ne leur permettent d'en acquérir. Bref, la publicité, en créant des besoins nouveaux, augmente l'écart entre les besoins et les possibilités de satisfaction. Chez certains – surtout les chômeurs – cela doit aggraver leur sentiment de frustration.

Connaissez-vous, à l'âge industriel, un moyen de faire baisser les prix autre que la fabrication en grande série? Et comment fabriquer en grande série si on n'est pas capable de vendre en grande quantité son produit? Et comment vendre en grande quantité si on ne fait pas appel à la publicité?

Quand une firme automobile, talonnée par la concurrence des autres marques, améliore les performances de son moteur, invente une nouvelle forme de siège pour pouvoir se donner un argument de vente, donc de publicité supplémentaire, qui en profite? Il me semble bien que c'est le consommateur.

Les publicitaires «achètent» le droit de publier dans les journaux leurs annonces. La publicité représente donc pour la presse un apport de ressources financières souvent considérable (en moyenne 50%). Sans publicité, certains quotidiens seraient obligés de doubler ou de tripler leur prix de vente et pourraient se voir condamnés à disparaître. On peut donc dire que la publicité contribue à l'indépendance de la presse, puisqu'elle permet l'existence d'une grande variété de titres.

L'influence de la publicité sur les journalistes peut prendre la forme d'une censure s'exerçant sur des articles d'intérêt général. Par exemple, un fabricant de lessive, après avoir lu un article sur le rôle des détergents dans la pollution de l'eau, a retiré sa publicité (et donc son argent) du magazine concerné.

DES MÉDIAS POUR QUOI FAIRE?

Trés peu de gens persistent désormais dans l'idée que les médias n'exercent sur nous aucune action. C'est le point d'accord le plus net. Les divergences apparaissent à propos de la nature de cette action. Il s'agit en effet de savoir si l'accent est à mettre sur «ce que les médias font de nous» ou bien sur «ce que nous faisons des médias».

3

POINTS DE REPÈRE

Parmi tous les médias, c'est la télévision qu'on accuse le plus souvent d'exercer une influence néfaste. L'article ci-dessous, tiré d'un magazine qui s'adresse aux jeunes, tente d'analyser l'influence de la télévision.

*Travail individuel → **Mise en commun*** Lisez attentivement ce texte et notez en quelques mots vos réponses à ces questions:

- Quelle est l'attitude de l'auteur envers la télévision?
- Quel est le rôle de la télévision face à la société, tel que l'auteur le voit?

Comparez ensuite vos réponses avec celles des autres étudiants.

C'EST LA FAUTE À LA TÉLÉ

A reprendre la liste des maux° dont on l'accuse, la télévision apparaît comme le fossoyeur° de notre civilisation. Selon ses détracteurs, elle aurait détruit la vie de famille, balayant° les veillées° et les discussions familiales au cours desquelles se transmettaient les valeurs saines° qui fondent° les sociétés: travail, patrie,° religion... Elle aurait tué la culture, celle qu'on acquiert chèrement à force° d'études austères, celle qui marque l'appartenance à une caste. Elle aurait creusé la tombe et achèverait aujourd'hui d'enterrer° toute la tendresse, la pureté, l'amour, la chasteté du monde et principalement de l'enfance.

Le bouc émissaire°

Aucune invention nouvelle n'accumula sur son chef° autant de présomptions de crimes! Certes, chaque nouveauté dérange° et, parfois, fait peur: au cours des siècles, on brûla quelques bricoleurs° trop audacieux, on excommunia quelques prêcheurs trop aventurés,° on condamna Galilée... Mais on ne peut brûler, excommunier ni condamner la télé. A peine° peut-on refuser de l'avoir chez soi et les 3% d'irréductibles° idéologiques le savent bien qui, sans le vouloir, sont conscients de ses émissions° puisque leur radio, leurs journaux, leurs amis ne cessent de «raconter la télé».
Alors, faute de° pouvoir s'en débarrasser,° on l'accuse, sans relâche:° Gol-

Chacun de nous, un jour ou l'autre, a prononcé cette petite phrase magique. Que fait donc la télévision à la société?

dorak et autres japonaiseries rendent les enfants «violents et irresponsables». Guy Lux et autres variétés rendent jeunes et moins jeunes «débiles° et incapables de penser»: Dallas et autres feuilletons° rendent tout un chacun° «immoral», «cruel», «cupide»° (et pourquoi pas riche!)
Bref, on dit que la télévision empêche

de dormir, de lire, de faire du sport, de faire des enfants, elle tue le goût de l'effort et brouille° le jugement. La télé est coupable,° haro° sur la télé!

Sous haute surveillance

De même qu'autrefois on envoyait les manants° battre la forêt pour chasser les loups,° aujourd'hui, la société lance des hordes de chercheurs° sur la télé-poison qui, tel un médicament dangereux mais impossible à tester, est mise sous haute surveillance. Dès ses premiers pas,° il y a près de quarante ans, elle est sujet d'études. On calcule la part qui lui revient° dans chaque crime, chaque événement, chaque

Chateauvallon, feuilleton française

échec.° Il s'agit, pour définir sa nocivité,° de connaître avec précision ses effets.

Aujourd'hui, la simple bibliographie de toutes ces études fait à elle seule un livre. Mais la conclusion de toutes les conclusions, la réponse à toutes les accusations, tient en° une seule phrase: il est impossible de mesurer sérieusement les effets de la télé. Prenons la violence dont on a tant parlé et écrit: vue à l'écran, elle semble provoquer chez les jeunes enfants une décharge d'agressivité et, donc, avoir un effet plutôt calmant, mais cet effet est plus ou moins accentué selon° qu'on laisse les enfants s'exprimer au fur et à mesure,° ou qu'on exige° d'eux le calme: il est plus ou moins accentué selon les activités – récréation ou étude – qui ont précédé le visionnage de l'émission, et selon que le type d'émission est nouveau ou déjà banal pour le groupe d'enfants étudiés, etc. On sait que les effets de la télé sont de trois ordres: émotif, moral et intellectuel: mais sont-ils bons ou mauvais, durables ou fugitifs, spécifiques ou résultant d'un ensemble? Nul° ne peut raisonnablement le dire.

L'indiscrète

La nature même de la télévision explique les reproches qu'on lui fait. C'est que tous ces dangers qui rôdaient° dans les bois, aux lisières° des villages, la télé les a installés au cœur de chaque famille. Et c'est là qu'elle diffère radicalement des autres médias: par elle, le loup est entré dans la bergerie:° il est venu rejoindre les gens chez eux, en permanence. La télé-loup a remplacé les conteurs d'autrefois à ceci près qu'il n'y a qu'un seul contenu° pour un immense public multiple et varié, aux attentes° diverses et aux modes de compréhension inégaux.° Ce dont on parlait à voix basse,° en secret, voici que la télé en cause, en chante, en rit ou en pleure n'importe quand et devant n'importe quel public! Ce qui était réservé, soigneusement° dosé° en pédagogies° frileuses,° voici que la télé en trompette°tout en vrac!°

Plus de secrets: l'indiscrète télé parle de tout, sans nuance° ni discernement. Ce faisant, elle dérange, elle bouscule° toutes les hypocrisies. Elle détrône° ceux qui vivaient tranquillement à l'abri° des privilèges d'un savoir° qui n'était pas partagé.° Car l'indiscrète parle à tout le monde de la même façon, elle donne à tout le monde des moyens de comprendre les événements, des mots pour analyser les problèmes de l'heure. Démocratisation impardonnable qu'on a vite fait d'appeler nivellement par le bas,° pour mieux en discréditer l'importance. Et la télé a définitivement jeté par terre les précautions d'autrefois: «Tu verras cela plus tard». «Ce n'est pas de ton âge …».

Le miroir

Car la télé ne ment pas. Semblable au miroir que manie° la belle-mère de Blanche-Neige,° elle montre ce qui se passe. Elle n'invente rien, elle ne crée rien, elle reflète fidèlement° notre société, aujourd'hui, à cet instant précis, dans sa dimension internationale. Elle reflète notre société dans ses violences, ses outrances° mais aussi et surtout ses réticences, ses résistances, ses nostalgies: on a vu des seins° nus sur toutes les plages de France avant d'en voir à la télé; on ne voit plus de curés° en soutane,° ni de paysanne° en coiffe° qu'à la télé; il n'y a qu'à la télé que les adversaires idéologiques s'écoutent poliment, sans s'interrompre, et abusent° des formules du genre:° «Permettez moi de …», «Excusez-moi si …», «Ne m'en veuillez pas° mais …».

Les détracteurs de la télé se sont le plus souvent trompés de combat.° Comme les gens qui chantent faux,° ils ont accusé à côté,° créditant la télévision d'une évolution qui est celle de la société toute entière, sous-estimant par contre sa formidable capacité comme outil° de démocratisation. La télé n'invente rien en matière de mœurs,° ni de morale, mais elle offre à la société toute entière, sans oublier personne, un gigantesque forum où toutes les questions de morale peuvent être débattues, sont débattues: sur les plateaux° lors des émissions, mais plus encore au sein° des familles, dans les transports, dans les entreprises. Les problèmes sont posés et tout le monde sait de quoi il s'agit: Blanche-Neige est-elle ou non la plus belle de toutes?

● **maux** (m pl) evils   **fossoyeur** (m) gravedigger, destroyer   **balayer** sweep away   **veillée** (f) evening spent together   **sain** healthy   **fonder** be the foundation of   **patrie** (f) fatherland   **à force de** by dint of   **achever d'enterrer** finally lay to rest   **bouc** (m) **émissaire** scapegoat   **chef** (m) head   **déranger** be disturbing   **bricoleur** (m) inventor, do-it-yourself enthusiast   **aventuré** daring   **à peine** scarcely   **irréductible** (m/f) indomitable person   **émission** (f) programme   **faute de** for lack of   **se débarrasser de** get rid of   **sans relâche** incessantly   **débile** moronic   **feuilleton** (m) series   **tout un chacun** one and all   **cupide** greedy   **brouiller** muddle   **coupable** guilty   **haro sur …** down with …

manant (m) yokel   **loup** (m) wolf   **chercheur** (m) researcher   **dès ses premiers pas** from its earliest beginnings   **part** (f) qui revient à qqc sg's share of responsibility   **échec** (m) failure   **nocivité** (f) harm sg can do   **tenir en** can be summed up in   **selon que** depending on whether   **au fur et à mesure** in the process (of watching)   **exiger** demand   **nul** no-one   **rôder** prowl   **lisière** (f) fringe   **bergerie** (f) sheepfold   **contenu** (m) content   **attente** (f) expectation   **inégal** of various kinds   **à voix basse** in an undertone   **soigneusement** cautiously   **dosé** dispensed   **pédagogie** (f) teaching method   **frileux(-euse)** prudent   **trompeter** blare out   **en vrac** in a jumble   **nuance** (f) subtlety   **bousculer** overturn

détrôner oust   **abri** (m) shelter   **savoir** (m) knowledge   **partagé** shared (by others)   **nivellement** (m) **par le bas** levelling down   **manier** hold   **Blanche-Neige** (f) Snow White   **fidèlement** faithfully   **outrance** (f) excess   **sein** (m) breast   **curé** (m) priest   **soutane** (f) cassock   **paysan(-nne)** (m,f) country person   **coiffe** (f) traditional headdress   **abuser de** overindulge in   **du genre** such as   **ne m'en veuillez pas** forgive me   **se tromper de combat** get into the wrong fight   **chanter faux** sing out of tune   **accuser à côté** make false accusations   **outil** (m) tool   **mœurs** (f pl) social behaviour   **plateau** (m) (for TV production) set   **au sein de** within

1. L'analyse de l'article (Citer une opinion/Expliquer)

(a) La colonne de gauche du tableau à droite, une fois complétée, résumera le contenu de l'article *C'est la faute à la télé.*
Travail individuel → Mise en commun
Composez un tableau de la même manière. Ensuite, relisez attentivement l'article et remplissez la colonne (i) du tableau en complétant les notes déchirées dont il ne reste que le début. Comparez vos notes complétées avec celles des autres étudiants.

(b) Pour quelques-uns des reproches et des observations que vous venez de noter (a), l'auteur fournit dans l'article une **explication** directe. Pour d'autres, l'explication n'est que sous-entendue: l'auteur la laisse deviner sans la préciser.
Travail individuel → Mise en commun
Pour chaque phrase de vos notes (a), rédigez brièvement, en consultant l'article, une **explication** qui en précise la signification. Employez autant que possible vos propres mots, et inscrivez vos explications dans la colonne (ii) de votre tableau.
Ensuite, comparez vos explications, en les justifiant au besoin, avec celles des autres étudiants.

▶ L'auteur de cet article **prétend que** la télévision est le miroir de la société.
Pour **citer l'opinion** d'une autre personne, on emploie souvent l'un de ces verbes: **dire, déclarer, affirmer (que)**. Le verbe **prétendre (que)** laisse supposer que l'auteur n'est pas du même avis.
Pour **expliquer** une idée, on choisit fréquemment parmi ces formules:

on entend par là que
cela veut dire que
cela signifie que
c'est-à-dire (que)
autrement dit
bref, …
c'est que

(c) ***Travail individuel/à deux → Travail individuel*** Relisez attentivement les deux colonnes de votre tableau, en essayant de mémoriser chaque explication de la colonne (ii). Ensuite, cachez la colonne (ii) de votre tableau. Adressez-vous à un(e) partenaire et **citez**-lui, en

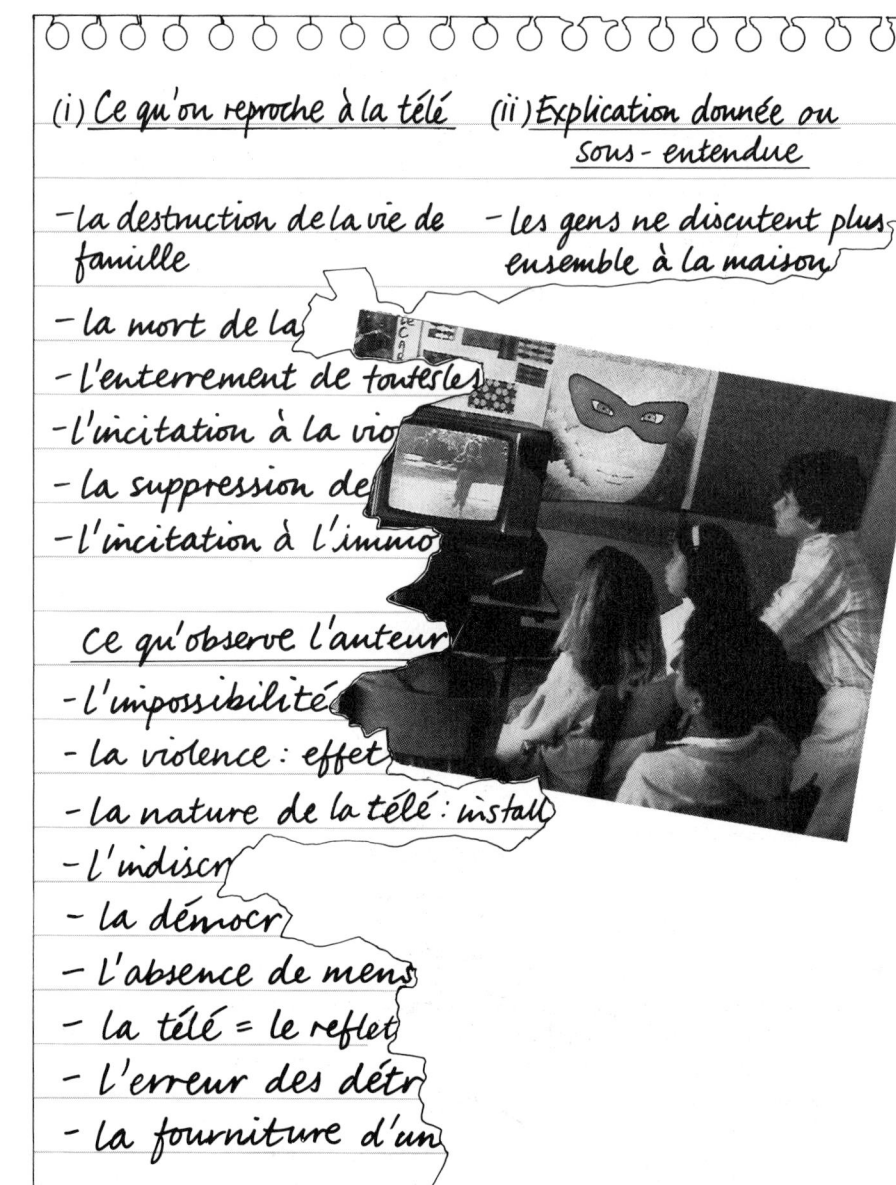

(i) Ce qu'on reproche à la télé

- la destruction de la vie de famille
- la mort de la
- l'enterrement de toutes les
- l'incitation à la vio
- la suppression de
- l'incitation à l'immo

Ce qu'observe l'auteur

- l'impossibilité
- la violence : effet
- la nature de la télé : install
- l'indiscr
- la démocr
- l'absence de mens
- la télé = le reflet
- l'erreur des détr
- la fourniture d'un

(ii) Explication donnée ou sous-entendue

- les gens ne discutent plus ensemble à la maison

l'**expliquant, l'opinion** de ceux qui font des reproches à la télévision. Votre partenaire répondra à chaque reproche en **citant** et en **expliquant l'opinion** adverse (*ce qu'observe l'auteur*). Il/Elle choisira à chaque fois l'observation qui convient le mieux pour répondre au reproche concerné.
Pour finir, rédigez de mémoire **quatre** phrases qui résument, en les **expliquant**, quelques aspects des deux côtés de l'argument.

Exemples:
- *Les détracteurs/critiques/adversaires de la télévision* **affirment qu'***elle détruit la vie de famille. Ils* **entendent par là** *que les gens ne discutent plus ensemble à la maison.*
- *L'auteur (les défenseurs/partisans de la télévision)* **déclare(nt) que** *le petit écran offre à la société un gigantesque forum:* **cela signifie que** *toutes les questions de morale sont débattues, en famille comme ailleurs.*

Les Français et leur télévision

Quand la France regarde la télévision au fond des yeux, que voit-elle?
Premier élément qui ressort de ce sondage: le jugement global sur notre télévision s'est quelque peu amélioré. Ainsi, comme le montre le premier tableau, *33%* se déclarent satisfaits, contre *23%* en 1983: *62%* insatisfaits contre *72%* l'année précédente. Un gain de dix points dans les deux cas. On reconnaît également à la télévision davantage d'objectivité (*tableau ii*): en effet, *48%* des Français (au lieu de *40%* l'an dernier) admettent qu'elle n'est favorable ni à l'opposition ni au gouvernement.

(i)

Programmes
Question: D'une manière générale, diriez-vous que vous êtes satisfait ou non des programmes de la télévision?

(sur 100%)	1983	1984
satisfait	23%	33
non satisfait	72	62
sans opinion	5	5

(ii)

L'objectivité politique
Question: Diriez-vous qu'à l'heure actuelle, la télévision est . . .

(sur 100%)	1983	1984
. . . plutôt favorable au gouvernement?	45%	35
. . . plutôt favorable à la droite?	3	5
. . . favorable ni à l'un ni à l'autre?	40	48
sans opinion	12	12

2. Les Français et leur télévision (Les pourcentages et les fractions)

▶ Pour analyser les statistiques, on a souvent besoin d'employer des **pourcentages** et des **fractions**:

> **Quatre-vingt-dix pour cent des** Français
> **Un pourcentage élevé de** . . .
> **Un faible pourcentage de** . . .
> **(Plus de/Moins de) la moitié de** . . .
> **Le tiers/Le quart de** . . .
> **Les deux tiers/Les trois quarts de** . . .
> **(Seuls) deux** Français **sur dix**

Dans chacun de ces cas on met généralement le verbe au **pluriel** sauf si la **fraction**/ le **pourcentage** et le nom qui le suit sont tous les deux au singulier. ◀

(a) Pour comprendre l'attitude des Français envers leur télévision, un journal quotidien fait chaque année un sondage auprès d'un échantillon national représentatif de l'ensemble de la population française. Vous allez étudier un extrait d'un de ces sondages. Les deux premiers tableaux, présentés ci-dessus, sont accompagnés du texte original qui en fait l'analyse.

Travail individuel → Travail à deux Regardez attentivement les tableaux (i) et (ii) et lisez le texte qui les accompagne. Ensuite, avec un(e) partenaire, lisez rapidement ce texte à haute voix et à tour de rôle, en **expliquant** les **pourcentages** en italique au moyen d'une **fraction** convenable. (Arrondissez dans votre tête les chiffres pour vous faciliter cette tâche).

Exemple:
> *Ainsi, comme le montre le premier tableau, trente-trois pour cent, autrement dit **un tiers des** téléspectateurs, se déclarent satisfaits.*

(b) *Travail individuel/à deux → Mise en commun* Le professeur vous donnera une photocopie des tableaux (iii) à (vi) (*Livret, pp. 4–5*). Plusieurs chiffres y manquent: selon que vous avez la version A ou B, il vous manquera des statistiques différentes. Votre partenaire, à qui l'on aura donné l'autre version, vous les fournira. Songez d'abord aux questions que vous allez poser à votre partenaire pour qu'il/elle vous fournisse les chiffres qui vous manquent. Ensuite, à tour de rôle, posez vos questions et notez les réponses de votre partenaire.

Exemple:
> – *Quel pourcentage/Quelle proportion de téléspectateurs affirme que le journal de TF1 est plus objectif que celui des autres chaînes (Antenne 2, FR3)?*
> – **Un Français sur quatre,** *c'est-à-dire* **vingt-cinq pour cent.**

Passez en revue avec le professeur les chiffres que vous aurez découverts.

(c) *Travail individuel → Mise en commun* A partir de vos tableaux reconstitués (*b*) et de ceux présentés ci-dessus, recopiez le commentaire qui suit en le complétant selon les indications données. Ensuite, comparez vos solutions avec celles des autres étudiants.

Les Français et leur télévision: suite
Selon notre enquête, il apparaît que . . . (*chiffre*) des Français regardent régulièrement la télévision et que . . . (*chiffre*) la regardent pendant plus de . . . (*nombre d'heures par semaine*). Les personnes interrogées, ou plutôt . . . (*chiffre*) d'entre elles, estiment que la chaîne la plus impartiale, c'est . . . (*identité*). On voit aussi à quel point il importe à nos concitoyens de se tenir au courant de l'actualité: en effet, . . . (*fréquence d'écoute du journal télévisé*) . . . (*journal préféré; raison*). Par contre, les téléspectateurs semblent bouder le journal de . . . (*identité de la chaîne; chiffre; raison possible*).

3. Discussion: le choix des téléspectateurs

La revue spécialisée *Médias* a publié pour un weekend de décembre une série de prévisions d'audience. Ces prévisions étaient fondées sur une étude poussée des habitudes télévisuelles des Français. Vous trouverez ci-dessous les chiffres d'audience prévue pour le weekend en question.

Travail à deux → Discussion En consultant attentivement les programmes des quatre chaînes et leurs prévisions d'audience, notez vos réponses aux questions suivantes:

- Sur les 50 émissions programmées pour ce weekend, combien sont consacrées respectivement
  - à l'information et aux actualités
  - à l'humour
  - aux jeux et aux variétés (chansons populaires, etc.)
  - aux films, aux séries et aux feuilletons
  - à la culture littéraire et musicale
  - aux documentaires?
- Selon les prévisions de *Médias*, quelles catégories d'émission semblent attirer en général le grand public (20% et plus)?
- Quelle est la période de plus grande audience?
- Laquelle des chaînes semble attirer le public le plus restreint? Comment expliquez-vous ce phénomène?
- Selon vos réponses à toutes ces questions; quelles semblent être les préférences du télépectateur français?
- Y a-t-il d'autres observations qui vous viennent à l'esprit lorsque vous consultez ces programmes (manques? concurrence entre les chaînes? etc.)?

Discutez ensuite vos réponses avec l'ensemble de la classe, en comparant le service audio-visuel français avec celui de votre pays.

AUDIO-VISUEL
NOS PRÉVISIONS D'AUDIENCE TV
weekend du 30 novembre – 1er décembre

	TF1	A2	FR3	C+

SAMEDI 30 NOV

La Série Noire, Sardou, et Zorro

19.10 *Anagram.* Jeu présenté par Daniel Prévost **15%**
19.40 *Cocoricocoboy* **32%**

19.15 *Actualités régionales* **15%**
19.40 *La Trappe.* Jeu **10%**

19.05 *TV régionale* **7%**

19.50 *Dessin animé* **3%**

20.00 *Journal* **20%**

20.00 *Journal* **14%**

20.04 *Disney Channel.* Winnie l'Ourson **7%**

20.05 *Les affaires sont les affaires.* Jeu **3%**

20.35 *Tirage du Loto* **30%**
20.40 *Série noire. Le grand môme.* Téléfilm français. Genre: polar violent **24%**

20.35 *Michel Sardou, chanteur de jazz.* Avec Michel Blanc, Coluche, Johnny Hallyday, Serge Gainsbourg, Eddy Mitchell, J.-J. Goldman **18%**

20.35 *Disney Channel.* Atout: Zorro **16%**

20.35 *La griffe de l'assassin.* Téléfilm américain. Genre: drame politique **1%**

22.15 *Droit de réponse.* Avec Michel Polac. Les journalistes sportifs **8%**
00.00 *Journal* **4%**

22.25 *Les enfants du rock.* Jeanne Mas **11%**
23.30 *Journal* **5%**
23.55 *Bonsoir les clips* **4%**

21.55 *Journal* **7%**
22.20 *Dynastie.* Série américaine **11%**
23.05 *Musiclub.* Musique classique **1%**

22.05 *Mike Hammer.* Série américaine en dix épisodes (n°1). Genre: polar. Atouts: Stacy Keach, Tanya Robert **1%**

DIMANCHE 1er DEC

Une pièce avec Francis Huster freine le grand film

18.00 *Dallas.* Série US. Genre: les vices d'une richissime famille texane **21%**

18.30 *Maguy.* Feuilleton français. Genre: comédie familiale. Atouts: Rosy Varte, J.-M. Thibault **24%**

18.00 *Culture Clap* **1%**
18.30 *Documents secrets.* Jeu présenté par Marc Bessou **5%**

19.00 *Sept sur sept.* L'actualité commentée par Christine Ockrent **20%**

19.00 *Stade 2* **17%**

19.15 *FR3 Jeunesse* **5%**
19.30 *RFO Hebdo.* Genre: nouvelles des DOM-TOM **6%**

19.45 *Club de la presse* avec Jean Poperen (PS) **1%**

20.00 *Journal* **22%**

20.00 *Journal* **16%**

20.00 *Benny Hill.* Humour **20%**

20.35 *Ne pleure pas.* Film français de Jacques Ertaud **39%**

20.35 *Le Sablier.* Pièce de Nina Companeez. Genre: Saga de deux siècles. Atouts: Francis Huster **15%**

20.35 *Blue-jean.* Documentaire **2%**

21.00 *L'année des méduses.* Film français (1984) de Christopher Frank. Genre: adolescente diabolique. Atouts: Giraudeau, Kaprisky **1%**

22.15 *Sports dimanche soir* **6%**
23.15 *Journal* **2%**
23.30 *C'est à lire.* Emission littéraire de Luce Perrot **1%**

23.15 *Projection privée.* Magazine culturel ....
00.00 *Journal* **5%**
00.25 *Bonsoir les clips* **1%**

21.30 *Courts métrages* **4%**
22.30 *Cinéma de minuit: La honte.* Film suédois (1967) en v.o. d'Ingmar Bergman. Atout: Liv Ullman **4%**

22.00 *Journal* **4%**
22.55 *Les révoltés d'Attica.* Téléfilm américain. Genre: mutinerie **1%**

4. Deux personnalités devant la télévision (L'interrogation indirecte)

Pour un article paru dans une revue mensuelle, une journaliste a interrogé deux personnalités connues – une comédienne et un réalisateur de cinéma – sur leurs habitudes télévisuelles et l'idée qu'ils se faisaient de la télévision.

Travail individuel → Mise en commun Lisez attentivement les réponses des personnalités (*Deux vedettes devant la télé, Livret, p. 6*). Consultez ensuite *Le point sur l'interrogation indirecte (p. 232).* Pour chaque groupe de réponses (1, 2, etc.) notez en **style indirect**, et au passé, ce que la journaliste a *demandé/a voulu savoir/a essayé de découvrir*, etc. Comparez ensuite vos phrases avec celles des autres étudiants.

Exemple (première question):
> La journaliste **a voulu savoir ce qu'**il/elle **regardait** d'habitude à la télévision.

5. Rédaction d'un article: *La télévision en accusation.*

(a) Ayant lu *C'est la faute à la télé*, un journaliste a voulu y répondre en s'opposant au point de vue adopté par l'auteur de cet article. Dans l'intention de se documenter, il a réuni une série de coupures de presse. A partir de ces extraits et de ses notes sur *C'est la faute à la télé* il a formulé le plan de son article.

Travail individuel/à deux → Mise en commun
Lisez attentivement les coupures de presse à droite. Résumez brièvement par écrit l'idée principale de chacune d'entre elles.

Ensuite, avec un(e) partenaire, consultez le plan du journaliste (*ci-dessous à droite*). Essayez de décider quelles coupures correspondront respectivement le mieux à l'**introduction**, à la **conclusion** et aux deux sections (*pour* et *contre*) du **développement** de l'article. Comparez vos idées avec celles des autres étudiants.

(b) *Travail individuel* A partir de vos notes sur les coupures de presse (a), sur *C'est la faute à la télé* (1, p. 14), et sur la fréquence d'écoute, etc. (2, p. 15), rédigez maintenant l'article pour le journaliste. Employez des formules convenables pour l'**interrogation** (p. 232), pour **citer une opinion** et pour **expliquer** (*l, p. 14*), et pour les **pourcentages** et les **fractions** (2, p. 15).

Début possible:
> Qu'on le veuille on non, la télévision est entrée dans nos habitudes. Les statistiques le prouvent: presque sept Français sur dix ...

Que la télévision ne mobilise pas toutes les capacités d'attention, les instituteurs l'ont depuis longtemps constaté. L'un d'eux, M. Pierre Picard, de Clermont-Ferrand, assure: «Si j'interroge mes élèves sur un événement d'actualité, je remarque que ceux qui en ont pris connaissance par la presse ou par la radio en ont une idée plus complète que ceux qui l'ont vu à la télévision, et dont ils ne retiennent que les images.»

Une enquête du Centre d'Etudes d'Opinion révèle que certains enfants âgés de huit à quatorze ans passent dans l'année autant de temps devant le petit écran qu'ils en passent à l'école! Il semble que les jeunes «consomment» en moyenne entre 900 et 1000 heures d'images chaque année.

On a pu dire que la télévision nous faisait entrer dans une «société d'information». Mais certains se demandent si une bonne part des informations diffusées au petit écran ne relève pas de la fiction. Les faits divers assument une fonction de distraction et d'évasion plutôt que d'information réelle.

EN ISRAËL des travaux montrent que les jeunes qui ont appris à analyser les émissions de télévision, à faire des comparaisons entre l'image et le son, font des exercices très formateurs pour l'esprit et l'intelligence. Et ils réussissent mieux dans les études que ceux qui se contentent de travailler sur des textes écrits.

La télévision nous donne l'impression d'être les témoins des incidents qui constituent l'actualité, ce qui est parfois, et peut-être même toujours, trompeur. Dans un reportage sur une émeute, par exemple, il importe beaucoup de savoir si la caméra est située au-dessus de la tête des policiers lapidés par la foule, ou si elle est placée au-dessus des manifestants à qui on lance des bombes lacrymogènes. C'est-à-dire que la position de la caméra (et donc le choix des images) dicte la manière dont l'événement est perçu par le téléspectateur.

... De plus, la succession anarchique des types de sujets traités par la télévision (par exemple, en une seule soirée et sur la même chaîne: la guerre au Proche-Orient, la fin du Tour de France, un feuilleton à l'eau de rose) contribue certainement à cette confusion entre la fiction et la réalité.

Introduction
Prise de conscience de la situation (chiffres).
Développement : Pour la télé
Résumé de l'argument de S.D. dans "C'est la faute à la télé".
contre la télé
Est-ce vraiment le reflet de la société ?
Effets sur la perception du monde ?
Effets sur l'individu ? sur notre compréhension de l'actualité ?
Conclusion
Et l'avenir ?

LA TÉLÉVISION a «passé un uniforme à l'imagination personnelle». Par elle, tous les individus s'adonnent à des loisirs identiques, oubliant ainsi leur originalité propre. La culture de masse ne repose pas sur un choix individuel: tout ce qu'on peut choisir, c'est de la prendre ou de la laisser. Et puisque le grand public, le public populaire se détourne de ce qu'on appelle l'information culturelle en faveur de l'évasion pure et simple, les chaînes de télévision offriront de moins en moins d'émissions enrichissantes.

POINTS DE REPÈRE

L'extrait ci-dessous est tiré d'un livre sur la presse écrite en France. L'auteur tente d'y définir le rôle du journal dans la société contemporaine.

Travail individuel → Mise en commun Lisez une première fois l'extrait et notez brièvement ce que vous y apprenez sur:
— le problème posé à l'homme moderne par ses conditions de vie
— les trois fonctions remplies par le journal
— ce que l'auteur semble reprocher à la presse actuelle.

Comparez vos notes avec celles des autres étudiants.

POURQUOI LE JOURNAL?

Le dilemme de l'homme contemporain

Tous les hommes, quels que° soient leur race, leur catégorie sociale et leur niveau de vie,° ont besoin du sentiment d'appartenir à une communauté dont ils partagent le destin. Autrefois, les hommes trouvaient à satisfaire ce besoin au sein même de la petite communauté dont ils faisaient partie: village, atelier,° paroisse.° De nos jours, les villages se sont vidés au profit des cités-dortoirs° et les ateliers ont fait place° aux bureaux et aux usines. L'homme contemporain, isolé dans son travail par des tâches° parcellaires,° ne peut guère, au sortir de celui-ci, nouer° les contacts physiques et moraux qui seraient nécessaires à son équilibre. Enfermé dans sa boîte à quatre roues ou compressé dans quelque train de banlieue, il regagne, épuisé,° son HLM° dans un quartier d'où sont bannis° ces agents de liaison qu'étaient la concierge,° le bistrot et le petit commerçant. Parfois, notre homme croise° dans l'escalier un voisin dont il connaît à peine le nom et qui, comme lui, semble pressé de rentrer ou de sortir. Une fois à la maison, il téléphone à un ami, qui, dans la plupart des cas, se révèle beaucoup trop occupé pour pouvoir lui rendre visite.

Telle est la triste condition de l'homme moderne: il ne connaît pas ses voisins et n'a plus le temps de voir ses amis. Dès lors,° que lui reste-t-il pour se sentir relié,° quand même, à la communauté humaine? ... la radio, la télévision, et bien sûr, le journal.

Un coup de baguette magique

En tournant le bouton de son transistor, en s'installant devant sa «télé», en ouvrant son journal quotidien ou son hebdomadaire,° l'homme retrouve, par un coup de baguette magique, tous ses semblables° qu'il ignore° au cours de la journée. Faute de pouvoir vivre réellement avec ses amis et voisins, il prend l'habitude de vivre, en imagination, avec les hommes dont on parle dans les médias, et c'est ainsi que partout en France on pleure, on s'apitoie,° on s'indigne ou l'on s'émerveille° à propos des héros de l'actualité.° Cette prise de conscience° quotidienne, par le truchement° des médias, des joies et des souffrances de notre condition humaine, permet sans doute à chacun de mieux supporter ses propres problèmes; et peut-être de les oublier ...

Le besoin de divertissement°

Ce n'est pas un des moindres° paradoxes du journal que d'être tout à la fois° l'instrument d'information par excellence et l'un des plus sûrs moyens dont nous disposons pour nous divertir, c'est-à-dire pour oublier momentanément le monde! Cette fonction de divertissement, le journal l'assume de deux façons; au grand jour° ou de manière insidieuse. Le grand jour, ce sont les rubriques° comme les jeux, les mots croisés,° les feuilletons ou les bandes dessinées° ... qui annoncent clairement leur objectif. La manière insidieuse, ce sont les rubriques qui, sous la couleur° d'informer, ne servent en fait qu'à distraire et régaler:° chroniques pimentées° sur la vie des stars et des princesses, faits divers° qu'on ensanglante° à plaisir,° et même faits politiques qui deviennent, sous la plume d'habiles journalistes, du guignol° pour

● **quel(le) que + subj** whatever **niveau** (m) **de vie** standard of living **atelier** (m) workshop **paroisse** (f) parish **cité-dortoir** (f) dormitory suburb **faire place à** be replaced by **tâche** (f) task **parcellaire** fragmented **nouer** establish **épuisé** exhausted **HLM** (m/f) **(habitation** (f) **à loyer modéré)** council flat **bannir** banish **concierge** (m/f) caretaker **croiser** pass **dès lors** that being the case **relié** connected **hebdomadaire** (m) weekly (magazine) **semblable** (m/f) fellow creature **ignorer** be unaware of **s'apitoyer** be moved **s'émerveiller** marvel **actualité** (f) present

moment **prise** (f) **de conscience** discovery **par le truchement de** through **divertissement** (m) entertainment **moindre** least **à la fois . . . et** both . . . and **au grand jour** openly **rubrique** (f) column **mots** (m pl) **croisés** crossword **bande** (f) **dessinée** strip cartoon **sous la couleur de** while pretending to **régaler** regale **pimenté** spicy **fait** (m) **divers** (trivial) news item **ensanglanter** make gory, bloody **(faire qqc) à plaisir** take a delight in (doing sg) **guignol** (m) puppet show **à la une** on page one **affreux** horrible **avouer** confess **bijou** (m) jewel **ménagère** (f) housewife **quant à** as for

pantoufle (f) carpet slipper **enfourchant** astride **combinaison** (f) space-suit **rivé** fettered **par procuration** vicariously, indirectly **potin** (m) gossip **évoluer** evolve **mise** (f) **au point** clarification **domaine** (m) field **recyclage** (m) retraining **sensibiliser** make aware **encombré** cluttered **souci** (m) desire **se débrouiller** cope **d'ensemble** overall **informatique** (f) information technology **urbanisme** (m) town planning **s'efforcer de** endeavour to **patrimoine** (m) heritage **écartelé** torn

grandes personnes. Ce goût pour le scandale et le «sang à la une»° est un des graves reproches qu'on adresse à la presse actuelle. Pourtant ce n'est pas nouveau: déjà au XIXe siècle les journaux – appelés *canards* – faisaient les beaux jours de nos pères en rapportant quelque crime affreux° dans ses moindres détails. Et il faut avouer° que les rubriques divertissantes du journal permettent au lecteur de vivre une autre vie. Posséder les bijoux° de Liz, connaître les amours de Bardot, la ménagère° en rêve, secrètement, au milieu de ses casseroles; quant à° son mari, le sportif en pantoufles,° il se voit enfourchant° le vélo de Hinault ou passant la combinaison° des cosmonautes. Rivés° tous les deux à leurs tâches quotidiennes, ils s'en échappent, le temps d'un article, et vivent par procuration° la vie brillante et mouvementée des vedettes de l'actualité.

Le besoin de formation

Certains lecteurs, c'est vrai, n'achètent le journal que s'ils sont assurés d'y trouver leur ration de hold-up, de crimes et de potins;° mais il en est d'autres qui cherchent, avec le journal, à mieux comprendre le monde où ils vivent, qui attendent de leur quotidien habituel non seulement des informations mais encore des explications et, pourquoi pas, des opinions.
A une époque où les mœurs évoluent° rapidement et où les techniques progressent si vite que nul ne peut être assuré, au bout de vingt ans, de connaître encore son métier, le journal permet une mise au point° quotidienne dans tous les domaines° de la connaissance. Il ne peut, certes, assurer à lui seul une formation complète ou un recyclage:° mais il peut alerter, sensibiliser,° aider à comprendre. Car tous les

journaux, même les plus encombrés° de faits divers et de feuilletons, gardent toujours le souci° de fournir au lecteur un certain nombre de renseignements qui lui permettront de mieux se débrouiller° dans la vie quotidienne: c'est le cas de *France-Soir* avec ses «pages pratiques». D'autres quotidiens publient régulièrement des «dossiers» très bien documentés qui proposent, dans un langage accessible à nous tous, une vue d'ensemble° sur les grands monstres de la société moderne: l'énergie, l'informatique,° l'urbanisme,° etc. Citons également les «pages culturelles» qui s'efforcent° d'enrichir le patrimoine° littéraire et artistique du lecteur. Et l'on aura compris par ces quelques exemples que le journal, écartelé° entre ses multiples fonctions, les assume toutes plus ou moins bien.

1. La signification des expressions métaphoriques (Expliquer)

L'auteur de l'extrait *Pourquoi le journal?* emploie de nombreuses expressions métaphoriques pour mieux illustrer ses idées. A vous d'en préciser la signification.

Travail individuel/à deux → Mise en commun Relisez attentivement l'extrait et repérez les expressions qui figurent sur la liste ci-dessous. A l'aide d'un dictionnaire, de préférence français–français, vérifiez la signification exacte, dans le contexte de l'extrait, de chacune de ces expressions. Ensuite, notez par écrit et aussi clairement que possible l'idée que l'auteur a voulu exprimer en employant chaque expression.

Ceci fait, passez les expressions en revue avec un(e) partenaire en présentant à tour de rôle vos **explications** et en vous justifiant au besoin. Employez à chaque fois une des formules proposées à la page 14 pour **expliquer** l'idée de l'auteur.

Exemple (i)

L'auteur constate que chacun prend conscience des joies et des souffrances de la condition humaine par le truchement des médias. **Elle entend par là que** *les médias servent d'intermédiaire entre l'individu et ses semblables.*

Pour finir, en consultant le moins possible vos notes, vérifiez vos explications avec le professeur et l'ensemble de la classe.

- par le truchement des médias
- au grand jour
- sous la couleur d'informer
- chroniques pimentées
- du guignol pour grandes personnes
- le « sang à la une »
- le patrimoine littéraire et artistique du lecteur
- écartelé entre ses multiples fonctions

(i)

Pourquoi le journal (1ère et 2ème sections)

1. Tous : besoin du sentiment d'appartenir à une communauté

   Autrefois : satisfaction de ce besoin (vie, travail en petite communauté)

   De nos jours :

   conditions de vie et de travail → isolement, absence du contact humain nécessaire à l'équilibre (voisins à peine connus, pressés)

   Seul moyen de se sentir relié à la communauté = les médias (radio, journal, télé — là-dedans reconnaissance de ses semblables)

2. Prise de l'habitude de "vivre" avec les vedettes de l'actualité

   → conscience des joies/souffrances de la condition humaine

   → possibilité de mieux supporter (d'oublier ?) ses problèmes.

2. Prise de notes: le texte en détail

(a) Vous aurez souvent besoin de prendre des notes sur un texte, sur un document, sur un enregistrement. Pour améliorer votre technique de prise de notes, il est utile d'analyser des notes prises par d'autres. Les auteurs de celles présentées ci-dessus et à la page 21 ont voulu faire le compte rendu des deux premières sections de *Pourquoi le journal?*

Travail individuel → Mise en commun Relisez ces sections (*Le dilemme de l'homme contemporain* et *Un coup de baguette magique*). Puis lisez attentivement les deux séries de notes. Laquelle vous aide le mieux à vous rappeler rapidement et correctement les idées principales des sections dont il est question? Comparez ensuite les deux séries de notes selon les indications suivantes:

- nombre de verbes conjugués
- nombre de noms abstraits
- manière de distinguer les détails (ou les exemples) des idées principales
- degré de réduction à l'essentiel
- emploi de la ponctuation et d'autres symboles.

Pour finir, passez en revue votre analyse avec le professeur et l'ensemble de la classe.

(b) Vous trouverez ci-contre une série de notes (*iii*) qui, une fois complétées, feront le compte rendu de la troisième section de *Pourquoi le journal?*

Travail à deux → Mise en commun Relisez la troisième section (*Le besoin de divertissement*) et complétez ces notes avec un(e) partenaire. Ensuite, comparez vos notes complétées avec celles des autres étudiants.

(ii)

Pourquoi le journal

Les hommes quels que soient race, catégorie soc. etc. ont besoin d'appartenir à une communauté.

Autrefois faisaient partie d'une petite communauté, village, atelier ou paroisse. De nos jours les villages devenus cités-dortoirs.

Donc l'homme est isolé au travail et ne peut nouer les contacts nécessaires. Enfermé dans une voiture, compressé dans un train, il regagne son H.L.M sans concierge. Son voisin, ses amis sont trop occupés.

Mais les médias par un coup de baguette magique l'aident à retrouver les vedettes de l'actualité.

Partout en France on pleure, s'indigne etc. Cela permet de supporter ses propres problèmes.

(iii)

Le besoin de divertissement

Paradoxe : le journal = i) instrument d'_____, ii) moyen de _____
Cette fonction de divertissement assumée
i) ouvertement (_____, _____, etc.) ii) de manière _____,
sous couleur d'_____ (chroniques pimentées, _____
ensanglantés, etc.)
Ce _____ pour _____ et sang :
reproché à la _____ mais pas nouveau (au _____
siècle : «_____» : crimes)
Rubriques divertissantes
→ possibilité de vivre par _____ la vie des _____ (bijoux,
_____, exploits _____ ou interplanétaires)
→ libération des _____ quotidiennes.

(c) *Travail individuel* Relisez attentivement la dernière section de l'article. Ensuite, en appliquant les leçons tirées de votre analyse (*a, ci-contre*), notez par écrit les idées principales de cette section.

3. Des médias pour s'informer, se distraire ou se laisser manipuler?

(a) Josyane B., dont vous allez entendre le témoignage, fait partie de ceux qui se servent des médias parce qu'ils cherchent à mieux comprendre le monde dans lequel ils vivent. Mais selon elle, la situation actuelle, «c'est pas le rêve . . .».

Travail individuel → *Mise en commun*
Avec ou sans la transcription (*Livret, p. 7*) selon la discrétion du professeur, écoutez attentivement le témoignage de Josyane, qui se divise en deux sections séparées par quelques secondes de silence.
Ensuite, (mettez de côté la transcription et) notez ce que vous apprenez sur son domicile et son âge; et remettez dans l'ordre du témoignage les sous-titres suivants:

- ce que Josyane reproche à la télévision française
- un journal national très bien documenté
- les émissions préférées de Josyane
- la prédominance des quotidiens régionaux
- l'objectivité de l'information menacée.

Comparez ensuite vos idées avec celles des autres étudiants.

(b) *Travail individuel* → *Travail à deux*
Repassez de nouveau la première section de ce témoignage, en arrêtant la bande quand vous le voudrez. Sous chacun des trois premiers sous-titres que vous venez de remettre dans l'ordre (a), prenez des notes qui correspondront aux indications suivantes:

1.

- nombre approximatif
- proportion parmi tous les quotidiens vendus en France
- ce qui, pour Josyane, explique leur popularité

2.

- nom
- qualités appréciées
- ce qui lui donne un aspect rebutant
- perception générale de son «lecteur type»

3.

- la situation du groupe Hersant
- pourquoi cela représente «une mainmise sur l'information».

Comparez vos notes avec celles d'un(e) voisin(e) et réécoutez éventuellement les parties du témoignage sur lesquelles vous n'êtes pas d'accord.

Josyane B.

L'AVENIR DES MÉDIAS

(i)

Le satellite de télédiffusion directe dit TDF 1, qui fait partie d'un projet franco-allemand, sera lancé sur la fusée Ariane en juillet 1986. Vous êtes en train de vous demander ce que ça change pour les Français. Il faudrait plutôt demander ce que ça change pour tous ceux qui pourront recevoir les programmes émis par le satellite, c'est-à-dire non seulement les 54 millions de Français mais entre 200 et 300 millions d'Européens et d'Africains du Nord. Ce sont tout d'abord quatre chaînes de télévision qui pourront être captées par tous les ménages équipés d'une antenne parabolique. Cette antenne en forme de soucoupe doit être dirigée vers le satellite: elle recevra une transmission directe. Ainsi la qualité de la réception sera bien meilleure que celle de la télévision d'aujourd'hui, parce que les ondes ne rencontrent aucune interférence.

(c) ***Travail individuel → Mise en commun***
Ecoutez de nouveau la deuxième section du témoignage de Josyane en arrêtant la bande quand vous le voudrez. Ensuite, répondez aux questions suivantes:

– Qu'est-ce que Josyane reproche à la télévision française?
– Quels sont les chiffres et les dates qu'elle cite, et que représentent-ils?
– Pourquoi *Apostrophes* et *Droit de Réponse* sont-ils, pour Josyane, des exceptions à la règle? (Justifiez votre réponse en donnant quelques détails sur ces émissions).

Pour finir, comparez vos réponses avec celles des autres étudiants. En quoi la situation chez vous est-elle semblable, à votre avis, à celle de la France telle que Josyane la décrit? Quelles sont les différences les plus notables?

(ii)

Lorsque radio et télévision sont devenues les grands médias d'événement que l'on sait, la tendance de la presse écrite a été de se différencier d'elles. Selon le fondateur du journal *Le Monde*, «la radio annonce l'événement, la télévision le montre, la presse écrite l'explique et le commente». L'autre réponse de la presse écrite devant la concurrence des autres médias a été la suivante: au lieu de viser l'audience vaste et anonyme de ceux-ci, elle a choisi de se diversifier, de se spécialiser. La presse régionale en est une manifestation: mais en plus il y a la presse des jeunes, la presse féminine, la presse des parents, des bricoleurs, des gourmets – tout ce que vous pouvez imaginer. Il n'est pas de goût ou de curiosité que la presse périodique ne puisse satisfaire. A tel point que, parmi tous les Français, il n'existe plus que 12,6% de non-lecteurs absolus de publications périodiques.

(iii)

Aix, Bayreuth, Salzbourg, Venise, etc. pour la seule musique – ce ne sont pas les festivals qui manquent pour rappeler aux Européens la vitalité de leur patrimoine culturel. On voit donc pourquoi Pierre Desgraupes, ancien PDG d'Antenne 2, a proposé de créer une chaîne culturelle européenne.

La répartition des programmes suffit à montrer la vocation de la chaîne. La fiction occupera 23% du volume horaire (séries, films originaux). Le théâtre, la danse et l'art lyrique, retransmis en direct depuis les prestigieuses scènes européennes, occuperont 6% du temps total. Quant au reste, il se partagera entre variétés, émissions pour la jeunesse, informations et documentaires.

Il faut dire qu'avec les possibilités offertes par TDF, Canal 1 a de quoi faire progresser intelligemment le sentiment d'une identité culturelle commune aux peuples d'Europe: chacun, de part et d'autre de ses frontières, pourra voir la même émission, mais dans sa langue respective. Car le satellite offrira une possibilité de retransmission en six langues.

(iv)

LA MACHINE vient d'avaler la cassette et la chaîne est déjà sélectionnée. Un dernier coup d'œil, et l'on règle l'horloge du programmateur. Un déclic, et le magnétoscope est verrouillé en position d'enregistrement. Ouf! Le film est sauvé.

Ces gestes sont devenus quotidiens dans plus de deux millions de foyers français, malgré la solide redevance que doit payer chaque possesseur d'un magnétoscope. Et 'malgré l'existence prochaine de quatre chaînes publiques, plus trois privées (sans rien dire de la télévision par câble, réservée pour l'instant aux zones urbaines).

La majorité des utilisateurs n'a pas augmenté sa consommation télévisuelle – deux heures par jour en moyenne. Que l'on soit absent, que l'on regarde une autre chaîne ou qu'il s'agisse d'une émission tardive, on enregistre, afin de voir cette émission-là à la place d'une autre. Substituant ainsi un spectacle à un autre, le magnétoscope est, avant tout, un instrument de sélection, une déclaration d'indépendance à l'égard des contraintes du petit écran. Avec lui, chacun compose sa propre chaîne de télévision. A partir de toutes les autres.

(v)

On parle peut-être trop souvent de la crise de la presse. Toute la presse écrite n'est pas en crise: mais, à l'exception d'un ou deux titres, il est vrai que les quotidiens nationaux sont en difficulté. Les quotidiens de province disposent d'autres avantages que la presse parisienne: position dominante ou même monopole dans leur zone de distribution, réservoir de publicité locale, modernisation plus précoce des techniques de production. Ils ont donc mieux résisté à la crise de la presse quotidienne. Cette situation explique le fait que, parmi les quinze plus forts tirages de la presse quotidienne française, il y a seulement quatre quotidiens édités à Paris. Et *Ouest-France* arrive nettement en tête, avec 720 000 exemplaires.

(vi)

L'ordinateur dans la maison constitue pour beaucoup d'experts une étape décisive dans le processus qui devrait transformer le foyer en un mini-centre informatique. Les PTT ont déjà commencé à installer gratuitement dans les foyers le système Minitel, une sorte d'annuaire électronique qui permet l'accès à toutes sortes de renseignements (SNCF, banques, commerçants etc.). Après avoir conquis les entreprises, l'ordinateur s'est mis à pénétrer dans les foyers des Français, surtout chez les membres des professions libérales qui s'en servent pour leur travail. Mais pour beaucoup, l'ordinateur garde une image mystérieuse, parce qu'ils ignorent ce que l'on peut faire avec lui. Il faudra donc que les fabricants fassent un effort considérable d'information et de conseil afin de vaincre cette réticence.

Ajoutons qu'en 1984, 42% de Français estimaient que le développement de l'informatique menaçait leur liberté. C'étaient des adultes, évidemment: le micro-ordinateur semble enchanter tous les enfants.

4. Table ronde sur l'avenir des médias (L'interrogation)

(a) De nos jours on parle beaucoup de la «révolution des médias». Les extraits d'article ci-contre et à la page 22, tirés de plusieurs revues et journaux, donnent un aperçu non seulement des médias actuels mais aussi de ceux de l'avenir.

Travail individuel → Mise en commun
Lisez une première fois les extraits, ainsi que la liste de titres qui les accompagne. Choisissez pour chaque extrait le titre qui semble convenir le mieux. Ensuite, comparez vos solutions avec celles des autres étudiants.

◉ (b) *Travail individuel → Travail à deux* Relisez attentivement les extraits d'article. Rédigez pour chacun d'entre eux deux questions auxquelles répond l'extrait. Employez pour chaque question une formule **interrogative** en **langue soignée** (*voir Le point sur l'interrogation, p.232*). Ensuite, avec un(e) partenaire, choisissez *un* des deux rôles suivants (votre partenaire prendra l'autre):

– spécialiste de la presse écrite et de l'informatique
– spécialiste de l'audiovisuel.

A tour de rôle, vous allez poser à votre partenaire des questions à propos de sa spécialité. Préparez donc d'avance vos réponses en consultant très attentivement les extraits qui vous concernent en votre qualité de spécialiste, et en notant par écrit les idées et les faits principaux.
Pour finir, posez tour à tour vos questions en **langue courante** ou **familière**. Les réponses de votre interlocuteur(-trice) provoqueront sans doute d'autres questions de votre part: vous pourrez, par exemple, interroger le/la spécialiste sur son opinion au sujet des développements envisagés dans les extraits.

Les attraits de la vidéo

La diversification de la presse périodique

LA PRESSE PROVINCIALE EST EN TRAIN DE GAGNER

DES CHAÎNES EN PLUS ET UNE RÉCEPTION DE MEILLEURE QUALITÉ

L'individu et l'informatique

ENFIN, UNE VRAIE COMMUNAUTÉ EUROPÉENNE

(c) Dans le contexte de l'émission radiophonique *Face au Public*, des spécialistes des médias répondent aux questions de l'assistance.

Jeu de rôles   Si le nombre d'étudiants le permet, le professeur établira par tirage au sort l'identité des quatre experts – dont deux pour la presse écrite et l'informatique, et deux pour l'audiovisuel – qui participeront à l'émission. Le professeur jouera le rôle de l'animateur(-trice), donnant la parole à tour de rôle aux experts et aux membres du public (le reste de la classe). En consultant le moins possible leurs notes, ces derniers interrogeront les spécialistes, et tous – experts et public – feront des observations sur l'avenir des médias.

L'annuaire electronique

5. Rédaction: *Le procès des médias*

Travail individuel   Relisez une dernière fois les notes que vous avez prises au cours de votre étude de ce dossier. Consultez ensuite le plan rédigé par le journaliste pour son article contre la télévision (*p. 17*). Si vous le voulez, vous pouvez adopter ce plan pour votre rédaction, en le modifiant de la manière suivante:

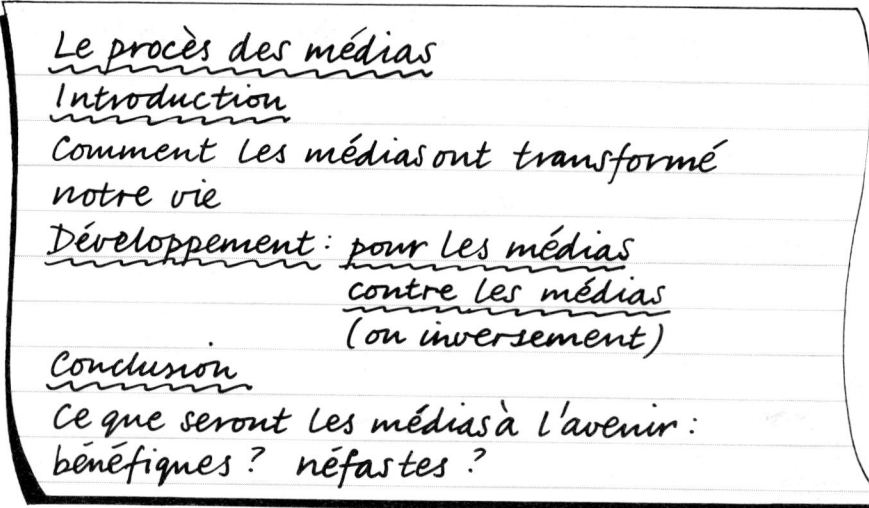

> Le procès des médias
> Introduction
> Comment les médias ont transformé notre vie
> Développement : pour les médias
>   contre les médias
>   (ou inversement)
> Conclusion
> Ce que seront les médias à l'avenir :
> bénéfiques ? néfastes ?

Ecrivez ensuite la rédaction (200–300 mots). N'oubliez pas d'employer quand il le faudra des formules convenables pour l'**interrogation directe** et **indirecte** (*p. 232*), pour exprimer le **but** (*2, p. 4*), pour **aborder un aspect d'un sujet** (*1, p. 8*), pour exprimer la **conséquence** (*2, p. 9*), pour **expliquer** (*1, p. 14*), et pour exprimer des **pourcentages** et des **fractions** (*2, p. 15*).

Début possible:

> *Depuis une dizaine d'années nous vivons en pleine révolution des médias. Nouvelles chaînes de télévision, nouveaux magazines, ordinateurs dans les bureaux et à domicile – c'est véritablement l'ère de la communication. Aujourd'hui, nous pouvons . . .*

**GERBLÉ.
LES VITAMINES DE LA VIE.**

L'ORÉAL

CREME QUOTIDIENNE
DE SOIN
PLÉNITUDE

LA PROTECTION ESSENTIELLE
DE VOTRE PEAU

PLÉNITUDE
CREME
QUOTIDIENNE
DE SOIN

L'ORÉAL
P L É N I T U D E
Retarde les Effets du Vieillissement

52%
DES FRANÇAIS

Affiches publicitaires, télévision, magazines: dans la vie quotidienne, nous sommes de plus en plus entourés d'images représentant des hommes et des femmes, des filles et des garçons. Souvent, nous avons tendance à prendre de telles images pour le reflet fidèle de la réalité. Il est indiscutable que l'image comporte presque toujours quelque chose de vrai; mais, selon les sociologues, elle est souvent aussi la projection d'un désir, d'un rêve. Or, c'est en regardant les images que les enfants apprennent peut-être en partie leur rôle dans la société. Quelle idée ces images leur donnent-elles des hommes et des femmes dans notre société d'aujourd'hui?

"Pour profiter pleinement de votre lave-vaisselle, offrez-lui SUN"

DE L'IMAGE À LA RÉALITÉ

5

1. Reflet fidèle de la réalité? (Demander à quelqu'un quelle impression il a de quelque chose/ Exprimer sa propre impression)

(a) Les images aux pages 25 et 27 ont été découpées au hasard dans des magazines et des manuels scolaires français.

Travail à deux Regardez attentivement chaque image: choisissez dans la liste ci-contre, (*Quelle personnalité?*), sous n'importe quel titre, deux mots ou expressions qui, à votre avis, caractérisent le mieux la personnalité de chaque sujet – homme, femme ou enfant – telle que l'image nous la suggère. Notez les expressions que vous aurez choisies de la manière suivante:

> *image c) i) dominateur, sûr de lui*

Classez ces expressions dans deux colonnes selon qu'elles s'appliquent à une personne du sexe masculin ou féminin.

▶ Si on voulait **demander à quelqu'un quelle impression il a de quelque chose**, on pourrait dire:

> **Quelle impression   as-tu   de …?**
> **Qu'est-ce que tu penses de …?**
> **Comment trouves-tu …?**

et si on voulait **exprimer sa propre impression**, on dirait probablement:

> Cette femme/Cet homme **a l'air** …
>   **semble** …
> Elle/Il **donne l'impression d'**avoir …
>   **semble/paraît** croire que … ◀

(b) ***Exercice oral*** Comparez les expressions que vous avez choisies avec celles des autres étudiants, en utilisant chaque fois une des formules ci-dessus. Essayez de vous mettre d'accord sur les mots ou expressions qui conviennent à chaque sujet.

Exemple (image g):
> *Cette femme **a l'air** très sûre d'elle. Elle **semble/paraît** très franche à cause de la manière dont elle sourit.*

QUELLE PERSONNALITÉ?
émotivité
décidé – capricieux – sensible – ferme – posé – émotif – calme – puéril – frivole
auto-discipline
bavard – discipliné – organisé – franc – secret – rusé – discret – méthodique – goût pour l'organisation
degré d'assurance
besoin de se confier – goût du risque – soumis – indépendant – besoin de plaire
affirmation de soi
ambitieux – dominateur – faible – besoin de célébrité – besoin de puissance – sûr de soi
agressivité, honnêteté
rusé – goût pour la lutte – combatif – cynique
dynamisme
fougueux – passif
matérialisme
égoïste – matérialiste – curieux
qualités intellectuelles, créativité
intuitif – créateur – lucide – goût pour les idées théoriques – objectif – aptitude pour les sciences
relations personnelles
pudique – doux – grossier – besoin d'amour – goût pour la toilette

(c) La liste d'expressions que vous venez de consulter (a) a été rédigée par une sociologue dans un livre sur les rôles masculins et féminins. Pour voir les portraits de la «femme-type» et de l'«homme-type» tels que les concevaient les sujets interrogés par la sociologue, consultez le tableau des *Stéréotypes masculins et féminins* (Livret, p. 12).

Discussion Selon votre analyse, est-ce que les images que vous avez discutées se conforment aux stéréotypes établis dans le tableau du Livret? Croyez-vous que ces images soient le reflet fidèle de la réalité? Si ce n'est pas le cas, pour quelles raisons ces photos et ces dessins présentent-ils ainsi les deux sexes? En discutant ces deux questions, faites allusion, si vous le voulez, à des images publicitaires qui vous ont particulièrement frappé(e).

(f)

(g)

Hépar peut vous aider à mieux vivre votre régime amincissant.

HÉPAR, 165 MG DE MAGNÉSIUM POUR 1,5 LITRE D'EAU.

(b) Vous trouverez ci-dessous quelques phrases sur les sujets dont parle Janine. A vous de décider si, oui ou non, elles représentent fidèlement sa pensée.

Travail individuel → Mise en commun
Lisez attentivement les phrases suivantes. Ensuite, repassez plusieurs fois la bande: si les phrases ne représentent pas correctement la pensée de Janine, remaniez-les de façon à exprimer ce qu'elle dit.

Il importait à Janine et à son mari que leurs garçons fassent plus de tâches ménagères que leur fille.

En ce qui concerne les travaux ménagers, les choses se passent comme chez elle dans toutes les familles qu'elle connaît.

Selon Janine, il est très important que les femmes aient un emploi qui leur assure l'indépendance financière, surtout à notre époque où les séparations de couple sont nombreuses.

Même si une femme n'arrive pas à trouver un emploi enrichissant, il vaut toujours mieux accepter un travail monotone plutôt que de rester à la maison.

Passez en revue vos phrases remaniées avec le professeur et l'ensemble de la classe.

(c) Les indications ci-dessous vous aideront à faire un petit résumé oral de la pensée de Janine.

Travail individuel → Travail à deux Lisez attentivement les indications. Ensuite, écoutez une dernière fois le témoignage et prenez des notes qui vous seront utiles pour votre résumé oral.
Pour finir, avec un(e) partenaire, faites à tour de rôle le résumé oral de ce témoignage en ne regardant que ces indications.

Il importe que . . . participer . . . créer une atmosphère . . . Par contre . . . assez désagréable pour la mère . . . assurer . . . pendant que les autres . . .
Sur le plan financier, bien sûr, le travail . . . parce qu'il lui . . .
Mais sur le plan moral, le travail ne libère la femme que si . . . Plutôt que de . . . il vaut mieux qu'une femme . . .
Malheureusement, pour certaines femmes . . . parce qu'elles . . .

2. Quel travail pour la femme?

(a) Les images que vous venez d'étudier présentent des hommes et des femmes dans une variété de situations. Dans le témoignage que vous allez entendre, Janine L., institutrice et mère de famille, nous donne un autre aperçu du rôle de la femme.

Travail individuel → Mise en commun
Ecoutez une ou deux fois la bande et notez ce que vous apprenez sur:

– la famille de Janine
– son attitude envers les tâches ménagères
– la participation des enfants au travail de la maison
– les avantages que le travail à l'extérieur peut apporter à une femme.

Comparez ensuite vos notes avec celles des autres étudiants.

6

POINTS DE REPÈRE

L'article suivant, tiré d'un magazine pour les femmes, parle d'un livre de Simone de Beauvoir dont la parution fut une étape très importante dans l'histoire du féminisme moderne.

Travail individuel → ***Mise en commun***   Lisez attentivement l'article et prenez des notes en fonction des indications suivantes:

- titre et portée générale du livre dont on parle
- les trois aspects principaux de la question traités par l'auteur de ce livre
- son point de vue au moment de l'article.

Comparez ensuite vos notes avec celles des autres étudiants.

UNE FEMME PARMI LES FEMMES

On ne naît pas femme, on le devient

Voilà les mots empruntés par Simone de Beauvoir dans *Le Deuxième Sexe* pour indiquer que, selon elle, il n'y a pas de nature féminine dont on hérite de naissance.° Entre les hommes et les femmes, a-t-elle écrit, il n'y a pas plus de différence qu'entre les hommes entre eux et les femmes entre elles. Les différences ne sont que des singularités.° Tout le reste est fabrication. Et pour prouver sa théorie, elle fait le bilan de° la condition féminine. Un bilan lucide, minutieux,° parfois tragique, qui pousse à l'indignation d'abord, puis d'une façon impérieuse° à la révolte.

Le sexe qui engendre° et le sexe qui tue

Car hier comme aujourd'hui on ne peut lire *Le Deuxième Sexe*, cette étude historique qui se veut sereine° et non militante, sans être par moments traversé par la rage. Le livre raconte d'abord l'histoire des rapports entre les hommes et les femmes: en deux cents pages les raisons millénaires° pour lesquelles la supériorité est accordée «non au sexe qui engendre, mais au sexe qui tue» sont analysées, dénombrées,° à la lumière de ce que l'on sait ou croit savoir aujourd'hui sur les organisations tribales et sociales des premiers hommes.

De la crainte° à l'oppression

Au début, selon Simone de Beauvoir, la femme aurait été toute-puissante,° crainte et haïe° comme la nature elle-même, car elle était douée,° aux yeux des hommes, des pouvoirs magiques que confère le privilège d'être celle qui conçoit et met au monde.° Et l'homme n'a eu de cesse,° depuis, de la maintenir réduite, inférioriserée, maîtrisée, désarmée – trahissant° par un tel acharnement° à l'enchaîner et à la garder à l'écart° l'immensité même de la peur primitive qu'elle lui inspire probablement encore.

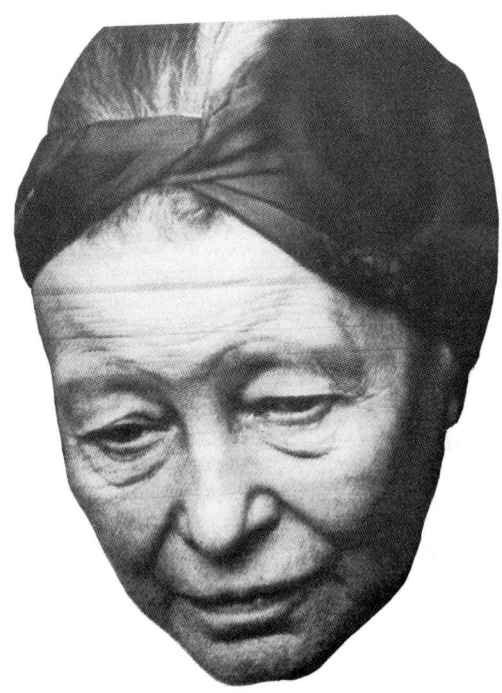

Pour prouver son propos, Mme de Beauvoir cite des écrivains de toutes les époques. Saint Jean Chrysostome: «En toutes les bêtes sauvages il ne s'en trouve pas de plus nuisante° que la femme.» Rousseau: «Toute l'éducation des femmes doit être relative aux hommes, la femme est faite pour céder° à l'homme et pour supporter ses injustices . . .» Au XVIIIᵉ siècle, siècle des lumières:° «La nature les a faites pour les soins domestiques et non pour les fonctions publiques . . .» Balzac: «La femme est une propriété qu'on acquiert par contrat . . .» Tant de désir d'inférioriser la «féminité», même chez des hommes aussi libéraux que Jean-Jacques Rousseau, montre à quel point le problème que pose *Le Deuxième Sexe* est enraciné,° complexe, terrifiant.

Pour la rendre plus utilisable, on l'instruit°

Le sort° de la femme progresse parce qu'on a besoin d'elle non plus seulement à la maison pour les tâches ménagères et les enfants mais pour produire en usine, servir dans les bureaux. Pour la rendre plus utilisable on l'instruit, et quand on l'instruit – les anti-féministes le savaient d'avance qui préconisaient° de la laisser dans son ignorance! – elle se met à penser. Alors la femme commence à se demander si cela est juste, si son sort est admissible.° Non, il ne l'est pas, dit Simone de Beauvoir: on ne naît pas femme, on le devient . . . la «vraie femme» est un produit artificiel que la civilisation fabrique comme naguère° on fabriquait des castrats,° ces chanteurs qu'on châtrait° dans l'enfance pour qu'ils conservent une voix de soprano. Fabrication qui se renouvelle avec chaque petite fille qui naît, par l'éducation que lui imposent non seulement son père et la société mais aussi sa mère.

Les femmes sont écrasées°

Le tableau de la formation d'une femme présenté par Simone de Beauvoir dans son livre est devenu un classique, au point qu'à le lire aujourd'hui il paraît fait d'évidences.° Les femmes sont écrasées, mutilées non seulement par la différence d'avenir et de destin qu'on leur propose dès le départ° («La destinée que la société propose traditionnellement aux femmes c'est le mariage») mais aussi par tout le reste – la mode, la parure,° le vêtement, qui bien souvent accentuent encore son «impotence». Et aussi le fait qu'elle est élevée non pour «être» mais pour «paraître». Que ses études ne sont jamais prises tout à fait au sérieux: si elle réussit «c'est bien pour une femme» lui dit-on, elle n'est qu'une «petite avocate»,° «une petite ceci ou cela» et finalement c'est à elle qu'on demande d'abandonner son travail pour s'occuper des enfants. Employée, salariée, elle est toujours sous-payée par rapport aux hommes. Si elle est en poste,° elle ne progresse jamais aussi vite que ses collègues masculins et les voit passer devant elle, elle n'est jamais au faîte° de la hiérarchie dans la profession qu'elle s'est choisie . . .

Il faut que les femmes travaillent

La condition essentielle de la femme, telle qu'elle a été hier et telle qu'elle est encore maintenant, c'est d'abord «le service du lit et le service du ménage». Et celles qui acceptent complètement ce sort, si cela tourne mal, si le mari les quitte, les abandonne, n'ont même pas en poche «un certificat comme une cuisinière». Elles ne sont rien, plus rien. « Jamais je n'ai vu des femmes tombées dans des abîmes° de désespoir aussi profonds qu'une femme mariée soudain abandonnée . . .» Ce sont elles, avant toutes autres, les véritables exploitées, les victimes sans recours.° Car une femme qui travaille, même sous-payée, et elle l'est pratiquement toujours, même travaillant double (profession + travail ménager), est en marche vers une relative autonomie,° une relative indépendance. Simone de Beauvoir, dès ce moment-là et de plus en plus, revient sans cesse sur cette nécessité: «Il faut que les femmes travaillent, même dans les conditions d'aujourd'hui». Une femme qui travaille n'est pas coupée des autres femmes comme celle qui reste à la maison, elle peut parler, se parler. C'est ainsi que les femmes commencent à se connaître, à s'apercevoir que leur force – comme pour le prolétariat – est dans l'union.

Aujourd'hui, une période de transition

Les femmes sont seules, restent seules et ne peuvent compter que les unes sur les autres. Verra-t-on des mâles renoncer d'eux-mêmes, spontanément et généreusement, à leurs privilèges? C'est pour cela qu'après avoir écrit ce livre Simone de Beauvoir est devenue vraiment, enfin, féministe. Maintenant elle se rend compte que les progrès se font très lentement dans ce domaine et elle préconise, pour un temps, ces «mouvements féministes» parfois décriés° où les femmes les plus timides vont pouvoir oser parler, oser se montrer, se découvrir, s'analyser, s'exprimer, sans avoir pour juge les hommes ou l'homme qui partage leur vie. Dans cette période de transition très dure, les femmes ne vont pouvoir compter que sur elles-mêmes ou les unes sur les autres . . . Il lui semble même que l'agressivité et la violence, le viol° à l'occasion, se développent chez certains hommes en réponse à cette prise de conscience° féminine, au fur et à mesure qu'elle devient plus générale, qu'elle prend de la force et qu'ils s'estiment menacés. Tous ces mouvements féministes, Simone de Beauvoir en est solidaire,° elle y travaille, elle s'y intègre. Seule? Comme une femme parmi les femmes.

● **hériter de qqc de naissance** inherit sg from birth **singularité** (f) incidental detail **faire le bilan de** take stock of **minutieux(-euse)** minutely detailed **impérieux(-euse)** compelling **engendrer** give birth **serein** dispassionate **millénaire** age-old **dénombrer** enumerate **crainte** (f) fear **tout-puissant** all-powerful **haïr** hate **doué** endowed **mettre au monde** bring into the world **n'avoir de cesse de** strive

constantly to **trahir** betray **acharnement** (m) relentless determination **à l'écart** in the background **nuisant** harmful **des lumières** of Enlightenment **instruire** educate **préconiser** advocate **naguère** formerly **castrat** (m) castrato **châtrer** castrate **écraser** crush **fait d'évidences** made up of obvious statements

achèvement (m)
céder give way **enraciné** deep-rooted **sort** (m) lot **admissible** acceptable

dès le départ from the outset **parure** (f) finery, jewellery **avocat(e)** (m, f) lawyer **être en poste** have a job **faîte** (m) summit **abîme** (m) depth **sans recours** helpless **autonomie** (f) self-sufficiency **décrier** disparage **viol** (m) rape **prise** (f) **de conscience** (new) awareness **au fur et à mesure que** as **être solidaire de** feel solidarity with

1. Le résumé de l'article (La justification, la cause et le but)

Dans l'article *Une femme parmi les femmes*, comme dans la plupart des textes imprimés, chaque paragraphe renferme une idée principale. Ici, l'idée consiste chaque fois en une constatation des faits tels que l'auteur les voit, suivie d'une phrase qui l'explique.

(a) *Travail individuel → Mise en commun* Relisez le texte et complétez (colonne ii) les phrases du tableau ci-dessous de façon à exprimer l'idée principale de chaque paragraphe. Employez autant que possible vos propres mots. Comparez ensuite vos idées avec celles des autres étudiants.

▶ Les mots employés dans le tableau ci-dessous pour relier l'**explication** à la constatation principale peuvent être classés de la manière suivante:

> **cause:** *c'est que..., grâce à...* (ce dernier implique un résultat heureux)
> **justification:** *puisque...,*
> *en effet,..., car...,*
> **but:** *de façon à..., afin de...* ◀

(b) Le texte suivant offre un abrégé de quelques-unes des idées exprimées dans *Une femme parmi les femmes*, mais il y manque des expressions de **cause**, de **justification** et de **but**.

Travail individuel Relisez encore une fois les phrases que vous venez de compléter et la liste d'expressions à gauche. Notez dans chaque cas ce qui précède (virgule? deux points?) et ce qui suit l'expression. Ensuite, complétez de mémoire le résumé suivant en employant dans chaque blanc une expression qui convienne.

Il est évident que les hommes craignaient les femmes depuis la préhistoire, (...**justification**...) ils ont essayé de les dévaloriser dans les comptes rendus historiques et les œuvres littéraires: (...**cause**...) ils se méfiaient de leur pouvoir «magique» de concevoir des enfants. Mais peu à peu ils ont été obligés d'instruire les femmes (...**but**...) les rendre plus utilisables dans les bureaux et les usines. (...**cause**...) cette éducation, les femmes se sont rendu compte de l'injustice de leur état. Désormais, donc, elles ont pris l'habitude de se réunir: (...**justification**...), elles ne pouvaient pas se plaindre de leur sort devant les hommes (...**justification**...) ceux-ci se seraient sans doute moqués d'elles. Les membres des groupements féministes considèrent qu'il leur faut se tenir à l'écart même des hommes qui partagent leur vie, (...**but**...) faire le bilan de leur situation actuelle sans être dérangées par l'intervention masculine.

CONSTATATION		EXPLICATION
Para		
1	Selon Simone de Beauvoir, l'idée qu'il existe une nature féminine est fausse	puisque...
2	Elle raconte l'histoire des sociétés primitives	de façon à montrer...
3	Pour elle, si l'homme a sans cesse tenté de dominer la femme,	c'est qu'il...
4	Cependant, les femmes ont enfin commencé à prendre conscience de l'injustice de leur situation	grâce à...
5	Dans le monde du travail, les femmes avancent moins rapidement que leurs collègues masculins:	en effet,...
6	Pour Simone de Beauvoir, il importe beaucoup que les femmes aient un emploi	afin de...
7(i)	Actuellement, l'auteur du *Deuxième Sexe* recommande l'adhésion à des groupes féministes	car...
7(ii)	D'après Simone de Beauvoir, cette prise de conscience féminine provoquerait quelquefois l'agressivité chez les hommes:	c'est que...

2. Déclarations à propos de la condition féminine (Donner son opinion/Citer l'opinion de quelqu'un)

(a) Tout le monde, bien sûr, ne partage pas l'avis de Simone de Beauvoir en ce qui concerne la condition féminine. Vous trouverez ci-contre plusieurs opinions citées dans des revues et des journaux.

Travail à deux Avec un(e) partenaire, comparez ces opinions avec celles de l'auteur du *Deuxième sexe* (voir votre tableau complété, *1a*). A votre avis, ces témoins seraient-ils d'accord avec elle ou non? Notez le nom de chaque témoin et cochez ou mettez une croix pour indiquer l'accord ou le désaccord. Justifiez votre réponse en vous référant aux idées principales de Simone de Beauvoir.

Exemple:

Simone Rouyer – X – parce que Simone de Beauvoir considère que...

> Ce que je reproche aux féministes, c'est d'avoir cherché à culpabiliser les femmes qui étaient heureuses de s'occuper de leur foyer.

Simone Rouyer, Président de cour d'Assises

> Qu'est-ce qui a créé ce nouveau type de femme – instruite, informée, possédant une compétence professionnelle? C'est la science, bien sûr, qui, avec la pilule, a tout à fait changé leur vie intime.

R. Seznec, journaliste

> A l'âge de 6 ou 7 ans, les fillettes ont déjà reçu le conditionnement nécessaire pour qu'elles s'identifient à leurs héroïnes – par exemple Cendrillon, qui est le modèle de l'humilité et de la résignation.

Mariella Righini, journaliste

> Je ne vois pas du tout pourquoi on me traite de phallocrate lorsque je dis que j'aime beaucoup dorloter ma petite femme. En tout, elle dépend de moi, et elle en est bien contente, je crois.

J.-P. Pittion, comptable

> Chaque être humain porte en soi la diversité des tendances masculines et féminines. Dans la civilisation actuelle, les hommes, par obéissance au modèle du mâle viril, suppriment leur potentiel «féminin». Les femmes, elles, se voient obligées de choisir entre féminisme agressif ou féminité aveugle.

Laurence Bardin, maître-assistant à l'Université de Paris V

> Nous autres femmes, nous avons beau faire des progrès, nous nous heurtons toujours au barrage implacable de la haine cachée et du mépris ouvert.

Michèle Perrein, auteur

> Nous autres hommes avons tendance à nous laisser séduire par de belles paroles. Les femmes, elles, ont plus de lucidité.

Maître Desgranges, avocat

> Le travail des femmes, dont personne ne conteste la légitimité ni la légalité, n'en est pas moins facteur de chômage et de dénatalité. Plutôt que d'envoyer les femmes au travail, mieux vaut les envoyer au lit.

M. Henriet, sénateur

> Les femmes médecins gravissent plus lentement que leurs collègues masculins les échelons de la hiérarchie. Compétences moindres? Pas du tout. En général, la maternité leur tombe sur les bras pendant leurs études. Mais cela n'explique pas tout.

Sylvie Ricot, médecin agrégé

▶ Pour **donner son opinion**, on emploie des expressions telles que:

> Pour moi, ...
> A mon avis/A mon sens, ...
> Il me semble que ...
> Personnellement, je trouve que ...
> Moi, je crois que ...
> J'ai l'impression que ... ◀

(b) ***Discussion*** Comparez maintenant vos notes sur les opinions citées plus haut avec celles des autres étudiants. Le professeur vous demandera ensuite ce que vous pensez de ces idées. **Donnez votre opinion** en citant pour la justifier des exemples tirés de votre expérience ou de vos lectures. N'oubliez pas d'employer dans vos **explications** des expressions de **cause**, **de justification**, et de **but** (voir *1*).

Exemple:

> ***Il me semble qu'***effectivement les femmes accèdent moins souvent que les hommes aux échelons supérieurs de leur profession: **en effet**, dans notre lycée, les postes de responsabilité sont occupés ...

▶ Lisez ces deux phrases:
D'après Simone de Beauvoir, cette prise de conscience féminine **provoquerait** quelquefois l'agressivité chez les hommes.

Au début, la femme **aurait été** toute-puissante, crainte et haïe comme la nature elle-même.

Afin de **citer l'opinion de quelqu'un**, on emploie souvent ainsi le **conditionnel** (pour se référer au présent) ou le **conditionnel du passé** (pour se référer au passé). On indique ainsi que le point de vue en question n'est pas incontestable.
Voici d'autres éléments de phrase qui servent à citer une opinion:

Selon/D'après X, ...	+ *conditionnel*
X affirme/prétend que ...	*ou conditionnel*
Suivant l'opinion d'X, ...	*du passé*
Il semble à X que ...	*(facultatif)* ◀

(c) Les témoignages à gauche (a) présentent les opinions de plusieurs individus sur la condition féminine.
Travail individuel Lisez attentivement encore une fois ces témoignages. Résumez clairement en vos propres mots l'idée essentielle de chaque témoin. Pour **citer son opinion**, employez une des formules ci-dessus (+ **conditionnel/conditionnel du passé**).

Exemple:

> Maître Desgranges **prétend que** les femmes **seraient** plus lucides que les hommes, qui, **d'après lui, se laisseraient** plus facilement séduire par de belles paroles que leurs collègues féminines.

3. Où en sont les femmes? (Quelques stratégies du français parlé)

(a) Simone de Beauvoir a parlé de l'évolution de la femme en des termes plutôt pessimistes. Mais qu'en pense une Française moyenne comme Janine L.?

Travail individuel → Mise en commun
Ecoutez une ou deux fois la bande et notez vos réponses à ces questions:

- Quels sont les deux phénomènes qui, selon Janine, ont aidé les femmes à s'émanciper?
- En quoi la condition féminine a-t-elle évolué depuis la jeunesse de la mère de Janine?

Comparez vos réponses avec celles des autres étudiants.

(b) A vous maintenant de retrouver le détail de ce que dit Janine.

Travail individuel → Travail à deux Repassez la bande et, en l'arrêtant au besoin, faites la transcription de la première partie du témoignage, jusqu'aux mots «...la vie active du pays». Comparez ensuite votre transcription avec celle de votre partenaire.

▶ Dans le témoignage que vous venez d'écouter, Janine exprime ses idées de façon spontanée. Comme cela arrive très souvent dans la conversation courante ou au cours d'une interview, elle n'a pas le temps de bien formuler sa pensée comme dans la langue écrite. Par conséquent, elle emploie des stratégies qui lui donnent du temps: elle a tendance, par exemple, à **hésiter**, à reprendre une idée pour la **préciser**, à **faire appel à son interlocuteur,** etc. La plupart des exemples présentés dans le tableau à droite figurent dans la première partie du témoignage de Janine. ◁

(c) ***Travail à deux → Mise en commun*** Recopiez le tableau *Quelques stratégies du français parlé.* Ensuite, relevez ensemble dans votre transcription complétée (*b*) tous les autres exemples de ces stratégies que vous y trouverez et ajoutez-les à votre tableau. (Au besoin, vous pouvez classer des expressions sous deux titres différents.)

Pour finir, comparez votre tableau complété avec celui des autres étudiants.

Quelques stratégies du français parlé

Hésiter	Atténuer, modifier	Expliquer
- Les Les mouvements féministes - euh		

Préciser	Contraster	Accentuer
- ce qui est quand même qui nous paraît ...	- alors que ...	- bon

Faire appel à l'interlocuteur
- n'est-ce pas
- hein

Il existe actuellement une place de crèche pour 40 enfants, tout le monde le sait. Et à Paris on fait la queue pour avoir des places à l'école maternelle

En fin d'après-midi, que font les enfants dont les mères travaillent? On peut se poser cette question d'autant plus que les chiffres sont inquiétants: la délinquance, la drogue font chaque jour de nouvelles victimes. A qui la

Jusqu'à présent les femmes étaient bloquées dans des professions bien typées: couture, emplois de bureau, services sociaux. Mais aujourd'hui elles se lancent dans des métiers en principe réservés aux hommes. C'est peut-être un début de solution au terrible problème du chômage féminin.

QUI FAIT QUOI DANS LA MAISON?

«Prenons le cas de beaucoup de mes élèves, dit Jacques. Ils ne font pas leur lit parce que leur mère considère que ce n'est pas un travail d'homme. Ils en seront vite convaincus, et ils garderont avec leur femme ce comportement de petit sultan.» Les mères sont donc coupables d'une

Madame *le* Ministre, ça suffit...
On dit toujours Madame *le* Maire, Marguerite Yourcenar est *un* très bon auteur... les arguments contre la féminisation des noms de métier ne tiennent pourtant debout que grâce au vieux mépris de tout ce qui est féminin.

Dans nos entreprises nous employons beaucoup de femmes. Elles sont particulièrement bien adaptées aux tâches méticuleuses et monotones que les hommes ne supportent pas.
M.B., chef d'atelier dans une entreprise d'électronique

Faut-il verser un salaire à la mère au foyer?
«Pas du tout d'accord», répond Bernadette, étudiante. «Avec le salaire maternel, on renforcerait dans l'opinion publique l'image de la femme vouée à la maternité. On retourne cent ans en arrière.»

ENQUÊTE		
SUR 100 ENFANTS, COMBIEN SONT RÉPRIMANDÉS:	FILLES	GARÇONS
Pour refus d'obéir	95	78
Pour refus de remercier	40	27
Pour avoir cassé un objet	24	15
Pour indiscipline à l'école	15	39

4. Table ronde sur la condition féminine

(a) Pour l'émission radiophonique *Face au public* on a organisé un débat entre les personnes suivantes:

- un agent de publicité soucieux de défendre la conduite professionnelle de ses collègues
- une féministe convaincue et passionnée
- une mère de famille contente d'être femme au foyer
- un homme politique de gauche qui s'intéresse aux droits de la femme.

Le public (la majorité de la classe) va poser des questions à ces invités.

Travail individuel* → *Travail à deux Lisez vos notes (*1, 2, 3 ci-dessus*) ainsi que les extraits d'articles de presse ci-contre: ils vous fourniront des idées pour les questions que vous allez poser. Notez ensuite vos questions. Comparez-les avec celles de votre voisin(e).

(b) ***Travail en groupe* → *Discussion*** Le professeur divisera la classe en quatre groupes (ou deux, ou trois, selon les effectifs). Chaque groupe préparera le rôle d'un membre de la table ronde (agent de publicité, etc.), en prenant des notes sur les réponses probables que donnerait cette personne aux questions déjà formulées (a) par les membres du groupe.

Pour finir, le professeur choisira un membre de chaque groupe afin de constituer la table ronde. Les autres étudiants leur poseront des questions à tour de rôle. N'oubliez pas d'employer les formules présentées ci-dessus pour **exprimer votre impression** et pour **demander à quelqu'un quelle impression il a de quelque chose** (*1, p. 26*), pour exprimer la **cause**, la **justification** et le **but** (*1, p. 30*), et pour **citer l'opinion de quelqu'un** (*2, p. 31*). Le professeur incarnera le présentateur/la présentatrice et enregistrera la discussion.

(c) A la suite de l'émission radiophonique, un journaliste rédige pour une revue un compte rendu de la discussion.

Travail individuel Ecoutez plusieurs fois la discussion enregistrée en prenant des notes sur les idées principales qui y ont été abordées, les exemples cités, etc.

Ensuite, rédigez-en le compte rendu pour le journaliste.

POINTS DE REPÈRE

7

Dans cet article paru dans le magazine *Elle*, la journaliste raconte l'histoire vraie d'une jeune femme rencontrée par hasard.
Travail individuel → Mise en commun Lisez une première fois le texte. Ensuite, résumez par écrit ce que vous apprenez sur:

- les raisons pour lesquelles la journaliste s'est arrêtée
- le comportement des enfants de l'autostoppeuse
- la situation domestique de celle-ci

- ses réactions devant son sort
- sa situation financière

Avec l'aide du professeur, reconstituez maintenant à l'oral les grandes lignes de cette histoire, en travaillant à partir de vos notes. Mettez cette fois les verbes au passé. Dans quelle mesure, selon vous, cette histoire offre-t-elle une confirmation ou une contradiction des idées de Simone de Beauvoir (*pp. 28–9*)?

UNE HISTOIRE BANALE À HURLER°

Le petit garçon avait les cheveux roux comme mon dernier fils, je n'ai pas résisté: je me suis arrêtée. C'est rare de trouver une mère et ses deux enfants le pouce° en l'air au bord d'une nationale.°
Tous trois montent dans ma voiture avec un sourire, un merci aimable. Les enfants sont aussi beaux que sympathiques. Ils s'installent à l'arrière, s'absorbent dans une partie de Master-mind. Petite, mince, les cheveux courts, l'air vif,° en jean et T-shirt, la mère n'a pas eu à faire la moindre recommandation pour que tout se déroule° dans la bonne humeur et la parfaite politesse. J'admire ce petit bout° de femme. Dans les mêmes circonstances, mes propres enfants se seraient-ils comportés° aussi bien?
Après quelques considérations météorologiques, ma curiosité l'emporte:°
— Vous faites souvent du stop,° comme ça, en famille?
Alors dignement,° sans gémir,° avec juste de temps en temps la gorge qui coince° un peu et l'œil qui ravale° une larme (elle ne pleurera jamais pendant les deux heures que nous avons passées ensemble), la jeune femme raconte. Une histoire classique par les temps qui courent.° Une histoire banale à vous donner envie de hurler, de la raconter, de faire quelque chose ... Une histoire simple: la sienne.
— Nous allons passer quelques jours avant la rentrée° chez ma sœur à Orléans. En camping. Il fallait que je bouge.° Il vaut mieux° bouger que craquer. Je ne pouvais plus supporter de tourner en rond° dans mon deux pièces° avec les gosses° qui n'ont pas eu de vraies vacances. Ils rentrent tous les deux au CES.° Ma fille, 13 ans, en 4e, mon fils, 11 ans. en 6e. Ils travaillent très bien tous les deux. Ça, je peux dire qu'ils me donnent des satisfactions. Heureusement qu'ils sont là ... Sinon ...
Sinon que fait-on à 34 ans avec 600F de pension alimentaire° qu'un père «oublie» de verser° depuis quelques mois?
— Vous ne travaillez pas?
— Je suis au chômage° depuis mars. Au moment de notre séparation, il y a deux ans, j'ai trouvé une place de femme de service° dans une cantine.° Comme intérimaire.° Ils ont réduit les effectifs° au printemps. Depuis, je cherche. Bien sûr, je touche des allocations° de chômage et le complément° familial, mais 1200F environ par mois, ça ne fait pas lourd. IL FAUT QUE JE TROUVE DU TRAVAIL. Pas seulement pour l'argent, mais aussi pour mon moral.

Il faut que je trouve du travail ...
Il n'y a dans son ton ni appel à la pitié, ni désir de se faire plaindre,° plutôt une rage désespérée, une envie d'agir, une envie de faire face°
...
— L'Agence pour l'Emploi ne vous a rien proposé? En tant que° femme seule chef de famille, vous avez une priorité!
— J'ai vu l'assistante sociale° et je suis inscrite° au chômage. Mais au Havre où j'habite, ce n'est pas brillant en ce moment. Surtout pour les femmes. Peut-être que sur Paris, je trouverais plus facilement, mais avec les deux enfants, je ne peux pas quitter Le Havre.
Elle a raison: c'est bien beau° les grandes théories sur la mobilité de la main-d'œuvre. Mais comment bouger en risquant de mettre en péril l'équilibre des enfants, déjà perturbés° sur le plan familial, en les changeant d'école?
Elle constate: «Avec le certificat d'études,° ce n'est pas facile de trouver une place. Sans formation° professionnelle, que peut faire une femme, même jeune, même courageuse?»
Ses phrases sont précises, les mots exacts, elle est certainement intelligente et énergique. Il suffit de voir ses enfants pour en être persuadée. Il n'y a pas de hasard° éducatif.° Mais elle, elle ne SAIT RIEN, elle n'A RIEN. Rien d'autre que ce besoin absolu de travailler.

Un dernier mot: je sais que cette jeune femme n'est pas une exception. Des milliers de chômeuses, chefs de famille, partagent° ses angoisses.° Pourquoi évoquer ce cas particulier alors qu'il s'agit° d'un problème national, international même? ... Parce que parfois,° quand l'injustice existe et qu'on l'a rencontrée si présente, si évidente, si révoltante, il devient insupportable de se taire.°

● **(à) hurler** (enough to make one) scream   **pouce** (m) thumb   **(route) nationale** (f) 'A' road   **vif (vive)** vivacious   **se dérouler** take place   **bout** (m) scrap, slip   **se comporter** behave   **l'emporter** get the upper hand   **stop** (m) hitch-hiking   **dignement** with dignity   **sans gémir** without complaining   **coincer** become choked   **ravaler** fight back   **par les temps qui courent** things being what they are   **rentrée** (f) beginning of the school year

bouger get away   **il vaut mieux** it is better   **tourner en rond** walk round and round   **deux pièces** (m) two-room flat   **gosse** (m/f) (fam) kid   **CES (collège** (m) **d'enseignement secondaire)** secondary school   **pension** (f) **alimentaire** maintenance allowance   **verser** pay   **au chômage** unemployed   **femme** (f) **de service** server   **cantine** (f) canteen   **intérimaire** (m/f) temp   **effectifs** (m pl) staff   **allocation** (f) benefit   **complément** (m)

supplement   **plaindre** pity   things   **en tant que** as   social worker   **inscrit** signed on   very well   **perturbé** disturbed   **d'études** primary leaving certificate   training   **hasard** (m) luck   where bringing up children is concerned   share   **angoisse** (f) anxiety   matter of)   **parfois** sometimes   silent   **faire face** face up to things   **assistante** (f) **sociale**   **bien beau** all   **certificat** (m)   **formation** (f)   **éducatif(-ve)**   **partager**   **il s'agit de** it is (a   **se taire** remain

1. L'article en détail (La cause)

(a) En lisant ce texte, on s'indigne contre le sort de cette mère. Comment les choses en sont-elles venues là? En fait il s'agit de toute une série de **causes**.

Travail à deux La colonne (i) du tableau suivant présente des constatations faites par la journaliste au cours de son article. Avec un(e) partenaire, trouvez dans le texte, ou devinez, la **cause** (*colonne ii*) de chaque aspect de la situation ainsi constaté. Employez chaque fois un substantif, comme dans l'exemple donné.

Ces expressions vous seront peut-être utiles: *l'insuffisance/le manque de qqc, l'oubli/l'impossibilité/la difficulté de faire, le fait que*...

(b) Les rapports de **cause** à effet peuvent s'exprimer de plusieurs manières différentes.
Travail individuel → Mise en commun Rédigez la liste de toutes les expressions de **cause** que vous connaissez déjà, sans compter les verbes. Ensuite, en consultant cette liste, trouvez les mots et expressions qui manquent à la liste suivante. Notez aussi l'élément qui doit suivre chaque mot ou expression (**substantif** ou **verbe conjugué**). Consultez au besoin un dictionnaire.

▷ **Expression de la cause**

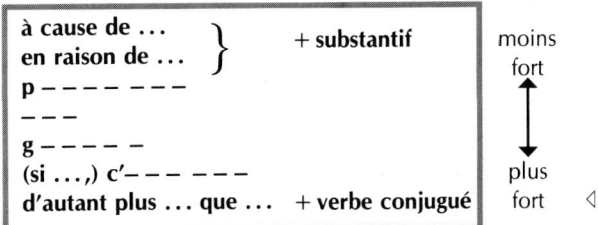

Comparez ensuite votre liste complétée avec celle des autres étudiants.

(c) *Travail individuel* A partir de votre tableau complété (a), rédigez des phrases qui relient chaque constatation (*colonne i*), à sa **cause** (*colonne ii*). Employez chaque fois une des expressions ci-dessus (*b*). Variez les formules que vous emprunterez selon l'importance que vous voulez attacher à chaque **cause**.

Exemple (n° 3):
> *Si la famille a besoin de voyager, **c'est que** la mère ne supporte plus son deux-pièces. Ils éprouvent **d'autant plus** le besoin de partir **que** les enfants n'ont pas eu de vraies vacances.*

(i) CONSTATATION	(ii) CAUSE(S) précisée(s) ou impliquée(s)
1. la sagesse des enfants	– *La bonne éducation donnée par leur mère*
2. l'admiration de la journaliste	–
3. le besoin de voyager (mère; enfants)	–
4. la perte de l'emploi	–
5. le besoin de travailler (situation financière; comportement du père)	–
6. l'absence d'un nouvel emploi (situation locale; autres raisons)	–
7. l'obligation de rester sur place	–

2. Et si les circonstances étaient différentes? (Condition possible: si + imparfait + conditionnel)

▶ Si le mari de cette jeune femme n'**oubliait** pas de verser la pension alimentaire, sa situation financière **serait** un peu moins difficile.

Pour exprimer une **condition possible**, on emploie ainsi, comme vous le savez déjà, **si + imparfait + conditionnel.** ◀

Quelles sont les autres modifications possibles de la situation de cette mère qui amélioreraient son sort et celui de ses enfants?
Travail à deux → Mise en commun Notez avec un(e) partenaire votre réponse à cette question, en employant chaque fois **si + imparfait + conditionnel**. Le professeur vous demandera ensuite de présenter à tour de rôle vos réponses à l'ensemble de la classe.

VOCABULAIRE: un homme politique se prépare à défendre les mères seules

Un député de gauche, qui a accepté de participer à un débat radiophonique sur le sort des mères seules, a lu l'article *Une histoire banale à hurler* et en a noté les idées générales afin de s'en servir pendant le débat. Malheureusement, il a par mégarde déchiré le bout de papier sur lequel il avait pris ses notes, et il est obligé de les reconstituer.

Travail individuel → Mise en commun Mettez-vous à la place de l'homme politique et reconstituez les notes ci-dessous, en relisant au besoin l'article. Comparez ensuite vos idées avec celles des autres étudiants.

Beaucoup de jeunes mères au chô seules ressources: Les al raison: père «oublie» de ve problèmes d'emploi: ① elles n'ont pas eu de ② elles ne veulent pas m L'équilibre des gr par la séparation des (d'où la bêtise des Théoristes qui parlent de la m

3. Le travail féminin: l'état de fait en chiffres (La comparaison et la proportion)

▶ Lorsqu'on déchiffre un tableau, un graphique, etc. – comme ceux qui sont présentés ci-contre, par exemple – il est souvent nécessaire de faire la **comparaison** entre deux chiffres, ou de constater une **augmentation** ou une **diminution**:

La comparaison de deux chiffres

(Deux fois) plus/moins de ... que de ...
(il n'y a pas) autant de ... que de ...
le pourcentage/la proportion de ... est
   légèrement/nettement inférieur(e)/
   supérieur(e) à ...
par comparaison avec ...
par rapport à ...

La proportion: l'augmentation et la diminution

---

augmenter de dix pour cent
diminuer de vingt pour cent
s'accroître d'environ cinq pour cent
connaître un accroissement
   (important)/une (faible)/diminution ◀

(a) *Travail individuel → Mise en commun* Regardez attentivement les tableaux ci-contre. Rédigez pour chacun d'entre eux une phrase qui résume les renseignements ainsi représentés, en employant une des formules ci-dessus (**la comparaison/la proportion**). Le professeur vous demandera ensuite de communiquer vos phrases aux autres étudiants.

Exemple (ii):
> En 1984, bien que l'écart entre les salaires moyens masculin et féminin **ait légèrement diminué**, les hommes gagnaient toujours en moyenne un salaire très **supérieur à** celui des femmes.

(b) *Discussion* Pour quelles raisons les choses en sont-elles ainsi? Essayez d'expliquer chaque aspect de la situation actuelle représenté par les chiffres que vous venez d'étudier. Considérez dans vos réponses, si vous le voulez, les facteurs suivants:
- la responsabilité maternelle
- l'attitude des employeurs
- l'attitude des maris
- l'attitude des professeurs
- l'orientation scolaire
- la dévalorisation des métiers traditionnellement «féminins».

Vous aurez sans doute besoin d'employer les expressions de **cause** que vous avez étudiées (*1, p. 35*). N'oubliez pas non plus d'employer quelques-unes des *stratégies du français parlé* (*3, p. 32*).

(c) L'affiche à droite, publiée par le Mou-

LE TRAVAIL FÉMININ: L'ÉTAT DE FAIT EN CHIFFRES

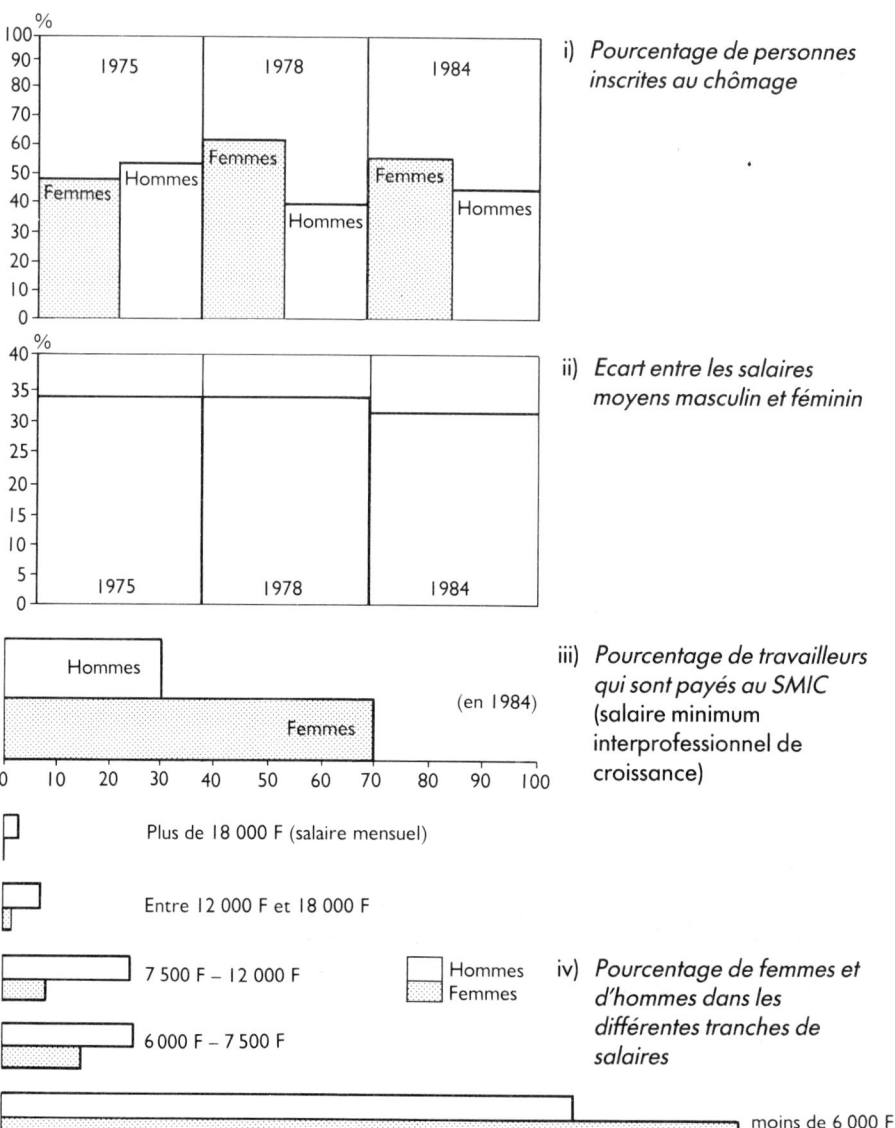

i) *Pourcentage de personnes inscrites au chômage*

ii) *Ecart entre les salaires moyens masculin et féminin*

iii) *Pourcentage de travailleurs qui sont payés au SMIC (salaire minimum interprofessionnel de croissance)*

iv) *Pourcentage de femmes et d'hommes dans les différentes tranches de salaires*

vement pour la Libération des Femmes (MLF), attire l'attention du lecteur sur les inégalités qui existent entre les deux sexes au niveau du travail.

Travail individuel En vous référant aux tableaux que vous avez étudiés (*a*), complétez le texte de cette affiche. Employez les formules présentées ci-dessus pour exprimer la **comparaison** et la **proportion** (*3a*), et essayez d'expliquer l'état de fait du travail féminin en lui attribuant des **causes** possibles.

v) *Pourcentage de bacheliers et de bachelières parmi les candidats au baccalauréat (cette même tendance est observée depuis 1965)*

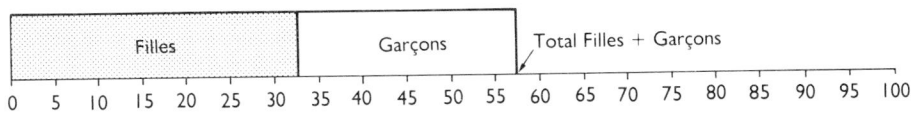

| Filles | Garçons | Total Filles + Garçons |

0 5 10 15 20 25 30 35 40 45 50 55 60 65 70 75 80 85 90 95 100

vi) *Proportion de femmes dans certains métiers*

Secrétaires sténo-dactylos	98%
Emplois de bureau non qualifiés	71
Emplois de bureau qualifiés	50
Personnel de service	81
Vendeurs et salariés du commerce	75
Infirmières diplômées	84
Enseignement primaire	67
Ouvrières des filatures	64

vii) *La formation universitaire*

Discipline	Hommes	Femmes
Droit	48%	52%
Sciences économiques	58	42
Lettres	32	68
Sciences	67	33
Médecine	56	44
Pharmacie	38	62
Etudes technologiques	62	38

Appel du MLF

pour que, dès le

8 mars de l'année en cours, la journée internationale des femmes, devienne, en France, fête nationale.

Chaque femme travaille 1 fois, 2 fois, 3 fois.

● Les femmes, en France, sont 52% des citoyens, c'est-à-dire la majorité. Toutes travailleuses, nous le sommes une fois, deux fois, trois fois: nous faisons des enfants, nous travaillons à la maison, nous avons une activité professionnelle.

● Les richesses apportées par les femmes dans l'économie nationale sont considérables: plus de 800 000 enfants, soit trois enfants toutes les deux minutes; plus de 37 milliards d'heures de travail domestique par an, non reconnu – travail au noir; et 60% des femmes en âge de travailler ont une activité professionnelle.

4. Lettre à un magazine

Un lecteur a écrit à un magazine féminin pour expliquer son point de vue sur le rôle actuel des femmes.

Travail individuel Lisez attentivement sa lettre. Ensuite, composez une réponse qui représente le point de vue contraire. N'oubliez pas d'employer des expressions de **cause**, de **justification** et de **but** (*1, p. 30*), de **citer des opinions** (*2, p. 31*) et de **comparer** des chiffres (*3, ci-dessus*).

> Votre article sur Simone de Beauvoir (*Une femme parmi les femmes*) m'a beaucoup choqué. Si les inscriptions au chômage augmentent d'année en année, c'est qu'un nombre de plus en plus important de mères veulent se remettre à travailler aussitôt que possible après la naissance de leurs enfants. Ensuite, elles se plaignent de leur «travail double». Qu'elles reviennent au foyer, alors! Votre article déclare d'un ton outré que la destinée de la femme dans notre société est le mariage. Pourquoi ainsi décrier cette destinée? Quoi de plus beau, de plus utile que de s'occuper de son mari et de ses enfants, d'assurer leur confort, leur bonheur? Beaucoup de travailleurs masculins, tracassés sans cesse par les décisions à prendre, les horaires à respecter, ne demanderaient pas mieux que de bénéficier eux aussi de cette liberté d'organiser leur journée que possèdent les femmes au foyer.
>
> J.-P. D., Poitiers

8

POINTS DE REPÈRE

Cette interview avec Yvette Roudy, Ministre des Droits de la Femme, démontre ce que le gouvernement socialiste (1981–6) a essayé de faire afin d'améliorer le sort des femmes.
Travail individuel → Mise en commun   En lisant attentivement une première fois le texte de l'interview, faites par écrit le bilan des mesures prises par Madame Roudy (lois, projets de loi, etc.) avec leurs dates là où elles sont précisées. Notez également les détails du budget et du personnel dont disposait le ministre au moment de l'interview. Comparez ensuite vos notes avec celles des autres étudiants.

● **droit** (m)   right   **motifs** (m pl)   grounds
déception (f)   disappointment   **ministère** (m)
ministry   **équipe** (f)   (support) team   **faire passer un projet de loi** get a bill through
Parliament   **mûrir** ripen   **remboursement** (m)
reimbursement (by social security)   **avortement** (m)
abortion   **prévoir** be designed to   **mettre en œuvre** put into practice   **déchiré** torn apart
culpabiliser qqn make sb feel guilty   **devoir** (m)
duty   **époux(-ouse)** (m, f)   marriage partner
citoyen(ne) (m, f)   citizen   **éventail** (m)   range
au foyer at home   **à travers** by means of
conjoint(e) (m, f)   spouse   **dot** (f) dowry
cheminer progress   **à l'heure actuelle** at the
present time   **évoluer** evolve   **on discute de qqc** sg is in dispute   **se servir de** use   **soulever** arouse   **s'émouvoir** get upset   **machisme** (m)
male chauvinism   **exorbitant** outrageous   **cela étant** that being the case   **avilissant** demeaning
entamer infringe   **au gré de leurs fantasmes**
as their fantasies dictate   **fantaisie** (f)   fancy
étape(f)   stage   **franchir** pass through
mener qqn en bateau take sb for a ride.

«LE FÉMINISME A ATTEINT SON POINT DE NON-RETOUR»

Interview avec Yvette Roudy, Ministre des Droits° de la Femme

Marie-Claire Vous êtes ministre depuis trois ans maintenant, et vous avez accompli beaucoup de choses. Mais n'avez-vous pas eu aussi quelques motifs° de déception?°

Yvette Roudy Si je vous dis que je n'en ai pas eu, vous n'allez pas me croire, mais comment vous expliquer? Je suis quelqu'un qui a été dans l'opposition pendant plus de quinze ans. Qui n'a jamais eu un sou pour réaliser quoi que ce soit. Aujourd'hui, j'ai un ministère,° j'ai plus de 113 millions de budget, j'ai des équipes,° une centaine de personnes à Paris, trois cents sur la France entière. Nous avons eu un énorme travail d'organisation matérielle, puis nous avons fait passer les projets de loi.° Nous commençons maintenant à voir mûrir° les fruits de notre politique.

M.C. C'est vrai. Rappelons les faits: vous avez obtenu, en mars 1982, le remboursement° de l'avortement:° en juillet 1983, vous avez fait adopter la loi sur l'égalité professionnelle, qui prévoit° d'aider les entreprises qui mettent en œuvre° une politique favorable aux femmes en ce qui concerne les salaires et la promotion. Parmi tous ces succès, quel est le meilleur souvenir que vous gardez de ces trois ans d'exercice?

Y.R. Un des meilleurs: le premier spot que j'ai vu passer à la télévision pour la campagne sur la contraception. Je me suis dit: enfin on peut utiliser ces techniques publicitaires dans une bonne direction, pour quelque chose d'utile et pas seulement dans un but commercial. Mais il reste beaucoup à faire. Vous ne pouvez pas empêcher que les femmes vivent une situation très difficile. J'essaie de progresser dans une certaine direction, pour leur donner les moyens d'aller aussi loin qu'elles ont envie d'aller, mais vous ne pouvez pas empêcher que les femmes soient déchirées.° Cela ne date pas d'aujourd'hui. On les a toujours culpabilisées:° «Vous travaillez? vous allez négliger vos devoirs° de mère et d'épouse».° «Ah, vous restez à la maison, vous allez négliger vos devoirs de citoyennes».° En leur donnant un éventail° de choix, nous les déculpabilisons. Et moi, je ne veux pas opposer la femme qui reste à la maison à celle qui travaille. Celle qui reste au foyer° le fait à travers° un choix raisonné qu'elle assume, sûrement, après discussion avec son conjoint.° Ce que je lui demande, c'est de penser à sa fille. La meilleure dot,° c'est un bon métier.

M.C. Estimez-vous, comme on le dit souvent, que nous sommes en période de stagnation des idéaux féministes?

Y.R. Non, pas du tout. Cela chemine° autrement, c'est tout. Les femmes, sans rien dire, se maintiennent beaucoup plus qu'autrefois sur le marché du travail. Sans la prise de conscience des quinze dernières années, vous n'auriez pas à l'heure actuelle° 42% des femmes parmi la population active. Parce que c'est dur, quand on a des gosses … Les mentalités ont bien évolué,° on ne discute° plus du principe de l'égalité professionnelle.

M.C. Et quelle est votre stratégie dans tout cela?

Y.R. Mon rôle, c'est de poser les problèmes les uns après les autres. De bien faire connaître aux femmes leurs droits, de leur expliquer qu'il faut qu'elles s'en servent,° car personne ne le fera à leur place. De forger de nouveaux droits, et de leur faire comprendre qu'elles ne sont pas seules.

M.C. Vous parlez de forger de nouveaux droits. Le projet de loi anti-sexiste, quand viendra-t-il en discussion?

Y.R. Quand j'ai vu la violence que ce projet a soulevé,° je ne me suis pas émue.° J'ai évalué la violence du machisme,° son agressivité, son arrogance, ses prétentions exorbitantes:° je ne pensais pas qu'on en était à ce point en France. Cela étant,° les gens ont entendu parler du projet: ils se sont interrogés sur le sexisme. Actuellement, on étudie les amendements, cela prendra du temps. La loi sur l'égalité professionnelle, j'ai mis deux ans à la faire passer.

M.C. Dans la bataille contre la violence faite aux femmes par les mots, la photo, les films pornographiques, vous avez voulu donner aux associations féminines la possibilité de «faire respecter une image de la femme qui ne soit ni dégradante ni avilissante».° Et on vous a traitée de «Madame la Pudeur»!

Y.R. Pour la loi anti-sexiste, il s'est agi d'un petit groupe de publicitaires parisiens qui ne supportent pas que l'on puisse entamer° le privilège qu'ils ont de faire, au gré de leurs fantasmes° ou de leur fantaisie,° ce qu'ils veulent avec le corps des femmes. Ils appellent ça «liberté». Je continue à dire que les associations féminines ont le droit de répondre, c'est tout.
Maintenant, beaucoup d'étapes° ont été franchies,° un point de non-retour a été atteint. Moi, je suis très optimiste. Il existera toujours des femmes qui préféreront rester chez elles, mais il y en aura de plus en plus, dans les nouvelles générations, qui auront envie d'être indépendantes. Les femmes ne sont pas idiotes … vous les menez de moins en moins en bateau.° Elles décideront par elles-mêmes.

Madame Yvette Roudy

1. Les souhaits de Madame Roudy (Le subjonctif)

▶ Comme vous le savez déjà, on emploie le présent du **subjonctif** après les verbes qui expriment un **désir**, un **souhait**, une **exigence** ou une **nécessité**, quand le sujet de la phrase subordonnée est différent de celui de la principale:

> Madame Roudy **voudrait** que chaque femme **puisse** choisir librement entre la vie au foyer et un travail en dehors de la maison.

Quand le sujet des deux verbes est le même, on emploie *vouloir, exiger, etc.,* + **infinitif**:

> Madame le Ministre **désire empêcher** les publicitaires de faire paraître des photos dégradantes de femmes. ◀

Travail individuel → Mise en commun
Relisez le texte de l'interview et notez par écrit les autres **désirs**, **souhaits** et **exigences** de Madame Roudy en ce qui concerne la femme française dans les domaines suivants:

- l'avortement
- l'égalité professionnelle
- la vie future de la femme
- l'attitude de la femme envers son devoir
- la manière dont la mère voit l'avenir de sa fille
- la femme et ses droits
- les associations féminines et la publicité.

Ces verbes vous seront peut-être utiles: *exiger/désirer/souhaiter/vouloir (que ...), il faut/il est nécessaire (que ...), insister (pour que ...).*
Comparez ensuite vos phrases avec celles des autres étudiants.

Exemple:
> Madame Roudy **a exigé que** l'avortement **soit** remboursé. Elle **a insisté pour que** l'avortement **soit** remboursé.

◉ 2. La longue marche vers l'égalité (La négation)

Il y a une cinquantaine d'années, les Françaises **ne** pouvaient légalement faire certaines choses **qu'**après avoir obtenu l'autorisation écrite de leur mari. Aujourd'hui, par contre, **personne ne** peut en principe empêcher une femme qualifiée d'exercer la profession de son choix. A vous de trouver d'autres différences entre le statut féminin en 1935 et celui d'aujourd'hui.

Travail individuel → Mise en commun
Lisez attentivement *La Française en 1935 et aujourd'hui* (à gauche). Ensuite, rédigez sept phrases qui démontrent le manque de liberté des femmes en 1935 et leur indépendance relative actuelle (par exemple, ce qu'un mari ne peut plus faire). Employez dans chacune de vos phrases une des formules négatives proposées dans *Le point sur la négation* (pp. 232–3).

Exemple:
> En 1935, selon la loi, **aucune/nulle** femme **ne** pouvait travailler la nuit.

Pour finir, comparez vos idées avec celles des autres étudiants. A votre avis, laquelle des restrictions de 1935 enfreignait le plus gravement la liberté des femmes? Pourquoi?

LA FRANÇAISE EN 1935 ET AUJOURD'HUI

En 1935

	Date où la loi a changé:
Selon la loi, elle devait:	
– obéir à son mari et habiter chez lui (en cas de refus il pouvait confisquer ses revenus).	1938
Il était interdit à une femme mariée de:	
– partir à l'étranger	
– exercer une profession	
– obtenir un carnet de chèques	1938
– acheter une propriété avec ses revenus propres	
sans l'autorisation écrite de son mari.	
Il était impossible à toute femme de:	
– travailler la nuit	
– voter ou se porter candidate aux élections	1944
– pratiquer la contraception	1967
– avoir recours à l'interruption volontaire de grossesse (l'avortement)	1974
– être ministre, préfet, pilote, militaire	1944, '81
– choisir le mode d'éducation de ses enfants	1979
Son mari pouvait:	
– lui faire subir une peine d'emprisonnement de 3 mois à 2 ans pour cause d'adultère	1938
– la tuer impunément s'il la trouvait en flagrant délit d'adultère; il serait acquitté pour sauvegarder l'intérêt de ses enfants.	1965

3. Rédaction: *«Le rôle de la femme dans notre société est différent du rôle masculin parce que la femme veut qu'il en soit ainsi».*

Après avoir étudié les articles et enregistrements présentés dans ce dossier, un étudiant a composé pour sa rédaction sur le sujet ci-dessus le plan présenté à droite.

Travail individuel En vous référant, si vous le voulez, aux notes prises par cet étudiant, écrivez maintenant la rédaction (300 à 450 mots). Employez au besoin les procédés étudiés dans ce dossier (pour exprimer la **cause**, la **proportion**, pour **citer l'opinion de quelqu'un**, etc.)

Début possible:

> *Pour analyser cette citation, il convient d'abord de préciser la nature du rôle masculin. Dans la société occidentale actuelle, la tradition veut toujours que l'homme*

INTRODUCTION
- le rôle masculin traditionnel = ?
- existence d'une différence entre ce rôle et celui de la femme?
- considérer les faits :
  - pourcentage des femmes ayant un emploi
  - proportion des femmes au chômage
- ∴ désir des femmes :

DÉVELOPPEMENT

1. «Pour» l'opinion exprimée dans la citation
   - rôle masculin vu par certaines femmes : très contraignant, beaucoup de responsabilités
   - avis de certains : tempérament féminin = douceur, etc.
   - certaines femmes aiment les enfants, le ménage etc.
   - rôle d'éducatrice : nécessité de présence (éviter la délinquance etc.)
   - refus apparent des femmes de toute formation scientifique, technologique, souvent exigée par l'industrie.
   - ∴ Selon cet avis, être estimée : exercer pleinement ce rôle «féminin»

2. «Contre» l'opinion exprimée dans la citation
   - tempérament de tout être humain : mélange de masculin et de féminin
   - sources de la «différence» (histoire, éducation, médias)
   - mépris traditionnel des hommes → emplois «féminins» = sous-payés, monotones
   - métiers respectés : manque de titre féminin (médecin, etc.)
   - travailler pour une femme : travail double ou triple
   - démission des pères (éducation des enfants)
   - ∴ Selon cet avis, être estimée : exercer un métier respecté

CONCLUSION
- différences principales des rôles actuels
- une question du désir des femmes ou non ?

«NI TOUT À FAIT FRANÇAIS, NI TOUT À FAIT ÉTRANGERS»

On a beaucoup parlé en France, ces dernières années, des travailleurs immigrés et de leurs familles. De quels pays viennent-ils? Depuis combien de temps sont-ils en France? A quelles difficultés sont-ils confrontés dans leur vie quotidienne? Quelle est l'attitude de la population française envers eux? Ce dossier guidera vos réflexions sur ces questions.

« JUSTE UN PEU DE TOLÉRANCE . . . »

9

1 Je vis à Vitry dans une cité° pas très joyeuse. Il n'y a pas tellement de loisirs. C'est plutôt du béton.° Les enfants s'amusent dans la rue. En général, les familles d'immigrés ont beaucoup d'enfants. Ils les mettent dehors parce que, justement, le logement est assez serré.° Moi, je vis dans un HLM° en F4.° Nous avons onze enfants.

2 On a fait venir des masses de travailleurs étrangers, à une époque où l'économie du pays en avait besoin, pour occuper des emplois que les Français ne voulaient plus prendre parce qu'ils étaient trop pénibles° et trop mal payés. Et nul ne s'est soucié de° prévoir° leur adaptation à ce nouveau mode de vie. On les a fait passer du village et de la vie communautaire au chacun-pour-soi des grands ensembles.° Comment s'étonner de constater,° aujourd'hui, que cela fait des dégâts?°

3 Je pense qu'on aura du mal à° former° certains immigrés à l'usage des robots . . . Il y en a qui ont du mal à écrire, ils ne se sentent pas à l'aise° dans un univers qui est quand même un peu plus abstrait que l'univers mécanique qu'ils connaissent bien.

4 Si j'avais une fille qui épouse un Espagnol ou un Portugais, ça irait! Si c'était un Arabe, ça ne me ferait pas plaisir. Il y a trop de différence dans la façon de vivre.

5 Je crois que je suis assez bien intégrée, moi, et personnellement je n'ai pas beaucoup de problèmes. Mais dans une société où certains jeunes vont de l'école au chômage° et du chômage à la prison, il y aura toujours des délinquants. Ils n'ont pas d'argent et ont des problèmes dans leur famille. Ils font du bruit pour montrer qu'ils existent.

6 Le racisme ouvrier,° les remarques, tous les petits surnoms,° les «Bokassa», «Amin Dada», «Boubou», «Doudou», c'est rien. Et puis le type° dans le métro qui ne va pas s'asseoir à côté de moi. C'est lui l'imbécile . . . Le racisme, c'est pas ça. Je le vois comme une pyramide organisée par les dirigeants,° l'état.° Le racisme, c'est les lois° contre les immigrés, c'est ce qu'on raconte à la télé ou dans les journaux et qui va rentrer dans la tête de l'ouvrier. Le racisme, c'est l'Etat qui le crée.

7 L'intégration, on s'en fout.° Ce qu'on veut, c'est juste un peu de tolérance. Moins de tracasseries° policières, un peu d'air à respirer, le droit de voir des amis sans avoir un gérant° ou un gardien° sur le dos. Un peu d'espace et de lumière pour nos enfants. Un salaire décent. Et . . . aussi un peu de considération pour le travail que nous faisons.

8 La différence entre moi et un jeune Français, c'est que lui, il est reçu avec le sourire et moi comme une maladie inguéris-sable° . . . Toute ma jeunesse, j'ai souffert d'avoir les cheveux frisés et le teint° basané.° Je suis facilement repérable,° surtout pour la police. Quand il y a des contrôles,° le premier visé c'est toujours moi, même lorsque je suis bien habillé.

9 Le problème, c'est la misère.° Croyez-vous vraiment que les enfants de bons Français, lorsqu'ils vivent dans les mêmes conditions et dans cet environnement sinistre, ne tombent pas dans la délinquance? On en parle moins, c'est tout, parce qu'ils ont la peau° blanche et que ce sont les nôtres.

10 Ils font du bruit la nuit, ils vivent à dix dans des appartements faits pour quatre et leurs odeurs de cuisine sont insupportables. Dans les bâtiments où ils sont majoritaires, l'office d'HLM ne fait plus nettoyer et ne répare plus ce qui est cassé. Les enfants transforment les caves et les halls d'entrée en terrains de jeux.

11 Les immigrés qu'on connaît le mieux, ce sont les balayeurs.° Tous des Maliens et des Sénégalais, analphabètes° même dans leur propre langue, ignares,° ils ne savent pas trouver leur chemin dans le métro. Le patron,° il m'a promu dans les bureaux. Mais les autres, ils pensent le Noir, c'est l'éboueur.° Alors je suis obligé de continuer un travail de manutention° en plus du travail de bureau.

12 *Les parents veulent que leurs enfants arrivent à être ingénieurs ou docteurs. Ils ne comprennent pas lorsqu'ils voient les garçons devenir peintres en bâtiment et les filles dactylos ... Il y a des tas de choses qui nous empêchent de réussir en tant° qu'immigrés: certains professeurs, le racisme et le reste.*

13 *Il y a des gosses qui raient° ma voiture avec des cailloux.° Ils doivent entendre le mal qu'on dit de nous dans leurs familles. Alors ils singent° leurs parents à leur manière. Mais beaucoup de jeunes ne sont pas racistes. Ils se mêlent aux° jeunes Algériens, comme pour défier les adultes. Copain-copain. La peau n'a rien à voir.°*

14 *Si on avait le droit de vote – même si ce n'était qu'aux élections municipales – on se sentirait moins impuissants.°*

● **cité** (f) housing estate **béton** (m) concrete **serré** crowded **HLM** (m/f) (**habitation** (f) **à loyer modéré**) council block **F4** (**appartement** (m) **familial 4**) flat comprising kitchen, bathroom and 4 other rooms **pénible** unpleasant, hard **se soucier de** bother to **prévoir** make provision for **grand ensemble** (m) mass housing complex **constater** realise **dégâts** (m pl) damage **avoir du mal à** have difficulty in **former** train **à l'aise** at ease **chômage** (m) unemployment **ouvrier(-ière)** working-class **surnom** (m) nickname **type** (m) (fam) bloke **dirigeants** (m pl) people at the top **Etat** (m) State **loi** (f) law **se foutre de qqc** (fam) not give a damn about sg **tracasseries** (f pl) harassment **gérant** (m) (hostel) manager **gardien** (m) warden, caretaker **inguérissable** incurable **teint** (m) skin (colour) **basané** darkish **repérable** spotted, picked out **contrôle** (m) identity check **visé** picked on **misère** (f) poverty **peau** (f) skin **balayeur** (m) roadsweeper **analphabète** illiterate **ignare** ignorant **patron** (m) boss **éboueur** (m) dustman **manutention** (f) stores **en tant que** as **rayer** scratch **caillou** (m) stone **singer** imitate **se mêler à** mix with **n'avoir rien à voir** have nothing to do with it **impuissant** powerless

1. Les problèmes des immigrés en France (Emploi de noms)

A quels problèmes les travailleurs immigrés et leurs familles sont-ils obligés de faire face dans un pays comme la France? Les déclarations présentées ci-contre et à gauche vous permettront de vous renseigner.

Travail individuel/en groupe → Mise en commun La classe se divisera en deux groupes, dont l'un s'occupera des déclarations paires et l'autre des déclarations impaires. Lisez attentivement les déclarations qui vous concernent – paires ou impaires – et notez tous les problèmes qu'elles évoquent: l'auteur de chaque déclaration était-il un(e) immigré(e) ou un(e) Français(e)?

Rédigez vos notes de la manière indiquée ci-dessous et employez des **noms** plutôt que des verbes: *analphabétisme; exiguïté; inadaptation; attitude de ... /envers ... ; conscience, sentiment, etc., de ... ; insuffisance, manque, etc., de ... ; difficulté, incapacité de ... à faire qqc, etc.*

1. Conditions, mode de vie + exiguïté du logement : __immigré__
3.

Comparez ensuite vos notes avec celles des autres membres de votre groupe. Voyez-vous d'autres problèmes qui ne sont pas mentionnés dans les déclarations? Si oui, ajoutez-les à vos notes.

Pour finir, communiquez à l'autre groupe les problèmes que vous aurez relevés. Le professeur les notera tous au tableau.

2. L'immigration en France et chez vous (Recommander)

▶ Pour améliorer le sort des communautés minoritaires en France, **il faudrait** leur **reconnaître** le droit de conserver leur propre culture.

Pour **recommander** ce qu'on devrait faire, pour remédier à telle ou telle situation par exemple, on peut choisir parmi ces expressions:

Il faudrait ...
On devrait ...
Nous ferions bien de ... (*+ infinitif*)
Nous aurions intérêt à ... ◀

A vous maintenant de discuter vos opinions sur ceux qu'on appelle toujours les «immigrés» en France et les communautés minoritaires dans votre pays.

Travail individuel → Discussion Notez par écrit vos réflexions sur ces questions:

Quels sont les problèmes les plus préoccupants parmi ceux qui ont été évoqués dans les déclarations (*ci-contre et à gauche*)?
La situation des immigrés en France est-elle analogue, ou non, à celle des communautés minoritaires dans votre pays?
Que pourrait-on faire pour améliorer la situation des familles immigrées en France ou celle des communautés minoritaires dans votre pays?

Discutez vos réflexions avec le professeur et l'ensemble de la classe. Pour **exprimer vos opinions**, vous pouvez choisir parmi les formules que vous avez déjà étudiées (*2, p. 31*). Pour faire des **recommandations**, vous pouvez employer les expressions ci-dessus.

POINTS DE REPÈRE

Voici un article, tiré du *Monde de l'éducation*, qui présente un aspect essentiel de l'immigration en France.

Travail individuel → Mise en commun Lisez d'abord le titre de l'article et le chapeau (c'est-à-dire les quatre phrases qui accompagnent le titre). De quoi sera-t-il question dans l'article? Dites brièvement au professeur vos idées.

Lisez ensuite l'article en entier et notez, en quelques mots, les problèmes principaux auxquels font face les immigrés de la deuxième génération.

Comparez vos notes avec celles des autres étudiants. Dans quelle mesure les problèmes des fils et des filles d'immigrés sont-ils pareils à, ou différents de, ceux de leurs parents?

Les immigrés de la deuxième génération

**Nés en France, ils se sentent mal à l'aise° et cherchent à gommer° leur différence.
Ni tout à fait Français, ni tout à fait étrangers, ces jeunes rejettent le mode
de vie de leurs parents, mais ils ne sont guère acceptés hors de la famille.
Leur horizon: le chômage et les emplois sous-qualifiés.
Entre l'impossible résignation, le désespoir et la révolte, ils hésitent.**

● BONDY. Le paysage sinistre des cités de banlieue qui n'en finissent plus, égayé° par les grappes° d'enfants qui jouent en criant. C'est là que vit Mohamed, un grand gaillard° algérien de vingt et un ans, venu en France à l'âge de deux mois, maintenant étudiant en troisième année de droit.° Enfant, il est dans le Nord, près de Douai où son père travaille comme mineur. La famille vit d'abord dans une baraque° avant d'obtenir un logement un peu meilleur, une maison de la mine. Quand Mohamed a neuf ans, son père quitte le fond° et devient chauffeur de car. La famille emménage° à Bondy (Seine-Saint-Denis), dans une cité.

«*Je suis un bâtard*», affirme-t-il. Ni tout à fait Français, ni tout à fait étranger. Etudiant, quand bien peu d'enfants d'immigrés le sont. Son frère, d'ailleurs, est magasinier,° et sa sœur, sténodactylo. Elevé dans une ambiance islamique, il a rejeté cette religion que ses parents pratiquent. «*J'ai eu la chance d'être inscrit° dans un lycée. Je lisais beaucoup et ça marchait bien. J'ai voulu continuer mes études. Mes parents ne s'y sont pas opposés pourvu que je me débrouille° financièrement.*» Depuis l'âge de seize ans, il travaille pendant ses vacances.

Pourtant, il y a deux ans, cet immigré, plutôt mieux loti° que les autres, craque. Quelques jours à peine après son retour d'Algérie où il vient de passer un mois en famille. «*J'étais tout le temps en train de réfléchir, à force, je me heurtais à° des murs*». Marginal dans ce milieu universitaire qui n'est pas le sien, il n'y trouve ni place ni raison de vivre. Résultat: quatre mois de dépression nerveuse, dont quinze jours en hôpital psychiatrique, suivis de deux tentatives de suicide. La deuxième fois, il se jette de sa fenêtre du cinquième étage: il en ressort vivant et sans handicap grave. «*Je ne voulais pas mourir, je cherchais le repos de l'âme*,*°* confie-t-il doucement. Pendant ses sept mois de convalescence à l'hôpital, «*je pensais à une image que j'avais vue dans un livre: un immigré qui était écrasé, broyé° par un patron. Et moi, je me sentais broyé comme ça.*» Image omniprésente chez ses proches° et tellement obsédante pour lui qu'elle l'emportait sur° la réalité, puisque Mohamed n'avait jamais vécu lui-même cette situation.

● Parvenus à l'âge où l'on recherche son identité, les jeunes immigrés de la deuxième génération sont prisonniers d'un double déchirement:° à celui inhérent à l'adolescence s'ajoute l'écartèlement° entre la culture, le mode de vie français et ceux du pays d'origine, et donc de leurs parents.

D'un côté, le milieu familial avec sa langue, ses traditions, sa religion, ses réjouissances° et ses interdits propres. Que la deuxième génération refuse partiellement: les filles aspirent à travailler quand leur mère est quasiment° cloîtrée° à la maison; les garçons veulent le dialogue avec leur père et non plus l'obéissance muette. D'autres rejettent tout en bloc et l'image des parents s'en trouve dégradée. «*Mon père, il ne sait même pas lire*» ou «*Ma mère, elle ne sort jamais*».

De l'autre, le milieu extérieur (l'école, la rue), porteur des modèles occidentaux, culturellement valorisés° par la télévision, la publicité, les manuels scolaires,° etc. En face, les jeunes immigrés acquièrent une sorte de honte° de leur origine et sont tentés de s'investir à tout prix dans ces valeurs «normales».

A cette dualité s'ajoutent des conditions de vie difficiles: à la maison, leur vie est souvent matériellement défavorable – logement insuffisant, maigres revenus.

● Dès lors, les adolescents étrangers cherchent souvent à gommer leur différence: ils s'habillent à l'image des Français de leur âge, transforment parfois leur prénom, Mohamed devient Momo, Daoud devient David. Ils revendiquent le droit de sortir, de fumer, etc. Toutes choses qui occasionnent des conflits avec les parents.

«Les disputes avec mes parents, c'est surtout sur les études, ils ont peur que je ne foute rien»,° raconte Maurizio, un petit Italien rouquin° de dix-sept ans, élève de première A. «Ils veulent bien que j'étudie au lieu de travailler, mais à condition que je gagne de l'argent. L'été, je bosse.° Je fais manœuvre° dans le bâtiment. Comme tous les Italiens», précise-t-il en riant.

«Chez nous, on doit le respect au père. On ne discute pas avec lui, on ne rigole° pas non plus», explique Hossine, un Marocain de vingt ans, ajusteur,° venu en France à quelques mois. Blouson de cuir, blue-jean et bottes western, il vit à Gennevilliers, dans les quartiers rouge grisâtre de brique sale. «Je n'ai pas le droit de fumer à la maison, et c'est dur de sortir. Je vais quand même en boîte ou au ciné.»

En dehors de la famille, ces jeunes qui ont vécu toute leur vie, ou presque, en France, sont perçus° comme des immigrés. Certains d'entre eux en sont très choqués: «Je ne suis pas un immigré, je suis un Espagnol qui vit en France», déclare Miguel, un Andalou de vingt-deux ans. «Il n'y a pas de différence entre un jeune Français et moi», poursuit-il. Maurizio, lui, souffre d'être le seul étranger de sa classe et de s'entendre dire par ses camarades: «Pourquoi tu ne retournes pas dans ton pays?»

Pourtant, selon Azedine, un Marocain de vingt-trois ans qui vit à Gennevilliers, «le racisme, on le ressent° moins à l'école que lorsqu'on cherche du travail». «Moi, raconte Hossine, deux fois, on m'a carrément° dit: «On ne prend pas d'Arabes ici.»

● Alors, quel avenir pour ces jeunes? «Tout sauf le même travail que papa», répondent-ils à l'unanimité. C'est hélas un mirage: la réalité de l'emploi démontre qu'ils seront majoritairement ouvriers. Ils arrivent sur le marché du travail avec une formation professionnelle analogue à celle de leurs parents. Les emplois qu'ils vont occuper sont généralement non qualifiés, faiblement rémunérés et sans perspectives° de promotion. Seul changement notable: les filles sont plus nombreuses à vouloir travailler et s'orientent° plus qu'avant vers le secteur tertiaire.°

Mirage aussi, car l'école ne facilite pas leur intégration sociale: elle reproduit le ghetto. Les jeunes immigrés y cumulent les inégalités: certes, ils subissent les mêmes handicaps que les jeunes Français placés dans une situation socio-économique comparable, (logement trop étroit° et insalubre par exemple qui rend difficile le travail à la maison). Mais à cela s'ajoutent des facteurs spécifiques, comme la méfiance° ou le rejet d'une partie de la population; ils sont en outre° des déracinés,° déjà éloignés de leur pays d'origine et nullement intégrés dans celui qui les accueille.°

Ces inégalités de départ conduisent à la marginalisation de ces jeunes dont les retards et les échecs° scolaires sont la traduction. Face aux cités-ghettos, aux emplois dévalorisants et au chômage, il y a aussi la tentation de la violence, de la délinquance. La grande pauvreté dans laquelle vivent les familles étrangères favorise les actes de révolte et de vengeance contre les symboles de la prospérité: on met le feu aux voitures ou on vole dans les magasins. Certains vont jusqu'aux tentatives de suicide, qui semblent progresser, notamment chez les jeunes Maghrébins.°

● Les immigrés de la deuxième génération sont une composante° importante de la société française. Leur nombre augmentera encore: le taux de natalité° des immigrés est élevé (3,32 contre 1,84 pour les Français). Dans les cinq prochaines années, on prévoit un accroissement° de 23% des seize-vingt et un ans, c'est-à-dire de ceux qui entrent dans la vie active. Depuis le ralentissement de l'immigration imposé en 1976, l'essentiel de la jeune main-d'œuvre° immigrée est constitué non plus de ceux qui arrivent mais de cette deuxième génération née en France. Ses exigences° sont moins modestes que celles de leurs parents, la frustration n'en sera que plus grande. Si rien ne permet à cette jeunesse de sortir de sa marginalisation, il couve° là un incendie social qui ne demande qu'à s'embraser.°

● **mal à l'aise** ill at ease **gommer** erase, eradicate **égayé** livened up **grappe** (f) cluster **gaillard** (m) (fam) chap **droit** (m) law **baraque** (f) (fam) shack, dump **fond** (m) (coal)face **emménager** move (house) **magasinier** (m) storeman **inscrit** enrolled **se débrouiller** get by **mieux loti** better off **se heurter à** come up against **âme** (f) soul, mind **broyé** crushed **proches** (m pl) those close to him **l'emporter sur** get the better of **déchirement** (m) set of pressures **écartèlement** (m) agonising struggle **réjouissances** (f pl) festivities **quasiment** more or less **cloîtré** shut away **valorisé** given value **manuel** (m) **scolaire** textbook **honte** (f) shame **ne rien foutre** (fam) do damn all **rouquin** (fam) red haired **bosser** (fam) work **faire manœuvre** do labouring **rigoler** (fam) mess about **ajusteur** (m) (metal) fitter **perçu** perceived **ressentir** be affected by **carrément** straight out **perspectives** (f pl) prospects **s'orienter vers** turn towards **secteur** (m) **tertiaire** service industries **étroit** cramped **méfiance** (f) suspicion **en outre** moreover **déraciné** (m) uprooted person **accueillir** take in **échec** (m) failure **Maghrébin(e)** (m, f) North African (Maghreb = Algeria, Morocco, Tunisia, Mauretania) **composante** (f) component **taux** (m) **de natalité** birth rate **accroissement** (m) increase **main-d'œuvre** (f) work force **exigences** (f pl) demands **couver** smoulder **s'embraser** burst into flames

1. La structure de l'article

(a) Cet article se compose de cinq sections dont la première pourrait s'intituler «*Je suis un bâtard*» ou *Ni Français, ni étranger*.

Travail à deux → Mise en commun
Pour chacune des quatre autres sections, trouvez ensemble dans le texte la **phrase-clef** qui, une fois réduite à son essentiel, pourrait servir d'intertitre. Faites une liste de vos quatre intertitres, puis comparez-les avec ceux des autres étudiants.

(b) Les notes suivantes, une fois remises dans l'ordre de l'article, vous permettront de mieux saisir sa structure.

Travail individuel → Mise en commun
Recopiez ces notes dans l'ordre qui suit celui de l'article:

- conséquences de ces tentatives: chez eux et à l'extérieur
- le problème que posent ces jeunes à la société française
- présentation d'un cas plutôt tragique
- conséquences de ces déceptions: marginalisation, révolte, désespoir
- tentatives des enfants d'immigrés pour se faire assimiler

– ce que démontre le cas de Mohamed
– aspirations de ces jeunes; leurs déceptions (causes).

Comparez ensuite votre solution avec celle des autres étudiants.

▶ Pour faciliter la construction ou l'analyse d'un texte écrit, on distingue ordinairement trois phases qui sont plus ou moins nettement définies:

- **introduction**
- **développement**
- **conclusion.**

Ces trois phases, et surtout le **développement**, peuvent comporter un ou plusieurs éléments. ◀

(c) Dans les notes que vous venez de remettre en ordre (*b*), qu'est-ce qui constitue l'**introduction** de l'article? Où commence et se termine son **développement**? En quoi consiste sa **conclusion**?

Discussion Etudiez ces questions sur l'article *Les immigrés de la deuxième génération* avec le professeur. (Remarquez que l'analyse de ce texte peut être effectuée de plus d'une façon: le

deuxième paragraphe, par exemple, appartient-il à l'introduction ou au développement?)

2. Ajouter un fait/La conséquence

▶ Regardez ces deux groupes de phrases qui sont basés sur ce que dit l'article:

Mohamed ne trouvait ni place ni raison de vivre dans ce milieu universitaire qui n'était pas le sien. **En outre**, il se sentait écrasé, broyé. **Résultat:** quatre mois de dépression nerveuse, suivis de deux tentatives de suicide.

Non seulement Mohamed ne trouvait ni place ni raison de vivre dans ce milieu universitaire qui n'était pas le sien, **mais** il se sentait **aussi** écrasé, broyé. **En conséquence**, il a vécu quatre mois de dépression nerveuse, suivis de deux tentatives de suicide.

Lorsqu'on développe un argument, il est souvent utile de présenter ainsi un fait (une observation, un exemple), puis d'**ajouter un** deuxième **fait** et enfin d'en exprimer la **conséquence**. Pour ce faire,

---

VOCABULAIRE: quatre thèmes de l'immigration

(a) Cet article parle, entre autres choses, des **conditions d'habitation et de travail** des immigrés en France, de la **culture de ces familles et de leur pays d'origine**, des **sentiments et réactions des jeunes** et de l'**attitude des Français envers eux**.

Travail à deux → Mise en commun Etudiez ensemble l'article en vue de recueillir les mots et expressions qui expriment ces quatre thèmes. Rédigez vos notes de la manière indiquée à droite.

Comparez ensuite vos notes avec celles des autres étudiants. Le professeur établira au tableau une liste complète des mots et expressions que vous aurez trouvés. Etudiez-la pendant une minute ou deux, avant qu'il ne l'efface.

(b) ***Exercice oral*** Sous la direction du professeur, retrouvez de mémoire, sous les quatre titres proposés ci-dessus (*a*), les points essentiels de l'article. Employez les mots et expressions que vous avez relevés, mais ne regardez ni vos notes ni l'article.

Conditions d'habitation et de travail	Culture de la famille et du pays d'origine
- La famille vit dans une baraque - elle obtient	- élevé dans une ambiance islamique - il a rejeté cette reli

Sentiments et réactions des jeunes	Attitude des Français envers eux
- marginal dans ce milieu… qui n'est pas le sien	- ils sont perçus comme des immigrés

on peut choisir, selon les cas, parmi ces formules:

Ajouter un fait

En outre/De plus
Par ailleurs
A ceci (ce/cette...) s'ajoute le fait que...
Mais plus important encore
Non seulement... mais... aussi

La conséquence

> **En conséquence/Par conséquent**
> **Résultat:**
> **Dès lors**
> **D'où il résulte que...**
> **C'est pourquoi**
> **Aussi** (+ *inversion*)/**Ainsi/Donc**
> **On comprend fort bien alors**
> **que...** (+ *subj*) ◀

(a) Les cinq phrases ci-dessous évoquent certains aspects de la situation des immigrés en France. Mais comment, dans chaque cas, développer un argument?

Travail à deux → Mise en commun Trouvez ensemble, dans les cadres A et B, le **deuxième fait** et la **conséquence** qui correspondent le mieux à chacune des cinq phrases. Présentez ensuite, à tour de rôle, vos solutions à l'ensemble de la classe. Employez chaque fois une des formules ci-dessus pour **ajouter un fait** et pour exprimer la **conséquence.**

1. Les travailleurs immigrés assurent la majeure partie des tâches manuelles dans la construction automobile.
2. Les jeunes femmes d'origine étrangère supportent mal le poids des traditions du pays d'origine.
3. Les habitants français des HLM voient la présence des étrangers comme une dévalorisation des locaux.
4. Les travailleurs étrangers sont arrivés en France jeunes et en bonne santé.
5. Les adolescents immigrés habitent, pour la plupart, des cités-ghettos inhumaines.

A. DEUXIÈMES FAITS

Ils sont destinés à des emplois non qualifiés, faiblement rémunérés et sans perspectives de promotion.

Ils dépensent chaque année deux fois moins que les Français en médecine générale.

La moindre tentative pour assumer leur indépendance – s'habiller à leur goût, se maquiller – provoque des conflits avec les parents.

Ils y sont bloqués, souvent depuis une dizaine d'années, sans espoir de promotion.

La cohabitation leur fournit en permanence l'image de ce qu'ils craignent de devenir ou redevenir: travailleurs non qualifiés aux emplois précaires, familles nombreuses aux épouses inactives.

B. CONSÉQUENCES

Les immigrés se sentent menacés par l'hostilité de nos concitoyens dans leur conquête du logement social.

Ils succombent parfois à la tentation de la violence, de la délinquance.

Ils financent davantage la Sécurité sociale qu'ils n'en bénéficient.

Un certain nombre d'entre elles s'enfuient du domicile familial pour pouvoir vivre selon leur désir.

Ils éprouvent un désir de reconnaissance du «sale boulot» accompli et en même temps une peur compréhensible devant la menace de l'automation.

(b) A vous maintenant de développer un argument en employant les procédés que vous venez d'étudier.

Travail individuel En vous référant à l'article (pp. 44–5) ou aux déclarations que vous avez analysées (pp. 42–3), rédigez par écrit un groupe de trois phrases sur chacun de ces **cinq** aspects de l'expérience des immigrés en France:

- leurs difficultés d'adaptation à un mode de vie différent
- leurs conditions de vie
- la scolarisation et l'éducation de leurs enfants
- l'attitude des patrons à leur égard
- les préjugés des Français à leur encontre.

Variez, selon les cas, les formules que vous emploierez pour **ajouter un fait** et pour exprimer la **conséquence.**

LES ÉTRANGERS EN FRANCE : PANORAMA STATISTIQUE

1. Combien?

● D'après le Ministère de l'Intérieur (*fin 1982*): 4 459 068 résidents étrangers, soit 8% de la population totale, proportion qui n'a pratiquement pas varié depuis un demi-siècle.

● Tous ne sont pas des travailleurs (les femmes et les enfants) mais ils représentent environ 9% de la population active, car il y a parmi eux un pourcentage plus élevé d'hommes en âge de travailler.

● L'immigration a été arrêtée en 1974: en dehors des réfugiés, des clandestins et de ceux qui sont venus au titre d'un regroupement familial, les travailleurs étrangers en France ont tous *une ancienneté de séjour d'au moins 10 ans*.

2. D'où viennent-ils en particulier?

● D'abord de certains pays de l'Europe:

Portugais	866 595
Italiens	492 669
Espagnols	395 364
Turcs	135 049

● Ensuite des pays du Maghreb:

Algériens	805 355
Marocains	441 042
Tunisiens	219 909

● Et aussi de l'Afrique Noire: 133 415 au total.

3. Où sont-ils?

● Certaines régions ont attiré beaucoup d'étrangers:

Ile de France	1 759 456	(17,5% de la population totale)
Rhône-Alpes	546 745	(10,9%)
Provence-Côte d'Azur	375 859	(9,5%)

● Dans d'autres, leur nombre est très limité:

Basse-Normandie	21 518	(1,6%)
Limousin	23 270	(3,1%)
Bretagne	24 692	(0,9%)

4. Que font-ils?

● Les immigrés sont nombreux dans certains secteurs d'activité:

Génie civil et services d'hygiène	plus de 30% des actifs étrangers
Bâtiment et travaux publics	environ 25%
Construction automobile	plus de 15%
Mines, fonderie, travail des métaux, etc.	plus de 10%

Une voiture sur quatre, un km d'autoroute sur trois sont réalisés par des immigrés.

● Ils occupent des emplois peu qualifiés: 86% des salariés étrangers sont ouvriers; huit sur dix d'entre eux effectuent un travail qui requiert moins de trois semaines de formation.

● Ils sont plus vulnérables au chômage: de 1976 à 1981, sur 385 000 emplois supprimés, 225 000, soit six emplois sur dix, touchaient des immigrés.

● Les immigrés-étrangers n'ont le droit de voter aux élections ni locales ni nationales.

---

3. Prise de notes: les faits essentiels de l'immigration en France

(a) Quels sont les faits essentiels de l'immigration en France? Le *Panorama statistique* (ci-dessus) et les extraits présentés dans le *Livret* (pp. 13–14) vous permettront de vous renseigner sur cette question.

Travail individuel/en groupe → ***Mise en commun*** La classe se divisera en deux groupes. Les membres du premier groupe prendront individuellement des notes (faits, mots, expressions) sur les sujets indiqués ci-contre à gauche (i); les membres du deuxième groupe en feront de même pour les sujets à droite (ii):

(i) – le nombre d'immigrés et leurs pays d'origine (pourquoi ces pays, à votre avis?)
– les raisons pour lesquelles ils sont venus/se sont installés
– les raisons pour lesquelles on les a fait venir
– leur avenir
(*Panorama statistique 1 et 2; extraits A, B et E*)

(ii) – la distribution des immigrés sur le territoire français (pourquoi ces régions, à votre avis?)
– leur habitat et leurs problèmes de logement
– leur travail et leur contribution sur le plan économique.
(*Panorama statistique 3 et 4; extraits C et D*)

Comme pour votre analyse des déclarations (*1, p. 43*), vos notes se composeront essentiellement de noms:

> *Les raisons pour lesquelles ils sont venus*
>
> *Pays d'origine*
> - *alimentation insuffisante*
> - *surpeuplement des villages*
>
> *France*
> - *possibilité de trouver un travail*

Ceci fait, chaque groupe se réunira en vue de mettre au point ses notes. Pour finir, les membres de chaque groupe présenteront, à tour de rôle, les sujets étudiés: les autres étudiants noteront les faits essentiels et poseront au besoin des questions sur les détails.

(b) *Discussion* En vous basant sur vos notes et vos idées personnelles, discutez avec le professeur et l'ensemble de la classe la question suivante:

Qui est-ce qui a profité le plus de l'immigration – les immigrés ou la France?

4. Préciser un problème. Conclure

▶ Regardez l'introduction de l'article *Les immigrés de la deuxième génération*. Le journaliste présente le cas de Mohamed, puis il passe tout de suite à l'analyse du «double déchirement».

Pour aborder un tel sujet, on peut présenter ainsi un fait (un cas particulier, une déclaration, etc.), puis **préciser** explicitement **le problème** dont il est question. Par exemple:

. . . Le cas de Mohamed **met en lumière/pose le problème** essentiel des jeunes immigrés de la deuxième génération. Pourquoi se sentent-ils marginaux dans un pays où ils ont grandi?

. . . **A la suite de** ces deux tentatives de suicide **la question est posée:** pour-quoi les jeunes immigrés de la deuxième génération se sentent-ils marginaux dans un pays où ils ont grandi?

. . . Deux tentatives de suicide de la part d'un jeune homme intelligent. Pourquoi les jeunes immigrés de la deuxième génération se sentent-ils marginaux dans un pays où ils ont grandi? **Telle est la question posée par** le cas de Moha-med. ◀

(a) Comment aborder d'une manière frappante une discussion écrite d'un aspect important de l'immigration?

Travail individuel Parmi les déclarations que vous avez analysées (*pp. 42–3*), choi-sissez-en **deux** qui présentent chacune un aspect différent de l'immigration (loge-ment, travail, etc.).

Comme si vous écriviez le début d'un article de magazine, recopiez en partie ou en entier l'une des déclarations; puis, en vous basant sur les exemples ci-dessous à gauche, écrivez deux ou trois phrases qui **précisent le problème** qu'elle pose. Faites-en de même pour la deuxième déclaration, mais employez cette fois une formule différente.

▶ L'auteur des *Immigrés de la deuxième génération* **conclut** son article:

- en faisant une **constatation** qui résume son argument («Les immigrés de la deuxième génération sont . . .»)
- en présentant quelques **faits** pour l'appuyer («Leur nombre augmentera encore . . . Dans les cinq prochaines années . . . Depuis le ralentissement de l'immigration . . .»)
- en employant une phrase condition-nelle (**condition probable**) pour sen-sibiliser ses lecteurs au problème ainsi posé («Si rien ne permet . . .»). ◀

(b) Sauriez-vous employer les mêmes procédés que l'auteur de l'article?

Travail individuel → Travail à deux
Changez vos deux débuts d'article (a) contre ceux d'un(e) partenaire. Trouvez d'abord, dans le *Panorama statistique* (p. 48) ou dans les extraits (*Livret, pp. 13–14*), quelques faits qui correspondent au sujet qu'aborde chaque article imaginaire. Ensuite, en employant les mêmes pro-cédés que le journaliste du *Monde de l'éducation* (**constatation + faits + condi-tion probable**), inventez une **conclusion** pour les deux articles imaginaires.

Pour finir, comparez vos deux conclu-sions avec celles de votre partenaire.

5. Rédaction: «De nos jours, l'égalité sociale est une illusion.»

Travail individuel Discutez en 300–400 mots la déclaration ci-dessus en vous référant aux problèmes des immigrés en France.

Donnez à votre travail la structure **intro-duction – développement – conclusion** (*1, p. 46*). En le rédigeant, employez, si vous le voulez, ces procédés:

- **préciser un problème** (*4, ci-dessus*)
- **ajouter un fait/la conséquence** (*2, p. 46–47*)
- **citer une opinion** (*2, p. 31*)
- **conclure** (*4, ci-dessus*).

11

POINTS DE REPÈRE

(a) L'article *Les immigrés de la deuxième génération* présente surtout des cas de garçons. Mais la situation des filles d'immigrés, et notamment celle des jeunes Maghrébines, est aussi préoccupante. Notre enquêteur en a parlé au Havre avec madame D., qui travaille dans une association pour l'accueil aux migrants algériens.

Travail individuel→ Mise en commun Ecoutez une première fois la conversation en entier. Ensuite, le professeur vous demandera de lui dire ce que vous aurez retenu de la vie des jeunes Maghrébines.

(b) Dans un article récent, le quotidien *Le Monde* a parlé, lui aussi, de la situation des jeunes Maghrébines.

Travail individuel→ Mise en commun Lisez une première fois l'extrait ci-dessous. Quel est le problème essentiel qui déchire ces jeunes femmes? L'attitude du journaliste envers leur avenir est-elle optimiste ou pessimiste?

Comparez vos réponses à ces questions avec celles des autres étudiants.

L'immigration au féminin

Garçons et filles maghrébins ne sont pas du tout élevés° de la même façon. Les premiers jouissent° d'une grande liberté et passent beaucoup de temps hors du domicile familial.

Les filles, en revanche,° sont l'objet d'une surveillance très étroite, comme si toute la réputation de la famille reposait sur elles. Vissées° à la maison, elles doivent remplir des tâches ménagères° et, à la limite,° servir de bonnes° à leurs grands frères. Lesquels font volontiers office de° défenseurs de la moralité. *«Sortir, boire, fumer, se maquiller,° sont les comportements° les plus souvent stigmatisés et sont autant de signes évocateurs de la tare° suprême, la perte de la virginité»*, remarquait Jocelyne Streiff (Ideric, Nice) au cours d'un récent colloque.°

En effet, beaucoup de familles maghrébines ont encore l'obsession du «bon mariage». Un mariage plutôt arrangé, ne se concevant qu'avec un Maghrébin et, si possible, avec la sinistre cérémonie de la défloration (au cours de laquelle il faut montrer un linge° souillé° de sang). Le mariage est souvent le moment de vérité, celui de la soumission à la famille ou de la rupture.°

Mais les conflits familiaux commencent bien avant, comme le souligne Juliette Minces dans un excellent livre: *«Les premières révoltes éclatent°*

lorsque la famille décide de leur interdire° les sorties, parce qu'elles sont devenues pubères (...) ou décide de ne pas prolonger la scolarité° de l'adolescente au-delà de ce qui est obligatoire...» L'adolescente apprend alors à dissimuler° et à tricher.° *«Mais à partir d'un certain seuil,° cette dissimulation, cette tricherie, deviennent insupportables. Des conflits éclatent auxquels les filles répondent souvent par des fugues° ou, pis,° des tentatives de suicide.»*

Ces tentatives, généralement avortées,° véritables appels au secours, sont en effet particulièrement nombreuses chez les Maghrébines de quinze à vingt-quatre ans. Quant aux fugues, elles sont devenues l'un de leurs traits caractéristiques. Peu de filles beurs° ne se sont pas échappées un jour ou l'autre du domicile familial, ne serait-ce que° pour un après-midi.°

Nanas° beurs

Les jeunes Maghrébines ne s'en sortent° souvent qu'au prix d'un difficile combat, fait de ruses, de pleurs, mais aussi de l'appui discret d'enseignants,° car elles réussissent à l'école beaucoup mieux que les garçons. Elles finissent par forcer l'admiration de leurs mères, qui, au fond d'elles-mêmes, comprennent en partie cette libération.

Une petite association, Les nanas

beurs, vient de se créer à Paris. *«Le racisme se conjugue° avec le sexisme*, affirment ses animatrices,° âgées de vingt à trente-cinq ans. *Les femmes immigrées sont doublement exploitées. Elles doivent se prendre elles-mêmes en charge. La tutelle° sur les femmes est finie, nous sommes dans l'ère° de l'autonomie.»*

Les jeunes Maghrébines ont acquis dans leur famille une énergie et une détermination qu'elles utilisent à l'extérieur. On ne compte plus celles qui font du théâtre, de la danse, de l'expression en tous genres. Et ce sont souvent elles qui font vivre les associations.

«Les garçons, souligne Kaïssa Titous, l'une des animatrices de SOS-Racisme, *sont souvent défaitistes, déprimés° et se sentent visés° par le racisme. Dans les assemblées, les filles finissent par leur crier: « Mais bougez-vous! C'est vous qu'on bute,° après tout ...»*

Ces femmes combatives et chaleureuses prétendent° s'intégrer dans la société française sans renier° leurs racines.° On parlera d'elles de plus en plus, à mesure de leur entrée° dans l'enseignement° supérieur. Ne sont-elles pas aujourd'hui la chance de l'immigration?

● **élever** bring up **jouir de** enjoy **en revanche** on the other hand **vissé** (*fam*) kept on a tight rein **ménager(-ère)** domestic **à la limite** if pushed **bonne** (f) maid **faire office de** act as **se maquiller** wear make-up **comportement** (m) form of behaviour **tare** (f) defect **colloque** (m) conference **linge** (m) cloth **souillé** stained **éclater** break out **scolarité** (f) school attendance **tricher** cheat **seuil** (m) threshold **fugue** (f) running away **pis** worse **beur** (*fam: corruption of arabe*) Arab **ne serait-ce que** if only (*fam*) chick **s'en sortir** pull through **interdire** ban **dissimuler** cover up **avorter** come to nothing **nana** (f) **enseignant** (m) teacher **se conjuguer** combine **animatrice** (f) leader **tutelle** (f) family constraints **ère** (f) era **déprimé** depressed **se sentir visé** feel got at **buter** antagonise **prétendre** intend **renier** deny **racines** (f pl) roots **à mesure de leur entrée** as they enter **enseignement** (m) education

📼 1. La situation des jeunes Maghrébines: la question en détail

(a) **Travail individuel/à deux** Avec ou sans partenaire, transcrivez en entier l'enregistrement que vous venez d'écouter (*Points de repère, (a)*).

(b) **Travail individuel → Travail à deux** Relisez votre transcription (a) et l'article *L'immigration au féminin*. Relevez par écrit ce que vous apprenez dans l'un ou l'autre des deux textes sur:
– les devoirs et les droits des jeunes Maghrébines
– la justification culturelle de l'attitude de leurs parents
– les réactions des filles envers la façon dont elles sont traitées
– les qualités personnelles des jeunes Maghrébines (article seulement)
– leurs aspirations, explicites et sous-entendues (article seulement).
Comparez vous notes avec celles d'un(e) partenaire.

(c) Est-ce que les jeunes Maghrébines pourront «s'intégrer dans la société française sans renier leurs racines»? En quoi l'évolution des droits de la femme (*52% des Français, pp. 25–40*) facilitera ou empêchera-t-elle leur intégration?
Travail individuel → Discussion Relisez vos notes (*b*), puis notez par écrit vos réflexions sur les questions ci-dessus.
Discutez-en ensuite avec le professeur et l'ensemble de la classe.

◉ 2. La narration écrite et orale

(a) L'extrait ci-dessous, légèrement adapté, est tiré du roman *Le thé au harem d'Archi Ahmed* de Mehdi Charef. Sauriez-vous expliquer l'usage que fait le jeune romancier dans sa **narration** des différents temps verbaux?
Travail individuel → Mise en commun Lisez d'abord *Le point sur la narration* (*pp. 233–4*). Ensuite, faites une liste de tous les verbes de l'extrait ci-dessous qui sont à l'**imparfait**, au **passé simple**, au **plus-que-parfait** et au **conditionnel**, puis essayez d'expliquer l'usage de chacun de ces temps.

Exemple:

> **était agenouillé** – *description de la position de M. (circonstance qui existe déjà).*

Pour finir, passez en revue vos notes avec le professeur et l'ensemble de la classe.

> Madjid était agenouillé devant sa moto. Il s'essuya les mains, pleines de cambouis, dans un chiffon.
> La vieille moto, une Norton, s'essoufflait à chaque difficulté. Il fallait presque la pousser lorsqu'elle montait une côte comme celle de la Défense, et sur l'autoroute de Pontoise Madjid avait paniqué le soir où il s'était fait doubler par un camion. Pour la réparer, il faudrait des sous. Mais Madjid n'en avait pas.
> A la lueur de la lampe baladeuse, il regarda dessus, dessous, dépité de se retrouver en rade d'engin. Le lendemain ce serait le bus ou bien le métro encore une fois. Résigné, impuissant, il cala la moto bien en place, décrocha la lampe de la prise électrique et sortit de la cave.
> Dans le couloir humide et mal éclairé qui sentait l'urine et la merde il s'alluma une cigarette et se dirigea vers la sortie.

S., parle de son arrivée en France en 1966. Lorsqu'elle rédige son article sur la vie et l'œuvre de Dalila S., la journaliste décide de présenter cette partie de leur entretien sous forme de **narration orale**.
Travail individuel A partir de ses notes présentées à droite, rédigez cette partie de l'article de la journaliste. Employez dans votre narration les temps verbaux qui conviennent: «*Un matin d'hiver, nous **sommes parties** en autobus, ma mère et moi, de notre village natal. C'**était** en février 1966 ...*»
(Connaissez-vous les verbes qui correspondent à ces noms: *départ, économies, promesse, bousculade, sentiment, attente, possibilité?*)

VOCABULAIRE: l'éducation des filles maghrébines

Les mots et expressions dans le cadre ci-dessous se rapportent tous au problème présenté dans l'article *L'immigration au féminin* et dans l'enregistrement que vous avez écouté.
Travail individuel Vérifiez au besoin, avec le professeur ou à l'aide d'un dictionnaire, la signification de ces mots et expressions. Ensuite employez-les pour écrire un court paragraphe sur l'éducation des filles maghrébines. N'oubliez pas de faire les changements grammaticaux qui conviennent.

> une surveillance étroite – vissé – avoir le droit de – un signe évocateur – la soumission – la rupture – un conflit familial – éclater – interdire – prolonger – une fugue – une tentative de suicide – un appel au secours – s'échapper de – s'en sortir – forcer l'admiration de

Un matin d'hiver : départ en autobus, avec sa mère, du village natal. Février 1966 : âge 6 ans. Triste de quitter ses petites copines, impatiente de retrouver papa. Départ du père en France 4 ans auparavant : travail trouvé en région parisienne. Quatre ans d'économies : son intention – faire venir sa femme, sa fille. Un jour de janvier : arrivée au village d'une lettre + billets : appartement trouvé en HLM à Belleville. Promesse de venir à leur rencontre à la gare.
Après un voyage de 2 jours, arrivée à la gare de Lyon (Paris). Heure de pointe matinale : bousculade d'hommes, de femmes pressés d'arriver au boulot. Avec leur teint blanc, leurs vêtements occidentaux : semblables à des habitants d'une autre planète. Sentiment de sa mère cachée sous son voile : perdue entre deux civilisations. Attente, une heure, devant la gare : temps froid et pluvieux. Arrivée du père : bus → nouvelle demeure. Appartement : grand, propre, peu de meubles. Très fatiguée, mais excitée aussi. Le lendemain, première journée à l'école : différente sans doute, mais possibilité de trouver des copines françaises.

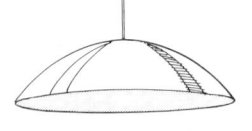

POINTS DE REPÈRE

A plusieurs reprises, dans les pages précédentes, le terme «racisme» a été mentionné. Qu'est-ce que ce phénomène? Par quoi se traduit-il concrètement dans le comportement des individus ou des groupes? Les deux textes qui suivent guideront vos réflexions. Le premier texte est tiré du roman *Elise ou la vraie vie*, de Claire Etcherelli (1967), qui raconte l'amour entre un Algérien et une Française. Le deuxième a été écrit par Françoise Gaspard, maire de Dreux, en Normandie, de 1977 à 1983.

Travail individuel → Mise en commun   Lisez attentivement les deux textes et notez vos réponses à ces questions:

Quelles sont les personnes (ou les groupes) qui figurent dans les deux textes?
Quels sont les faits principaux qu'ils racontent?
Comment expliquez-vous le comportement des principaux participants dans chaque cas?
Que vous apprennent ces deux textes sur le racisme au niveau personnel et politique?

Comparez vos réponses avec celles des autres étudiants.

Dans un café

— On boit un thé chaud?

— Si vous voulez.

Il y avait beaucoup de monde et beaucoup de bruit. Les banquettes° semblaient toutes occupées. Arezki s'avança dans la deuxième salle. Je l'attendis près du comptoir. Quelques consommateurs° me dévisagèrent,° je sentais leurs yeux et je devinais leurs pensées. Arezki réapparut. En le regardant s'avancer, j'eus un choc. Mon Dieu, qu'il avait l'air arabe! ... Certains, à la chaîne,° pouvaient prêter à confusion° avec leur peau claire et leurs cheveux châtains. Ce soir-là, Arezki ne portait pas de chemise mais un tricot° noir ou marron qui l'assombrissait° davantage. Une panique me saisit. J'aurais voulu être dehors, dans la foule de la rue.

— Pas de place. Ça ne fait rien, nous allons boire au comptoir. Venez là.

Un garçon nous servit prestement.° Je soufflai sur ma tasse pour avaler plus vite. Dans la glace, derrière le percolateur, je vis un homme coiffé de la casquette° des employés du métro qui me dévisageait. Il se tourna vers son voisin qui repliait° un journal.

— Moi, dit-il, très fort, j'y foutrais° une bombe atomique sur l'Algérie.

Il me regarda de nouveau, l'air satisfait. Son voisin n'était pas d'accord. Il préconisait:°

— ... foutre tous les ratons° qui sont en France dans des camps.

J'eus peur qu'Arezki réagît. Je le regardai à la dérobée,° il restait calme, apparemment.

— Il paraît qu'on va nous mettre en équipes,° me dit-il.

Sa voix était assurée. Il tenait l'information de Gilles et m'en détailla les avantages et les inconvénients. Je me détendis.° Je lui posai beaucoup de questions, et, pendant qu'il y répondait, j'écoutais ce que les gens disaient autour de nous. Et j'eus l'impression qu'en me répondant, il suivait la conversation des autres.

Quand je passai devant lui pour sortir, l'homme qui voulait lancer une bombe atomique fit un pas vers moi. Par chance, Arezki me précédait. Il ne vit rien. Je m'écartai° sans protester et le retrouvai dehors avec la sensation d'avoir échappé à un péril.

Une ville de province

Le soir du 14 mars 1983, je suis rentrée chez moi, inquiète plus qu'heureuse. Je venais de commenter, sur la radio locale, les résultats des élections municipales à Dreux: la veille, la liste de gauche «Vivre ensemble» que je conduisais avait remporté la victoire «à l'arraché».° Huit voix° d'avance.

Pour la première fois depuis des semaines, je n'avais devant moi ni réunion, ni meeting, ni dîner de travail. Je voulais en profiter pour réfléchir à ce qui venait de se dérouler° dans ma ville, tenter d'analyser ce sentiment de peur que j'éprouvais° pour elle, pour ses habitants.

Pas un instant on n'avait débattu° de politique nationale. Normal. A Dreux, les élections locales sont toujours locales. Mais pas un instant, non plus, on n'avait discuté, au fond, de nos six années de gestion.° La campagne avait porté, en tout et pour tout, sur la présence des immigrés dans la ville: un quart environ de la population, réduite au silence puisqu'elle ne vote pas. Des hommes, des femmes et des enfants que l'on voulait «renvoyer dans leurs gourbis,° de l'autre côté de la Méditerranée». Comme si c'était acceptable. Comme si c'était possible.

Les immigrés vivent à Dreux depuis longtemps. Ils habitent les plateaux, mêlés aux ouvriers français venus, eux aussi, à l'appel de grosses entreprises implantées au beau temps de la croissance.° Français et étrangers connaissent une vie difficile, des fins de mois acrobatiques, l'angoisse du chômage, des logements et un environnement qu'en six ans d'efforts la municipalité de gauche n'a pu complètement transformer, seulement améliorer.°

Au début des années quatre-vingt, on n'était pas raciste à Dreux. Mais en deux ans, tout a basculé.° Le racisme a surgi,° une épidémie. Il s'est infiltré dans les cœurs et les cerveaux,° il a creusé son trou. Une campagne habilement menée a attisé° la peur, la méfiance, le rejet. Elle a désigné les responsables de tous les maux° dont souffre une société en crise: les immigrés.

Les incendies allumés dans les caves et dont on n'a jamais retrouvé les auteurs, on a dit que c'était eux. Les déprédations° en chaîne, dans les parties communes des immeubles, c'était eux aussi. Les silhouettes inquiétantes, aperçues la nuit traînant° autour des voitures en stationnement, c'était eux encore. Des tracts ont expliqué que des voyous° maghrébins, venus d'autres quartiers, répandaient° la terreur. Qu'ils étaient protégés par la municipalité. Mon directeur de cabinet° ne s'appelait-il pas «Ben quelque chose»? Etc.

J'étais seule dans ma voiture. Sur le parking, devant l'immeuble que j'habite au centre de Dreux, j'ai vu deux hommes rôder.° A leur allure, j'ai deviné que c'était moi qu'ils attendaient. Ce n'était pas la première fois. Les manœuvres d'intimidation étaient devenues mon lot presque quotidien. Roues de voiture dévissées,° coups de feu dans la nuit … Ces agressions avaient cessé de m'émouvoir tant elles étaient répétitives. La nuit précédente, encore, des voix anonymes avaient, au téléphone, réveillé mes parents: «Vous pouvez préparer le cercueil° de votre fille …» L'extrême droite, présente sur la liste d'opposition, avait publiquement promis «d'avoir ma peau».°

Décidément, j'avais besoin de réfléchir. Alors, tranquillement j'ai fait demi-tour, pendant que les deux individus qui me voulaient du bien sautaient dans leur voiture, comme au cinéma. Je connais Dreux mieux qu'eux, j'y suis née. Je les ai semés,° une fois de plus.

● **banquette** (f) (wall)seat   **consommateur** (m) customer (of café)   **dévisager** stare at   **chaîne** (f) production line   **prêter à confusion** give a different impression   **tricot** (m) sweater   **assombrir** make darker   **prestement** briskly   **casquette** (f) cap   **replier** fold up   **foutre** (fam) chuck   **préconiser** advocate   **raton** (m) (fam) wog   **à la dérobée** surreptitiously

en équipes on shifts   **se détendre** calm down   **s'écarter** step aside   **remporter une victoire à l'arraché** snatch victory   **voix** (f) vote   **se dérouler** take place   **éprouver** feel   **débattre** debate   **gestion** (f) management of affairs   **gourbi** (m) shack   **croissance** (f) (economic) growth   **améliorer** improve   **basculer** swing over   **surgir** appear suddenly   **cerveau** (m)

mind   **attiser** stir up   **mal** (m) evil   **déprédations** (f pl) acts of vandalism   **traîner** hang about   **voyou** (m) lout   **répandre** spread   **directeur** (m) **de cabinet** administrative secretary   **rôder** prowl around   **dévissé** unscrewed   **cercueil** (m) coffin   **avoir la peau de qqn** (fam) get sb   **semer** (fam) shake off

1. Comprendre le racisme

(a) Cet extrait d'une conversation entre notre enquêteur et Jean-Claude B., professeur qui s'intéresse aux questions sociales, vous permettra de mieux comprendre le racisme.

Travail individuel/à deux → Mise en commun Avec ou sans partenaire, écoutez d'abord l'enregistrement avec la transcription (*Livret*, pp. 15–19) sous les yeux. Ensuite, mettez la transcription de côté et écoutez-le de nouveau: cette fois, en arrêtant la bande quand il le faudra, notez ce que vous apprenez sur:

- **les racines du racisme**
  économiques, psychologiques
- **le racisme en France**
  motivations, formes les plus répandues
- **les remèdes**
  attitudes à encourager/à changer (chez qui, en particulier?).

Comparez vos notes avec celles des autres étudiants.

(b) Un groupe régional du MRAP (Mouvement contre le Racisme et pour l'Amitié entre les Peuples) lance un tract, *Comprendre le racisme*, qui a pour but de mobiliser l'opinion publique.

Travail individuel A vous de composer le texte de ce tract. Employez, si vous le voulez, les rubriques suivantes:

- définitions du racisme
- racines du racisme
- racisme personnel, racisme politique
- comment combattre le racisme.

Début possible:

COMPRENDRE LE RACISME

Au cours des deux dernières années, le racisme a ressurgi dans nos grandes villes. Une épidémie. Une campagne habilement menée a attisé la peur, la méfiance, le rejet. Elle a prétendu désigner les responsables de tous les maux dont souffre une société en crise: les immigrés.

Il faut agir, oui. Il faut dénoncer ce fléau qui menace la démocratie, bien sûr. Mais d'abord, il faut comprendre le racisme.

● le racisme, qu'est-ce que c'est?

Vivre et travailler ensemble

2. Table ronde: le racisme et l'immigration
(Exprimer son opinion. Concéder et s'opposer. Protester)

▶Dans une discussion en langue soignée, on peut **exprimer son opinion** en choisissant parmi ces formules:

A mon avis/A mon sens/D'après moi
Mon opinion c'est que...
Pour ma part, il me semble que...
A mon point de vue, je ne crois pas que... *(+ subj)*
Je suis certain(e)/persuadé(e) que...

Si, avant de **s'opposer** à son argument, on veut **concéder** que son interlocuteur a peut-être raison, on peut dire:

Certes/En effet/En principe,... Mais tout de même/quand même...
Il est certain/exact/vrai que... Cependant...
Il est possible que... *(+ subj)*, je ne le nie pas. Pourtant...
Que... *(+ subj)*, je veux bien, d'accord. Mais...

Et pour **protester**, dans le même contexte, on peut employer:

Je regrette mais ...
Non, c'est faux-ce n'est pas vrai ... (, bien au contraire).
Mais absolument pas!
Mais il n'en a jamais été question. ◀

Le directeur d'une maison des jeunes a organisé une table ronde sur le racisme et l'immigration.

Travail individuel/en groupe → Jeu de rôles La classe se divisera en deux. L'un des deux groupes préparera les **notes** pour le débat des deux premières personnes présentées à droite, l'autre groupe en fera de même pour les deux dernières. Chaque groupe trouvera également des **questions** à poser aux deux autres personnes.

Préparez d'abord individuellement les notes et les questions qui vous concernent: référez-vous, si vous le voulez, aux textes et aux documents des pages précédentes. Comparez ensuite vos notes et vos questions avec celles des autres membres de votre groupe.

Le professeur établira, par tirage au sort, qui seront les quatre participant(e)s à la table ronde. En consultant le moins possible ses notes et les indications à droite, chaque invité(e) définira sa position personnelle. Ensuite, il/elle répondra aux questions et aux observations du public (des autres étudiants) sur les grands thèmes de l'immigration et du racisme. N'oubliez pas d'employer les formules présentées plus haut pour **exprimer votre opinion**, pour **concéder et vous opposer** et pour **protester**.

---

1. REPRÉSENTANT(E) D'UNE ASSOCIATION D'IMMIGRÉS

Pour lui/elle:

- la France a encouragé les immigrés à venir; elle n'a rien fait pour aider leur adaptation à un mode de vie différent
- ils ont été exploités par les employeurs et ils sont devenus les premières victimes de la récession
- étant jeunes et en bonne santé, ils rapportent plus aux Français qu'ils ne leur coûtent
- ayant contribué par leur travail à la prospérité de la France, ils ont le droit d'y rester et même de voter aux élections
- les Français devraient respecter leur langue et leur culture.

2. JOURNALISTE DE DROITE

Pour lui/elle:

- la France avait besoin de la main-d'œuvre immigrée mais il aurait fallu arrêter l'immigration bien avant 1974
- en ce qui concerne le travail, il faut protéger actuellement les droits des Français
- il faudrait regrouper les immigrés, les loger ensemble, afin d'éviter des conflits raciaux
- les équipements publics et les services sociaux doivent être réservés en priorité aux Français
- on devrait encourager les immigrés à repartir dans leur pays d'origine; s'ils restent, qu'ils acceptent à 100% le mode de vie des Français.

3. REPRÉSENTANT(E) DE L'EXTRÊME DROITE

Pour lui/elle:

- la France n'aurait pas dû ouvrir ses portes aux Noirs et aux Maghrébins
- ils volent le pain des Français; un immigré de moins, c'est un chômeur de moins
- dans les bâtiments où ils habitent, c'est le bruit et la saleté; les Français sont obligés de partir
- ils vivent sur le dos des Français; les déficits des budgets sociaux, c'est eux
- ils sont tous des délinquants, au moins en puissance; il faudrait les renvoyer chez eux.

4. MEMBRE DU MRAP

Pour lui/elle:

- la France a profité de la présence et surtout du travail des immigrés
- ils occupent des emplois sales, mal payés, dont les Français ne voudraient point
- les attitudes envers les immigrés sont avant tout racistes et irrationnelles
- il faudrait accepter les différences comme une source de richesses, intégrer les immigrés au lieu de les persécuter
- l'essentiel, c'est de reconnaître leurs droits, de lutter pour une société interculturelle.

Pavillon individuel

Grand ensemble

Ville nouvelle

LA MAISON, DERNIER REFUGE?

Il est de moins en moins fréquent aujourd'hui que les gens passent toute leur vie dans la même maison, ou encore dans la même ville. Pour certains, un changement de travail peut entraîner un changement de logement, mais d'autres choisissent tout simplement d'aller vivre dans un lieu particulier: en ville, en banlieue, à la campagne.
Pendant plus d'un siècle, les Français ont progressivement abandonné la campagne pour s'installer en ville. Quelles ont été les conséquences de ce phénomène? Où préfèrent-ils vivre aujourd'hui?

13

OÙ VIVRE?

POINTS DE REPÈRE

Dans le premier extrait de l'enregistrement que vous allez écouter, Jean et Janine L., qui ont déménagé il y a un certain temps, parlent à notre enquêteur de l'endroit où ils vivent maintenant.

Travail individuel* → *Mise en commun Ecoutez une ou deux fois l'enregistrement et notez vos réponses à ces questions:

– Quand Jean et Janine ont-ils déménagé?
– Où habitaient-ils avant et où habitent-ils maintenant?
– Quels sont les avantages et les inconvénients de l'endroit où ils habitent?

Comparez vos réponses avec celles des autres étudiants.

1. Etre au calme (le lieu)

Jean et Janine ont restauré une vieille propriété de viticulteur. Dans ce deuxième extrait, ils décrivent la maison ancienne et la maison telle qu'elle est maintenant. Pour bien comprendre leur description, vous aurez peut-être besoin de vérifier le sens de ces mots: *un pressoir, une vis de pressoir, un madrier, une cuve, un four, la terre battue, un bricoleur, contigu(ë), la suie, une soue à cochons* (= *une porcherie*), *une auge.*

Travail individuel/à deux* → *Exercice oral Le professeur vous distribuera deux plans, *A. La maison ancienne* et *B. La maison d'aujourd'hui* (*Livret, p. 20*). Avec les deux plans sous les yeux, écoutez une première fois cet extrait afin d'en saisir le sens général. Ensuite, repassez la bande et, sous forme de notes, établissez une description de la maison autrefois et aujourd'hui: inscrivez sur les plans A et B autant de détails que possible (nature de chaque pièce, ses dimensions, son utilisation, etc.). Arrêtez la bande quand vous le voudrez.

Ceci fait, comparez vos deux plans avec ceux d'un(e) partenaire, et, au besoin, ajoutez ou rectifiez des détails. Pour finir, en consultant votre version complétée du plan B, faites oralement avec le professeur une description détaillée de la maison d'aujourd'hui. Employez des expressions de **lieu**: *à gauche/droite (de…), en face (de…), au coin (de…), au fond (de…), devant/derrière, donner sur, se trouver,* etc.

Début possible:
En entrant dans la salle de séjour, qui fait 36 mètres carrés, on voit, à gauche, la cheminée reconstituée…

2. La restauration d'une maison de campagne (L'effet: faire + infinitif)

(a) La maison de Jean et Janine est maintenant dotée de tout le confort: eau courante, électricité, chauffage central. Le sol, de la terre battue autrefois, est revêtu de ciment.

Travail individuel Ecoutez de nouveau le deuxième extrait de l'enregistrement et faites une liste de travaux qu'ont dû faire (i) Jean et Janine et (ii) l'entrepreneur. A vous de fournir des détails dont ils ne parlent pas explicitement. Rédigez vos notes de la manière indiquée ci-dessous. (Ces verbes vos seront peut-être utiles: *aménager, appliquer, détruire, équiper, établir, installer, mettre (en place), poser, pratiquer, (re)construire, recouvrir, repeindre, revêtir, transformer.*)

(i) JEAN ET JANINE	(ii) L'ENTREPRENEUR
– ont reconstitué la cheminée	– a recouvert le toit
– ont piqué	– a détruit

▶ Jean et Janine ont reconstitué la cheminée, mais ils **ont fait recouvrir** le toit par l'entrepreneur.

Pour indiquer le fait qu'on a engagé quelqu'un d'autre pour accomplir une action, on peut employer ainsi **faire + infinitif.** ◀

(b) **Exercice oral** Relisez les notes que vous venez de rédiger *(a)* en essayant de les mémoriser. Ensuite, de mémoire, faites oralement des phrases sur (i) ce que Jean et Janine ont fait eux-mêmes et (ii) ce qu'ils **ont fait faire** par l'entrepreneur.

Exemples:

Ils ont reconstitué la cheminée.
*Ils **ont fait recouvrir** le toit.*

(c) A vous maintenant de décrire la maison de Jean et Janine telle qu'elle était au moment de l'achat.

Travail individuel Ecoutez une dernière fois l'enregistrement en vous concentrant sur ce que disent Jean et Janine de la maison ancienne. Ensuite, en vous référant à votre plan complété A, rédigez une description de chaque pièce telle qu'elle était au moment de l'achat. Incorporez-y quelques phrases sur les transformations entreprises par Jean et Janine et sur celles qu'ils **ont fait entreprendre.**

Début possible:

La maison ancienne avait deux pièces principales: la première, très grande et très haute, servait de pressoir au viticulteur ...

3. Choisir son logement

(a) Les photos à la page 56, et celle de la maison de Jean et Janine, page 57, présentent différents types de logement qu'habitent les Français. Lequel ou lesquels de ces logements aimeriez-vous habiter, et pourquoi? Lequel ou lesquels n'aimeriez-vous pas habiter et pourquoi?

Travail à deux Regardez ces photos avec un(e) partenaire, puis discutez ensemble vos réponses à ces questions.

(b) En choisissant leur logement, les gens prennent souvent en considération les facteurs mentionnés ci-dessous.

Travail individuel/à deux Parmi ces facteurs, notez les **trois** qui seraient pour vous les plus importants; ajoutez dans chaque cas les raisons de votre choix:

- confort de la maison/de l'appartement
- aspect extérieur de la maison/de l'immeuble (traditionnel? moderne?)
- présence d'un jardin/d'espaces verts
- qualité du cadre de vie (calme? animation?)
- fréquence des transports en commun
- proximité des commerces (magasins, grandes surfaces)
- existence d'équipements collectifs (hôpital, bibliothèque)
- possibilités de distractions (théâtre, cinéma)
- qualité des équipements sportifs (piscine, tennis, salle omnisports)
- existence d'un lieu de rencontre pour les jeunes (maison de jeunes, foyer)
- facilité d'accès à la campagne.

Comparez vos idées avec celles de votre partenaire.

(c) **Mise en commun** Discutez avec l'ensemble de la classe vos conclusions sur les photos et la liste des facteurs.

La cheminée reconstituée

14

Plus de dix millions de logements

Au lendemain de la Seconde Guerre mondiale, la France s'est trouvée devant un gigantesque problème de logement dû à plusieurs causes: les destructions de la guerre, bien sûr; mais aussi le baby-boom succédant à une longue période de faible natalité;° enfin la stagnation de la construction pendant l'entre-deux-guerres avait rendu le parc des logements° non seulement insuffisant mais vétuste° et insalubre.

La crise pesait essentiellement sur les villes. La population française, urbaine à 24% en 1846, l'était à 53% en 1946; ce chiffre est passé à 70% en 1968, et un sur quatre de ces citadins° résidait dans la région parisienne. Il a donc fallu agir rapidement: les villes françaises ont commencé à grandir en deux dimensions, en étendue° et en hauteur.

Vers le milieu des années 50, une nouvelle forme d'urbanisation° a apporté l'espoir d'une solution partielle à la pénurie des logements avec la création des ZUP (Zones à urbaniser en priorité) et la construction des premiers grands ensembles. Ces derniers sont des groupes d'immeubles de grandes dimensions qui contiennent plusieurs milliers de logements, le plus souvent des HLM,° concentrés sur de faibles surfaces. Situés le plus souvent en banlieue,° ces grands ensembles, avec leurs «tours et barres» de béton,° leurs rues rectilignes, dominent comme un défi° les petites maisons qui les entourent. Construits à la hâte, dépourvus des° équipements nécessaires (commerces, stades, transports) et de zones industrielles, les premiers grands ensembles sont restés pendant longtemps des cités-dortoirs° où régnaient l'ennui,° l'isolement et, très souvent, la délinquance. En ce qui concerne les résidences construites par des promoteurs° privés, le principe fondamental était le même: pousser jusqu'à la limite extrême la densité et la rentabilité.° On s'est naïvement imaginé qu'il suffirait d'équilibrer° en quantité la demande et la construction pour résoudre la crise du logement.

C'est l'agglomération° parisienne qui a ressenti le plus le poids de cette période de construction massive, car l'espace bâti autour de la capitale s'est accru° en «tache d'huile°», d'une manière complètement désordonnée. Devant une situation préoccupante – congestion du centre, sous-équipement de la banlieue, destruction des espaces verts, distorsion croissante entre la localisation des emplois et celle de l'habitat – les pouvoirs publics ont publié, en 1965, le Schéma Directeur d'Aménagement° et d'Urbanisme de la Région Parisienne (le SDAURP).

Tout en reconnaissant la nécessité de la croissance,° le Schéma avait pour but de l'organiser d'une manière rationnelle, en proposant une stratégie de «déconcentration concentrée» basée surtout sur la création de villes nouvelles, centres suffisamment puissants° pour offrir à la population environnante et aux nouveaux habitants tous les services de véritables villes. Le Schéma prévoyait° aussi d'améliorer la qualité du cadre de vie° à Paris en proposant la rénovation de certains quartiers de la capitale (les Halles, le secteur Italie, etc.) et l'aménagement en banlieue de centres restructurateurs (par exemple la Défense et Créteil), chargés de lui apporter les équipements qui manquaient.

Initialement au nombre de huit, les villes nouvelles de la région parisienne ont été ramenées plus tard à cinq, toutes situées à une trentaine de kilomètres de Paris: Cergy-Pontoise, Evry, Marne-la-Vallée, Melun-

Sénart et Saint-Quentin-en-Yvelines. Les pouvoirs publics ont également prévu° la création de quatre villes nouvelles en province pour maîtriser° l'expansion des grandes métropoles régionales: l'Isle d'Abeau près de Lyon, Lille-Est à Lille, les Rives de l'Etang de Berre à l'ouest de Marseille et Le Vaudreuil près de Rouen. Ces neuf agglomérations° ne ressemblent pas du tout aux cités-dortoirs des années 60. Elles concentrent des expériences° d'urbanisme et d'architecture parfois discutables, mais qui apportent néanmoins° à leurs 800 000 habitants une qualité et une variété de possibilités que l'on ne trouve guère ailleurs: qu'il s'agisse de logements et d'emplois de tous genres et de tous niveaux, d'espaces verts, de complexes sportifs, de transports en commun, de centres commerciaux, culturels ou de loisirs. Depuis 1975, les villes nouvelles ont dû réviser en baisse° certains de leurs objectifs en raison de la crise économique et du ralentissement° de la croissance démographique; elles ont aussi connu des difficultés dans le domaine administratif et financier. Mais elles constituent néanmoins la plus formidable opération d'urbanisme de la France du vingtième siècle.

Quant à la ville de Paris, elle a été pendant un certain temps un immense chantier.° Mais le terrain libre à l'intérieur des vingt arrondissements° de la capitale était rare. Par conséquent, lorsque les industriels ont évacué quelques hectares en décentralisant leurs usines en banlieue, lorsque des immeubles° vétustes ont été rasés,° les mètres carrés ainsi libérés ont été vendus au prix fort. Pour rentabiliser cet achat, les promoteurs ont construit en hauteur, et leurs tours contiennent soit des bureaux, soit des centres d'affaires, soit des appartements de luxe. Cette logique financière a eu deux conséquences. Le centre de Paris, consacré° exclusivement aux affaires,° aux administrations et au commerce, devient, le soir, une ville morte. Et les quartiers d'habitation rénovés sont, pour l'essentiel, réservés à une clientèle à haut revenu, ouvriers, employés et même cadres moyens° étant exilés en banlieue. Sur le plan esthétique, les grandes réalisa-

tions – le front de Seine, le secteur Italie et surtout, peut-être, la Défense – ont leurs supporters et leurs adversaires. On admire la beauté ou la prouesse technique des tours, ou l'on stigmatise leur inhumanité, leur gigantisme. La capitale est-elle devenue Manhattan-sur-Seine?

La France est un des pays d'Europe où l'urbanisation a le plus privilégié les tours et la concentration de la population. L'idéal, pourtant, pour plus de huit Français sur dix, est de posséder une maison individuelle bien à eux. Encouragés par ces souhaits statistiques autant que par les études de marché, les spécialistes du logement ont emboîté le pas à° l'opinion: des «hameaux»° ou des «nouveaux villages» ont commencé à fleurir autour des grandes villes, dans les champs ou à l'orée° des bois. Depuis quelques années, on construit plus de maisons individuelles que de logements collectifs. Mais pour beaucoup de jeunes ménages,° l'accession à la propriété et à un mode de vie plus «campagnard» ne se réalise pas sans sacrifices: des années d'économies pour payer les traites° et, surtout en région parisienne, trois ou quatre heures de transport par jour, le réveil à cinq heures du matin et le retour après vingt heures.

Plus de dix millions de logements ont été construits en France depuis la guerre, soit° une bonne moitié de ceux qui existent actuellement. Cela veut dire que l'on a construit «à tour de bras»° pour loger tant bien que mal° tous les Français. Les taudis° ont plus ou moins disparu et le confort moyen des logements (w.-c. à l'intérieur, baignoire ou douche, chauffage central) s'est accru. Mais de là à dire que les villes françaises n'ont pas souffert de cette brutale crise de croissance, que l'on a construit du beau et bon logement et fait de la belle architecture, que l'on s'est assez soucié de° la qualité de la vie... Pendant un siècle, les Français avaient progressivement abandonné les campagnes. D'après les chiffres, ils semblent aujourd'hui vouloir les retrouver.

● **natalité** (f) birth rate **parc** (m) **des logements** housing stock **vétuste** antiquated **citadin** (m) city dweller **étendue** (f) area **urbanisation** (f) urban development **HLM** (m/f) (**habitation** (f) **à loyer modéré**) council flat **banlieue** (f) suburb **béton** (m) concrete **défi** (m) challenge **dépourvu de** lacking **cité-dortoir** (f) dormitory suburb **ennui** (m) boredom **promoteur** (m)

developer **rentabilité** (f) profitability **équilibrer** balance **agglomération** (f) urban area **s'accroître** increase **tache** (f) **d'huile** oil stain **aménagement** (m) development **croissance** (f) growth **puissant** powerful **prévoir** plan **cadre** (m) **de vie** environment **maîtriser** control **expérience** (f) experiment **néanmoins** nevertheless **réviser en baisse** revise downwards **ralentissement** (m) slow-down **chantier** (m) building site **arrondissement** (m)

district **immeuble** (m) block of flats **raser** pull down **consacré à** devoted to **affaires** (f pl) business **cadre** (m) **moyen** executive in middle management **emboîter le pas à** fall into step with **hameau** (m) hamlet **orée** (f) edge **ménage** (m) household **accession** (f) **à la propriété** home ownership **traite** (f) instalment **soit** that is to say **à tour de bras** prolifically **tant bien que mal** in some way or other **taudis** (m) slum **se soucier de** care about

1. Prise de notes: l'essentiel du texte

Cet article consiste essentiellement en une série de **faits** accompagnés d'**explications** (**causes** ou **conséquences**).

Travail individuel → *Mise en commun*
En consultant attentivement l'article, résumez l'essentiel de son argument: faites un tableau comme celui qui suit et, sans recopier le texte, remplacez par de brèves notes chaque pointillé des deux colonnes. (Les noms suivants vous seront peut-être utiles: *amélioration, apport, but, création, construction, désir, difficulté, disparition, espoir, expansion, intention, majorité, manque, organisation, poids, souci.*) Comparez ensuite vos notes avec celles des autres étudiants. Avec le professeur, essayez de déterminer si chaque **explication** de la colonne de droite est une **cause** ou une **conséquence**, et notez le mot qui convient à l'endroit indiqué dans le tableau.

FAITS	EXPLICATIONS
— crise de logement en France en 1945	— *3 facteurs: destructions de la guerre; baby-boom; stagnation de la construction 1918-39 (CAUSE)*
—	— poids de la crise sur les villes: accroissement de la population urbaine ( )
—	— concentration de milliers de logements sur de faibles surfaces ( )
— construction hâtive: manque d'emplois et d'équipements; priorité à la densité et à la rentabilité	— . . . . ( )
—	— accroissement de l'espace bâti autour de la capitale en «tache d'huile» ( )
— publication, en 1965, d'un schéma d'aménagement pour la région parisienne (le SDAURP)	— . . . . ( )
—	— création de villes nouvelles; rénovation de certains quartiers de Paris et aménagement en banlieue de «centres restructurateurs» ( )
— villes nouvelles: malgré certaines difficultés (économiques, démographiques, administratives), la plus grande réussite de l'urbanisme français du XXᵉ siècle	— . . . . ( )
—	— centre de Paris (affaires): ville morte le soir; quartiers rénovés (clientèle riche): exil des plus pauvres en banlieue ( )
— construction, depuis quelques années, de plus de maisons individuelles que de logements collectifs	— . . . . ( )
— construction depuis 1945 de plus de 10 000 000 de logements: la ½ de ceux qui existent	— . . . . ( )

VOCABULAIRE: l'urbanisme

(a) ***Travail individuel*** Trouvez dans le cadre le mot ou l'expression qui correspond à chacune des définitions ci-dessous; ensuite, essayez de mémoriser les mots et expressions, ainsi que leur signification.

> habitation (f) à loyer modéré, HLM (m/f) – urbaniste (m/f) – grand ensemble – promoteur(-trice) (m,f) – agglomération (f) – banlieue (f) – ville nouvelle – zone industrielle – immeuble (m) – tour (f)

— C'est l'ensemble des localités situées dans les parties extérieures d'une grande ville.

— C'est un ensemble de terrains, situé le plus souvent dans les quartiers extérieurs d'une ville, qui est destiné à accueillir des petites et moyennes entreprises.

— C'est un ensemble constitué par une ville et sa banlieue.

— C'est un centre urbain, créé de toutes pièces, qui offre à ses habitants logements, emplois, services et équipements.

— C'est un grand bâtiment urbain, à plusieurs étages, qui est souvent divisé en appartements.

— C'est un immeuble à nombreux étages qui peut atteindre une grande hauteur.

— C'est un groupe d'immeubles de grandes dimensions qui contient plusieurs milliers de logements.

— C'est un logement construit par un des offices publics pour être loué à une famille à revenus modestes.

— C'est une personne qui assure et finance la construction de bâtiments.

— C'est une personne qui se spécialise dans l'étude des méthodes permettant d'adapter l'habitat d'une ville aux besoins de ses habitants.

(b) ***Travail à deux*** Lisez, tour à tour, une des définitions présentées ci-dessus à un(e) partenaire: il/elle essaiera de trouver de mémoire le mot ou expression qui correspond.

2. Résumé de l'article (Cause et conséquence)

(a) Vous trouverez à droite quatre résumés du début de l'article *Plus de dix millions de logements*. A votre avis, lequel de ces résumés est le meilleur?

Travail individuel/à deux → Mise en commun   Lisez attentivement le premier paragraphe de l'article puis, avec un(e) partenaire, choisissez le résumé que vous préférez. Quelles sont les raisons de votre choix? Pourquoi avez-vous rejeté chacun des autres? (Est-il trop long ou trop court? Y a-t-il un excès ou une insuffisance de détails? Confond-il l'idée principale et les détails secondaires?)

Comparez ensuite vos conclusions avec celles des autres étudiants.

(b) A vous maintenant de résumer l'article en entier.

Travail individuel   Relisez attentivement *Plus de dix millions de logements*. Ensuite, en vous rappelant ce que vous avez dit sur les quatre résumés (a), écrivez, à partir de votre tableau complété (*l, p. 61*), un résumé de l'article. Pour relier **faits** et **explications**, choisissez chaque fois une expression de **cause** (*1, p. 35*) ou de **conséquence** (*2, p. 47*).

> En 1945, la France souffrait non seulement des destructions de la guerre et d'un baby-boom inattendu, mais aussi de la stagnation de la construction entre 1918 et 1939 qui avait provoqué une crise de logement. Etant donné l'accroissement

> Au lendemain de la guerre, la France s'est trouvée devant un gigantesque problème de logement en raison de trois facteurs : les destructions de la guerre, la fin d'une période de faible natalité et des insuffisances dans le parc des logements dues à la stagnation de la construction pendant l'entre-deux-guerres. A cause de l'accroissement de

> En 1945, La France avait une crise de logement due à trois facteurs et les villes ont commencé à

> En 1945, la France a dû affronter une crise de logement causée par trois facteurs : les destructions de la guerre, le baby-boom et la stagnation de la construction entre 1918 et 1939. A cause de l'accroissement de leur

«Sarcelles: d'énormes cubes gris...»

POINTS DE REPÈRE

15

L'article ci-dessous, tiré du *Nouvel Observateur* (1967), constitue, en quelque sorte, une réponse à la question posée au début, à la fin du chapeau. Chaque section de l'article est, elle aussi, la réponse à une question sous-entendue.

Travail individuel → Mise en commun   Lisez attentivement l'article en entier, puis écrivez la question sous-entendue qui correspond à chaque section de l'article. Comparez vos questions avec celles des autres étudiants.

● **ronde** (f)   round   **épuisant** exhausting **brume** (f)   mist   **éclairé** lit up   **allée** (f)   avenue **se ressembler à s'y méprendre** be so alike it's hard to tell which is which   **s'engouffrer** rush   **sondage** (m) survey   **se louer** be rented   **repli** (m) **sur soi** withdrawal   **cauchemar** (m)   nightmare   **lâché** let loose   **corset** (m)   straitjacket   **étiqueté** labelled   **cantonné** confined   **interdiction** (f)   ban **palier** (m)   landing   **brassage** (m)   mixing   **saluer** greet   **revendication** (f)   making demands   **effrayer** (qqn) frighten (sb)   **élire** elect   **par voie de conséquence** in consequence   **convenir** be acceptable   **concentrationnaire** like a concentration camp   **voire** indeed   **au fond** basically   **susciter** spur into action

VIVRE À SARCELLES

Tout l'avenir des grands ensembles est mis en question avec l'expérience de la plus grande cité-dortoir de la région parisienne: le grand ensemble est-il la meilleure solution au problème du logement?

Une ronde° épuisante°

Sarcelles: d'énormes cubes gris dans la brume,° les 'blocs' percés de fenêtres éclairées,° des arbres tous semblables, des allées° larges qui se ressemblent à s'y méprendre.°

— J'ai mis trois mois à reconnaître mon bâtiment. Je me trompais toujours. Nos rues se ressemblent tellement qu'on ne sait jamais comment indiquer le chemin aux rares amis qui viennent nous voir . . .

— Le soir, que faire? Pas de cinéma, pas de théâtre, à Sarcelles. Alors on regarde un peu la télé et on se couche tôt. D'ailleurs tout le monde est tellement fatigué! Et il faut repartir le lendemain matin, aller à pied à la gare, reprendre le train dans le froid, s'engouffrer° dans le métro, recommencer . . . Ah, vivre dans Paris! ou même à Tours, à Orléans!

D'après un récent sondage,° 70% des habitants de Sarcelles ne s'y sentent pas heureux, et 60% préféreraient trouver un logement à Paris . . . Mais le droit de vivre à Paris se paie cher, très cher. L'appartement de 4 pièces, confort minimum, qui se loue° à Sarcelles 296 francs charges comprises, coûterait au moins 1 000 francs place d'Italie ou 900 francs à Belleville. Alors, on reste, on continue cette ronde épuisante, on acquiert une sorte de résignation faite de fatigue, d'abandon et de repli sur soi° qu'on appelle la 'sarcellite'. Pour ceux qui travaillent à Paris et qui ne font que dormir à Sarcelles, le grand ensemble c'est l'ennemi, le cauchemar,° le symbole de 'ce qu'il faut supporter dans la vie . . .'

Un autre visage

Pour les autres, c'est-à-dire pour les femmes qui peuvent rester chez elles, Sarcelles offre un autre visage: l'espace retrouvé, la lumière et les arbres, le soleil parfois, les enfants enfin lâchés° au grand air. Un nouveau mode de vie se crée, qui n'est ni l'anonymat glacé parisien ni le corset° rigide des tabous provinciaux.

— J'ai vécu quelques années en province: on savait tout de suite qui était qui. Vous étiez aussitôt étiquetée,° classée, cantonnée° dans un cercle avec interdiction° d'en sortir. Moi qui avais l'habitude de Paris où je passais des mois sans même connaître mon voisin de palier,° j'ai été plutôt étonnée, mais ici à Sarcelles, tout est nouveau. Il y a . . . comment dire? un brassage° plus facile. Les femmes se rencontrent dans les magasins, à la sortie de l'école. Elles se reconnaissent, se saluent.° Paris et ses magasins manquent un peu au début. Puis on s'habitue, on y va de moins en moins. Une fois par mois, au plus, et encore, lorsque je ne peux faire autrement! Mais tout n'est pas parfait encore.

Le problème: savoir comment y vivre

À Sarcelles on compte une centaine d'associations diverses pour 50 000 habitants, mais elles n'ont que des objectifs limités, sociaux ou culturels. La revendication° effraie° encore. Ce besoin diffus commence pourtant à se cristalliser en véritable réaction de défense. En février dernier, les habitants de Sarcelles ont élu° un 'conseil de résidents'. C'est peut-être là que se joue l'avenir de Sarcelles et, par voie de conséquence,° celui de toutes les 'banlieues-dortoirs' . . .

— Je crois qu'on commence ici à comprendre une chose, me dit Claude Neuschwander, président du conseil de résidents, et Sarcellois par choix. Le problème n'est plus de savoir s'il convient° ou non de vivre dans un grand ensemble. Le problème est de savoir comment y vivre. Car Paris est plein et, dans dix ans, tous les Parisiens pratiquement habiteront en banlieue. Ils feraient bien de s'habituer à cette idée et de s'y préparer. Au lieu de condamner 'l'univers concentrationnaire'° de Sarcelles, ils feraient mieux d'imaginer déjà leurs formes de vie future pour pouvoir, le moment venu, les proposer, voire° les imposer, aux pouvoirs publics qui ne demandent au fond° qu'à être suscités°. . .

1. Le texte en détail (Demander si quelqu'un est d'accord. Concéder et s'opposer)

(a) Dans les deux premières sections de l'article, on trouve le **pour** et le **contre** de la vie à Sarcelles.

Travail individuel Relisez attentivement les deux premières sections, puis notez sous forme de tableau, comme ci-dessus à droite, des arguments **pour** et des arguments **contre** la vie dans ce grand ensemble.

(b) Les déclarations à droite parlent, elles aussi, de la vie dans un grand ensemble: elles présentent d'autres avantages et inconvénients.

Travail à deux → *Mise en commun* Comparez d'abord les notes que vous venez de prendre (a) avec celles d'un(e) partenaire. Ensuite, analysez ensemble les déclarations à droite et ajoutez l'essentiel de chacune à la colonne **pour** ou à la colonne **contre** de vos notes. Pour finir, comparez vos notes avec celles des autres étudiants.

(c) Dans la conversation ci-dessous à droite, il s'agit de la qualité de la vie dans la «petite résidence» de G. La première interlocutrice, qui n'y voit que des avantages, **demande** toujours à sa voisine **si elle est d'accord**. Celle-ci commence chaque réplique par **concéder** que l'autre a peut-être raison, mais elle poursuit en **s'opposant** à son argument.

Travail individuel/Mise en commun → *Travail à deux* Lisez d'abord la conversation et notez par écrit les formules employées pour **demander si quelqu'un est d'accord** (par exemple: *non?*), pour **concéder** (*en effet*, etc.) et pour **s'opposer** (*n'empêche que...*, etc.). Comparez ensuite vos notes avec celles des autres étudiants: le professeur classera au tableau les formules que vous proposerez.

Pour finir, en vous référant aux notes que vous avez prises (*a, b*), inventez oralement ensemble une autre conversation entre deux habitants d'un grand ensemble. Le/la premier/-ière, qui est contre, **demande** toujours **si le/la deuxième est d'accord**. Celui/celle-ci commence chaque réplique par **concéder**, puis il/elle poursuit en **s'opposant** à l'autre. Choisissez dans vos notes des formules qui conviennent. La conversation finie, changez de rôle et répétez l'exercice.

POUR	CONTRE
- espace, lumière, arbres	- tristesse des cubes gris

Pour les enfants c'est merveilleux. Il y a des jeux, des bacs de sable... de l'espace, quoi. Je peux les laisser dehors. Il me suffit de jeter un coup d'œil par la fenêtre pour les surveiller.

L'isolation phonique des appartements est moche. On ne peut pas s'endormir avant minuit à cause des voisins.

Les logements sont spacieux, aérés et très bien équipés... nettement supérieurs à celui qu'on avait à Paris.

Pour les adolescents, il n'y a rien: aucun club, aucun terrain de sports. Pas étonnant qu'on commence déjà à parler de délinquance.

Moi, je trouve que les bâtiments sont trop grands: on est coincé, on vit les uns sur les autres. On ne nous loge pas, on nous stocke!

Moi, j'apprécie mes voisins. On se parle dans la rue, on s'entraide. Il y a un sentiment de solidarité qui nous lie les uns aux autres.

J'aime beaucoup faire du shopping ici. Les centres commerciaux sont si animés et il y a tant de choix.

Une demi-heure à pied chaque matin pour aller à la gare... Les transports en commun sont pratiquement inexistants, il faut le dire.

Interlocutrice	Que pensez-vous des appartements dans notre immeuble? Ils sont bien conçus, non?
Voisine	En effet, ils sont très spacieux, et il est vrai aussi qu'ils sont bien équipés. N'empêche que le loyer est quand même très élevé... Pour certaines, les fins de mois sont très difficiles.
Interlocutrice	Mais les équipements collectifs sont admirables, vous ne trouvez pas?
Voisine	Oui, d'accord sur ce point. J'apprécie surtout la proximité des magasins. Cependant, je dois dire que je trouve l'architecture uniforme et très inhumaine.
Interlocutrice	Mais la banlieue est nettement préférable au centre de Paris: c'est incontestable, n'est-ce pas?
Voisine	Certes, la vie ici a ses attraits. A Paris, je n'aurais ni ce calme ni ce soleil. Mais cela dit, il faut avouer que les grands magasins et l'animation de Paris me manquent beaucoup.

2. Le témoignage d'une Sarcelloise (La durée)

Au cours d'une enquête qu'il fait sur la vie dans un grand ensemble, un journaliste français a interviewé plusieurs habitants de Sarcelles. Vous trouverez ci-dessous les notes qu'il a prises au cours de son entretien avec Mme R.

Travail individuel Lisez attentivement *Le point sur la durée (p. 234).* Ensuite, à partir des notes du journaliste, rédigez sous forme de déclaration, à la première personne, ce qu'a dit Mme R. Utilisez les expressions de **durée** suivantes: *depuis . . . jusqu'à, en, il y a/ça fait . . . que + présent, journée, il faut (du temps) pour + infinitif, pendant, pour.*

Début possible:

    *«Avant de venir à Sarcelles, nous avons habité **pendant** quelques années un petit appartement à Paris. . .»*

Avant arrivée à S: qqs années petit appartement à P. Un enfant: supportable, 2ème enfant: très difficile. Appris possibilité appartement à S: très contente. Mari tout arrangé (qqs jours). Ici 2 ans maintenant: très satisfaits. Début: surprise par immensité de S. → plusieurs semaines pour m'habituer au grand ensemble. Mais appartement bien équipé, voisines sympa. Garçon aîné (4 ans) au grand air matin → soir. Cependant vie du mari moins facile. Travail à Paris: absent 6.30 – 19.30. Intention: rester à S. période de 2.3 ans, puis acheter maison (ville nouvelle).

3. Les conditions de vie (Poser un problème/Proposer une solution)

(a) La fin de l'article nous apprend qu'en 1967, le besoin de revendication commençait à se cristalliser à Sarcelles et qu'un conseil de résidents venait d'être élu.

Vous trouverez dans le tableau ci-dessous les **problèmes** (i) soulevés lors d'une réunion publique par les résidents et les **solutions** (ii) préconisées par le conseil.

Travail à deux → Mise en commun
Cherchez ensemble, dans la colonne (ii) du tableau, la **solution** qui correspond à chaque **problème** de la colonne (i). Comparez ensuite vos idées avec celles des autres étudiants.

(i) PROBLÈMES	(ii) SOLUTIONS
– solitude des ménagères et des personnes âgées – médiocrité des transports en commun – absence de distractions pour les adolescents – insuffisance des équipements dans le domaine de la santé – difficulté de trouver un travail dans les environs immédiats – manque de distractions, de spectacles ou de films – coût élevé du chauffage – saleté des parties communes de certains immeubles	– amélioration de l'isolation thermique des logements – réalisation de la zone d'activités industrielles prévue dans le projet – ouverture dans chaque quartier d'un foyer-club – construction d'un centre culturel avec un cinéma-théâtre – réclamation à l'Etat d'un centre hospitalier – installation dans chaque bâtiment d'un gardien ou gardienne – création d'une maison de jeunes et d'une salle omnisports – mise en place d'un réseau de bus beaucoup plus étendu

▶ Si on veut **poser un problème**, on peut employer l'une de ces expressions:

Tout le monde sait bien que . . .
Il va sans dire que . . .
Vous n'ignorez tout de même pas que . . .
Il est certain/incontestable/indéniable que . . .
Il ne fait pas de doute que . . .

Pour **proposer une solution** à un problème, on peut choisir parmi les formules suivantes:

On devrait . . .
Il sera nécessaire de . . .
Ce qu'il nous faut faire, c'est . . .   *(+ infinitif)*
La seule solution consiste à . . .

Il faudrait absolument que . . .
(+ subjonctif)
C'est en . . . *(+ participe présent)* **que l'on pourra résoudre ce problème.** ◀

(b) ***Exercice oral → Travail à deux*** En variant les expressions, le professeur vous **posera les problèmes** soulevés par les résidents. Vous répondrez pour les membres du conseil en employant chaque fois, pour **proposer une solution**, une formule qui convienne.

Répétez ensuite l'exercice avec un(e) partenaire: à tour de rôle, **posez le problème** et **proposez une solution** dans chaque cas.

Exemple:

– ***Tout le monde sait bien que*** *les ménagères et les personnes âgées vivent dans la solitude.*
– *D'accord.* ***C'est en ouvrant*** *dans chaque quartier un foyer-club* ***que l'on pourra résoudre ce problème.***

4. Lettre à un journal: une politique de réhabilitation

(a) Les responsables reconnaissent que de nombreux ensembles de logements HLM ont très mal vieilli: on a estimé à deux millions le nombre d'appartements à détruire d'ici la fin du siècle. Mais étant donné les sommes investies, ne devrait-on pas plutôt essayer de réhabiliter ces immeubles, comme on l'a fait dans le cas des Biscottes, à Lille?

Travail individuel → Mise en commun
Lisez attentivement cet extrait d'un article paru dans le *Nouvel Observateur*. Notez tous les **problèmes** mentionnés ou sous-entendus, ainsi que les **solutions** adoptées par le propriétaire, le CIL (Comité Inter-professionnel du Logement). Comparez ensuite vos notes avec celles des autres étudiants.

On a «humanisé» les Biscottes

Quand on longeait à pied les Biscottes, avant qu'elles ne soient retapées, il fallait lever la tête et quelquefois courir. On risquait à tout moment de recevoir une bouteille, des ordures ou une chaise cassée. Les locataires avaient la pratique habitude de défenestrer les objets encombrants. Plusieurs d'entre eux allèrent jusqu'à se débarrasser ainsi de vélos et de cyclomoteurs usagés. Immeubles sociaux fort admirés à leur achèvement en 1962, les Biscottes étaient devenues peu à peu un ghetto. Un bunker de fauchés. Trois mille personnes empilées dans deux barres de dix-huit étages. Jusqu'à deux cent quarante gosses par cage d'escalier. Soixante-dix pour cent de smicards, cinquante pour cent de Maghrébins. Pas une touffe d'herbe. Aucun jeu pour les quinze cents gamins et adolescents. Entre les deux immeubles, juste un terrain pelé, balayé tout l'hiver par un vent si violent qu'il culbutait parfois les petites vieilles.

Le CIL a dépensé trois milliards et demi anciens pour «humaniser» les Biscottes. On a peinturluré les façades, protégé les entrées contre les chutes de projectiles défenestrés, amélioré l'isolation thermique, installé de coûteux dispositifs contre l'incendie, refait les ascenseurs, aménagé des coupe-vent, muré les caves-cloaques, mis des éclairages incassables dans les couloirs, couvert ceux-ci d'un revêtement anti-graffiti. On projette maintenant d'aménager des aires de jeux. C'est pas encore joli, joli, les Biscottes. Mais il s'agit là d'une expérience qu'il faut tenter ailleurs.

(b) L'article «*L'eau ruisselle sur les murs ...*» (ci-dessous), tiré de *France-Soir* (1980), décrit la dégradation d'un immeuble qui fait partie d'un grand ensemble de la région parisienne. Ses **problèmes** ressemblent-ils à ceux des Biscottes (a)? Peut-on y appliquer les mêmes **solutions**?
Ayant lu cet article, un spécialiste du logement, qui favorise une politique de réhabilitation, écrit à *France-Soir* pour commenter les problèmes de la Cité de la Rose des Vents.

Travail individuel En vous référant à vos notes sur la réhabilitation des Biscottes, écrivez la lettre pour le spécialiste. Pour **concéder** et **vous opposer**, pour **poser un problème** et **proposer une solution**, choisissez parmi les expressions présentées ci-dessus (*1, p.64 et 3, p.65*): elles s'emploient à l'écrit comme à l'oral.

Début possible:

Versailles, le 21 septembre

Monsieur,
Spécialiste du logement, j'ai lu avec un intérêt particulier l'article que vous avez publié hier sur la Cité de la Rose des Vents. Je dois avouer que la situation, telle que la présente votre reporter, est préoccupante. Cependant

---

A la «Cité de la Rose des Vents», à Aulnay-sous-Bois

«L'eau ruisselle sur les murs et les meubles moisissent»

ELLE s'appelle la «Cité de la Rose des Vents». Mais, si vous devez y rendre, demandez plutôt la Cité des 3 000. A Aulnay-sous-Bois, c'est sous ce nom que tout le monde connaît cet ensemble de 3 000 logements où s'entasse une population venue de tous les horizons et où grouillent 4 000 enfants.

En dépit de son nom qui évoque le parfum des embruns, la Cité de la Rose des Vents fait partie des ces grands ensembles de la région parisienne qui commencent à pourrir.

Vie intenable

Que ces immeubles aient très mal vieilli, c'est le moins que l'on puisse dire de la Cité de la Rose des Vents qui est sortie de terre il y a tout juste treize ans. Ginette Tardet nous a fait visiter la Tour Aquilon où elle habite depuis onze ans. Dès l'entrée, une odeur pestilentielle prend à la gorge. Et il faut avoir le cœur bien accroché si l'on veut monter les onze étages en ascenseur.

Si les parties communes de l'immeuble sont d'une saleté repoussante (il n'y a qu'un seul gardien pour la cité, et personne ne semble se soucier de l'entretien), l'état des appartements eux-mêmes ne vaut guère mieux. Et pour cause: sur la façade, les joints d'étanchéité ont été mal posés et, dès qu'il pleut, l'eau ruisselle le long des murs. Les peintures s'écaillent, les rideaux moisissent, les meubles pourrissent. Au dernier étage de la tour Aquilon, Mme Valois entre-bâille la porte mais refuse de faire entrer les visiteurs qu'elle ne connaît pas: peur des attaques et des cambriolages. «La vie est devenue intenable, ici, dit-elle. Mais je m'en fiche, je déménage le mois prochain.»

Quelques problèmes

Dans les couloirs de la tour, les bouches d'aération, dont les grilles de protection ont été arrachées, servent de dépotoir: papiers gras, cartons, boîtes de conserve. Un mégot mal éteint suffirait à provoquer une catastrophe. Mais qui peut s'en soucier?

Envahie par un sous-prolétariat d'ouvriers sans qualification, la cité est rongée par le chômage, donc par la délinquance. Maintenant les cambrioleurs opèrent en plein jour, et personne ne bronche. Pourtant, il est impossible ici de faire un pas sans être repéré: derrière les rideaux à demi-écartés, des dizaines de paires d'yeux n'ont rien d'autre à faire de toute la journée que de scruter ce qui se passe dans les cours.

Opération d'embellissement

Pour régner sur cet univers, un seul ménage de gardiens qui admet avec réticence: «Oui, il y a quelques petits problèmes. L'humidité, surtout, mais les façades vont bientôt être ravalées, et le gérant va entreprendre une vaste opération d'embellissement des abords.»

«Parlons-en, de leur opération, soupire Ginette Tardet. Depuis le temps qu'on nous la promet ... Moi, je n'attendrai pas qu'elle soit finie pour partir.»

CERGY-PONTOISE
une ville . . .

UNE VILLE VERTE

Au cœur de chaque quartier, les parcs, les plantations nombreuses, les aires de jeux assurent une qualité de vie nouvelle. Grâce à un système routier soigneusement étudié, piétons et voitures ne se rencontrent pas.

UN CADRE DE VIE

A 30 km de Paris, Cergy-Pontoise se trouve dans une des plus agréables boucles de l'Oise. Au centre de la boucle, la base de loisirs, constituée de bois, d'étangs et d'un centre balnéaire. Sur les versants, la forêt de l'Hautil. A deux pas, les villages et les châteaux du Vexin français.

UNE DIVERSITÉ DE LOGEMENTS

Que vous souhaitiez louer ou acheter, Cergy-Pontoise vous offre un large choix d'habitat, allant de la maison individuelle avec jardin aux appartements en immeuble. Chaque quartier de la ville a un caractère particulier, chacun vous offre les équipements et les services de première nécessité.

UN NOMBRE IMPORTANT D'ÉQUIPEMENTS

Préfecture du Val-d'Oise, Cergy-Pontoise est dotée d'équipements qui correspondent à sa vocation régionale. Le centre commercial des Trois Fontaines offre un choix de commerces des plus variés. Outre la base de loisirs, on peut déjà profiter de trois piscines, d'une patinoire et de nombreux terrains de sports. Le centre culturel comprend, sur ses 4 niveaux, une maison de loisirs, une bibliothèque, diverses salles de spectacles et un auditorium de 250 places.

DES EMPLOIS SUR PLACE

Cergy-Pontoise offre en matière d'emploi de nombreuses possibilités et un accueil diversifié tant pour les industries que pour les bureaux. Grâce à l'aménagement de plusieurs zones d'activités, près de 24 000 emplois ont été créés ou transférés à Cergy entre 1970 et 1979.

DES LIAISONS FACILES

Un réseau moderne et efficace de transports en commun relie entre eux les différents quartiers et les zones d'activités. Et Cergy-Pontoise ne se trouve qu'à 30 minutes de Paris, par l'autoroute A15 ou par la ligne SNCF Cergy-St-Lazare.

POINTS DE REPÈRE

16

Dans l'article *Les banlieues de l'an 2000* (ci-dessous), un reporter du *Nouvel Observateur* rend compte d'une visite qu'il a faite à la ville nouvelle de Cergy-Pontoise peu après sa création.
Travail individuel → Mise en commun   Avant de lire l'article, trouvez dans le dépliant *Cergy-Pontoise, une ville . . . (p. 67)* et dans la publicité *Et vous êtes contre les villes nouvelles! (p. 72)* ce qu'une ville nouvelle est censée offrir à ses habitants éventuels.

Lisez ensuite *Les banlieues de l'an 2000*. Pour en saisir les grandes lignes, composez, avec vos propres mots, une ou deux phrases qui résument la déclaration faite par chacune de ces personnes:

- Pierre Maillet
- Bernard Hirsch
- Jean Lachenaud

- M. Papin
- Solange Quesnel
- Mme Lyonnay.

De quel aspect de la ville nouvelle parle chacun de ces intéressés? Quelle est l'attitude envers la ville du reporter et des autres habitants cités dans l'article?
Comparez vos idées avec celles des autres étudiants.

LES BANLIEUES DE L'AN 2000

Cergy-Pontoise, une ville de demain qui naît à la vie

Prenez la Nationale° 192, après la Défense, en direction du nord. Si vous arrivez à savoir où se termine la ville et où commence la campagne, vous êtes très fort. Moi, je n'ai pas su. De part et d'autre° de la route, c'est la banlieue qui s'effiloche° sur fond° de stations d'essence, de panneaux publicitaires, d'immeubles décrépits, de terrains vagues.° On se demande jusqu'où ça va pouvoir aller? Jusqu'à la mer? Au-delà, peut-être, qui sait?

A trente kilomètres de Paris, soudain, c'est le miracle. On retrouve à la fois la ville et la campagne: Cergy-Pontoise, ville nouvelle. Alors, même si l'on ne connaît rien aux villes nouvelles, même si on leur est hostile, on a un réflexe de gratitude.

Neuf opérations «villes nouvelles» ont été lancées en France à la fin du Ve Plan. Elles ont été créées dans une optique° bien définie. Pierre Maillet, responsable des villes nouvelles au ministère de l'Equipement, la précise: *«Il fallait créer autour de Paris des centres urbains par opposition aux villes-dortoirs, supprimer° dans la mesure du possible les temps morts que sont les transports quotidiens. Opération difficile à réaliser. Mais on ne pouvait pas laisser s'étendre à l'infini des banlieues d'une affligeante° médiocrité. Bref, on s'est dit: faisons les villes, et puis on verra bien.»*

● L'anti-Sarcelles

Un jour de 1966, Bernard Hirsch, nommé directeur de l'Etablissement public de la

ville nouvelle de Cergy-Pontoise, arrive sur le site. L'équipe de Hirsch a été frappée par une enquête° menée auprès des Sarcellois. Ceux-ci se plaignent° essentiellement de trois choses: on entend les voisins, on vit en vase clos° – il y a l'immeuble des douaniers,° celui des postiers, *etc.* –, l'autobus arrive deux minutes après le départ du train. En prenant le contrepied° de tout cela, l'équipe va faire de Cergy l'anticela, l'équipe va faire de Cergy l'anti-Sarcelles. D'abord en s'installant dans la région avec des familles, parce que l'urbanisme, *«ça se fait avec les femmes et les enfants qui vous racontent ce qui se passe dans les commerces,° les écoles ou les transports».*

«Nous avions, au départ, deux objectifs que nous avons constamment suivis, m'a dit Bernard Hirsch. *D'abord créer une ville variée, avec une très grande diversité dans les logements, les équipements, le travail, les distractions;° qu'on puisse loger aussi bien le manœuvre° portugais que le P.-D.G.° de société. Et surtout il fallait que tout pousse° ensemble dans un périmètre donné. Pour cela, nous avons dit aux industriels: «Installez-vous»; à la S.N.C.F.: «Il y a des industriels, améliorez les transports»; au ministère de l'Education nationale: «Attention, les gens viennent, il faut vite créer les écoles, les lycées, l'université»; aux Affaires culturelles: «L'université arrive, ne soyez pas les derniers, créez une école d'architecture», et ainsi de suite. Nous nous sommes inspirés de la pièce de Jules Romains, «Donogoo»: faire croire que*

la ville existait pour qu'elle naisse.»

Et on a commencé. Par une nouvelle préfecture° en forme de pyramide inversée qui va servir d'amorce° à la ville nouvelle. Tout jaillit° de terre à la fois dans le quartier de la préfecture: un collège de mille deux cents élèves, un centre commercial, deux cinémas, l'université, le marché forain,° un Novotel, un complexe patinoire°-piscine, un parc. A quelques kilomètres de là, la zone industrielle de Saint-Ouen-l'Aumône accueille° les premières entreprises qui ont quitté Paris.

● Astuces° ou contraintes

«Heureusement, nous disposons d'un éventail° de moyens pour inciter les industries, le gros commerce et l'immobilier° à venir, affirme Jean Lachenaud, secrétaire général de l'Etablissement public. *Les promoteurs ne sont pas très chauds pour bâtir en ville nouvelle parce qu'ils savent qu'avec nous il n'y a pas de dérogations.° Alors, c'est donnant donnant.° S'ils sollicitent un périmètre de construction dans Paris ou la proche banlieue, ils doivent automatiquement construire l'équivalent en ville nouvelle. Pour le centre commercial, qui fait aujourd'hui de très bonnes affaires, ça a été très simple: toutes les implantations de grandes surfaces° ont été bloquées dans un périmètre de vingt kilomètres autour de Cergy . . . A force d'astuces ou de contraintes, nous arrivons, avec un minimum de décalage,° à créer logements,*

services et emplois en même temps.»

«En nous installant ici nous n'avons perdu que 23% de notre personnel. Moins, finalement, que ce qu'on imaginait, nous a dit M. Papin, attaché au service du personnel de la Soudure autogène° française, entreprise transférée de Paris. Pas d'ingénieurs, très peu de techniciens, surtout du personnel administratif. Et puis, deux problèmes sont posés: celui des transports, insuffisants. Et celui du logement des cadres: ceux qui ont quitté Paris pour venir ici souhaitent des maisons individuelles avec un coin de campagne. Or, en ville nouvelle, pour le moment, on ne trouve que des H.L.M.»

● Pas de circulation

C'est vrai. Les premières maisons individuelles ne seront livrées° que dans trois mois. Les premières H.L.M. sont habitées depuis mai 1972. Elles n'ont rien de révolutionnaire. C'est la conception d'ensemble° qui l'est. *«Autrefois, l'unité d'un quartier se faisait autour de l'église,* explique Mme Solange Quesnel, chargée des relations publiques de Cergy. *Aujourd'hui, on la réalise plus volontiers autour de l'école. Aussi avons-nous divisé les différents quartiers de notre premier centre en îlots de cinq à six cents logements, individuels ou collectifs, rassemblés autour de l'école.»* A l'intérieur de l'îlot, pas de circulation d'automobiles. Les voitures sont reléguées derrière les immeubles, là où on ne les voit pas. Devant, on trouve les aires de jeu,° les espaces verts, l'école, les petits commerces. Des passerelles° relient° chaque îlot pour que piétons et voitures ne se rencontrent pas.

Certains visiteurs avouent qu'ils préfèrent quand même habiter l'île Saint-Louis. Moi aussi, sans doute. Mais, à défaut de° pouvoir le faire, il ne me déplairait pas de m'installer dans le quartier des Touleuses. Pourtant, les premiers occupants ne paraissent pas entièrement convaincus. Dans l'îlot des Plants, M. Arnaud estime

que *«pour ce qui est de la construction, oui, c'est bien. Mais il n'y a pas de téléphone, pas de magasins, pas de boîtes aux lettres et puis tout le monde a des enfants, alors, ça braille°...»*

Mme Lyonnay, qui habite les Touleuses, est contente: *«On a de l'air, des arbres, l'école est à deux cents mètres et c'est une école très bien. Il n'y a pas à craindre les voitures pour les gosses°... Seulement, les voitures, ça manque... J'hésite à aller jusqu'au centre commercial, même avec le bus...»*

L'autobus a pris du service le jour où le premier habitant a emménagé.° Il roulait de 6 heures du matin à 10 heures du soir. Vide. Plutôt que de financer le déficit sans contrepartie,° la ville nouvelle a accordé à chaque habitant une carte de transport gratuite° valable un an. *«Nous avons parié° que s'ils prenaient l'habitude de ne pas tout faire en voiture, ils continueraient, même quand les autobus seraient payants.»*

● «Ici, on vit»

La ville nouvelle de Cergy-Pontoise est devenue le terrain de manœuvres° de l'urbanisme visionnaire. En matière de lutte contre la pollution et les nuisances, de télédistribution,° d'informatique, de transport (l'aérotrain reliera Cergy à la Défense), elle sert de test aux techniques de l'an 2000. Et de banc d'essai° à l'architecture de l'an 2000. Ainsi, Ricardo Bofill, un architecte espagnol, va-t-il pouvoir construire à Cergy un quartier en forme de cathédrale comprenant appartements, bureaux et commerces accrochés° de part et d'autre d'une nef° étroite et très haute, éclairée par des puits° de lumière.*

Alors? Cité-dortoir...? Enfer°...? Paradis...? Ville vivante...? Cergy c'est encore un futur. Ce n'est ni un rêve ni un cauchemar. C'est une agglomération qui naît à la vie. Pour savoir ce qu'elle sera, il faut attendre... Laissons conclure Gérard Lasky de l'îlot des Plants: *«Je n'échangerai pas mon appartement pour un hôtel particulier° dans le 16e, à Paris. Ici, Monsieur, on est bien. Ici, on vit.»*

*(Bofill a bien contribué à la réalisation d'un quartier à Cergy, mais la forme n'en est pas celle d'une cathédrale. Bien que l'aérotrain n'ait pas été construit, les liaisons entre Cergy et Paris sont excellentes.)

1. Résumé de l'article (Citer une opinion)

Pour compléter le résumé ci-dessous, il faudra **citer**, par exemple de la manière suivante, **l'opinion** des personnes mentionnées dans l'article:

> *Les villes nouvelles françaises ont été créées dans une optique bien définie.* **D'après** *Pierre Maillet, responsable des villes nouvelles au ministère de l'Equipement, il fallait créer autour de Paris des centres urbains par opposition aux villes-dortoirs.*

Travail individuel En consultant vos notes (*Points de repère*) ou l'article lui-même, complétez ce résumé en citant l'opinion de chaque personne mentionnée entre parenthèses. Pour les formules qu'on emploie pour **citer une opinion**, voyez 2, p. 31.

Les villes nouvelles françaises ont été créées dans une optique bien définie ... (Pierre Maillet) ...

L'équipe chargée de l'aménagement de Cergy-Pontoise a pris la ferme résolution de faire de la ville l'anti-Sarcelles ... (Bernard Hirsch) ... Ils ont commencé par la construction d'une nouvelle préfecture et par la mise en place, dans le quartier de la préfecture, des principaux services nécessaires à la vie urbaine.

Pour assurer le développement industriel et commercial de Cergy, l'Etablissement public a eu recours à une variété de moyens ... (Jean Lachenaud) ... Les premières entreprises à quitter Paris se sont installées dans la zone industrielle de Saint-Ouen-l'Aumône avec la majorité de leur personnel ... (M. Papin) ...

Au niveau du logement, les urbanistes ont organisé la ville suivant une conception tout à fait nouvelle ... (Solange Quesnel) ... A l'intérieur de chaque îlot, ils ont créé des espaces verts et implanté les équipements de première nécessité. Ils y ont aussi interdit la circulation des automobiles. Cependant, certains habitants ne sont pas entièrement satisfaits de leur nouveau mode de vie: ils déplorent l'absence relative dans les îlots de téléphones, de boîtes aux lettres et même de magasins ... (Mme Lyonnay) ... Pourtant, pour encourager l'usage des transports en commun, les autorités ont accordé à chacun des premiers habitants une carte de transport gratuite.

Haut lieu de l'urbanisme visionnaire, banc d'essai aux techniques de l'an 2000, Cergy-Pontoise est, à présent, une agglomération qui naît à la vie. Même si tous les habitants ne sont pas convaincus ... (Gérard Lasky) ...

VOCABULAIRE: les villes nouvelles

(a) Travail individuel En consultant *Les banlieues de l'an 2000*, faites une liste des mots ou expressions qui manquent aux phrases suivantes. Ensuite, mémorisez les mots et expressions que vous aurez notés.

- Les villes nouvelles ont été créées dans une optique bien définie: il s'agissait de créer des............... par opposition aux............... (*1ère section*)
- Bernard Hirsch et ses collègues se sont installés dans la région de Cergy avec leurs familles parce que, selon lui, l'............... se fait avec les femmes et les enfants qui racontent ce qui se passe dans les..............., les écoles ou les............... (*2e section*)
- Ils ont essayé dès le début de créer une ville variée avec une très grande diversité dans les ...., les ...., le travail et les .... (*2e section*)
- Au niveau des loisirs, ils ont construit un............... patinoire-piscine et créé un parc. (*2e section*)
- La............... de Saint-Ouen a bientôt accueilli les premières entreprises qui ont quitté Paris. (*2e section*)
- Selon un responsable de l'Etablissement public, les............... ne sont pas très chauds pour............... en ville nouvelle puisqu'ils savent qu'il n'y a pas de dérogations. (*3e section*)
- Le............... de Cergy fait de très bonnes affaires: toutes les implantations de............... ont été bloquées dans un périmètre de 20 km autour de la ville nouvelle. (*3e section*)
- Les premiers cadres transférés de Paris ont été déçus, car ils souhaitaient trouver des............... et pas des............ .. (*3e section*)
- Les logements de Cergy n'ont rien de révolutionnaire, mais la............... l'est, puisque l'............... se réalise autour de l'école plutôt que de l'église. (*4e section*)
- A l'intérieur de l'îlot, il n'y a pas de............... et des passerelles relient chaque îlot pour que voitures et............... ne se rencontrent pas. (*4e section*)
- Devant les maisons ou les immeubles de chaque îlot se trouvent les..............., l'école, les petits commerces. (*4e section*)

(b) Travail à deux Complétez oralement ensemble les phrases ci-dessus sans consulter ni l'article ni votre liste de mots et d'expressions. Ensuite, relisez attentivement les phrases en essayant de les mémoriser.

(c) Exercice oral Avec l'aide du professeur, essayez de retrouver les onze phrases à partir de votre liste de mots et d'expressions seulement.

La place des Colonnes: réalisation de Bofill

2. Quelques chiffres sur Cergy-Pontoise (La proportion, les fractions et l'approximation. Expliciter)

▶ L'un des principaux objectifs des villes nouvelles était de rapprocher l'habitat du lieu de travail, d'offrir des emplois en nombre suffisant pour qu'**une partie importante des** habitants, sinon **la majorité d'**entre eux, puissent travailler sur place. A Cergy-Pontoise par exemple, dix ans après son démarrage en 1969, **environ** six habitants **sur** dix travaillaient sur place ou dans les environs immédiats et **près de** 15 **pour cent** seulement travaillaient à Paris. La ville nouvelle disposait de 24 000 emplois pour une population **proche de** 30 000 habitants et une population active résidante de 12 000 personnes.

En rédigeant un paragraphe de ce genre, on emploie des expressions de **proportion** et des **fractions**, ainsi que des expressions d'**approximation**:

Expressions de proportion

| La presque totalité de |
| La plupart de |
| La majorité de |
| De (très) nombreux(-euses) |
| Une partie importante de |
| (Très) peu de |
| ... sur ... de |
| ... pour cent de |
| Un pourcentage élevé de |
| Un faible pourcentage de |
| Plus/Moins de la moitié de |
| ... fois plus/moins de ... que de |

Fractions

| La moitié de |
| Le tiers/quart de |
| Les deux tiers de |
| Un bon tiers/quart de |
| Les trois quarts de |
| Le/Un cinquième de |
| (Les) quatre cinquièmes de |

Expressions d'approximation

| à peu près |
| approximativement |
| environ |
| près de |
| proche de ◀ |

(a) Les deux tableaux ci-dessous, datés de 1982, présentent des chiffres portant sur d'autres aspects de l'évolution de Cergy-Pontoise.*

Exercice oral Avec le professeur, passez en revue les chiffres sur la **population** et le **logement** à Cergy-Pontoise; employez des **fractions**, et des expressions de **proportion** et d'**approximation**.

Population

Population totale	Habitants d'origine française	Habitants d'origine étrangère	Habitants entre 20 et 39 ans	Habitants entre 0 et 19 ans	Nombre d'actifs
100 409	90 455	9 954	38 076	34 641	45 352

Logement

Logements construits depuis l'origine	Logements en accession à la propriété	Logements en location	Logements individuels (maisons)	Logements en collectif (appartements)
30 500	16 775	13 725	11 590	18 910

Ensemble de la zone d'agglomération nouvelle

▶ Un excès de chiffres risque de ne pas signifier grand-chose. Ainsi, comme dans la dernière phrase du paragraphe sur l'emploi à Cergy-Pontoise (a), il est souvent utile de les **expliciter** à l'aide d'une comparaison qui les «fait parler»:

La ville nouvelle disposait de 24 000 emplois pour une population **proche de** 30 000 habitants et une population active résidante de 12 000 personnes; **autrement dit**, il y avait à ce moment-là, à Cergy-Pontoise, deux **fois plus** d'emplois **que de** personnes actives y résidant.

Pour **expliciter** de cette manière, on peut choisir parmi ces expressions:

| en d'autres termes |
| autrement dit |
| c'est-à-dire que ... |
| ce qui veut dire que ... |
| ce qui revient à dire que ... ◀ |

(b) ***Travail individuel*** En vous référant au paragraphe sur l'**emploi** à Cergy (*ci-dessus à gauche*), écrivez, à partir des deux tableaux, un paragraphe sur la **population** et un autre sur le **logement**. Essayez de ne pas consulter les **fractions** et les expressions de **proportion** et d'**approximation** présentées plus haut. **Explicitez** ensuite les chiffres de chaque paragraphe à l'aide d'une comparaison qui convient.

3. Vivre à Cergy-Pontoise: avantages et inconvénients (Concéder et s'opposer)

(a) Que pensent les habitants de Cergy-Pontoise de leur cadre de vie dans une ville nouvelle? Y trouvent-ils plus d'**avantages** que d'**inconvénients**, ou vice versa? Ecoutez d'abord le témoignage de Mme Marie-Claude Belmer, qui habite un îlot – c'est-à-dire un quartier – appelé les Touleuses.

Travail individuel/à deux Avec ou sans partenaire, écoutez la bande et, de la manière indiquée ci-dessous, notez brièvement ce que dit Mme Belmer. Arrêtez la bande quand vous le voudrez pour prendre vos notes.

Ensuite, ajoutez l'essentiel des autres déclarations sur la vie à Cergy (à *droite*) à l'une ou l'autre des deux colonnes de vos notes.

(Les noms suivants vous seront peut-être utiles: *abondance, absence, ambiance, difficulté, excès, existence, facilité, insuffisance, manque, monotonie, pénurie, possibilité, proximité, bonne/mauvaise qualité, solidarité, solitude, variété.*)

AVANTAGES	INCONVÉNIENTS
- bonheur de vivre dans une maison où on a une certaine intimité	- quelques petits problèmes de construction: infiltration d'eau, isolation, fiss

(b) ***Exercice oral*** Sous la direction du professeur, passez en revue les **avantages** et les **inconvénients** que vous avez notés: reliez chaque fois, si possible, un avantage à un inconvénient. Pour **concéder** chaque inconvénient et pour **vous y opposer** en présentant un avantage – ou inversement – choisissez parmi les formules que vous avez déjà étudiées (1, p. 64).

(N'oubliez pas de transformer, au besoin, les noms de vos notes en adjectifs, en verbes, etc.)

Exemple:

*Il y a quelques petits problèmes au niveau de la construction, **d'accord**. **Mais cela dit**, beaucoup de gens, comme Mme Belmer, sont heureux de vivre dans une maison où ils ont une certaine intimité.*

VIVRE À CERGY-PONTOISE

Moi, le soir, en rentrant du travail, je fais du tennis aux Touleuses. La vie est décontractée. Vous croisez des gens, ils ont toujours le sourire. On est bien. On respire.

Les petits centres commerciaux qu'on trouve dans chaque quartier sont moches. Leurs prix sont élevés et le choix de produits y est très limité. Moi, je fais toujours mes courses en centre-ville.

Certains îlots, où les maisons coûtent cher, sont plus cotés que les autres et leur population se donne des airs. Si la ségrégation se fait par l'argent, elle est quand même là.

Ici, dans la ville nouvelle, rien ne se passe. Qu'on aille faire ses courses, dans une association, à un débat, ce sont toujours les mêmes personnes que l'on rencontre. Nous nous ressemblons tous, nous vivons en cercle fermé.

A Cergy, on a des spectacles ou des animations de second ordre par rapport à ce qu'on trouve à Paris. Ça fait partie de ce que j'appellerais la banlieue culturelle. Ce n'est pas très enrichissant.

En ce qui concerne l'équilibre entre les constructions de logements et les implantations d'entreprises, nous faisons des envieux ... 450 entreprises et 24 000 emplois, depuis la société 3M avec son millier d'employés jusqu'à la petite entreprise artisanale de trois personnes.

Dans mon ancien quartier de Paris, quand quelque chose n'allait pas, je pouvais en parler avec ma voisine plus âgée. Ici, on n'ose pas avouer qu'on a des difficultés parce que c'est contre l'image de marque des villes nouvelles: les habitants sont jeunes, en bonne santé et heureux. Moi, je me sens seule.

C'est une ville sans passé, sans traditions. Il n'y a pas de vieilles pierres, on ne trouve pas de monuments. Pour moi, Cergy n'a pas d'âme.

et vous êtes contre les villes nouvelles!

Neuf villes nouvelles sont en train de naître à côté des grandes métropoles: leurs caractéristiques sont aussi leurs justifications.

De l'espace: dix fois plus pour chaque habitant que dans les grandes villes.
De la verdure: le tiers de la superficie de la ville.
Des logements variés : de petits immeubles, des maisons individuelles qui représentent plus de 30% de l'ensemble.
Un vrai centre-ville, aisément accessible, animé, avec de petites boutiques, des grands magasins, des spectacles, des services. Dans chaque quartier des crèches, des écoles, des équipements sportifs et culturels ouverts à l'arrivée des habitants. Des emplois près de chez soi. Dans une ville nouvelle, on peut rentrer déjeuner. Des transports en commun prioritaires.
L'école à cinq minutes, la base de loisirs à quinze, les voitures séparées des piétons.

Les villes nouvelles sont des villes pour vivre!

4. Jeu de rôles: au Bureau Information Logement

(a) Quelles seraient les questions posées par un(e) Parisien(ne) qui s'intéresserait à la possibilité de s'installer à Cergy-Pontoise? Quelles pourraient être les réponses d'un(e) responsable du Bureau Information Logement (BIL) de la ville nouvelle?

Travail à deux A partir de la bande que vous avez écoutée et des déclarations que vous avez classées (*3, p. 72*), ainsi que du dépliant publicitaire *Cergy-Pontoise, une ville . . .* (*p. 67*), notez ensemble les questions du/de la Parisien(ne) et les réponses du/de la responsable du BIL.

(b) ***Travail à deux*** Changez maintenant de partenaire et, sans consulter vos notes, imaginez avec votre nouveau/nouvelle partenaire la conversation; l'un(e) d'entre vous prendra le rôle du/de la Parisien(ne), l'autre celui du/de la responsable du BIL. Faites usage, dans votre conversation, des procédés (**citer une opinion**, etc.) étudiés dans les activités précédentes (*1, 2 et 3*).

5. Rédaction: *La ville nouvelle: enfer ou paradis?*

Travail individuel En vous basant sur tout ce que vous avez lu sur les villes nouvelles en France, et notamment sur Cergy-Pontoise, discutez, en 300–400 mots, la question mentionnée ci-dessus. Si vous le voulez, organisez votre rédaction de la manière suivante:

- **Introduction**   origine des villes nouvelles (date, raisons, situation géographique); leurs objectifs et caractéristiques

- **Développement**   avantages (paradis?); inconvénients (enfer?)

- **Conclusion**   ce qui reste à faire; avis personnel.

En écrivant, **citez**, au besoin, **les opinions** des habitants de Cergy-Pontoise (*2, p. 31*) et présentez des chiffres en employant des expressions de **proportion** et d'**approximation**, etc. (*2, p. 71*). Pour **concéder** et **vous opposer**, pour **poser un problème** et **proposer une solution**, choisissez parmi les formules que vous avez déjà étudiées (*2, p. 55, 1, p. 64; 3, p. 65*).

17   LA VIE EN PAVILLON

Vous allez maintenant écrire, à la place d'un journaliste français, un article de presse qui traite de cette question: la vie en pavillon, dans un «nouveau village», comble-t-elle les rêves du Français moyen?

1. Une structure fondamentale . . . et des variantes

(a) L'auteur de l'article sur Sarcelles (*p. 63*) essaie de **répondre à des questions**, explicites ou sous-entendues, sur la vie en grand ensemble.

Son article constitue aussi une variante d'une structure fondamentale que vous avez déjà étudiée (*1, p. 46*):

- **introduction**
- **développement**
- **conclusion**.

Vous trouverez ci-dessous un schéma de cet article où les questions secondaires de chaque section du **développement** et celles de la **conclusion** sont présentées dans le désordre.

Travail individuel → Mise en commun Relisez attentivement l'article *Vivre à Sarcelles* (*p. 63*) en faisant attention à sa structure. Ensuite, remettez dans l'ordre du texte les questions secondaires de chaque section du développement et celles de la conclusion.

Pour finir, comparez votre solution avec celle des autres étudiants.

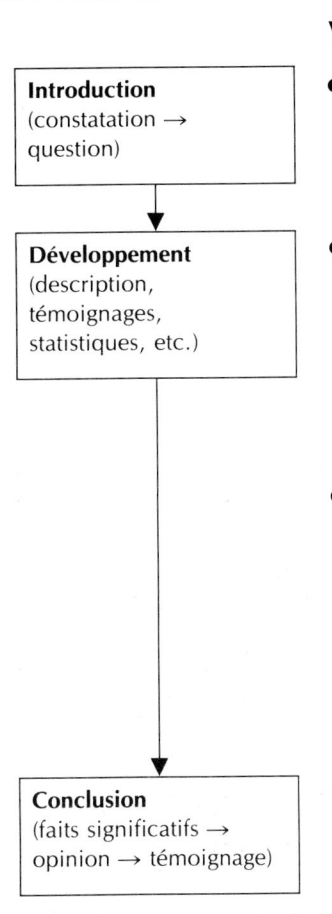

VIVRE À SARCELLES

Introduction
(constatation → question)

- ● **Le grand ensemble est-il la meilleure solution au problème du logement?**

Développement
(description, témoignages, statistiques, etc.)

- ● **Quels sont les inconvénients de la vie à Sarcelles, et pourquoi?**
  - quels sont leurs problèmes de transport?
  - quel visage la cité offre-t-elle à ceux qui travaillent ailleurs?
  - quelles sont leurs impressions de la vie à Sarcelles?
  - quelles distractions leur fournit-elle?

- ● **Quels peuvent être les avantages de Sarcelles, et pour qui?**
  - leur manque-t-il quelque chose?
  - . . . et de la vie à Paris?
  - quel visage la cité montre-t-elle à celles qui restent chez elles?
  - en quoi leur vie est-elle différente de la vie en province . . .

Conclusion
(faits significatifs → opinion → témoignage)

- ● **Comment rendre Sarcelles vivable?**
  - pourquoi doivent-ils s'accommoder de leur situation?
  - qu'est-ce que les habitants viennent de faire, et pourquoi?

▶ Comme vous le savez déjà, les trois phases de cette structure fondamentale, et surtout le **développement**, peuvent comporter plusieurs éléments. Le développement de *Vivre à Sarcelles* (ci-dessous, à gauche) se divise en deux sections, le **contre** et le **pour**. Celui des *Banlieues de l'an 2000* (pp. 68–9) se compose de plusieurs sections qui représentent **quelques aspects** du sujet *(ci-dessous, à droite)*.

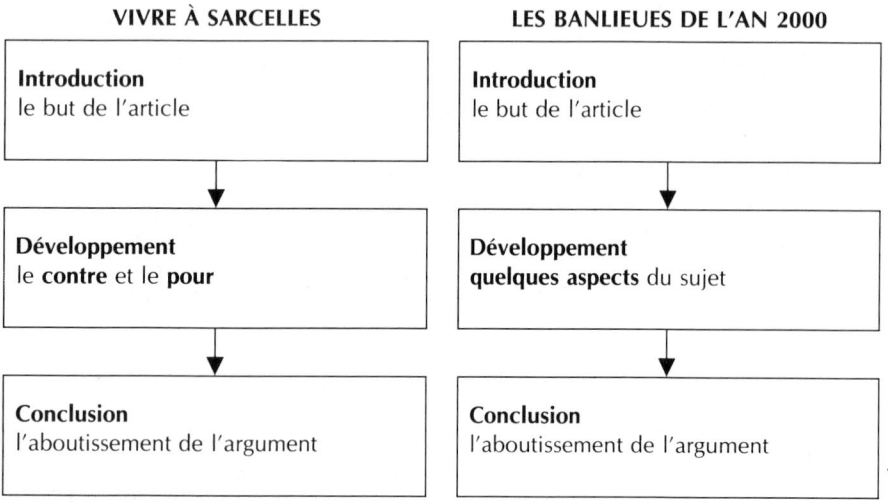

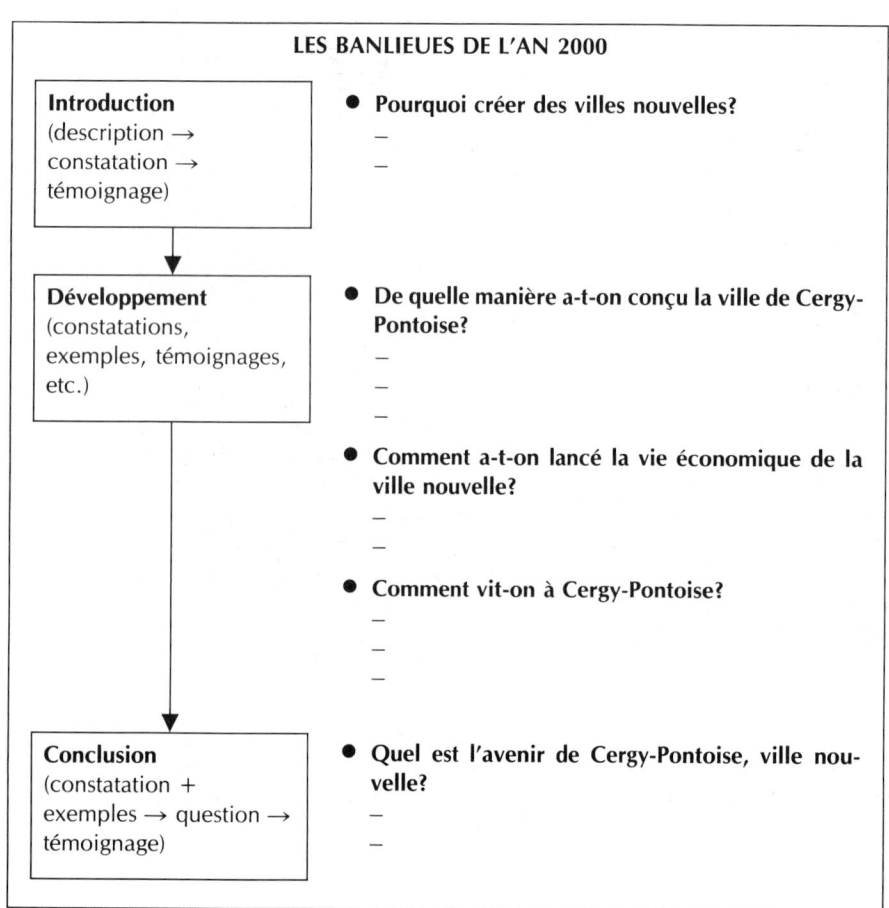

(b) Vous trouverez, ci-dessous à gauche, un schéma de l'article sur Cergy-Pontoise *(pp. 68–9)*. A vous de rédiger les questions secondaires de chaque phase de l'article.

Travail individuel → Mise en commun
Relisez l'article *Les banlieues de l'an 2000*, puis rédigez les questions secondaires susceptibles de compléter le schéma. Pour finir, comparez vos questions avec celles des autres étudiants.

2. Le dossier du journaliste
Quand on prépare un article sur une question sociale, il est essentiel d'abord de **se documenter**, en réunissant des extraits d'articles ou de livres, des publicités, des notes personnelles, etc. Il est également utile, comme l'ont fait les auteurs des articles sur Sarcelles et sur Cergy-Pontoise, de **faire une enquête** parmi les intéressés et de recueillir des témoignages.
Le journaliste qui va rédiger l'article sur la vie en pavillon a établi de cette façon un dossier *(Livret, pp. 21–3)*. Quels aspects du problème ses documents présentent-ils?

Travail à deux → Mise en commun Notez brièvement par écrit l'essentiel de chacun de ces documents. Ensuite, ayant mis de l'ordre dans vos notes, essayez de trouver ensemble les **questions** auxquelles l'article proposera une réponse.
Essayez après de **grouper** vos questions: s'agit-il par exemple du **pour** et du **contre** de la vie en pavillon, ou simplement de **quelques aspects** du sujet? Laquelle des deux variantes que vous avez étudiées (*1, ci-dessus*) conviendra le mieux à l'article? Pour finir, discutez vos idées avec le professeur et l'ensemble de la classe.

3. La rédaction de l'article
Travail individuel Rédigez maintenant l'article sur la vie en pavillon comme si vous étiez le journaliste français. Inventez un titre, un chapeau et des intertitres. Pour vous référer aux témoignages recueillis par le journaliste, n'oubliez pas d'employer des formules qui servent à **citer une opinion** *(2, p. 31)*. Faites aussi usage de quelques-uns des procédés que vous avez étudiés dans ce dossier sur le logement en France (**concéder** et **s'opposer**, la **proportion** . . ., etc.).

Energie: le nucléaire ou la bougie?

Dans la vie quotidienne, nous dépendons pour notre confort et notre sécurité de plusieurs formes d'énergie, dont notamment l'électricité, le gaz et le pétrole (essence, fuel). Si ces trois formes d'énergie nous manquaient, quels changements en résulterait-il?

Travail à deux → Mise en commun Avec un(e) partenaire, dressez la liste de toutes les choses que vous avez faites aujourd'hui qui, sans ces trois énergies, n'auraient pas été possibles, ou se seraient faites de façon différente. N'oubliez pas les transports, le chauffage et l'éclairage. Ensuite, discutez avec la classe ce que vous auriez fait ce matin pour assurer votre confort dans une situation où il n'existerait d'autres sources d'énergie que bois de chauffage, vent et force de l'eau. Employez chaque fois le **passé du conditionnel**.

Exemple:
> *Pour préparer une boisson chaude, **j'aurais** d'abord **allumé** un feu de bois; ensuite, **j'aurais fait** chauffer de l'eau.*

POINTS DE REPÈRE

L'article ci-dessous, tiré du quotidien *France-Soir*, décrit les conséquences d'une panne d'électricité monstre survenue le 19 décembre 1978. Malheureusement, à cause d'une erreur d'impression, il manque à l'article plusieurs détails intéressants.

Travail individuel→ Mise en commun Lisez attentivement une première fois ce qui reste de cet article et notez en quelques mots ce que vous y apprenez sur les effets principaux de la panne sur:

- les entreprises
- les transports en commun
- les voyageurs (chemin de fer et métro)

- la circulation urbaine
- les urgences médicales
- la réaction des passants Porte d'Italie
- la journée des lycéens
- les stations d'essence
- la sécurité des tunnels routiers.

Quel est, d'après l'article, le problème essentiel en ce qui concerne la gestion d'un réseau électrique?
Discutez vos idées avec l'ensemble de la classe.

QUAND L'ÉLECTRICITÉ MANQUAIT°

L'électricité, fluide capricieux, ne se stocke pas: l'offre doit donc à chaque instant égaler la demande en tout point du territoire. Voilà la cause principale de la panne° monstre survenue° le jour où l'on a trop exigé du° réseau° électrique français.

Un éclair,° des lumières qui vacillent,° tremblotent puis s'éteignent.° A 8 heures 26, mardi matin, en quelques secondes, la France, privée° brusquement d'électricité, se retrouve dans le froid, le noir et la paralysie.

Soudain, le pays fait un saut° de 36 ans en arrière: en effet, les conséquences de cette gigantesque panne s'appellent pénurie,° rationnement, appel au civisme.° Les Français redécouvrent pendant plusieurs heures les moyens de transport pris d'assaut,° les queues, les pardessus° et les cache-cols° que l'on garde dans les bureaux, la lumière vacillante des bougies° et, parfois, la panique. On n'a même pas la possibilité de prendre une consommation° chaude pour se consoler.

«Alerte rouge»

A de rares exceptions près° (Lille, Strasbourg, Annemasse), l'économie du pays est presque entièrement paralysée: transports désorganisés, absence de chauffage, et, surtout, pas de source d'énergie. Si l'usine Renault de Billancourt fonctionne, celle du Mans est arrêtée.

Quant au complexe chimique de Fos, il vit depuis le début de la panne en état d'«alerte rouge».

A 8 heures 26 hier donc, feux de circulation,° escaliers mécaniques,

comme frappés par un mystérieux rayon° qui les fige.°

Des millions de travailleurs demeurent bloqués. Les uns sous un tunnel (les voyageurs du Paris–Vintimille) ou entre deux gares; d'autres dans les ascenseurs, d'autres encore dans les rames° de métro de Paris, de Lyon et de Marseille.

Trains glacés°

A Paris, 555 rames se sont trouvées immobilisées sous les tunnels. Mais 130 seulement l'étaient entre deux stations. Il a fallu évacuer 600 000 voyageurs.

«Soudain, raconte l'un d'entre eux, la rame s'est arrêtée et nous nous sommes retrouvés dans une demi-obscurité. Seuls, les filaments oranges des ampoules de secours° éclairaient faiblement le wagon. L'attente° m'a semblé

nous a priés de descendre sur la voie° et de regagner° à pied la plus proche station. Dans le tunnel, les voyageurs avaient un peu peur. On se disait que si l'électricité revenait brusquement on serait électrifiés. Toute cette scène me rappelait° un peu les alertes de l'hiver 1942–43.»

Dans les trains, la situation n'était pas meilleure. Pour dépanner° tous ces convois° bloqués, la SNCF avait mobilisé tous les «Diesel» disponibles.° Entre deux gares, dans des trains

glacés, 90000 voyageurs de banlieue se mor-
fondaient.°

«Nous avons imaginé que

de sauter sur le ballast et de regagner à pied la
plus proche station. Les voyageurs avaient
peur et refusaient de sauter.»

Le 42 prend des vacances

Sans métro, ni trains, Paris redécouvrait ses
autobus. Ils étaient pris d'assaut par une foule
de voyageurs vindicatifs. Submergés, les
conducteurs menaçaient de s'arrêter. Il n'y
avait plus de règles, plus d'itinéraires. Monter
était un exploit, descendre un autre. Vu° les
circonstances, les autobus prenaient beaucoup
de libertés.

«Ça ne vous ennuie° pas que j'aille directement au Rond-Point° des Champs-Elysées»,
confiait à ses voyageurs le conducteur du 42
qui, voulant éviter les embouteillages,° impro-
visait un nouveau parcours.°

Sans feux tricolores,

leur plus grande joie, les enfants ont été mis en
récréation° forcée. Il y avait des queues chez
les pompistes,° car ces derniers étaient obligés
de servir leurs clients à la main. Les gares de
leur côté avaient les visages de l'exode.° Dans
le froid, devant des horloges° arrêtées, des
panneaux° vides et des trains figés, des milliers
de voyageurs attendaient.

Autre danger, le taux° de gaz carbonique des
tunnels de circulation privés soudain de venti-
lateurs. A Lyon, il fallut fermer le tunnel de la
Croix-Rousse.

Cafés, commerces,° banques étaient éclairés
par

Parfois, pour évacuer les malades et éviter
les encombrements,° on dut faire appel à des
hélicoptères. Ces engins° devaient provoquer à
9h 45, près de la porte d'Italie, un petit début
de panique. En voyant six hélicoptères voler à
basse altitude, une jeune femme qui attendait
l'autobus s'écrie:

«C'est la guerre!»

A la bougie

Aussitôt c'est l'affolement.° Les gens courent
en tous sens° à travers les rues et vont se
réfugier dans les immeubles voisins.

Dans beaucoup de lycées et d'écoles, pour

on avait passé le temps en se racontant des
histoires.

«La difficulté de rétablir à 100% l'alimenta-
tion° en courant,° précisait EDF,° provient de°
l'impossibilité de redémarrer,° avant au moins
24 heures, la production des centrales°
nucléaires arrêtées de Bugey, Chinon et Saint-
Laurent.»

● manquer fail, be lacking   panne (f) power
failure   survenir occur   exiger trop de demand
too much of   réseau (m) network, grid
éclair (m) flash   vaciller flicker   s'éteindre go
out   (être) privé de (be) without   faire un saut
leap   pénurie (f) shortage   civisme (m)
public-spiritedness   être pris d'assaut be taken by
storm   pardessus (m) overcoat   cache-col (m)
muffler   bougie (f) candle   consommation (f)
drink   à ... près apart from ...   feux (m pl) de
circulation traffic lights   rayon (m) ray   figer

immobilise   rame (f) (de métro) (tube)train
glacé freezing cold   ampoule (f) de secours
emergency light   attente (f) wait(ing)   voie (f)
track   regagner go back to   rappeler qqc à qqn
remind sb of sg   dépanner qqc get sg going
again   convoi (m) train   disponible
available   se morfondre fret   fret   vu in view of
ennuyer qqn put sb out   rond-point (m)
roundabout   embouteillage (m) traffic jam
parcours (m) route   encombrements (m pl)
congestion   engin (m) machine   affolement (m)

turmoil   sens (m) direction   récréation (f)
break   pompiste (m/f) petrol pump attendant
exode (m) mass evacuation   horloge (f)
clock   panneau (m) information board   taux (m)
level   commerce (m) shop   alimentation (f)
supply   courant (m) current
EDF = Electricité de France   provenir de be due
to   (re)démarrer start up (again)   centrale (f)
power station

L'article en détail

(a) Quels étaient, à votre avis, les autres effets de cette panne d'électricité, ceux dont parlait le journaliste là où il y a des trous dans le texte?

Travail à deux → Mise en commun Imaginez avec un(e) partenaire ces autres effets. Ensuite, reconstituez par écrit ce qui manque à l'article.

Comparez vos solutions avec celles des autres étudiants. Quelles idées vous paraissent les plus vraisemblables, étant donné leur contexte? Pour finir, comparez vos idées avec ce qu'a écrit le journaliste (*Livret, p. 24*).

(b) La panne du 19 décembre dont il est question dans *Quand l'électricité manquait* ne se serait peut-être pas produite si la France n'avait pas misé sur le «tout-électrique»: en effet, chauffage, trains, cuisinières, presque tout y marche à l'électricité.

Travail individuel → Discussion Pourquoi une panne de courant ne pourrait-elle jamais perturber à ce point la vie des habitants en Grande-Bretagne? Notez brièvement deux ou trois raisons. Le professeur vous demandera ensuite de les communiquer aux autres étudiants.

● **veille** (f) eve, dawn **à peine** scarcely **désormais** henceforth, from that point on **lié à** linked to, bound up with **actuellement** at present, currently **combustible** (m) fuel **comprendre** include **pétrole** (m) oil **barrage** (m) dam **disposer de** have available, possess **patrimoine** (m) inheritance **faire défaut à qqn** run out on sb **éclater** break out **adhérer** belong to **baisse** (f) drop, reduction **grâce à** as a result of **démarche** (f) step **affiché** displayed **politique** (f) policy **arme** (f) weapon **retirer** withdraw **épuiser** exhaust **gisement** (m) deposit **tenir tête à** stand up to **Occident** (m) West **mal loti en** badly off for **propre** (of one's) own **vis-à-vis** by comparison with **se passer de** do without **revoir** review

---

POINTS DE REPÈRE **19**

Pour comprendre l'importance capitale de l'électricité en France, il faut remonter jusqu'en 1973, année qui changea tout à fait l'attitude envers l'énergie des pays industrialisés. L'extrait qui suit est tiré d'un dossier intitulé *Economiser l'énergie*, publié à l'intention des collégiens français. L'auteur tente d'y expliquer ce changement d'attitude.

Travail à deux → Mise en commun Lisez avec attention cet extrait. Avec un(e) partenaire, trouvez pour chaque paragraphe un intertitre qui en résume le contenu. Comparez ensuite vos intertitres avec ceux des autres étudiants, en les justifiant au besoin.

L'ÉNERGIE DANS LE MONDE

> 1.

A la veille° de l'ère industrielle, la quantité d'énergie consommée par personne était à peine° plus élevée qu'*elle* ne l'était à l'âge de pierre. C'est donc avec l'industrialisation que l'énergie intervient comme facteur économique: *elle* est désormais° liée à° la notion de développement. Les ressources employées actuellement° sont essentiellement les combustibles° fossiles, *qui* comprennent° charbon, pétrole° et gaz, l'énergie produite par la fission nucléaire et *celle* qui est connue sous le nom de «houille blanche», l'hydroélectricité, *dont* la seule source est la force de l'eau contenue par les barrages.° Seule *cette dernière* peut se renouveler. Il faut donc garder en mémoire que la terre dispose° d'un patrimoine° énergétique limité et que *ses* ressources nous feront un jour défaut.°

> 2.

La crise a brusquement éclaté° dans le secteur de l'énergie en 1973. Le 22 décembre, les pays de l'OPEP (Organisation des Pays Exportateurs de Pétrole, à *laquelle* adhèrent° l'Iran, le Koweit, l'Arabie Saoudite, etc.) ont décidé à Teheran une très forte augmentation de prix, *qui* équivalait à plus du double. *Ils* ont aussi voté une baisse° de la production pétrolière. Grâce à° *ces* démarches,° les prix affichés° dans les stations-service ont plus que triplé en un an.

> 3.

Qu'est-ce qui avait motivé *ce* changement de politique° de la part de l'OPEP? Eh bien, en termes très simples, les pays arabes avaient résolu d'utiliser «l'arme° du pétrole» dans la guerre contre Israël. La production *en* serait réduite de 5% chaque mois qu'Israël n'aurait pas retiré° *ses* armées de tous les territoires occupés.

L'embargo était donc lié aux problèmes politiques, et notamment à *celui* du peuple palestinien. Mais il y avait un autre facteur: les pays producteurs ne voulaient pas épuiser° *leurs* gisements,° *qui* représentaient l'unique richesse *au moyen de laquelle* ils pouvaient tenir tête aux° pays de l'Occident.°

> 4.

La crise a mis en évidence° la dépendance des pays industrialisés, et particulièrement *celle* de la France, fort mal lotie en° ressources propres° vis-à-vis des° pays exportateurs. Jusqu'alors, on n'avait pas imaginé qu'on puisse se passer° d'une énergie abondante. Aussi n'avait-on jamais tenté de *l*'économiser: toutes les décisions prises dans les domaines techniques et économiques étaient fondées sur une énergie à bas prix. A partir de 1973, il a fallu *les* revoir.°

1. L'extrait en détail

(a) Les phrases ci-dessous, une fois complétées, exprimeront l'essentiel de l'article *L'Energie dans le monde*.

Travail individuel → Mise en commun Relisez l'extrait et complétez ces phrases par écrit.

    i) Au début de l'ère industrielle la consommation . . .
    ii) Les énergies non-renouvelables employées actuellement proviennent de . . .
    iii) Parmi les énergies actuelles, seule . . .
    iv) La crise de l'énergie a été provoquée en 1973 par . . .
    v) Les pays arabes ont agi de cette manière afin de . . .
    vi) Ils étaient conscients aussi de la nécessité de . . .
    vii) Jusqu'en 1973, le monde occidental, et surtout la France, avait toujours compté sur . . .
    viii) Désormais, cependant, la situation exigeait . . .

Comparez ensuite vos phrases complétées avec celles des autres étudiants.

(b) Voici, ci-dessous à gauche, des notes prises par un étudiant français à partir de l'extrait que vous venez de résumer.

Travail individuel → Exercice oral Lisez attentivement ces notes. Quelle est la nature des mots que l'étudiant a empruntés (proportion de verbes? d'adjectifs? de substantifs?) Quelle est la signification des symboles?

Comparez vos observations avec celles des autres étudiants.

Pour finir, avec l'aide du professeur, reconstituez oralement, à partir de ces notes, les données principales de *L'énergie dans le monde*. Consultez l'extrait le moins possible.

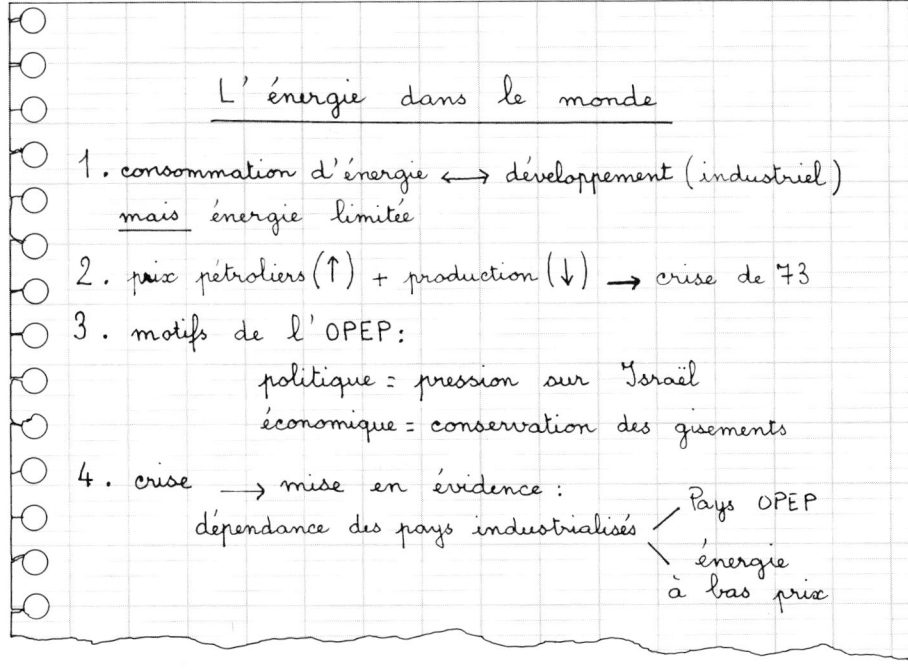

Barrage hydro-electrique

2. La structure de l'extrait (la référence)

(a) Dans l'extrait *L'énergie dans le monde*, les mots et expressions soulignés se réfèrent tous à quelque chose qui a déjà été mentionné. Mais à quoi, en particulier, se réfère chacun de ces termes?

Travail individuel → Mise en commun Faites un tableau comme celui présenté à droite. Inscrivez, colonne (i), en le numérotant, chacun des termes soulignés dans le texte, puis expliquez brièvement, colonne (ii), ce à quoi il se réfère.

Comparez ensuite vos explications avec celles des autres étudiants.

Pour finir, classez ensemble les termes de la colonne (i) selon les catégories qui suivent; le professeur en établira une liste complète au tableau:

- ***pronoms personnels sujets et objects;*** y, en: *(2) elle, (28) l'* . . .
- ***pronoms relatifs:*** *(5) qui, (12) laquelle* . . .
- ***pronoms et adjectifs démonstratifs:*** *(6) celle, (8) cette dernière* . . .
- ***adjectifs possessifs:*** *(20) ses* . . .

(i) TERME	(ii) RÉFÉRENCE
(1) elle	la quantité d'énergie
(2) elle	l'énergie
(3) qui	les combustibles fossiles
(4) celle qui	l'énerg

▶ Les termes que vous venez de classer (*2a, p. 79*) font partie du système de **référence** de l'extrait *L'énergie dans le monde*. Chaque terme sert à relier l'une à l'autre, d'une façon économique, des propositions différentes:

Les ressources employées actuellement sont essentiellement les combustibles fossiles, *l'énergie* produite par la fission nucléaire et *l'énergie* qui est connue sous le nom de «houille blanche», l'hydroélectricité.
Les combustibles fossiles comprennent charbon, pétrole et gaz.
La seule source de l'hydroélectricité est la force de l'eau contenue par les barrages.

➡

Les ressources employées actuellement sont essentiellement les combustibles fossiles, **qui** comprennent charbon, pétrole et gaz, l'énergie produite par la fission nucléaire et **celle qui** est connue sous le nom de «houille blanche», l'hydroélectricité, **dont** la seule source est la force de l'eau contenue par les barrages.

Pour composer ainsi, sans répétition excessive, un texte cohésif, on emploie, comme dans *L'énergie dans le monde*, des **pronoms personnels**, **y** et **en**, des **pronoms relatifs**, des **pronoms** et **adjectifs démonstratifs**, des **adjectifs possessifs**. ◀

(b) Les phrases ci-dessous, une fois reliées les unes aux autres dans un ordre convenable, constitueront un texte sur les développements récents dans le domaine de l'énergie.
Travail individuel Lisez attentivement ces phrases en essayant de les grouper mentalement selon l'aspect du sujet abordé.

Ensuite, en vous servant des éléments de **référence** que vous venez de classer (**pronoms personnels sujets et objets**, etc.), reliez les phrases de façon à en faire un texte cohésif. (Attention: il n'y a pas une seule solution correcte).

- Au début du XXe siècle, le charbon fournissait une énergie bon marché.
- Les pays industrialisés possédaient d'énormes quantités de charbon.
- Les usines avaient besoin d'une énergie bon marché afin d'assurer une production compétitive.
- Pendant les années 50, le pétrole remplaça le charbon comme première source d'énergie.
- Car la transportation du pétrole était bien moins coûteuse que la transportation du charbon.
- Mais en 1973 le pétrole a connu une forte augmentation de prix et le monde industrialisé est plongé dans une récession économique.
- La récession en question est à l'origine du chômage actuel.

- Depuis la crise d'énergie de 1973, le prix du pétrole a augmenté et diminué à plusieurs reprises.
- La déstabilisation du prix de pétrole a résulté surtout de la découverte de gisements pétroliers en mer du Nord.
- Mais étant donné les conditions en zone maritime, l'exploitation des nouveaux gisements est très coûteuse.
- Le prix du «nouveau pétrole» est élevé.
- Le prix élevé ne rend pas inabordable le «nouveau pétrole».
- Car les pays de l'OPEP ont jusqu'ici maintenu au même niveau le prix du pétrole classique.
- La notion qu'un pays industrialisé ne peut faire de progrès économiques sans ressources indépendantes a été décriée par certains spécialistes.
- Les spécialistes citent à titre d'exemple le Japon.
- Le Japon ne possède guère de ressources énergétiques.

◉ **3. L'interprétation des tableaux et graphiques (La comparaison, la proportion)**

(a) Le tableau et les graphiques à la page 81 représentent des constatations sur la production et la consommation d'énergie en France et ailleurs. Ces constatations constituent les réponses à des questions que peut se poser le lecteur.
Travail individuel → Mise en commun
Trouvez trois ou quatre questions aux-

quelles répond le tableau (i), *Production et consommation d'énergie* (vous pouvez considérer par exemple la consommation ou la production relative de deux pays en ce qui concerne le pétrole, etc.). Ensuite, notez les réponses à vos questions. Employez des **comparatifs** et des **superlatifs** (*voir Le point sur la comparaison, pp. 234–5*), ainsi que des expressions de proportion et des fractions (*2, p. 71*).

Exemple
- *Lequel de ces pays a **la plus forte dépendance** énergétique?*
- *C'est le Japon qui **dépend le plus** des importations, car il **consomme neuf fois plus d'énergie qu'il n'en produit**.*

Passez ensuite en revue le tableau (i), *Production et consommation d'énergie*, avec le professeur. Il vous demandera de poser des questions à tour de rôle et d'y répondre.

(i) PRODUCTION ET CONSOMMATION D'ÉNERGIE

Pays	Production d'énergie (en mtep)*	Consommation d'énergie (en mtep)	Production annuelle de pétrole (en pourcentage du produit mondial)	Réserves de charbon (% des rés. mondiales)
Etats-Unis	1437	1613	17,6%	22,0%
URSS	1356	1056	22,4%	21,3%
Japon	29	268	0,0%	0,2%
France	40	152	0,1%	0,1%
Royaume-Uni	200	191	2,0%	9,2%

• mtep = millions de tonnes d'équivalent pétrole

(ii) CONSOMMATION EN FRANCE DES DIFFÉRENTES ÉNERGIES PRIMAIRES

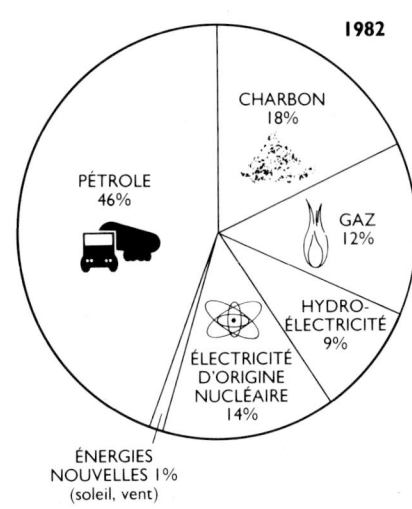

1982

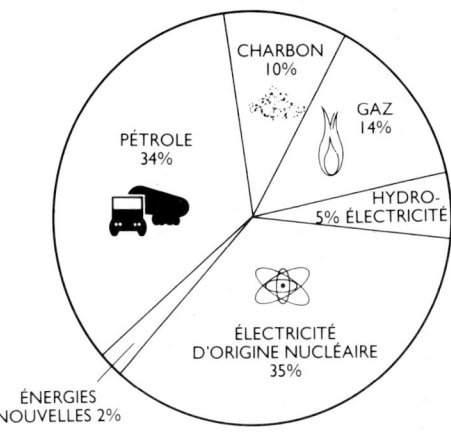

1995 (ESTIMATION)

(iii) CONSOMMATION D'ÉNERGIE EN FRANCE PAR SECTEURS

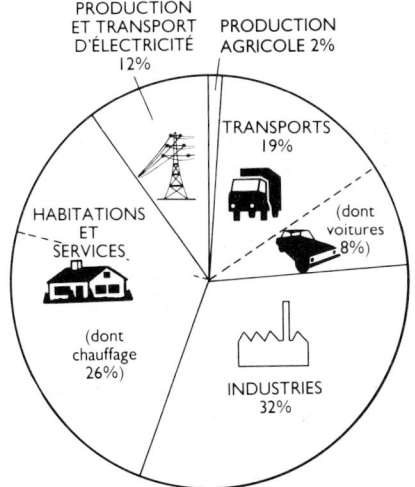

(b) Dans un rapport de la Commission de l'énergie du Plan, on a établi des prévisions énergétiques pour l'an 1995. Vous les trouverez dans les graphiques (ii), *Consommation en France des différentes énergies primaires.*

Travail individuel/à deux Choisissez chacun trois énergies différentes et notez par écrit les changements qu'envisage la Commission de l'énergie. Présentez ensuite à votre partenaire ce que vous aurez découvert. (Verbes utiles: *envisager/projeter de, augmenter/réduire la consommation de ..., utiliser, consommer*).

Exemple:

> *On prévoit de consommer en 1995 deux pour cent de gaz de **plus qu**'on **n'en consomme** actuellement.*

(c) Le graphique (iii) représente la consommation d'énergie en France par secteurs.

Travail individuel → Mise en commun A partir de ce graphique, établissez par écrit des **comparaisons** entre les différents secteurs. Ainsi que des **comparatifs** et des **superlatifs**, employez des expressions de **proportion** et des **fractions** (pp. 234–5 et

2, p. 71).
Comparez ensuite vos phrases avec celles des autres étudiants. (Expressions utiles: *ne ... que ...*; *au niveau de, en ce qui concerne*; *tandis que, alors que, mais.*)

4. Rapport: l'énergie en France

Dans le rapport de la Commission, le tableau et les graphiques (i), (ii) et (iii) s'accompagnaient d'un texte qui en faisait la description et l'analyse. De plus, ce rapport résumait la situation de la France à la suite de la crise de l'énergie, tout en soulignant le rôle important joué par l'électricité.

Travail individuel Comme si vous étiez l'auteur de ce rapport, rédigez en vos propres termes la section qui traite des sujets suivants:

- l'effet sur la France de la crise de l'énergie de 1973
- la France et l'électricité
- les prévisions énergétiques pour la France de l'an 1995.

Employez dans votre travail des **comparaisons** (pp. 234–5), des expressions de **proportion** et des **fractions** (2, p. 71).

Début possible:

L'énergie en France

La France, comme tous les autres pays industrialisés, a

été bouleversée lorsqu'en 1973 les pays de l'OPEP ont

20

POINTS DE REPÈRE

Pour comprendre la politique énergétique actuelle de la France, il faut reprendre le fil des événements qui ont suivi la «crise de l'énergie». L'article dont vous trouverez ci-dessous un extrait a paru dans la *Revue française de l'électricité*. Il a été rédigé par le Directeur général d'Electricité de France (EDF).
Travail individuel → Mise en commun Lisez une première fois l'article et répondez par écrit, sans citer directement le texte, aux questions suivantes:

– Quelle est la politique énergétique d'EDF, et sur quelles convictions repose-t-elle?
– Quelles sont, en France, les ressources d'énergie classiques, et pourquoi ne peuvent-elles pas satisfaire les besoins futurs du pays?
– Quelles sont les autres énergies mentionnées, et pourquoi ne constituent-elles que des ressources limitées?

Comparez vos réponses avec celles des autres étudiants.

LE PROGRAMME NUCLÉAIRE D'EDF
FACE À LA CRISE DE L'ÉNERGIE

par Marcel Boiteux, Directeur général d'Electricité de France

Les raisons de la politique d'EDF

La première idée qui a animé° Electricité de France dans la préparation d'une politique délibérément orientée vers la production électronucléaire, c'est que la consommation de pétrole ne pouvait pas continuer à croître° au rythme qu'elle connaissait depuis une dizaine d'années sans aboutir° inévitablement, un jour ou l'autre, à des hausses° de prix très importantes,° si ce n'est à une réelle pénurie.

Notre deuxième conviction fut que, s'il existe d'autres solutions dont on aurait tort de ne pas profiter, seule la solution nucléaire apparaît à l'échelle du° problème pour les trente années qui viennent.

La troisième, c'est que le nucléaire° passera° encore longtemps, pour l'essentiel, par l'électricité. En effet, on ne sait, aujourd'hui, dominer économiquement l'énergie nucléaire pacifique° que dans d'énormes centrales qui produisent une quantité d'énergie extrêmement importante.

Qui dit concentration importante d'énergie dit également redistribution de cette énergie et donc, pour parvenir à° couvrir une zone d'influence assez large, passage par le fil° électrique. Dans cette perspective, c'est bien le développement de l'électricité qu'il faut pousser° pour substituer autant° qu'il est possible l'énergie nucléaire au pétrole dans la croissance° de la consommation énergétique.°

Le problème de l'avenir

Quelques chiffres simples éclairent l'importance de cet enjeu:° en 1970, la France a consommé sous des formes diverses 225 Mtec (millions de tonnes d'équivalent charbon). On peut penser qu'en l'an 2000 cette consommation passera à 700, en ordre de grandeur.° 700 Mtec c'est 70 millions de Français que multiplient 10 tonnes par tête. Cette estimation de 10 tonnes d'équivalent charbon par tête n'a rien d'exagéré si l'on songe que l'Américain moyen,° et ils ne sont pas tous riches, en consomme déjà 12.

Comment peut-on couvrir une pareille consommation de 700 Mtec? Parmi les ressources classiques du territoire, le charbon représente en France 30 millions de tonnes. En produire 10 de plus ou de moins, c'est peu par rapport à° 700. Il ne faut certes pas négliger toutes possibilités dans les jours qui viennent; mais compter sur le charbon national pour résoudre les difficultés énergétiques françaises, c'est méconnaître° l'échelle du problème.

Autre source classique de l'hexagone,° l'hydraulique° produit actuellement 60 milliards° de kWh° environ, et il reste encore quelques sites où l'on pourrait construire des barrages. Cependant, 60 milliards de kWh n'équivalent° qu'à 20 Mtec. Produire 5 Mtec de plus peut là encore présenter un intérêt immédiat, mais certainement pas à l'échelle des besoins énormes à satisfaire.

En dehors de° ces deux ressources «hexagonales» que sont le charbon et l'hydraulique, et en dehors du charbon importé, très coûteux, il reste les hydrocarbures° – pétrole et gaz – et, enfin, le nucléaire. Dans la mesure où° l'on veut limiter le recours aux hydrocarbures, il faut donc pousser le nucléaire et par conséquent, nous l'avons vu, l'électricité.

Centrale nucléaire

● **animer** prompt   **croître** increase   **aboutir à** end in, bring about   **hausse** (f) increase   **important** considerable   **à l'échelle de** on an appropriate scale for   **nucléaire** (m) nuclear energy   **passer par** be brought into use through   **pacifique** peaceful   **parvenir à** succeed in   **fil** (m) cable   **pousser** push forward, press on with   **autant que** as far as   **croissance** (f) growth, increase   **énergétique** (of) energy   **enjeu** (m) gamble, stake   **en ordre de grandeur** as an order of magnitude   **moyen(ne)** average   **par rapport à** in relation to   **méconnaître** underestimate   **hexagone** (m) France (from its shape)   **hydraulique** (f) energy derived from water   **milliard** (m) thousand million, billion   **KWh** (m) kilowatt hour   **équivaloir** be equivalent to   **en dehors de** apart from   **hydrocarbure** (m) hydrocarbon   **dans la mesure où** insofar as   **éolienne** (f) wind generator   **hélice** (f) propeller   **alimenter (en)** supply (with)   **pour autant** for all that   **captable** which can be harnessed   **restreint** restricted   **être à la mesure de** be tailor-made for   **usager** (m) user   **capteur** (m) **plan** solar panel   **échantillon** (m) trial model   **marée** (f) tide   **usine** (f)   **marémotrice** tidal power station   **géothermie** (f) geothermal energy   **recueillir** collect   **souterrain** underground   **croûte** (f) **terrestre** earth's crust   **être réalisé** become a reality   **décennie** (f) decade   **exploitable** which can be put into operation   **nappe** (f) **d'eau** lake   **fâcheux(-euse)** unfortunate   **procédé** (m) process   **récupérer** recover   **rejet** (m) discharge   **se débarrasser de qqc** get rid of sg   **d'ores et déjà** already   **être rentable** pay   **dresser un bilan** draw up a balance sheet   **même contestable à ...** près** even if it's out by ...   **en toute hypothèse** whichever way one looks at it

Les énergies nouvelles

Existe-t-il d'autres solutions?

Examinons quelques possibilités:

Le vent – Un réacteur nucléaire actuel d'un million de kW équivaut à 1000 éoliennes° qui auraient chacune deux hélices° de 30 mètres de diamètre et qui feraient un bruit formidable. Ce n'est pas pensable! Ce qui ne veut pas dire qu'on ne puisse envisager utilement çà et là, dans les zones rurales, de petites éoliennes, pour alimenter en° électricité des maisons isolées, par exemple.

Le soleil – Prenons encore pour référence une centrale solaire d'un million de kW. L'équivalent d'une telle centrale occuperait une surface de 6 000 hectares entièrement couverte de miroirs. Encore faut-il y ajouter la place pour aller les nettoyer! Ce n'est pas pensable non plus. Bien entendu, il ne faut pas pour autant° négliger l'énergie solaire: il existe une application pour laquelle l'énergie captable° sur une surface relativement restreinte° est à la mesure des° besoins de l'usager,° c'est la maison. Donc, dans le cas de la maison, où on peut facilement installer des capteurs plans° sur un toit, pourquoi pas, effectivement, l'énergie solaire? D'ailleurs Electricité de France s'y intéresse: nous construisons actuellement quelques échantillons° de maisons solaires à titre expérimental.

Les marées° – L'usine marémotrice° de la Rance en Bretagne fournit bien une contribution appréciable aux besoins énergétiques du pays. Mais des marées de cette amplitude sont rares, et le petit nombre des sites possibles sur les côtes européennes en fait une ressource limitée.

La géothermie° – Je ne crois pas qu'on puisse sérieusement songer avant la fin du siècle à ces projets imposants qui consistent à recueillir° de façon généralisée la chaleur souterraine° de la croûte terrestre.° Peut-être seront-ils réalisés° un jour, mais sûrement pas avant quelques décennies.°

Par contre, il y a certainement des projets plus modestes exploitables;° par exemple, l'utilisation des nappes d'eau° chaude souterraines dans certaines régions, notamment sous le

bassin Parisien, bien que ces nappes aient la fâcheuse° caractéristique de n'être pas assez chaudes pour réaliser une distribution économique. Mais tous ces procédés° dits «nouveaux», malgré des applications particulières localisées qu'il ne faut pas négliger, n'apportent pas de solutions qui soient avant la fin du siècle – et peut-être jamais – à l'échelle des problèmes à résoudre.

Le dernier remède: économiser l'énergie

Dernier remède: réduire la consommation, et notamment récupérer° les chaleurs perdues. Nous allons nous-mêmes à EDF nous trouver, avec nos «macro-centrales» de la fin du siècle, devant des problèmes de rejets° de chaleur tels que nous serons contents de payer pour nous en débarrasser.° Jusqu'ici la récupération de ces chaleurs à basse température n'était absolument pas rentable;° il est possible qu'elle le devienne et nous menons, d'ores et déjà,° des études sur le sujet dont le moins qu'on puisse dire est que le résultat est encore incertain. Mais l'enjeu est considérable.

Quoi qu'il en soit, le bilan° que je viens de dresser – même contestable à 10 ou 20% près° – est tel, en toute hypothèse,° qu'il y a certainement un intérêt majeur à développer aussi rapidement que possible et le nucléaire et l'électricité.

1. Le texte en détail: notes à compléter

Les notes à droite offrent un résumé des idées principales exprimées par le Directeur général dans les deux sections du début de son article (*Les raisons de la politique d'EDF* et *Le problème de l'avenir*). Mais elles sont incomplètes.

Travail individuel → Mise en commun
Relisez avec attention ces deux sections et recopiez les notes en les complétant selon le sens de l'article. Le *glossaire des symboles* (au bas des notes) vous y aidera, et les noms suivants vous seront peut-être utiles: *accroissement, besoins, effort.*
Comparez ensuite vos notes complétées avec celles des autres étudiants.

2. Les différentes énergies: avantages et inconvénients

(a) Le tableau ci-dessous, tiré d'une brochure d'EDF, représente de façon schématique la plupart des ressources énergétiques mondiales qui font actuellement l'objet de recherches ou d'exploitation. Les noms des différents types d'énergie ont été supprimés. A vous de les retrouver.

Travail à deux → Mise en commun Relisez en entier *Le programme nucléaire d'EDF*. Ensuite, avec un(e) partenaire, trouvez sur la liste à gauche du tableau le type d'énergie qui correspond à chaque case numérotée. Notez les **énergies** et les **numéros** de la manière indiquée à droite: ajoutez ensuite les **inconvénients** de

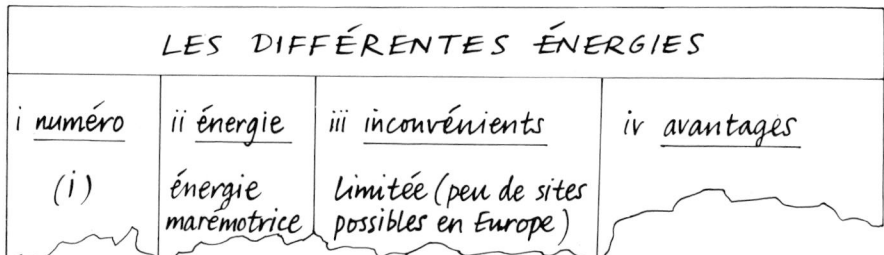

chaque énergie tels que l'auteur les précise. (Laissez vide pour l'instant la colonne (iv), **avantages**).

Pour finir, le professeur vous demandera de comparer vos solutions avec celles des autres étudiants.

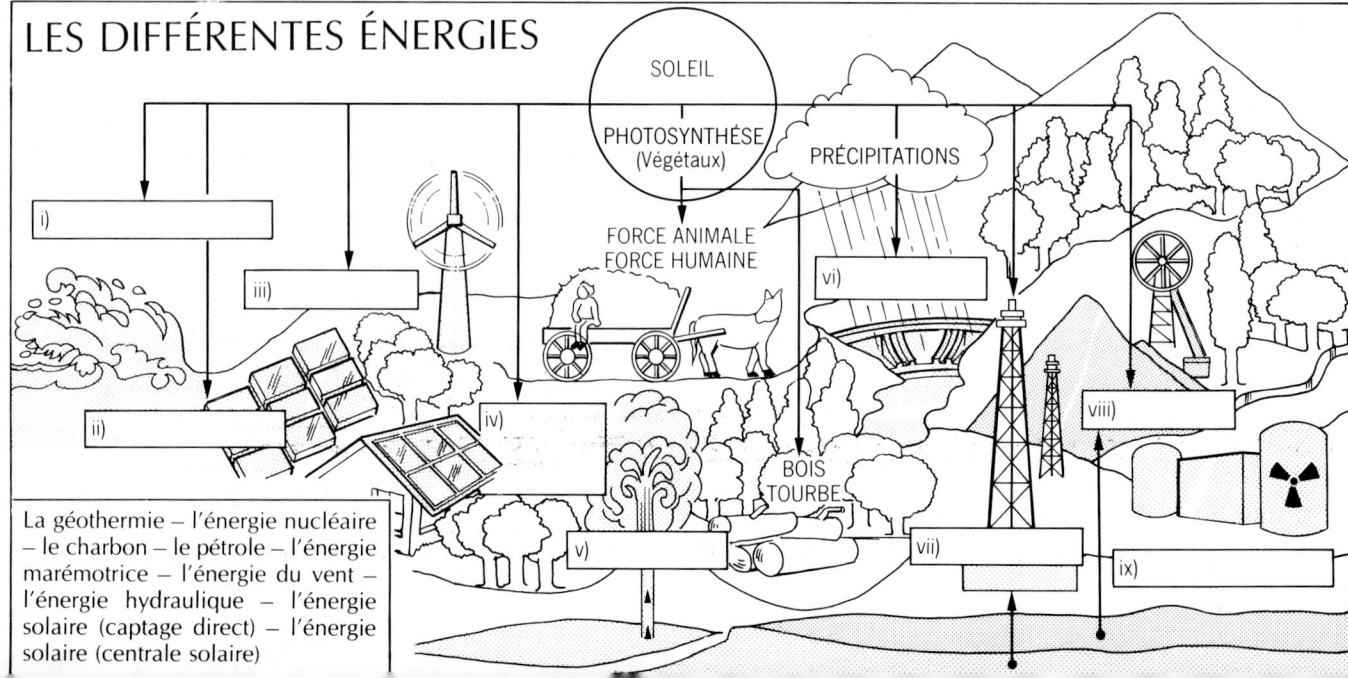

Tant que durera le monde, le soleil continuera à briller: L'humanité nous en dépendons pour notre survie. L'humanité dispose donc avec l'énergie solaire d'une source d'énergie sans cesse renouvelée, même si elle est intermittente.

Une centrale nucléaire peut sembler gigantesque dans le paysage environnant, mais c'est en fait une installation miniature si on établit le rapport entre ses dimensions et la quantité d'énergie produite.

L'usine marémotrice de la Rance a prouvé au monde qu'il est possible d'utiliser cette énergie nouvelle, renouvelable, dans des aménagements de taille industrielle, et sans dégrader l'environnement.

Les réserves mondiales de charbon sont loin d'être épuisées: il en reste pour 250 ans (contre 35 ans pour le pétrole), selon le calcul de plusieurs experts. Et quant aux problèmes de transport, on peut transformer le charbon en gaz, matière très légère qui se transporte sans problème dans des gazoducs.

Le pétrole est un liquide facilement transportable et manipulable, dont la valeur énergétique est très élevée par rapport à la quantité.

L'énergie éolienne ne s'épuise pas et, de plus, elle est recueillie sous forme mécanique: c'est-à-dire qu'on peut l'utiliser directement, et le passage à la forme électrique se fait sans pertes importantes.

Si la géothermie met en jeu des investissements lourds, elle présente au contraire un faible coût d'exploitation. Ainsi les frais d'installation sont amortis en deux ans et l'électricité produite dans une centrale géothermique est moitié moins chère que celle produite par un barrage hydro-électrique.

Quoi de plus pur que l'eau de pluie? C'est d'elle que nous tirons l'énergie hydraulique, c'est-à-dire l'hydroélectricité, qu'on appelle aussi la «houille blanche», afin de la distinguer de cette autre houille noire et polluante qu'est le charbon.

(b) Vous venez de noter les inconvénients des différentes énergies. Quels en sont les **avantages**?

Travail individuel* → *Discussion Parcourez rapidement les extraits présentés ci-dessus, tirés pour la plupart de brochures sur les différentes énergies. Notez dans la colonne (iv) de vos notes les avantages de chaque énergie dont on parle dans les extraits. Ajoutez éventuellement d'autres avantages que vous trouverez vous-même.

Laquelle de ces énergies vous semble la mieux adaptée aux besoins de notre société? Pourquoi? A quoi pourraient servir les autres énergies mentionnées dans vos notes? Discutez ces questions avec l'ensemble de la classe.

3. Jeu de rôles (concéder et s'opposer)

▶ D'après le Directeur général d'EDF, «il ne faut **certes** pas négliger toutes possibilités dans les jours qui viennent; **mais** compter sur le charbon national, c'est méconnaître l'échelle du problème».

Souvent, dans une discussion en langue soignée, à l'écrit comme à l'oral, on **concède** ainsi un point dans l'argument avant de **s'opposer** à l'idée maîtresse de son interlocuteur, ou à celle que pourrait avancer un lecteur. Vous avez déjà noté certaines de ces formules (2, p. 55). En voici une liste plus complète:

Concéder	S'opposer
Certes	**mais**
Bien entendu	**cependant**
Bien sûr	**pourtant**
Effectivement	**par contre**
	en revanche
Malgré (+ substantif)	**je ne crois pas que ...** (+ subjonctif)
Malgré le fait que ...	
Bien que ... } (+ subjonctif)	**on ne peut nier que ...**
Quoique ... }	**il est incontestable que ...** ◀

(a) Au cours d'un entretien, un responsable d'EDF répond aux questions de Dominique Perrein, journaliste, qui se demande pourquoi on néglige un peu en France les énergies autres que le nucléaire.

Travail à deux* → *Jeu de rôles Relisez attentivement les extraits ci-dessus. En vous basant là-dessus, notez avec un(e) partenaire quatre ou cinq questions que le/la journaliste pourrait poser au responsable d'EDF.

Ensuite, consultez vos notes (1 et 2, p. 84) afin de trouver ensemble les réponses probables du responsable (**inconvénients** et **avantages**).

Changez alors de partenaire et imaginez ensemble la conversation entre le responsable et le/la journaliste. En répondant à chaque question, celui/celle qui joue le rôle du responsable **concédera** l'intérêt des autres énergies, tout en **s'opposant** à leur usage généralisé pour des raisons précises. Une fois la conversation terminée, changez de rôle et répétez l'exercice.

Exemple:

D. Perrein – *Ne pensez-vous pas que la géothermie offre au consommateur une énergie très avantageuse, puisque son coût d'exploitation est peu élevé?*

Responsable – ***Bien que*** *l'énergie géothermique présente effectivement beaucoup d'avantages pour le consommateur,* ***on ne peut nier que*** *cette technique est encore loin d'être au point.*

(b) Les magazines présentent souvent des interviews en citant directement les paroles du/de la journaliste et de la personne interviewée.

Travail individuel Faites le compte rendu de votre interview avec le responsable d'EDF comme si vous étiez Dominique Perrein.

Début possible:

L'ENERGIE ET NOTRE AVENIR

L'énergie va-t-elle s'épuiser avant la fin du siècle? Le nucléaire est-il le seul choix possible pour subvenir à nos besoins énergétiques? J'ai eu l'occasion de parler de ces questions avec Michel Auroux, directeur de recherches d'EDF.

D.P. – Pourquoi EDF pousse-t-elle à ce point le développement des techniques nucléaires? N'y a-t-il pas d'autres solutions?

M.A. – Bien entendu, il existe plusieurs

4. La politique nucléaire d'EDF: lettre au journal

Un lecteur écrit une lettre à la *Revue française de l'électricité* pour commenter la politique nucléaire d'EDF. Afin de convaincre le public de la logique de son point de vue personnel, il va présenter dans sa lettre les arguments pour et contre le nucléaire avant d'en tirer ses conclusions. Pour ce faire, il s'est certainement inspiré d'extraits d'articles de presse et de livres tels que ceux qui sont présentés à droite.

(a) ***Travail individuel → Mise en commun*** Lisez chaque extrait et notez-en l'idée principale. Classez vos notes dans deux colonnes selon la nature positive ou négative de chaque idée, de la manière indiquée ci-dessus à droite.

Comparez ensuite vos notes avec celles des autres étudiants. Est-ce que vous pouvez ajouter, à l'une ou à l'autre des deux colonnes, des idées personnelles à propos du nucléaire?

(b) ***Travail individuel*** Rédigez la lettre à la *Revue française de l'électricité*. Employez des formules pour **concéder** et pour **vous opposer** (*3, p. 85*). Adoptez pour votre lettre la structure **introduction – développement – conclusion** (*1, p. 73*) et n'oubliez pas de garder une idée frappante pour la fin.

Début possible:

> J'ai lu avec intérêt l'article du Directeur-général d'EDF (dans votre numéro 247), car il est certain que notre société ne peut survivre sans ressources énergétiques. Le nucléaire semble apporter à ce problème une vraie solution, car on dit que

---

Le nucléaire	
aspects positifs	**aspects négatifs**
1. une énergie propre et sans risques apparents	2. production d'une quantité énorme d'élec

> L'énergie nucléaire est une énergie très propre. Son seul inconvénient, c'est la radioactivité, et autour d'une centrale en période de fonctionnement normal, celle-ci est très inférieure à la dose que l'on en reçoit au cours d'un examen aux rayons X.

> Le ministre de l'Industrie a dit que, d'après notre expérience, les risques sont moins nombreux dans l'industrie nucléaire qu'ailleurs. Il a oublié de dire que notre expérience est courte et qu'en cas d'accident les risques sont énormes. A Three Mile Island, aux Etats-Unis, 900000 personnes ont été menacées d'irradiation dans l'accident jusqu'alors le plus grave de l'histoire nucléaire. Et on sait que ce genre d'irradiation peut provoquer des cancers mortels.

> Quant au prix du Kwh d'origine nucléaire, il n'a jamais été question d'y compter le coût des investissements, énorme par rapport aux autres industries.

> La France, désormais, ne peut plus se passer du nucléaire sans se condamner à une austérité d'un autre âge. Notre niveau de vie l'exige.

SONDAGE

QUESTION: vous trouvez la maison de vos rêves, à un bon prix. Elle est située à 1 km d'une centrale nucléaire. Est-ce que:

	OUI
vous l'achetez, parce que vous pensez qu'il n'y a pas de danger à habiter près d'une centrale	39%
vous renoncez à l'acheter parce que vous pensez que c'est trop dangereux	55%
sans opinion	6%

LES DÉCHETS NUCLÉAIRES

Chaque étape du cycle nucléaire produit invariablement des déchets radio-actifs. Quelques-uns de ces déchets sont si dangereux qu'on est obligé de les stocker sous garde, dans des piscines, en attendant le site qui voudra bien les accueillir un jour. Mais leur radio-activité durera des milliers d'années. Et personne n'en voudra sur son propre territoire.

> Dans sa politique pro-nucléaire EDF a misé sur des consommations d'énergie qui se révèlent maintenant extrêmement surestimées: c'est-à-dire qu'on avait prévu une croissance industrielle très rapide qui n'a pas eu lieu. Les centrales nucléaires fournissent d'énormes quantités de courant dont on n'a pas besoin. Et on ne peut pas le stocker.

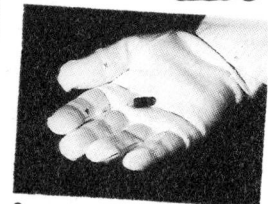

Cette pastille d'oxyde d'uranium est le combustible utilisé dans une centrale nucléaire. Ces 20 grammes peuvent fournir la même quantité d'électricité qu'une tonne de pétrole.

coût du Kwh:	
d'origine nucléaire	12,3 centimes
d'origine fuel	14,2 centimes
d'origine charbon	17,8 centimes

Type d'énergie	Nombre de morts pour une production de 10 milliards de Kwh (unité électrique) (*chiffres annuels, minimum et maximum*)
charbon	10 à 200
fuel (pétrole)	3 à 150
nucléaire	1 à 3

21 «PLOGOFF EST À NOUS»

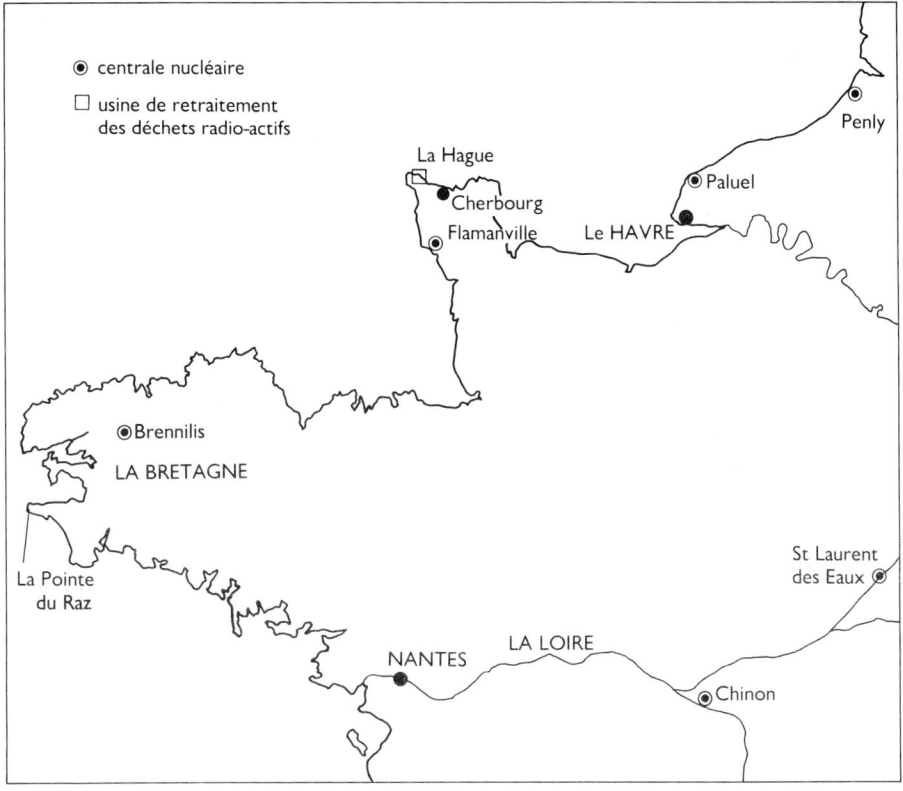

POINTS DE REPÈRE

(a) On peut très bien approuver, en termes généraux, le développement de l'industrie nucléaire française, puisqu'elle réduit sans aucun doute la dépendance énergétique de la France. Mais de là à vouloir accueillir dans son pays une centrale nucléaire, il y a un grand pas. C'est ce que montre l'histoire de Plogoff.

Travail individuel → Mise en commun Regardez d'abord la carte ci-dessus. Notez ensuite les réponses à ces questions:

- Combien d'installations nucléaires y a-t-il dans cette région?
- Est-ce que ce sont toutes des centrales?
- Qu'est-ce qui caractérise, en général, les sites d'implantation de ces installations?
- Pouvez-vous en deviner la raison?

Discutez vos réponses avec l'ensemble de la classe.

(b) Vous allez maintenant entendre des extraits d'une émission radiophonique sur l'affaire de Plogoff.

Travail individuel/à deux → Mise en commun Avec ou sans partenaire, écoutez une ou deux fois la première partie de l'enregistrement et notez ce que vous y apprenez sur:

- la situation géographique de Plogoff
- ce qui a provoqué la lutte au début
- l'identité des groupes qui se sont affrontés
- les moyens de lutte employés des deux côtés.

Comparez ensuite vos notes avec celles des autres étudiants.

1. Les faits essentiels: résumé de la première partie

Travail individuel → à deux Repassez deux ou trois fois la première partie de la bande et relevez-en les faits essentiels en complétant le résumé suivant.
Comparez ensuite votre résumé complété avec celui d'un(e) voisin(e).

En novembre ...., Jean-Marie Kerloch, ... de Plogoff, avait appris que sa commune figurait parmi les .... possibles choisis pour .... d'une .... nucléaire. .... ans plus tard, lui et son .... ont refusé .... menée par les autorités. Dès lors, le Préfet a nommé un remplaçant au maire défaillant, en l'occurrence le sous-préfet, et ce dernier est arrivé un matin à .... accompagné de huit .... de .... Fâchés, les .... de Plogoff ont .... sur les routes. Cependant, au bout de quatre heures, les gardes ont réussi à .... les barrages et ont .... une mairie annexe afin de mener l'enquête sans la coopération du maire.

2. Le pour et le contre de l'implantation (La conséquence)

(a) La deuxième partie de l'enregistrement examine le pour et le contre de l'implantation d'une centrale nucléaire à Plogoff.

Travail individuel → Mise en commun
Ecoutez plusieurs fois la deuxième partie de l'enregistrement, et, en arrêtant la bande quand vous le voudrez, notez les propos avancés pour et contre l'implantation de la centrale. Présentez vos notes de la manière indiquée à droite (ne remplissez pour l'instant que les six cases d'où partent les flèches).

Comparez ensuite vos notes avec celles des autres étudiants.

(b) ***Travail à deux → Exercice oral***   Avec un(e) partenaire, reprenez le tableau dont vous venez de compléter une partie et imaginez, pour chaque case où se termine une flèche, une **conséquence** des facteurs que vous avez notés (i, ii et iii). Ensuite, choisissez le rôle soit d'un opposant de la centrale, soit d'un partisan. Votre partenaire prendra le rôle adverse. Présentez à tour de rôle votre argument **pour** ou **contre** l'implantation d'une centrale à Plogoff. Pour indiquer la **conséquence,** employez les formules proposées à la p. 47. (Les verbes suivants vous seront peut-être utiles: *entraîner, provoquer, causer, créer, produire.*)

Exemple:

> *Personnellement, je m'oppose à l'implantation d'une centrale à cause des risques d'incidents qui **provoqueraient** des craintes continuelles chez les habitants.*

3. L'histoire de Plogoff: suite et fin

(a) A cause de la violence des manifestations, le gouvernement a été obligé de s'occuper plus sérieusement de l'implantation de la centrale de Plogoff. C'est ce qu'implique la bande dessinée ci-dessous qui représente Valéry Giscard d'Estaing, Président de la République à l'époque.

Travail individuel → Mise en commun
Trouvez des phrases pour compléter les bulles de la deuxième et de la troisième image de cette bande dessinée, tirée d'un magazine breton. Comparez ensuite vos idées avec celles de l'ensemble de la classe, puis avec le texte qui a paru dans le magazine (*Livret,* p. 24). Pourquoi Giscard est-il habillé ainsi? Qu'est-ce qui explique sa manière de parler au marin breton?

(b) En 1981, le nouveau gouvernement, sous la présidence de François Mitterrand, a annoncé l'annulation du projet d'implantation de Plogoff.

Travail individuel → Discussion   Est-ce que les Plogoffites ont gagné ou perdu, à votre avis? Pourquoi? En vous référant, si vous le voulez, à vos notes **pour** et **contre** l'implantation (*2a*), écrivez vos réponses à ces deux questions.

Discutez ensuite vos idées avec l'ensemble de la classe.

Aspect concerné	Propos contre l'implantation	Propos favorables à l'implantation
(i) la sécurité des centrales	*risques d'incidents*	
	⬇	⬇
(ii) les effets sur les habitants et leur région		
	⬇	⬇
(iii) les effets sur l'industrie de la pêche		
	⬇	⬇

POINTS DE REPÈRE **22**

L'article qui suit, tiré du *Nouvel Observateur*, représente une prise de position extrême dans le débat nucléaire.

Travail individuel → Mise en commun Lisez attentivement l'article et trouvez un titre qui en résume le contenu, tout en étant assez dramatique pour attirer l'attention du lecteur potentiel.

Ensuite, rédigez en deux ou trois phrases un chapeau (paragraphe présentant l'article) pour définir brièvement le propos principal de l'auteur.

Comparez vos titres et vos chapeaux avec ceux des autres étudiants.

Super-Phénix, vedette° actuelle de l'industrie nucléaire française, présente des avantages incontestables° destinés à convaincre les clients potentiels du monde entier. En quarante ans, ce réacteur étonnant produit, en principe,° assez de plutonium pour alimenter un deuxième surrégénérateur° de même puissance.° Un autre de ses avantages est la taille° relativement petite de ce type de réacteurs: à dimensions égales, ils sont dix fois plus puissants ques les réacteurs classiques.

Cependant, Super-Phénix ne présente pas que des avantages. Le plutonium qui l'alimente est un combustible délicat à manier,° dont six kilos suffisent pour fabriquer une bombe nucléaire. Sa radio-activité est telle que sa concentration maximale admissible° dans l'air est actuellement fixée à une part par million de milliards. Une poussière d'un millionième de gramme peut induire° un cancer du poumon.° Selon la quantité inhalée, le plutonium tue en quelques jours ou en quelques années. Comme sa radio-activité ne diminue que de 50% en 24 000 ans, un territoire pollué par du plutonium deviendrait inhabitable pour des dizaines de millé-naires.° Dans un rayon° de plusieurs dizaines de kilomètres autour d'une centrale surrégénératrice, les habitants sont dans une situation pire que ceux qui vivent au pied d'un volcan. En cas d'accident, il est possible que la centrale explose elle-même à la manière d'une bombe atomique rudimentaire. Et au moment de cette explosion, il est trop tard pour fuir° les villes. Les habitants ne seront même pas informés de l'accident: les autorités voudront d'abord éviter la panique. Ensuite elles boucleront° les villes contaminées afin que des habitants aux cheveux et aux vêtements pollués de plutonium n'aillent pas contaminer d'autres lieux et d'autres personnes.

On imagine les structures policières et politiques que cela implique. Le choix du plutonium comme source d'énergie est donc beaucoup plus qu'un choix technique: c'est le choix d'un type de société et d'un mode de vie.° La société du plutonium sera une société de la peur et du secret, pleine de flics° ... L'information, dans la mesure où elle fait peur, et la peur, dans la mesure où elle engendre l'hostilité, seront réprimées° comme des délits.° Parler et se préoccuper des° dangers du plutonium sera une conduite° subversive, une atteinte° à la sûreté° de l'Etat. La sécurité des installations nucléaires et de l'Etat exige que les citoyens acceptent leur insécurité et que celle-ci devienne un sujet tabou.

Ces tendances militaro-policières atteindront° leur plein développement vers le début des années quatre-vingt-dix, quand les routes françaises seront sillonnées° en permanence par des transports spéciaux, qui, de tous les sites nucléaires français, amèneront° à l'usine de retraitement° de la Hague les déchets° irradiés,° y compris° les étuis,° refroidis par des tonnes de sodium et protégés par 60 kilos de plomb,° contenant le plutonium irradié des surrégénérateurs. Evidemment, entre des mains de terroristes, cette matière première° «démentielle»° représente un pouvoir énorme.

La police nucléaire réussira-t-elle à empêcher le vol° ou le détournement° de quelques grammes ou dizaines de grammes? Par quels moyens? Pendant combien de temps? Saura-t-elle empêcher les attentats° mieux que la police de l'air sur les aéroports? La réussite des forces de l'ordre° dans ce domaine impliquera une société super-centralisée, gouvernée de façon très autoritaire. On n'ose imaginer les conséquences d'un échec°...

● **vedette** (f) star **incontestable** indisputable **en principe** in theory **surrégénérateur** (m) fast-breeder reactor **puissance** (f) power, capacity **taille** (f) size **manier** handle **admissible** permitted **induire** induce, cause **poumon** (m) lung **millénaire** (m) a thousand years **rayon** (m) radius **fuir** flee from **boucler** seal off

mode (m) **de vie** lifestyle **flic** (m) (*fam*) cop **réprimer** suppress **délit** (m) punishable offence **se préoccuper de** show concern about **conduite** (f) conduct **atteinte** (f) attack **sûreté** (f) security **atteindre** reach **être sillonné par des transports spéciaux** be crossed by special lorries going back and forth **amener** bring **usine** (f) **de retraitement** reprocessing

plant **déchets** (m/pl) waste **irradié** radioactive **y compris** including **étui** (m) container **plomb** (m) lead **matière** (f) **première** raw material **dementiel(le)** 'mad', highly unstable **vol** (m) theft **détournement** (m) hijacking **attentat** (m) terrorist attack **forces** (f pl) **de l'ordre** security forces **échec** (m) failure

1. Le détail de l'article (L'hypothèse: la possibilité, le doute et la crainte)

▶ Selon l'auteur de l'article, en cas d'accident **il est possible que** Super-Phénix elle-même **explose**. Lorsqu'on veut exprimer ainsi une **hypothèse**, on choisit souvent parmi les formules suivantes:

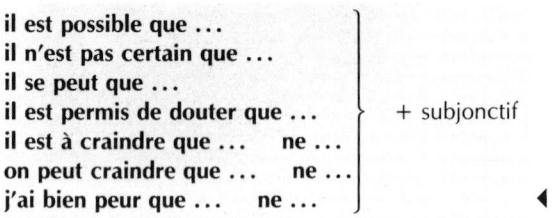

il est possible que …
il n'est pas certain que …
il se peut que …
il est permis de douter que …   } + subjonctif
il est à craindre que …   ne …
on peut craindre que …   ne …
j'ai bien peur que …   ne …   ◀

Travail individuel → Exercice oral/Travail individuel   Relisez attentivement l'article et notez les **craintes**, les **possibilités** et les **doutes** exprimés ou suggérés par l'auteur en ce qui concerne:

– la pollution de l'air par du plutonium
– ceux qui habitent près d'un surrégénérateur
– les actions des pouvoirs publics en cas d'accident
– le genre de société que tout cela implique
– les terroristes
– les efforts de la police pour maîtriser la situation.

Ensuite, composez avec le professeur et en variant les formules, trois ou quatre phrases qui expriment la **possibilité**, la **crainte** ou le **doute** mis en relief par l'auteur.

Pour finir, à partir de votre étude de l'article, rédigez par écrit de la même façon toutes les **hypothèses** que vous avez notées.

Exemple (2ème paragraphe):
> *En cas d'accident, on peut **craindre que** le plutonium **ne fasse** mourir beaucoup de gens en provoquant des cancers du poumon.*

2. La structure de l'article

▶ Vous avez déjà vu (*1, pp. 73–4*) deux variantes de la structure fondamentale **introduction – développement – conclusion**. L'article que vous venez d'étudier, dans lequel l'auteur présente surtout des arguments contre les surrégénérateurs, en offre une troisième:

Cette structure s'emploie uniquement quand, au cours d'une discussion, on veut prendre une position bien déterminée soit **pour**, soit **contre** le sujet débattu.

Lorsqu'on est **contre**, on adopte le procédé schématisé ci-dessous à gauche. Lorsqu'on est **pour**, on présente brièvement dans son introduction un ou deux aspects négatifs du sujet (le **contre**), avant d'en aborder, dans le développement, une série d'aspects positifs (le **pour**).◀

A part la conclusion, chaque paragraphe de l'article sur les surrégénérateurs constitue la réponse à une question sous-entendue. A vous de trouver ces questions.

Travail individuel/à deux → Mise en commun   Relisez attentivement l'article, puis, avec un(e) partenaire, essayez de trouver les questions susceptibles de compléter le tableau ci-dessous. En quoi la conclusion est-elle différente des autres paragraphes?

Comparez ensuite vos solutions avec celles des autres étudiants.

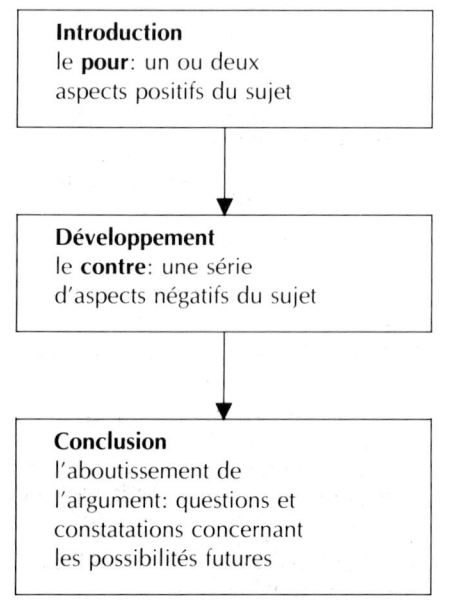

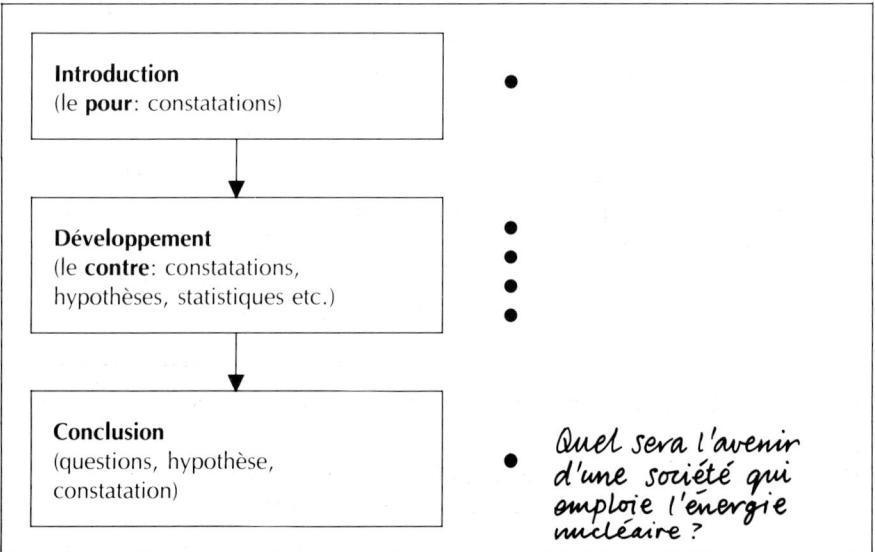

⊡VOCABULAIRE: les accidents nucléaires

(a) La catastrophe de la centrale nucléaire de Tchernobyl en URSS a ravivé partout dans le monde la contestation anti-nucléaire.

Travail individuel Lisez attentivement le reportage ci-dessous afin de vous rappeler les grandes lignes de l'incident. Ensuite, écoutez le reportage radiophonique où il s'agit du même événement, et, en arrêtant la bande quand vous le voudrez, faites une liste des expressions qui vous permettront de compléter le texte écrit. Pour finir, mémorisez-les.

TCHERNOBYL: LE CŒUR DU RÉACTEUR ATTEINT

Deux personnes auraient trouvé la mort dans l'accident survenu à la .... de Tchernobyl en Ukraine. C'est ce qu'affirme un communiqué officiel soviétique publié hier.

Malgré la volonté de Moscou de minimiser la catastrophe, il y a tout lieu de penser que le cœur du réacteur .... ou totale et que le graphite qui l'entoure s'est enflammé. Cet incendie a dégagé dans l'atmosphère un .... que les vents du sud-est ont entraîné vers l'Europe du Nord, où Suédois, Allemands et Polonais ont mesuré .... plusieurs fois supérieurs à la normale. Dans ces trois pays, il a été recommandé au public de ....: ne pas boire d'eau de pluie, ne pas consommer de lait provenant de vaches qui paissent aux champs, laver les légumes. Mais dans le nord-est de la Pologne, où les dangers de .... sont le plus à craindre, l'inquiétude de la population est très vive.

A la centrale sinistrée, les spécialistes projettent d'............... sous des tonnes de sable et d'argile pour stopper la ...., car le magma brûlant risque de s'enfoncer dans le sol et de contaminer les nappes d'eau qui alimentent les sources et les rivières de la région. Et bien que les autorités viennent d'............... plusieurs milliers de personnes dans un rayon de 30 kilomètres autour de la centrale, les experts occidentaux craignent que beaucoup d'entre eux n'aient subi ....

En France, selon Mme Michèle Barzach, ministre de la Santé, les risques de .... sont négligeables: il ne faut pas que cet incident réveille des phobies ou des fantasmes. Pourtant, on ne peut éviter de poser deux questions. Un Tchernobyl pourrait-il se produire en France et la sûreté nucléaire est-elle organisée de façon satisfaisante? A un moment où nous produisons déjà plus d'électricité que nécessaire, est-il raisonnable d'envisager la construction de 17 nouvelles centrales?

(b) **Travail à deux** Complétez oralement le reportage sans regarder votre liste d'expressions.

(c) **Exercice oral** Avec l'aide du professeur, reconstituez les grandes lignes de l'incident en ne consultant que votre liste d'expressions.

3. La Hague: Légende d'affiche

L'usine de retraitement de la Hague, près de Cherbourg, opère un recyclage de combustibles nucléaires irradiés. Cette installation a suscité bien des controverses; avant son ouverture, des contrats avaient été signés avec plusieurs pays qui voulaient faire «nettoyer» leurs combustibles en France. Malheureusement le processus s'est révélé être beaucoup plus délicat qu'on ne l'avait cru, et la France a pris un retard très important dans son programme de retraitement.

L'affiche reproduite ci-dessus, éditée par Greenpeace, fait le commentaire de cette situation. A vous de retrouver une légende pour accompagner l'image.

Travail à deux → Mise en commun Avec un(e) partenaire, regardez bien l'affiche et considérez la signification des éléments suivants:

le symbole imprimé sur les fûts de béton
l'attitude de l'homme et l'expression dans ses yeux
la condition des fûts.

Inventez ensuite une légende qui vous semble convenir à cette affiche. Pour finir, comparez votre légende avec celles des autres étudiants, et discutez ensemble vos réactions devant l'affiche.

4. Article de presse:
Le nucléaire, seule solution au problème de l'énergie en France?

Un député qui s'intéresse à la question de l'énergie doit rédiger pour un quotidien français un article contre le nucléaire. Vous trouverez ci-dessous et aux pp. 25–6 du *Livret* des coupures de presse qu'il a réunies afin d'y puiser des exemples.

(a) *Travail individuel/à deux → Mise en commun* Choisissez ou les coupures de presse présentées ici ou celles du *Livret*. Votre partenaire étudiera les deux autres. Lisez attentivement celles qui vous concernent et notez-en les idées principales qui vous semblent utiles pour un article contre le nucléaire.

Expliquez ensuite à votre partenaire les idées que vous aurez relevées. Trouvez ensemble les 4 ou 5 idées qui, à votre avis, conviendront le mieux à cet article. Consultez aussi ensemble vos notes sur le nucléaire (*4a, p. 86; 2, p. 88*) afin d'en préciser les inconvénients majeurs.

Après, choisissez parmi les variantes de structure proposées aux pages 73–4 et à la page 90 celle qui va vous servir à bâtir l'article.

Pour finir, comparez vos idées avec celles des autres étudiants et justifiez la variante de structure que vous avez choisie. A l'aide du tableau ou du rétro-projecteur, le professeur vous conseillera au besoin sur la répartition de vos idées entre l'**introduction**, le **développement** et la **conclusion**.

(b) *Travail individuel* Comme si vous étiez le député, écrivez maintenant l'article (300–400 mots), tout en employant, si vous le voulez, des formules pour **concéder** et **vous opposer** (*3, p. 85*), pour exprimer la **comparaison** (*p. 234*) et pour indiquer la **crainte**, la **possibilité** et le **doute** (*1, p. 90*). Les procédés proposés plus haut pour **préciser un problème** et pour **conclure** (*4, p. 49*) vous seront aussi utiles.

Début possible:

LE NUCLÉAIRE OU LA BOUGIE ?

Le nucléaire ou la bougie ? Cette question paraît résumer le problème de l'approvisionnement énergétique qui se posera vers la fin du vingtième siècle. Mais il est permis de se demander si la question est bien posée, car il y a peut-être d'autres

(i)

Vivez eau solaire!

Des aides financières régionales.

Grâce à la collaboration de deux grandes banques régionales, vous pouvez désormais installer l'eau chaude solaire avec une mise de fonds minimum, en bénéficiant d'aides financières adaptées.
Avec ces aides, un chauffe-eau solaire coûte entre 150 et 200 F par mois pendant 5 ans. Après, c'est gratuit.

L'eau solaire en exemple

Pour une maison individuelle où vivent 4 personnes, la consommation d'eau chaude est d'environ 200 litres par jour. Sur un an, le coût sera différent selon l'énergie utilisée:

Fuel .... 2 300 F	Soleil + énergie d'appoint
Electricité (tarif	en hiver .... 900 F
simple) .... 1 600 F	

(ii)

Les énergies solaires

		CAPTAGE	UTILISATION	STOCKAGE
L'ÉNERGIE THERMIQUE		Capteurs plans.	Eau chaude et chauffage des habitations.	Réservoir d'eau chaude.
		Serres et surfaces vitrées.	Chauffage des habitations.	Matériaux accumulateurs.
		Miroirs (ou héliostats) pour centrales solaires.	Vapeur pour la production d'électricité.	Batteries.
L'ÉNERGIE PHOTOVOLTAÏQUE		Cellules photo-voltaïques (appelées photopiles ou piles solaires)	Électricité utilisée pour: – les moteurs, – l'éclairage, – alimenter des sites isolés.	Batteries.
L'ÉNERGIE ÉOLIENNE		Éolienne (ou moulin à vent)	Pompage de l'eau.	Château d'eau.
			Aérogénérateur.	Électricité.	Batteries.
L'ÉNERGIE HYDRAULIQUE		Turbine.	Électricité.	Barrage hydraulique.
		Moulin à eau.	Force mécanique.	Aucun stockage possible.

UN PASSEPORT POUR L'AVENIR?

A l'âge de 11 ou 12 ans, les jeunes Français quittent l'école primaire pour entrer en sixième dans un collège. Comment vivent-ils leur période d'enseignement secondaire? Que pensent-ils de leurs collèges ou de leurs lycées? S'entendent-ils bien avec leurs professeurs?

Travaillent-ils plus, ou moins, que les jeunes de chez vous? Ont-ils plus ou moins de choix dans les matières qu'ils étudient? Que pensent-ils des examens qu'ils doivent passer? Telles sont les questions que vous aborderez dans ce dossier.

23

À QUOI SERT L'ÉCOLE?

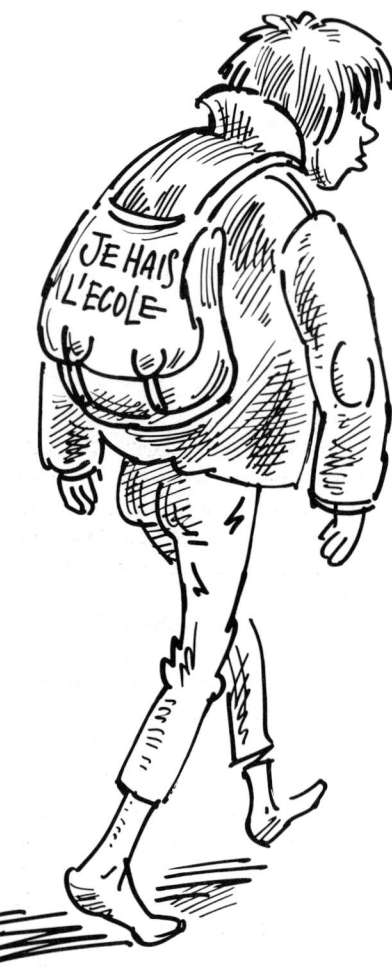

Les enfants aiment bien leur collège et s'y sentent bien, parce qu'ils y sont respectés et qu'ils participent aux décisions et aux activités. Ils apprennent ce que c'est d'être responsable.

Mme F., mère de collégien

Si l'instituteur° est, en quelque sorte, un babysitter, le professeur ressemble plutôt à un gendarme. Dans une société gagnée par° la crise économique, l'école devient un parking pour les chômeurs° en puissance.°

Jean L., professeur

A l'école, j'ai découvert un tas de choses, mais surtout une passion pour les livres. C'est cette passion qui m'a orienté vers° la littérature. J'ai avalé° tout: livres d'histoire, biographies, pièces de théâtre, mais surtout tous les romans qui me sont tombés sous la main.

Frédéric D., écrivain

L'école, c'est l'entonnoir,° le laminoir.° Quand on sera bien rodé° dans ce monde clos, on nous lâchera° pour que toute notre vie on répète les rôles, les comportements,° la morale inculqués° ici: être à l'heure, respecter l'emploi du temps, la discipline.

Nicolas R., élève de terminale

Malgré un système qui se veut° unificateur, les «grands» s'opposent aux «petits», les «manuels» aux «intellectuels», les garçons aux filles, les «normaux» aux autres. Age, sexe, origine, type d'études définissent autant de groupes étanches° dont la hiérarchie n'est pas loin de reproduire la stratification sociale.

Marcel P., sociologue

Au début je ne comprenais rien. Maintenant j'ai des amis français qui m'aident et m'expliquent bien. Je me sens très bien en France.

Ali B., élève de CPPN

Savoir quand vivait Louis XIV ou le nom de la capitale du Pérou, c'est très bien. Mais si les jeunes ne savent ni analyser un argument ni exprimer un point de vue, à quoi bon toutes leurs connaissances?° A quoi tout cela sert-il dans la vie réelle?

Raymond L., industriel

L'instruction° est le passeport pour la réussite.° Dans un monde où les places sont rares, les diplômés° seront les mieux servis. Car les diplômes prouvent qu'on a certaines connaissances, qu'on est capable de continuer à apprendre.

Marie-Claire B., élève de 2e

● **se vouloir** claim to be   **étanche** watertight   **instituteur** (m) primary teacher   **gagné par** in the grip of   **chômeur** (m) unemployed person   **en puissance** potential   **orienter vers** guide towards   **avaler** devour   **connaissances** (f pl) knowledge   **entonnoir** (m) funnel   **laminoir** (m) rolling mill   **rodé** broken in   **lâcher** release   **comportement** (m) form of behaviour   **inculqué** instilled   **instruction** (f) education   **réussite** (f) success   **diplômé** (m) person with qualifications

1. A quoi sert l'école?

Jusqu'à l'âge de 16 ans, les jeunes – en France comme en Grande-Bretagne et ailleurs – vivent une grande partie de leur vie à l'école. Mais pourquoi les oblige-t-on à y aller? La colonne de gauche du tableau *Pourquoi va-t-on à l'école?* (*ci-dessous*) présente les objectifs officiels du système éducatif: celle de droite offre une perspective plus cynique (ou réaliste?) de ce que l'école réussit à faire.

Travail à deux → Mise en commun Les déclarations de la page 94 présentent l'opinion de plusieurs Français sur l'école et ses objectifs. Lisez attentivement le tableau ci-dessous et les déclarations, puis trouvez ensemble la déclaration qui correspond le mieux à chaque objectif mentionné dans le tableau. Rédigez vos notes ainsi:

Mme F: A.3

Pour finir, comparez vos solutions avec celles des autres étudiants.

POURQUOI VA-T-ON À L'ÉCOLE?

A. L'école devrait:

1. donner à tous les individus, quelle que soit leur diversité, la possibilité d'aller au maximum de leurs potentialités

2. former des travailleurs qualifiés, capables de contribuer à la prospérité de la nation

3. former des citoyens actifs et responsables, conscients de leurs droits et de leurs devoirs sociaux

4. éduquer des individus tolérants, respectueux de la particularité des autres et de leur droit à la différence.

B. L'école:

1. dispense un enseignement qui enrichit les connaissances mais ne prépare pas du tout pour la vie active

2. forme des travailleurs soumis, assidus et respectueux

3. sert essentiellement de garderie, qui tient les jeunes à l'écart de la société jusqu'au moment où ils peuvent lui être utiles

4. accentue les différences entre les privilégiés et les défavorisés en répartissant les élèves entre des filières inégales qui mènent à des professions inégalement convoitées.

---

2. Le point de vue d'un professeur (Quelques stratégies du français parlé)

(a) Dans cet enregistrement, Aimé R., qui enseigne l'anglais dans un lycée technique du midi de la France, donne à notre enquêteur le point de vue d'un professeur sur les finalités de l'éducation.

Travail individuel → Mise en commun Ecoutez une première fois la conversation avec la transcription (*Livret, p. 27*) sous les yeux. Ensuite, mettez la transcription de côté et repassez l'enregistrement: cette fois, en arrêtant la bande quand vous le voudrez, notez l'essentiel de ce que dit Aimé R. sur les finalités de l'éducation. Comparez vos notes avec celles des autres étudiants.

▶ Au cours d'une discussion spontanée comme celle-ci, on peut **poser une question** pour:

– se renseigner
– résumer ce que dit son interlocuteur (et donc inviter son approbation)
– renforcer un argument (question qui n'appelle pas de réponse).

Et, autre moyen de renforcer son argument, on peut, comme Aimé R., employer des **phrases conditionnelles** (*si vous avez une roue … elle va être mise au rancart, ll. 56–58*).

Mais la stratégie employée le plus fréquemment dans cette discussion, c'est la répétition. Les interlocuteurs ont tous les deux tendance à **répéter une structure** pour:

– préciser
– ajouter un détail
– concéder et s'opposer (un seul exemple). ◀

(b) *Travail à deux → Mise en commun* Relisez attentivement la transcription de la conversation entre Aimé R. et notre enquêteur. Classez par écrit toutes les **questions** d'après les trois catégories mentionnées ci-dessus et notez toutes les **phrases conditionnelles**.

Ensuite, relevez toutes les **répétitions de structure** en rédigeant vos notes de la manière suivante:

– *développer* au maximum... *former des citoyens responsables, ll.4–6* (*ajouter un détail*)
– *mais comment concilier... et les soucis quotidiens? qu'est-ce qui arrive... dans les écoles?, ll. 7–10* (*préciser*).

Pour finir, comparez vos notes avec celles des autres étudiants.

3. Comment améliorer l'école?

Quelles sont vos idées sur les questions soulevées par les déclarations et le tableau (*1, ci-dessus*) ainsi que par la discussion entre Aimé R. et notre enquêteur (*2, ci-dessus*)?

Travail individuel → Discussion En vous référant, si vous le voulez, au tableau *Pourquoi va-t-on à l'école?*, aux déclarations (*p. 94*) que vous avez classées ou à vos notes sur ce qu'a dit Aimé R., notez vos réflexions sur ces questions:

Pourquoi est-ce qu'on oblige les enfants et les adolescents à aller à l'école?
Que pourrait-on faire pour rendre l'école plus utile et plus satisfaisante pour les élèves?
Comment pourrait-on mieux intégrer l'école à la vie quotidienne?
Comment serait votre lycée idéal (décor, équipements, programme d'études, rapports entre élèves et professeurs)?

Discutez vos réflexions avec le professeur et l'ensemble de la classe. En présentant votre point de vue, employez, si vous le voulez, les stratégies que vous venez d'étudier (*2, ci-dessus*): **poser une question, phrases conditionnelles, répéter une structure**.

POINTS DE REPÈRE

24

L'article suivant est tiré d'une revue pédagogique française.
Travail individuel → ***Mise en commun***   Parcourez d'abord le titre, le chapeau et le premier paragraphe de l'article et formulez intérieurement une réponse à ces questions:

De quoi s'agira-t-il dans l'article?
Quelle sera, en général, l'attitude des jeunes témoins?

Ensuite, lisez l'article en entier et répondez par écrit à ces questions:

De combien d'interviews différentes la journaliste rend-elle compte? Auprès de quels groupes/individus?
En quoi ces groupes/individus sont-ils différents les uns des autres (âge, milieu social, etc.)?
Quel est, en quelques mots, le point de vue d'ensemble exprimé dans chacune de ces interviews?

Comparez vos réponses avec celles des autres étudiants.

DES COLLÉGIENS: UN DÉSENCHANTEMENT BIEN TEMPÉRÉ

Ils trouvent leurs collèges un peu fades° et aimeraient qu'ils prennent les couleurs de la vie. Et pourtant leurs rêves sont bien sages!

Chaque jour, à peu près à la même heure, ils sont des milliers, encore plus ou moins endormis, à partir à l'école. A cette saison où les petits matins sont souvent bien froids et les branches des arbres encore nues, la plupart d'entre eux quittent la maison quand il fait encore nuit et la retrouvent à la tombée du jour. Ce lieu, «leur» école, «leur» bahut,° comment y vivent-ils, comment le ressentent-ils?° Quelques jeunes de la région parisienne donnent ici leurs opinions.

A bas° l'école?

Il est 12 h 30. D'un local° préfabriqué sortent des grappes° d'en-fants qui viennent de déjeuner. L'une d'elles, composée d'élèves de 5ᵉ, m'entoure et m'entraîne° à l'intérieur de leur collège... Couloirs° sombres, escaliers ver-dâtres,° murs nus nous condui-sent dans «leur» classe. Que pen-sent-ils d'abord du décor?

● **Il y a pire ailleurs**

Le décor! Les enfants rient en entendant ce mot. «C'est simple, déclare avec beaucoup de sérieux l'un d'eux. Ici, tout est pourri,° on manque de tout». Abdou a ouvert le feu. Sandra, Séverine, Christian, Tony le petit Noir aux grands yeux angéliques, la petite bouclée° qui a l'air d'avoir dix ans, la grande et forte Sylvie qui en fait seize, tous parlent à la fois, pressés de

dire, avant que la cloche ne sonne, ce qu'ils ont sur le cœur. Chacun a sa «bête noire», son cheval de bataille° et tous s'ap-prouvent mutuellement, même si leurs déclarations, parfois, se contredisent. Ainsi, Tony trouve la cantine «franchement dégueulasse».° Sarah déplore qu'on ne leur laisse pas assez de liberté: «On nous prend pour des petits, dit-elle. On n'a rien le droit de faire». «Pourtant, recon-naît un des garçons, il y a des CES° encore plus pourris que celui-ci, on n'a même pas le droit de cracher!»° J'en déduis° qu'ici... «Hé bien oui, m'expli-que-t-il sérieusement, c'est une distraction comme une autre. D'ailleurs, aux récrés,° on n'a pas le droit de jouer au ballon, ça pourrait casser les vitres; pas le droit non plus de rester dans les classes à jouer aux cartes; les instruments de musique sont interdits». Evidemment, le choix est apparemment limité!

● **Les heures de perm'°**

Mais ils sont entre copains, bavardent, discutent et rient, et c'est déjà pas mal. Ce n'est pas le cas pendant les permanences que Nadine trouve de plus en plus difficiles à supporter.° «Ce matin, par exemple, raconte-t-elle, j'ai eu deux heures de perm

→

entre deux cours!° On nous oblige à rester enfermés à étudier, sans parler, sans sortir, sans jouer. On se barbe un maximum!»° «Et le soir, quand on rentre à la maison, se plaint° François, après huit heures de cours et de permanences, il faut encore se remettre au boulot.° Le mec° consciencieux, il en aura encore pour deux ou trois heures chez lui».

● **Les profs: un peu, beaucoup; l'enseignement:° pas passionnément**

Et les profs? La gamme° des portraits est étendue. «Il y a cet hypocrite de machin-chose° qui a plusieurs sons de cloche° selon qu'il est devant nous ou devant les parents»; «la prof de physique, super cool, mais trop gentille: on se marre° avec elle mais elle n'est pas assez sévère»; «le prof de maths juste ce qu'il faut : on s'éclate° avec lui mais pendant les cours on bouge pas le petit doigt»; «la prof de français qui rejette les faibles: toi t'es mauvais, je te connais plus».
Croient-ils en ce qu'ils apprennent? «On sait lire et écrire, dit l'un d'eux, pourquoi nous oblige-t-on à rester à l'école jusqu'à seize ans? Dans la vie active, on apprendrait beaucoup plus». «Oui, rétorque° un autre, mais t'aurais pas de diplôme et tu pourrais pas faire grand-chose».

● **Leur vœu,° un foyer°**

Une autre école, un autre enseignement? Ils ne l'imaginent pas. Mais dans celle-ci, et dès maintenant, ils forment un vœu: avoir un jour un foyer. «Un endroit à nous à l'intérieur de l'école, où on aurait des matelas, on écouterait de la musique, on ferait ce qu'on veut, sans prof pour nous commander. Les grandes personnes pourraient venir et on discuterait avec si on en avait envie. On pourrait y travailler et on aurait même le droit d'y aller pendant les heures de permanence!»

L'enthousiasme d'Ali

Quinze ans, tout bouclé, le regard pétillant° de vie et de malice,° Ali fréquente l'école française depuis la rentrée° dernière. Avant, il vivait en Algérie et allait à l'école à Oran. Actuellement il est inscrit° en CPPN dans un collège parisien. L'année prochaine, il commencera un CAP de mécanique auto. Il a débarqué° à Paris avec quelques rudiments de français. Aujourd'hui, il s'exprime presque couramment.°
Que pense-t-il de sa nouvelle école? Du bien, beaucoup de bien et les raisons de son enthousiasme peuvent parfois étonner un écolier° français.
«J'aime bien apprendre beaucoup, commence-t-il, et ici, il y a un professeur pour chaque matière.° Moi, je préfère cela car à Oran, celui qui faisait l'arabe, c'était le même que celui qui faisait les maths et quand t'avais zéro d'un côté et vingt de l'autre, on te donnait dix. Ici, tu sais où tu en es. Quand tu as un zéro, on te le donne mais quand tu as un vingt, on ne te le reprend pas!»
Il trouve les profs «gentils» avec lui. «Ils savent que je suis pauvre et que je ne fais pas de bêtises.° Je ne frappe pas les autres, je baisse la tête et je marche. Alors ils m'apprennent bien». Et puis, détail qui a son importance: «Ici, on fait de bons repas à la cantine».
Quant au temps passé quotidiennement à l'école, il le trouve très raisonnable. «Certains jours, j'ai cours de 10h à 17h, d'autres jours, de 8h à 18h, c'est pas trop!». «Et puis, continue-t-il, à l'école, j'ai des amis qui m'aident et qui m'expliquent bien car, au début, je ne comprenais rien. J'avais même peur quand je sortais dans la rue. Maintenant, je me sens bien en France». Son visage s'éclaire° pour ajouter: «Tu sais, il y a une chose belle ici, c'est la liberté! Nous, les petits, on a le droit d'aller où on veut!».

La coupe° sage de Jean-Pierre

Avec son pull en V, sa chemise bien repassée,° la coupe sage de ses cheveux et sa mère prof de français, on imaginerait très bien Jean-Pierre fréquentant un collège privé dans le XVIe.° On se tromperait! Il «fait sa troisième» dans un CES situé dans un quartier populaire: «Un bahut comme il y en a des centaines dans la région parisienne», précise-t-il. Un CES comme celui d'Ali ou des élèves de cinquième que j'ai rencontrés. Pourtant, au jeu des questions-réponses, il offre sur l'enthousiasme du premier et le désenchantement des seconds certaines explications. Nous avons parlé d'abord de l'équipement et du décor de son collège.

– Les locaux, ça te semble très important?

→

– Bien sûr et moi, j'y vois deux aspects: l'équipement pour le travail, et le décor pour le moral. En effet, pour les sciences, il nous faudrait des appareils° pour faire beaucoup d'expériences° et il y en a très peu; pour les langues, on aurait besoin d'un labo et il n'y en a pas; en gym, nous n'avons qu'une salle de 40 m² avec deux tapis,° c'est minable!°

Quant au décor, c'est simple, il n'y en a pas. Notre bahut n'est d'ailleurs pas spécial, c'est la même chose partout. Ils ont un stock de chaises inconfortables à placer, les tables sont toutes pareilles; la couleur des murs est dégueulasse, soi-disant° ignifugée;° les posters sont interdits en cas d'incendie; l'éclairage° est nul; dans les couloirs, tout le monde se cogne!°

– Et, à ton avis, pourquoi c'est comme ça?

– D'abord, ils manquent de crédits,° ensuite les inspecteurs et les directeurs ont cinquante berges.° Ils ont été éduqués dans un système où, au coup de sifflet, les mecs couraient pour trouver leur rang. Ils veulent pas changer ça. Pourtant, même sans fric,° il y aurait des possibilités. Ainsi, dernièrement, le prof de dessin trouvant, comme nous, que le réfectoire était merdique,° nous avons décidé avec lui de le décorer avec des morceaux de frites collés (sic) et peints. Ça n'a pas coûté un sou à la direction° et c'est joli! On pourrait aussi peindre nous-mêmes des fresques sur les murs. Quand, dans certains bahuts, elles ont été faites par des décorateurs, elles sont le plus souvent bleues, vertes et noires. Si c'était nous qui les peignions, elles seraient de couleur rouge, violette et jaune.

– As-tu l'impression d'apprendre des choses intéressantes?

– Ce qu'on apprend enrichit surtout l'intelligence et la réflexion mais ça ne nous aide guère pour la vie. On pourrait apprendre autrement et autre chose. En primaire, j'étais dans une école expérimentale: un jour, au lieu de rabâcher° les règles de grammaire, on nous avait fait faire une enquête sur une grève de postiers° qui avait lieu à ce moment-là. On plantait aussi des petites graines° qu'on voyait pousser! Maintenant, on se dit qu'on sortira de là avec une certaine culture et des diplômes. Et comme, dans notre société, les diplômes seront de plus en plus nécessaires pour s'en sortir,° autant° en avoir!

– Les horaires te semblent-ils bien faits?

– En France, ce n'est pas le temps qu'on passe à l'école qui est un problème, c'est la façon dont on le passe. On parle, pour les adultes, de «métro-boulot-dodo»°, mais nous, c'est encore pire, c'est toujours boulot! On commence à 8 h du matin en sachant par cœur l'emploi du temps de la journée: aller dans telle salle, écouter trois à quatre cours d'affilée;° avaler une cuisse de poulet et deux frites et remettre «ça»° (prof et cours) jusqu'à 6 h du soir; rentrer chez soi avec la tête au carré° – t'as même pas la force de parler avec tes parents – et quand t'as un peu récupéré, tu te remets devant ta table de travail pour faire ton boulot! Et après, on vient se plaindre aux parents: «C'est bizarre, votre fils a des absences, des lacunes,° comment se comporte°-t-il chez vous?» «Chez nous? Il dort», répondent les parents. «Tiens, comme c'est curieux», pensent les professeurs.

– Tu imagines un autre rythme?

– On pourrait très bien apprendre autant et même mieux sans ce bourrage de crâne.° Dans l'école allemande ou australienne, par exemple, les jeunes ont 4 heures de cours par jour et l'après-midi, ils font du sport ou des activités d'éveil.° Le soir, ils ont le temps de vivre car ils n'ont presque rien à faire. D'ailleurs, ils n'en ont pas besoin car, en 4 heures, ils retiennent autant et même mieux que nous en 8 heures de martellement.° Eux ne sont pas saturés!

● **fade** dull   **bahut** (m) (fam) school   **ressentir** be affected by   **à bas . . .** down with . . .   **local** (m) premises   **grappe** (f) cluster   **entraîner** take off   **couloir** (m) corridor   **verdâtre** greenish   **pourri** rotten   **bouclé(e)** (m,f) person with curly hair   **cheval** (m) **de bataille** hobby-horse   **dégueulasse** (fam) lousy   **CES** (collège (m) d'enseignement secondaire) secondary school   **cracher** spit   **déduire** deduce   **récré** (= récréation) (f) (fam) break   **perm'** (= permanence) (f) (fam) private study (period)   **supporter** put up with   **cours** (m) lesson   **se barber un maximum** (fam) be bored rigid   **se plaindre** complain   **boulot** (m) (fam) work   **mec** (m) (fam) bloke   **enseignement** (m) education   **gamme** (f) range   **machin-chose** (m) (fam) what's-his-name   **avoir plusieurs sons de cloche** tell a different tale   **se marrer** (fam) have a laugh   **s'éclater** (fam) have a great time   **rétorquer** retort   **vœu** (m) desire   **foyer** (m) commonroom   **pétillant** sparkling   **malice** (f) mischief   **rentrée** (f) beginning of the school year   **inscrit** enrolled   **débarquer** land   **couramment** fluently   **écolier** (m) schoolboy   **matière** (f) subject   **bêtise** (f) stupid thing   **s'éclairer** light up   **coupe** (f) (hair)cut   **repassé** ironed   **XVIᵉ** (m) smart quarter of Paris   **appareil** (m) piece of apparatus   **expérience** (f) experiment   **tapis** (m) mat   **minable** pathetic   **soi-disant** supposedly   **ignifugé** fireproofed   **éclairage** (m) lighting   **se cogner** bump into   one another   **crédits** (m pl) funds   **avoir . . . berges** (fam) be . . . years old   **fric** (m) (fam) lolly   **merdique** (fam) lousy   **direction** (f) people in charge   **rabâcher** keep going over   **grève** (f) **de postiers** postal strike   **graine** (f) seed   **s'en sortir** come through all right   **autant . . . it's as well to . . .**   **dodo** (m) (fam) byebyes (sleep)   **d'affilée** on the trot   **remettre «ça»** (fam) go through all that again   **au carré** double the size   **lacune** (f) gap, blank   **se comporter** behave   **bourrage** (m) **de crâne** (fam) cramming   **activité** (f) **d'éveil** discovery activity   **martellement** (m) pounding

1. L'article en détail (Approuver/Désapprouver/Exprimer des préférences)

(a) En parlant de leur collège, ces adolescents expliquent ce qu'ils **approuvent** ou **acceptent**, ce qu'ils **désapprouvent** et ce qu'ils **préféreraient** ou **souhaiteraient**.

Travail individuel → Mise en commun Composez un tableau comme celui qui suit: en consultant attentivement l'article, résumez, sous forme de notes, l'attitude de ces jeunes envers leur collège. Employez surtout des noms.

Comparez ensuite votre tableau complété avec celui des autres étudiants.

(Les mots suivants vous seront peut-être utiles: *absence, ennui, excès, gentillesse, horaire, impossibilité, insuffisance, interdiction, manque, obligation, possibilité, bonne/mauvaise qualité, quantité, réduction, sévérité, tristesse, variété.*)

	Ce qu'ils désapprouvent	Ce qu'ils approuvent/acceptent	Ce qu'ils préféreraient/souhaiteraient
Elèves de 5ᵉ	– tristesse du décor – manque d'équipement		
Ali			
Jean-Pierre			

▶ Pour exprimer ce qu'**approuve** ou **accepte** un autre individu, ce qu'il **désapprouve**, ce qu'il **préférerait** ou **souhaiterait**, on peut choisir parmi ces formules:

Ce que quelqu'un approuve ou accepte

il adore
... le ravit/lui plaît
il aime beaucoup/assez
il aime (bien) que ...
il accepte volontiers que ... } (+ subjonctif)
ça lui est égal que ...

Ce que quelqu'un désapprouve

il déteste
... le dégoûte/lui déplaît
il n'aime pas (du tout)
il déteste que ...
il supporte mal que ... } (+ subjonctif)
il n'aime pas du tout que ...

Ce que quelqu'un préférerait ou souhaiterait

il voudrait (beaucoup)
il préférerait/aimerait mieux
il souhaiterait
il voudrait que ...
il préférerait/aimerait mieux que ... } (+ subjonctif)
il souhaiterait que ...

◀

(b) *Travail à deux → Mise en commun* En consultant votre tableau complété (a) ou l'article lui-même, composez ensemble des phrases qui expriment les opinions de ces adolescents sur leur collège. Employez chaque fois l'une des formules présentées ci-dessous à gauche. Ensuite, de mémoire, présentez à l'ensemble de la classe ce qu'**approuvent/désapprouvent/préféreraient** ces élèves.

Exemples:

> Les élèves de 5ᵉ **n'aiment pas du tout que** le décor **soit** si triste.
> Les repas de la cantine **dégoûtent** Tony.

(c) *Travail individuel* Ecrivez – à la première personne, bien entendu – **six** phrases dans lesquelles vous exprimerez ce que vous pensez de l'établissement où vous avez fait vos propres études entre 11 et 16 ans. Variez les formules (b) que vous emploierez. Faites attention aux temps des verbes.

Exemples:

> **Je détestais** les cours de gymnastique obligatoires.
> **Ça m'était égal que** les profs **soient** plutôt strictes.
> **J'aurais préféré qu'**il y **ait** moins d'élèves dans chaque classe.

2. L'organisation de l'enseignement secondaire (La séquence: postériorité)

(a) Ali, d'après l'article, «est inscrit en CPPN dans un collège... L'année prochaine, il commencera un CAP de mécanique auto».

Qu'est-ce que c'est qu'une CPPN ou un CAP? Même les Français ont de la difficulté à démêler la structure des études secondaires. Mais pour bien apprécier ce système, on est obligé de faire un effort pour en saisir les détails essentiels. Le texte *Le collège: structures pédagogiques* (p. 100) facilitera votre tâche.

Travail individuel → Travail à deux Lisez attentivement le texte *Le collège: structures pédagogiques*, puis complétez le tableau *L'enseignement secondaire* (*Livret, p. 30*) en trouvant dans le texte les mots qui manquent.

Comparez ensuite votre tableau complété avec celui d'un(e) partenaire.

◉ (b) Vous trouverez à la p. 100 des notes prises par un conseiller d'orientation au sujet de sept collégiens. Quel sera, à votre avis, leur avenir scolaire?

Travail individuel/à deux → Mise en commun En consultant votre tableau complété (a), écrivez **sept** phrases qui prédisent l'avenir scolaire de ces jeunes. Choisissez pour chaque phrase, dans *Le point sur la séquence* (p. 235), une formule qui exprime la **postériorité**.
(Verbes utiles: *achever, arriver à, atteindre, choisir (de), commencer (à), compléter, entrer en/dans, faire, finir, passer en, préparer, terminer.*)

Exemple:

> **Ayant fini** *ses études au collège/**A la fin de la 3ᵉ (du cycle d'orientation)**, Sophie ira au lycée pour préparer le baccalauréat.*

Avec un(e) partenaire, passez en revue les phrases que vous aurez composées. Ensuite, en ne regardant que les notes du conseiller d'orientation, communiquez, de mémoire, vos phrases à l'ensemble de la classe.

> Sophie D. , 15 ans , 3ᵉ, forte en maths ; veut aller à l'université

> Claire V. , 14 ans , 5ᵉ, veut faire un CAP d'aide-soignante ; a d'importants retards scolaires à rattraper

> Christine L. , 16 ans , 3ᵉ, élève moyenne ; voudrait préparer un BEP commercial

> Bernard T. , 14 ans , 5ᵉ, élève moyen ; a l'intention de faire un CAP d'électro-technique

> Françoise C. , 15 ans , 4ᵉ, se désintéresse totalement de son avenir ; veut abandonner ses études aussitôt que possible

> Jean-Luc G. , 13 ans , 5ᵉ, doué pour les langues ; se destine à une carrière d'interprète

> Eric R. , 14 ans , 5ᵉ, faible en français et en maths , mais passionné de pâtisserie ; bénéficierait d'une formation pratique

LE COLLÈGE : STRUCTURES PÉDAGOGIQUES

● A l'issue de l'école primaire, tous les élèves français entrent en sixième dans un même type d'établissement, le *collège*, où ils suivent, en principe pendant quatre ans jusqu'en classe de troisième, un enseignement commun. Le passage au collège s'effectue normalement à l'âge de onze ans, mais les élèves qui «redoublent» la dernière classe de l'école primaire peuvent y accéder avec un an de retard.

● Les programmes des classes de sixième et de cinquième, qui constituent le *cycle d'observation*, sont destinés à consolider la formation élémentaire et à présenter de nouvelles disciplines: sciences expérimentales, technologie, éducation physique et sportive et une première langue vivante. Pour les élèves en difficulté, des activités de soutien sont en principe prévues: une heure supplémentaire par semaine en français, en mathématiques et en première langue vivante. Pendant ce temps, leurs condisciples se consacrent à des activités d'approfondissement qui n'anticipent pas sur les programmes de la classe.

● Au début du *cycle d'orientation* (classes de quatrième et de troisième), des options s'ajoutent au tronc commun du cycle d'observation, car il s'agit de préparer plus directement les choix scolaires et professionnels ultérieurs. Chaque élève doit suivre une de ces matières optionnelles et a la possibilité d'en choisir une deuxième. Il a le choix parmi les disciplines suivantes: première langue vivante renforcée, deuxième langue vivante, latin, grec et, dans certains collèges, culture et langue régionales.

● Les élèves âgés de quatorze ans qui ne peuvent – ou ne veulent pas – poursuivre leurs études dans le cycle d'orientation ont deux possibilités: la préparation d'un *certificat d'aptitude professionnelle* (CAP) ou l'entrée dans une *classe préprofessionnelle de niveau* (CPPN) ou une *classe préparatoire à l'apprentissage* (CPA).

● Le CAP se prépare, en trois ans (quatrième et troisième préparatoires, troisième année de CAP), dans un lycée d'enseignement professionnel (LEP); il comprend une formation générale et professionnelle (industrielle, agricole ou commerciale). Les CPPN accueillent ceux qui ne peuvent entrer immédiatement en première année de CAP: elles offrent une formation générale accompagnée de séances en ateliers. Les CPA se caractérisent par un enseignement «alterné» (une semaine dans l'établissement scolaire, une semaine dans les entreprises): elles sont censées conduire à la préparation d'un CAP par voie d'apprentissage. Les CPPN et les CPA sont implantées dans les collèges ou dans les LEP; les CPA se trouvent aussi dans les centres de formation d'apprentis (CFA).

● Les élèves qui terminent leurs études dans le cycle d'orientation ont, à la sortie de la troisième, quatre possibilités:

– entrée dans un lycée pour y préparer, en trois ans, un baccalauréat ou un brevet de technicien (BT)
– entrée dans un LEP pour y préparer, en deux ans, un brevet d'études professionnelles (BEP)
– entrée en apprentissage artisanal (s'ils ont seize ans)
– entrée dans la vie active (à partir de seize ans).

UN COLLÈGE PARISIEN

■ XXe arrondissement de Paris, à quelques centaines de mètres du bruit et des odeurs d'essence du boulevard périphérique Est. Au 24 de la rue Le Vau se dresse un collège où vivent, une grande partie de la journée, près de 1 000 élèves, quelque 80 enseignants et le personnel d'administration et de service.

Le collège a été construit «à l'économie», nous dit-on. S'il ne s'est pas révélé dangereux jusqu'à aujourd'hui, c'est que les réparations ont été nombreuses, ce qui provoque un gros coût d'entretien.

Au demeurant, c'est un collège assez pratique, car il comprend des salles d'enseignement général, des salles spécialisées équipées pour l'enseignement de l'éducation manuelle et technique et des sciences, une salle de documentation, une bibliothèque et un self-service.

Sur le plan des options, aucun problème. Il est possible à l'adolescent de choisir entre l'allemand, l'anglais, l'espagnol, le grec, le latin, sans oublier les options technologiques.* Et les activités sportives du mercredi après-midi vont du football au volley, en passant par la danse, la gymnastique et le handball.

L'importance numérique de l'équipe des professeurs fait que les élèves sont confrontés, dans leurs cours, à des méthodes et à des personnalités différentes. Ce qui est bon d'après eux, car pour ces jeunes Parisiens l'ennui arrive vite.

L'inconvénient le plus important que présente le collège est le nombre d'élèves. Il n'est pas rare, en début d'année scolaire, de trouver des «petits sixièmes» perdus dans le dédale des couloirs. Rares sont les professeurs qui connaissent vraiment tous leurs collègues. Et pour ce qui est des relations avec les élèves, elles n'existent qu'avec ceux qui font partie des classes que l'on enseigne. Les autres adolescents sont des inconnus ou presque.

Comment remédier à cet état de fait? La réponse d'un professeur est nette: la baisse des effectifs, réduisant ce collège-usine à l'échelle humaine (300 à 400 élèves), est la seule solution valable.

* La technologie fait maintenant partie du tronc commun.

UN COLLÈGE DE MONTAGNE

■ Niché au cœur des Alpes, au pied du mont Blanc, le petit canton savoyard de Beaufort-sur-Doron (1 900 habitants) abrite un collège accueillant environ 250 élèves.

Depuis 1972, la construction de nouveaux bâtiments magnifiques – toujours en bon état, car tout le canton en est très fier – a permis d'organiser de façon agréable une vie scolaire qui se veut le centre de tout un tissu culturel de qualité.

Ce collège de montagne possède un internat qui peut héberger 95 élèves. Il arrive que soient accueillis des adolescents venant d'autres secteurs du département, adolescents dont les difficultés familiales ou personnelles compromettent leur scolarité. Car au collège de Beaufort, les rapports entre enseignants et élèves sont très chaleureux. Tout le monde se connaît: l'ambiance est celle d'une grande famille.

Les classes sont en général peu chargées et le climat est studieux: plus studieux, en tout cas, que dans la plupart des collèges urbains ou semi-urbains. Une ombre au décor: les besoins en personnel sont importants. En tout pour tout, il n'y a qu'un principal, 12 enseignants et 4 surveillants!

A Beaufort, pas de choix pour l'étude des langues, pas d'options technologiques,* un déficit important en musique, dessin, éducation manuelle et technique, et cela malgré les protestations des parents, des enseignants et des élus. Et pourtant les activités ne manquent pas. Depuis trois ans, des stages ont permis à ces jeunes montagnards la découverte de la voile, de l'archéologie, de la photo, de l'artisanat, cela grâce, en grande partie, à un financement extérieur au collège.

Centre culturel du canton, le collège de Beaufort attend une augmentation de son personnel. Mais jusqu'à maintenant, le dévouement de nombreux artisans bénévoles de cette animation culturelle n'a pas obtenu de l'administration l'écho que les Beaufortins étaient en droit d'attendre.

3. Deux collèges français (Le contraste. Celui, etc., qui/celui, etc., de)

(a) Les collèges français se ressemblent-ils tous? Les deux descriptions à gauche sont tirées d'un document édité en 1982.

Travail individuel → Mise en commun
Lisez attentivement les deux descriptions et notez ce que vous apprenez sur chaque collège en vous servant de ces indications:

– cadre du collège
– nombre d'élèves
– nombre d'enseignants
– état des bâtiments
– caractéristiques particulières
– choix d'options et d'activités
– rapports entre professeurs et élèves
– conditions de travail en classe
– inconvénients
– améliorations possibles.

Comparez vos notes avec celles des autres étudiants.

▶ Lisez ces deux phrases:
Tony trouve la cantine de son collège «franchement dégueulasse»; pour Ali, **cependant**, «on fait de bons repas à la cantine».
Selon Jean-Pierre, lui et ses camarades restent à l'école jusqu'à six heures du soir, **quand** les jeunes Allemands n'ont cours que le matin.

Pour marquer le **contraste** entre deux faits, deux opinions, etc., on peut choisir parmi ces mots ou expressions:

au contraire	alors que
cependant	quand
en revanche	tandis que
par contre	
pourtant	◀

(b) *Exercice oral → Travail individuel*
En vous référant à vos notes (a), faites oralement des phrases dans lesquelles vous exprimerez des **contrastes** entre le collège parisien et le collège de montagne. Incorporez chaque fois une des formules présentées ci-dessus et employez, au besoin, **celui**, etc., **qui** ou **celui**, etc., **de**.
Rédigez ensuite vos phrases par écrit.

Exemple:
*Les élèves de Beaufort ont de bons rapports avec tous leurs professeurs, **alors que ceux de** Paris ne connaissent que les professeurs qui les enseignent.*

VOCABULAIRE: *les études*

(a) Dans le témoignage présenté ci-dessous, un jeune Français parle de sa vie au collège.

Travail individuel Vérifiez au besoin, avec le professeur ou en consultant un dictionnaire, le sens des mots et expressions suivants. Ensuite, recopiez-les dans l'ordre nécessaire pour compléter le témoignage. N'oubliez pas de faire les changements grammaticaux qui conviennent. Pour finir, mémorisez les mots et expressions.

> apprendre à qqn à faire qqc – bac (m) – cantine (f) – cour (f) – cours (m) – élève (m/f) – emploi (m) du temps – enseigner qqc à qqn – étudier – faire des études – matière (f) – permanence (f)

«. . . Je commence à 8h du matin et je reste au collège jusqu'à 5h ou 6h du soir. Les .... durent une heure chacun. Notre .... est très chargé, il y a trop de .... différentes: le français, les maths, l'anglais que je .... depuis quatre ans, etc., etc. Ce qu'on nous .... enrichit l'intelligence, d'accord, mais on ne nous .... pas à réfléchir. Et ce qu'on a comme boulot! Si on n'est pas en classe, il y a les ....: on nous oblige à rester enfermés à travailler. Pour beaucoup de ...., le seul moment agréable, c'est midi. On avale vite son repas à la ...., puis on s'installe avec les copains sur un des bancs de la ....

L'année prochaine? Je suis inscrit au lycée où je vais préparer le ...., et plus tard je voudrais .... de comptabilité.»

(b) ***Travail à deux*** Complétez oralement le témoignage sans consulter ni le cadre plus haut ni votre liste de mots et d'expressions.

4. Description: mon collège

(a) A vous maintenant d'écrire une description.

Travail individuel → Travail à deux Relisez les descriptions des deux collèges (p. 101). Dans quel ordre est-ce que chacune présente les éléments au sujet desquels vous avez pris des notes (3(a))?
Comparez vos observations avec celles d'un(e) partenaire.

(b) ***Travail individuel*** En vous inspirant des descriptions des deux collèges et des témoignages présentés dans l'article *Un désenchantement bien tempéré*, écrivez, en 300–350 mots, vos impressions sur l'établissement scolaire où vous avez fait vos études entre 11 et 16 ans.
Faites allusion, si vous le voulez, aux éléments présentés dans la description de chaque collège français (3(a)), et employez, s'il le faut, les procédés étudiés dans les activités précédentes (1, 2 et 3).
Vous aurez peut-être besoin aussi des procédés suivants: **préciser un problème** (4, *p. 49*), la **comparaison** (*p. 234*), **poser un problème/proposer une solution** (3, *p. 65*).

25

POINTS DE REPÈRE

Dans l'extrait d'article ci-dessous, un journaliste de *Marie-Claire* rend compte d'un entretien qu'il a eu avec Jacqueline de Romilly, auteur d'un livre sur l'école publique en France.

Pour bien saisir les grandes lignes d'un texte, il est souvent utile au lecteur de le découper en sections, puis de déterminer le sujet de chaque section. Dans l'extrait de *Marie-Claire*, on pourrait par exemple identifier une première section: le premier paragraphe. Son sujet? «*L'enseignement en détresse*», un nouveau livre de Jacqueline de Romilly.

Travail individuel → Mise en commun   Lisez l'extrait en faisant très attention au développement de son argument, puis, mentalement, découpez-le en sections. Ensuite, notez en quelques mots le sujet de chaque section.

Pour finir, à partir de vos notes, communiquez au professeur votre analyse de l'extrait.

ENSEIGNEMENT: LE «J'ACCUSE» DE JACQUELINE DE ROMILLY

L'enseignement en détresse, la marée noire° de l'ignorance, la montée de l'analphabétisme,° on les dénonce à qui mieux mieux.° A droite comme à gauche et au centre. «On»: des hommes et des femmes de tous âges, enseignants,° parents ou personnalités du monde de l'économie et des affaires.° «L'Enseignement en détresse» (Julliard), c'est justement le titre du livre de Jacqueline de Romilly, une femme qui sait de quoi elle parle: à soixante et onze ans, voilà près d'un demi-siècle qu'elle sert l'enseignement public.° «Quand on voit craquer° de partout une institution à laquelle on a consacré° sa vie, on n'a le choix qu'entre le désespoir et la protestation. J'ai choisi la protestation et le témoignage.»°

Ce que dénonce «L'Enseignement en détresse»: la manie égalitaire qui ne mène pas à l'égalité mais simplement au nivellement par le bas° qu'on constate à tous les niveaux° dans l'enseignement. Résultat, le flot° montant de l'ignorance dont témoigne le flot envahissant° des témoignages et des rapports souvent tristement cocasses.°

«A l'arrivée en sixième, un enfant sur quatre ne sait ni lire ni écrire. Ne pas savoir lire ou écrire à 11 ou 12 ans! Comment espérer dans ces conditions faire de bonnes études? Dans les copies° des candidats bacheliers,° on trouve trente fautes par page et telles qu'elles rendent parfois la compréhension difficile. Comment m'étonner après cela qu'à l'oral de la licence,° un candidat à qui j'ai demandé quand avait vécu Homère me réponde: «Oh Madame, cela fait très, très longtemps», sans pouvoir préciser davantage. Et comment ne pas remettre en cause° des principes pédagogiques qui amènent de si beaux résultats?

«Sous prétexte de pédagogie d'éveil,° on veut laisser les enfants s'épanouir,° choisir, se distraire.° Mais on oublie que la fonction même° de l'enseignement c'est de développer, de fortifier, d'entraîner,° grâce à l'effort, les moyens encore virtuels° chez ceux que l'on veut former,° que l'on prétend° former. Un coureur cycliste, quand il s'entraîne, se force. Un pianiste, lorsqu'il travaille, se force. Il est si facile d'obtenir qu'une classe se livre aux° choses sérieuses comme à un jeu, que chacun y lutte° de curiosité, d'attention, de savoir!°

Quand on rétorque à Jacqueline de Romilly que les enfants d'aujourd'hui ont peut-être une autre culture que celle de leurs parents – celle du temps présent – elle a vite fait de répondre:

«Mais bien sûr, ils ont un vocabulaire technique plus étendu, une expérience du monde concret plus riche. Mais s'ils ne savent ni raisonner ni s'exprimer ni critiquer les informations si riches qu'ils reçoivent, où sera le bénéfice?° La TV, aux jeunes d'aujourd'hui, apporte certainement énormément de choses, mais elle ne développe sûrement pas leur activité personnelle de raisonner, leur possibilité de comparer. Il faut lutter contre l'influence pernicieuse de la TV qui donne aux jeunes l'habitude d'une attention non obligatoire, non active, non continue et qui ne favorise pas l'étude.»

Là où Jacqueline de Romilly risque de scandaliser le plus, c'est lorsqu'elle avoue sans hésitation mais non sans douleur° qu'elle est partisane° de la liberté° de l'enseignement. «J'ai passé toute ma vie dans l'école publique et laïque,° celle de l'Etat. Mon père y enseignait. J'y étais élève, j'y ai enseigné pendant presque cinquante ans. «J'appartiens par toutes les fibres de mon être et par mes souvenirs à cette tradition que j'aimais et que j'admirais. A voir l'évolution de cet enseignement, je comprends que des parents s'attachent avec l'obstination du désespoir à l'école libre, qu'ils mettent en doute la qualité de l'enseignement et de la culture dispensée par l'Etat.

«Je connais peu l'enseignement dit libre ou privé. Je ne crois pas qu'il soit supérieur à l'enseignement laïque. Je crois qu'il est atteint° par la même dégradation, mais il est possible qu'il protège mieux certaines valeurs menacées. A l'heure actuelle, je suis pour tout ce qui peut être un asile.»°

● **marée** (f) **noire** oil slick   **analphabétisme** (m) illiteracy   **on les dénonce à qui mieux mieux** people vie with each other in denouncing them   **enseignant** (m) teacher   **affaires** (f pl) business   **public(-ique)** state   **craquer** fall apart   **consacrer** devote   **témoignage** (m) testimony; evidence   **nivellement** (m) **par le bas** levelling down   **niveau** (m) level   **flot** (m) floodtide; flood   **envahissant** encroaching   **cocasse** funny   **copie** (f) (exam) script   **candidat bachelier** (m) 18+ exam candidate   **licence** (f) degree   **remettre en cause** call into question   **pédagogie** (f) **d'éveil** discovery learning   **s'épanouir** blossom out   **se distraire** amuse oneself   **même** very   **entraîner** draw out; train   **virtuel(le)** latent   **former** train   **prétendre** claim to   **se livrer à** give oneself over to   **lutter** compete   **savoir** (m) knowledge   **bénéfice** (m) benefit   **douleur** (f) distress   **partisan(e)** (m,f) supporter   **liberté** (f) independent sector   **laïque** non-religious   **atteint** affected   **asile** (m) refuge

1. L'extrait en détail (Citer une opinion et s'opposer)

(a) Jacqueline de Romilly a-t-elle raison? Sinon, quels arguments pourrait-on opposer à ses critiques de l'enseignement public?

Travail individuel/à deux → Mise en commun Lisez attentivement l'extrait, puis, avec un(e) partenaire, composez un tableau comme celui qui suit. Dans la colonne de gauche, **Critiques**, notez tous les reproches qu'adresse Jacqueline de Romilly à l'école publique. Et dans la colonne de droite, **Réponses**, notez pour chaque critique un argument que l'on pourrait y opposer: consultez, si vous le voulez, les citations présentées à droite (*Quelques observations sur l'enseignement*).

Y a-t-il d'autres critiques que l'on pourrait adresser à l'école publique? Si oui, notez-les (colonne de gauche), ainsi que des réponses possibles (colonne de droite). Passez en revue vos idées avec le professeur et l'ensemble de la classe: complétez, au besoin, votre tableau.

CRITIQUES	RÉPONSES
- nivellement par le bas à tous les niveaux	- augmentation du niveau de la qualification (p.ex. proportion de bacheliers

▶ Jacqueline de Romilly **voudrait nous faire croire que** l'école publique souffre d'un nivellement par le bas. **Mais comment se fait-il alors que** le niveau de la qualification **soit** en augmentation constante?

Si on veut **citer l'opinion** de quelqu'un, tout en portant un jugement critique sur ce qu'il dit, on peut choisir parmi ces expressions:

> **X. prétend que...**
> **voudrait nous faire croire que...**
> **s'imagine que...**
> **s'étonne que... (+ subj)**

QUELQUES OBSERVATIONS SUR L'ENSEIGNEMENT

L'école ne s'occupe pas assez des mass média, des nouvelles technologies; elle devrait apprendre aux élèves à s'en servir d'une façon éclairée.

Si l'on tourne le dos à l'école publique, on capitule là où il faut lutter: chaque société a l'école qu'elle mérite.

L'État n'accorde pas assez de crédits à l'école: il faudrait augmenter le nombre d'enseignants, réduire les effectifs par classe, améliorer les locaux.

Le niveau de la qualification a augmenté: en 1939, les bacheliers ne représentaient que 3% d'une classe d'âge; en 1983, la proportion a atteint 27%.

La pédagogie traditionnelle, qui mettait l'accent sur l'accumulation des faits, sur la mémoire plutôt que sur la réflexion, n'a rien à voir dans le monde contemporain.

Imposer une discipline rigide, renforcer l'autorité des maîtres, c'est porter atteinte à un principe fondamental de l'école moderne: le respect de l'autonomie de chaque élève.

Les programmes sont trop chargés et les horaires trop lourds: l'ignorance et l'ennui sont littéralement planifiés par l'organisation des études.

Et pour **s'opposer** à celui ou celle dont on vient de citer l'opinion, on peut
- montrer que ce qu'il/elle dit est en **contradiction** avec certains faits
- tirer de son analyse une **conclusion différente**
- exprimer son **incompréhension** devant le rapport proposé entre tel fait et telle explication:

> **Mais comment expliquer/se fait-il alors que... (+ subj)?** (*contradiction*)
> **Il faut cependant noter que...**
>
> **Mais cela ne prouve-t-il pas (au contraire) que...?** (*conclusion différente*)
> **Mais n'est-ce pas une façon de reconnaître que...?**
>
> **En quoi le/la... suffit-il/elle à prouver que...?** (*incompréhension*)
> **Je ne vois pas pourquoi... devrait nécessairement entraîner...** ◀

(b) ***Travail à deux → Mise en commun*** En vous basant sur votre tableau complété (a), rédigez ensemble **trois** groupes de deux phrases: **citez** chaque fois **une opinion** de Jacqueline de Romilly, puis **opposez-vous**-y en employant à tour de rôle les trois procédés présentés ci-dessus (**contradiction, conclusion différente, incompréhension**). Utilisez dans chaque cas une formule qui convienne.

Comparez ensuite vos groupes de phrases avec ceux des autres étudiants.

2. L'école privée: les faits et les attitudes (Faire appel à ce que sait tout le monde. Énumérer)

(a) Vers la fin de l'extrait, Jacqueline de Romilly affirme qu'elle comprend que «des parents s'attachent... à l'école libre». Qu'est-ce que c'est que l'école privée, ou «libre», en France? Le texte suivant vous renseignera là-dessus.

Travail individuel → Mise en commun Lisez attentivement le texte une seule fois: ensuite, mettez-le de côté et énumérez de mémoire, sous la direction du professeur, les faits essentiels de l'enseignement privé en France. Quelles différences voyez-vous entre ce système et l'école privée dans votre pays?

En France, l'instruction des enfants est laïque, gratuite et obligatoire, c'est-à-dire que tous les enfants de 6 à 16 ans ont la possibilité d'aller à l'école publique. Mais parallèlement au service public, il y a un secteur privé où les parents doivent payer pour l'éducation de leurs enfants. La plupart de ces écoles privées, ou «libres», ayant signé un contrat avec l'Etat, sont subventionnées par les pouvoirs publics.

Avec quelque deux millions d'élèves, les établissements privés – dont plus de 90% sont catholiques – assurent la formation d'un enfant sur six, c'est-à-dire de près de 17%* des jeunes Français. Quelles que soient leur condition sociale, leur couleur politique, les Français sont en majorité favorables à la coexistence des deux systèmes, même s'ils ne sont pas tous prêts à envoyer leurs enfants à une école privée.

*Grande-Bretagne: 6,5%

(b) Pourquoi les parents envoient-ils leurs enfants à une école privée? Et quels arguments les partisans du secteur public mettent-ils en avant contre le privé? Notre enquêteur a recueilli les témoignages de deux Français que vous avez déjà rencontrés.

Travail individuel → Travail à deux Ecoutez attentivement la déclaration du premier ou du deuxième témoin – votre partenaire s'occupera de l'autre – et notez par écrit les arguments qu'il met en avant **pour** ou **contre** l'enseignement privé par rapport à l'école publique. Arrêtez la bande quand vous le voudrez.

Ensuite, communiquez à votre partenaire les arguments que vous aurez entendus pour ou contre l'école privée en France: il/elle vous posera sans doute des questions.

(c) En présentant sa défense du privé, le premier témoin **fait appel à ce que sait tout le monde**, tandis que le deuxième **énumère** ses arguments contre l'école libre par rapport à l'école publique. Les deux listes ci-dessous présentent plusieurs expressions qui correspondent à ces deux procédés. A vous d'en trouver d'autres.

Travail à deux En consultant la transcription de chaque témoignage (*Livret, pp. 31–4*), complétez ensemble les deux listes ci-dessous: trouvez les expressions qui correspondent à l'un ou à l'autre des deux procédés. Lequel des procédés est pour vous le plus convaincant? Pourquoi?

Faire appel à ce que sait tout le monde
- **bon nombre de gens disent que**...
-
-
- **les**..., **dans leur immense majorité, affirment que**...
-
-
- **il est incontestable que**...
- **il n'y a pas de doute que**... (+ *subj*)

Enumérer
- **premièrement**
-
- **deuxièmement**
-
- **par ailleurs, en outre**
-
- **finalement**
-

(d) A vous maintenant de dire ce que vous pensez de l'enseignement privé.

Discussion Discutez avec le professeur le pour et le contre de l'école privée. Référez-vous au texte que vous avez lu (a), aux deux témoignages que vous avez étudiés (b) et à ce que vous savez de l'enseignement privé dans votre pays. En présentant vos arguments, employez, au besoin, l'un ou l'autre des procédés que vous venez d'étudier (c): **faire appel à ce que sait tout le monde** et **énumérer**. Les expressions de chaque liste s'emploient à l'écrit comme à l'oral. Si vous voulez **concéder** qu'un(e) autre étudiant(e) a peut-être raison avant de **vous opposer** à ses arguments, choisissez parmi les expressions que vous avez déjà rencontrées (*2, p. 55, 1, p. 64*).

3. Lettre à *Marie-Claire*

Un(e) élève de terminale français(e) écrit à *Marie-Claire* pour donner ses observations sur l'article *Enseignement: le «J'accuse»*...

Travail individuel Ecrivez la lettre pour lui/elle. Vous pouvez ou approuver ou protester contre le point de vue de Jacqueline de Romilly. Vous pouvez commenter ce qu'elle dit de l'école publique ou de l'école privée, ou bien vous pouvez parler de toutes les deux.

Les procédés suivants vous seront peut-être utiles: **citer une opinion/s'opposer** (*1, p. 104*), **faire appel à ce que sait tout le monde** et **énumérer** (*2(c), à gauche*), **préciser un problème** (*4, p. 49*), **poser un problème/proposer une solution** (*3, p. 65*), **conclure** (*4, p. 49*).

Début possible:

Madame,

J'ai lu avec beaucoup d'intérêt l'entretien avec Jacqueline de Romilly dans votre numéro de mai 1984. Je dois avouer que j'ai été complètement

26

POINTS DE REPÈRE

A la fin de leurs études au lycée, les élèves des classes terminales – qu'ils soient en section A (lettres), B (économie) ou C (mathématiques et sciences physiques), etc. – passent le baccalauréat (*le bac*). Cet article traite de leur attitude envers l'examen.

Travail individuel*→ *Mise en commun Pour la première section de l'article, «Dès la fin du second trimestre...», on pourrait proposer l'intertitre *Une situation angoissante*. Lisez attentivement cette section et notez, avec vos propres mots si nécessaire, l'idée-clef qui correspond à cet intertitre. Ensuite, lisez le reste de l'article et notez l'idée-clef qui correspond à l'intertitre de chacune des autres sections.

Comparez vos notes avec celles des autres étudiants. Comment peut-on expliquer la prédominance, parmi les élèves français, de l'attitude indiquée par le chapeau de l'article?

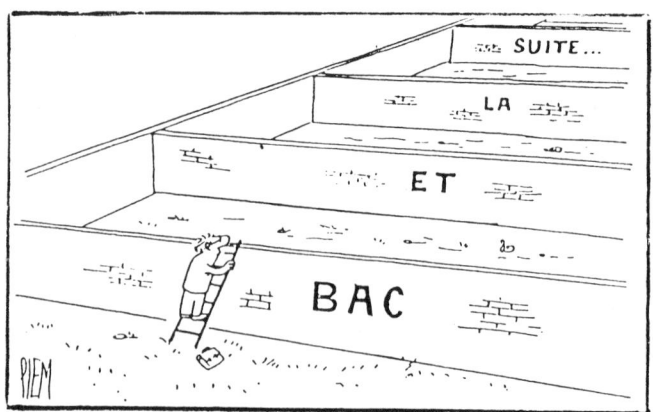

LE BAC° VU PAR LES CANDIDATS

Les élèves cherchent moins ce qu'il faut savoir, qu'une réponse valable° pour toutes les questions.

Dès° la fin du second trimestre, dans les classes terminales° des lycées, l'heure n'est plus à la détente:° le bac bouche° l'horizon. «*Le bac, un passeport pour l'avenir*», la formule fait aujourd'hui sourire bien des lycéens. A la question «*l'aura, l'aura pas?*», qui rendait jadis° fébriles° les élèves, s'en est substituée une autre, plus angoissante: «*Et après?*». Comme dit cet élève de terminale B: «*On nous a mis dans la tête depuis la sixième qu'il fallait passer° un bac pour faire quelque chose plus tard. Aujourd'hui, sans le bac, tu n'es rien, mais avec, t'es pas grand-chose. On est paumé.*»°

Inquiets, désorientés, les lycéens redoutent° moins l'examen que ses suites.° 86% des élèves entrant en terminale dans l'enseignement général en ressortent bacheliers:° le pourcentage suffirait à faire tomber l'anxiété; la «grande épreuve»° pèse peu dans la balance:° le partage° s'est fait avant. Mais les élèves savent que certains baccalauréats ouvrent des débouchés° plus intéressants et plus variés. Le climat des classes terminales, l'ardeur que l'on met dans la préparation de l'examen, s'en ressentent.°

L'avenir: quelles certitudes?

Tous les candidats se soumettent, bon gré, mal gré,° au même régime:° devoirs sur table,° «bacs blancs»,° travail sur annales,° «bachotages»° divers... A une différence près: en C, on sait où l'on va – dans une classe préparatoire, une grande école, une fac° de médecine – et l'on travaille en conséquence. La compétition interdit le dilettantisme:° il faut, si possible, obtenir le bac avec mention,° et présenter un bon livret scolaire° – l'admission dans une «bonne prépa»° en dépend. Au dire des° élèves, dans certaines terminales C, c'est la loi de la jungle: «*On en arrive à tricher° aux devoirs sur table pour avoir de bonnes notes pendant l'année et pouvoir présenter le meilleur livret scolaire possible.*»

Rien de semblable en section A ou B, où l'avenir est plus incertain: «*Le bac, d'accord, mais après?* dit une élève de A du lycée Paul-Valéry. Alors, on n'est pas pressé. Dans ma classe, il n'y a pas dix personnes qui savent ce qu'elles feront l'année prochaine. On bosse,° bien sûr; la terminale, c'est l'examen et rien d'autre: les profs n'ont que cela à la bouche. Et puis, ça facilite les choses du côté des parents. Passe ton bac d'abord, tu connais le film? C'est tout à fait ça!*»

L'obsession des scientifiques°

Endurance et entraînement.° Pour les élèves de terminale C, l'obsession est de boucler° le programme: il faut ingurgiter° un maximum de connaissances dans un minimum de temps. La plupart des élèves concentrent tous leurs efforts sur les mathématiques et les sciences physiques, matières dont les notes comptent le plus. Les sciences naturelles, par exemple, qui n'apparaissent qu'à l'oral, sont laissées pour compte;° pour les langues vivantes, on se contente souvent de l'acquis° des années précédentes. Chacun calcule, fait des choix, pare au plus pressé,° car le temps manque: au lycée Claude-Bernard, par exemple, les élèves de terminale C ont le mercredi après-midi, depuis plusieurs mois, trois heures supplémentaires de maths, *«pour boucler le programme et faire suffisamment d'exercices».* Tous sont assidus: «*Ça nous fait suer,*° mais *ça nous rend service.»* Certains pensent même que ça ne suffira pas: le chrono° est là, suspendu au-dessus de leur tête. Organiser un *«bac blanc»?* Utile, bien sûr, mais c'est prendre quatre heures sur le programme de maths, et, comme dit Thierry, *«ça représente un chapitre entier du bouquin».*°

Même chose en histoire-géographie. Les élèves de C savent que les connaissances pures, le «par cœur», comptent moins pour les examinateurs que les capacités de synthèse et d'analyse: «*Quand on te demande «la condition paysanne en Russie», ou «l'année 1917», tu ne t'en sors pas si tu n'as pas travaillé un peu intelligemment»,* dit Michel. Mais, encore une fois, cela prend du temps. A Claude-Bernard, le professeur d'histoire-géographie a commencé son cours de terminale par une introduction aux grands thèmes du programme (les mécanismes économiques, les révolutions, etc.), pour mieux armer ses élèves et les sensibiliser° aux grands mouvements de l'histoire. Il les a fait réfléchir, *«mais ça a pris un mois entier!* s'exclame l'un d'eux. *Total: on est en retard, et on n'aura pas le temps de boucler!»*

Alors, c'est le calcul d'épicier,° le sacrifice d'un ou plusieurs aspects qui leur semblent moins importants: on laisse à l'écart° un petit morceau de pays, une guerre que l'on survole en priant le ciel *«qu'elle ne tombe pas le jour de l'examen».*

L'inquiétude des littéraires°

La philosophie polarise une bonne part des inquiétudes des lycéens, quelle que° soit leur section. Les littéraires, notamment, espéraient beaucoup de cette discipline restée prestigieuse à leurs yeux; ils sont déçus° par les cours, jugés *«fumeux»,*° *«ennuyeux»,* et, pour l'examen, redoutent souvent le pire. Ceux de A en ont huit heures par semaine, ceux de B cinq heures, mais, chez les uns et les autres, une même résignation et un seul commentaire un peu las:° *«Le jour du bac, ça va faire mal...».* Le problème: acquérir une méthode pour la dissertation,° un exercice dont ils mesurent bien la rigueur, les difficultés, mais qui leur résiste. Faute° d'entraînement, estiment-ils: *«Tout au long de l'année, les profs nous répètent: ne sortez pas du sujet, suivez un plan. Facile à dire, depuis le début de l'année, on a fait deux dissertations»,* dit un élève du lycée Voltaire. *«Les conseils° concernant la forme n'arrivent bien souvent qu'avec le premier corrigé de dissertation... mais le premier trimestre est déjà écoulé»,*° se plaignent des lycéens de province.

Alors, se sentant insuffisamment entraînés par deux ou trois essais dans les conditions d'examen, ils cherchent le «système» qui leur permettra de maîtriser° le vicieux «plan en trois parties» exigé par° les examinateurs. *«On fait ni plus ni moins des dissertations de français en plaquant*° *çà et là quelques citations*° *prises dans le cours. Ou bien, on potasse*° *les annales corrigées, et l'on essaie avec deux ou trois dissertations toutes faites d'en fabriquer une quatrième»,* avoue franchement un élève de section A de Bois-Colombes.

Et pas question, le jour de l'examen, d'être original. Les futurs bacheliers sont convaincus° que seul le conformisme paie: *«Il faut être prudent, sinon, tu es saqué»,*° dit l'un d'eux. Et un autre: *«En philo, la notation° est très aléatoire.*° *Chaque prof a ses dadas,*° *ses lubies,*° *si tu sors des rails, c'est fichu.»*° Tout se passe comme si le jour de l'examen il fallait cacher ses idées, au risque d'être jugé médiocre ou insipide, comme si le bac était incompatible avec une expression personnelle.

Le «marathon» en question

Est-ce pour cela que ces «bachoteurs» de première et de terminale condamnent l'examen actuel, qui modèle tout le travail des deux dernières années d'enseignement secondaire? Un «contrôle continu»° ou l'ancienne formule en deux parties? N'importe quoi leur paraît préférable au marathon actuel. Que l'on reconnaisse un tant soit peu° leur personnalité propre: *«Le bac, c'est un rouleau compresseur,*° dit pour finir un élève. *Tout ce qui dépasse*° *est aplati*° *ou rejeté.»*

● **bac** (= **baccalauréat**) (m) (*fam*) 18+ examination **valable** valid **dès** (right) from **classe** (f) **terminale** second-year sixth **détente** (f) relaxation **boucher** block **jadis** formerly **fébrile** feverish **passer** sit for, take **être paumé** (*fam*) have had it **redouter** dread **suites** (f pl) what comes after **bachelier** (m) person who has passed the *bac* **épreuve** (f) ordeal **peser peu dans la balance** carry little weight **partage** (m) selection **débouché** (m) prospect **se ressentir de** show the effects of **bon gré, mal gré** like it or not **régime** (m) diet **devoir** (m) **sur table** timed question **bac** (m) **blanc** mock exam **annales** (f pl) past papers **bachotage** (m) cramming (activity) **fac** (= **faculté**) (f) (*fam*) faculty

dilettantisme (m) amateurishness **avec mention** with good grades **livret** (m) **scolaire** set of reports **prépa** (= **classe préparatoire**) (f) (*fam*) scholarship sixth **au dire de** according to **tricher** cheat **bosser** (*fam*) slog hard **scientifique** (m/f) science student **entraînement** (m) training **boucler** get through **ingurgiter** force down **laissé pour compte** discarded **acquis** (m) knowledge **parer au plus pressé** deal with the most urgent things first **faire suer qqn** (*fam*) be a drag for sb **chrono** (= **chronomètre**) (m) (*fam*) stopwatch **bouquin** (m) book **sensibiliser qqn à** make sb aware of **calcul** (m) **d'épicier** a matter of petty calculation **laisser à l'écart** leave aside **littéraire** (m/f) arts student **quel(le) que** (+ *subj*)

whatever **déçu** disappointed **fumeux (-euse)** airy-fairy **las(se)** weary **dissertation** (f) essay **faute de** through lack of **conseil** (m) (piece of) advice **écoulé** past **maîtriser** master **exigé par** demanded by **plaquer** stick in **citation** (f) quotation **potasser** (*fam*) swot up **convaincu** convinced **saqué** (*fam*) failed **notation** (f) marking system **aléatoire** haphazard **dada** (m) hobby-horse **lubie** (f) pet idea **c'est fichu** (*fam*) you've had it **contrôle** (m) **continue** continuous assessmnt **un tant soit peu** even a little **rouleau** (m) **compresseur** steamroller **dépasser** stick up **aplatir** flatten

1. Prise de notes et résumé: l'article en détail (L'articulation)

(a) Vous avez déjà établi (*Points de repère*) les grandes lignes de l'article *Le bac vu par les candidats*. Avant de le résumer, il faudra en relever les points essentiels.

Travail individuel → Mise en commun
Faites un tableau comme celui qui est à droite et inscrivez d'abord, colonne (ii), d'après les notes que vous avez déjà prises, l'**idée-clef** qui correspond à chaque **intertitre** de la colonne (i).

Ensuite, pour chaque section de l'article, notez de la manière indiquée, colonne (iii), ce qui sont pour vous les **points essentiels**.

Comparez vos notes avec celles des autres étudiants.

▶ Pour relier des phrases les unes aux autres, pour les **articuler**, on peut employer des expressions différentes. C'est la nature précise du rapport entre les phrases (**cause**, **confirmation**, etc.) qui déterminera le choix d'une expression. En voici plusieurs possibilités:

Moyens d'articulation

addition d'un détail
de plus, en outre, par ailleurs
cause
car, parce que, puisque
confirmation
en effet, effectivement, justement
conséquence
ainsi, donc, par conséquent
exemplification
par exemple, notamment
opposition
au contraire, mais, cependant, pourtant, tandis que

(b) Chacun des points essentiels que vous venez de noter (colonne (iii) de votre tableau) a un certain rapport soit avec l'idée-clef de la section, soit avec le point qui le précède.

Exercice oral Passez en revue avec le professeur les points essentiels de la colonne (iii). Chaque point se rapporte-t-il plutôt à l'idée-clef (à noter ainsi: ←) ou au point précédent (à noter ainsi: ↑)?

En consultant les **moyens d'articulation** en caractères gras dans le cadre ci-dessus (**addition d'un détail, cause,** etc.), déterminez avec le professeur la nature du rapport que vous venez d'établir. Inscrivez pour chaque point, à l'endroit indiqué dans le tableau, le terme qui convient.

(c) ***Travail individuel*** A l'aide de vos notes (a), écrivez maintenant un résumé de l'article. Pour relier entre elles les phrases de chaque section, choisissez dans le cadre *Moyens d'articulation* un mot ou une expression qui convienne.

Début possible:
 *Les lycéens d'aujourd'hui redoutent moins le bac que ses suites, **car** ils savent qu'ils ont de fortes chances d'être reçus **mais** que...*

(i) INTERTITRE	(ii) IDÉE-CLEF	(iii) POINTS ESSENTIELS
1. Une situation angoissante	*Les lycéens d'aujourd'hui redoutent moins le bac que ses suites.*	● *Ils savent qu'ils ont de fortes chances d'être reçus* (← CAUSE) ● *La réussite n'ouvre pas forcément des débouchés intéressants.* (↑ OPPOSITION)
2. L'avenir: quelles certitudes?		● ( ) ● ( )
3. L'obsession des scientifiques		● ( ) ● ( ) ● ( )
4. L'inquiétude des littéraires		● ( ) ● ( ) ● ( )
5. Le «marathon» en question		● ( )

2. Vers le baccalauréat (Demander les intentions de quelqu'un/Exprimer un souhait. Conseiller)

(a) L'article parle des élèves de «terminale C», de «section A ou B». Quelle est la signification de ces lettres de l'alphabet? Comment les études pour le baccalauréat sont-elles organisées dans un lycée d'enseignement général?

En été 1985, notre enquêteur a posé ces questions à une conseillère d'éducation qui travaille dans un lycée normand. Le document *Quel baccalauréat?* (*Livret, p. 35*), préparé à l'intention des élèves d'un lycée français, en parle aussi.

Trois choses à remarquer d'abord:

- le programme du baccalauréat est établi, pour tous les lycéens français, par le Ministère de l'Education Nationale
- le baccalauréat se prepare sur trois ans: seconde, première, terminale
- la seconde est une classe indifférenciée ou de «détermination», où tous les élèves suivent le même tronc commun (français, mathématiques, sciences, etc.), tout en choisissant *une* ou même *deux* options (par exemple une deuxième ou une troisième langue, la technologie, la gestion et l'informatique).

Travail individuel/à deux → Mise en commun Lisez d'abord le document à trous *Quel baccalauréat?* pour vous orienter. Ensuite, avec ou sans partenaire, écoutez l'extrait de conversation enregistré et complétez le document.

Quelles différences remarquez-vous entre vos études et celles d'un lycéen français? Notez par écrit vos réflexions.

Pour finir, comparez votre document complété avec celui des autres étudiants, et discutez ensemble vos réflexions sur la question posée ci-dessus.

▸ Voici des formules qu'on peut employer pour **demander les intentions de quelqu'un** et pour **exprimer des souhaits**:

- Qu'est-ce que tu **voudrais** faire dans la vie/après tes **penses** études?
  comptes
  vas

- J'aimerais (beaucoup) devenir/être journaliste.
  Je voudrais (bien)

  Ce qui m'intéresse, c'est le journalisme.
  me tente,

Pour **conseiller** celui ou celle qui a exprimé un souhait quant à son avenir, on peut s'exprimer ainsi:

- Alors, **tu ferais bien de** préparer/faire un bac A1 ou un
  tu auras intérêt à bac B.
  il vaut mieux

  Dans ce cas-là, **il faut (absolument) que** tu prépares/
  fasses (*subj*) un bac A1 ou un bac B. ◀

(b) *Exercice oral → Travail à deux* Sous la direction du

VOCABULAIRE: *les examens*

(a) *Travail individuel* En consultant *Le bac vu par les candidats*, faites une liste des expressions qui manquent aux phrases suivantes. Ensuite, mémorisez les expressions que vous aurez notées.

- Dès la fin du second trimestre, dans ...., le bac bouche l'horizon. (*1ère section*)
- Même si 86% des élèves de terminale en ...., certains d'entre eux travaillent plus assidûment que les autres: les baccalauréats qu'ils préparent .... plus intéressants. (*1ère section*)
- Tous les candidats suivent le même régime: ...., «bacs blancs», ..., etc. (*2e section*)
- Pour les ambitieux de la section C, il faut, si possible, ..., et .... (*2e section*)
- L'obsession des élèves de C est de ...., et la plupart d'entre eux .... sur les maths et les sciences physiques; souvent, pour les langues, on .... des années précédentes. (*3e section*)
- Pour l'examen de philosophie, les littéraires ....; le problème pour eux, c'est d'................ pour la dissertation. (*4e section*)
- Se sentant .... par deux ou trois essais dans les conditions d'examen, ils cherchent un moyen de maîtriser le «plan en trois parties» .... (*4e section*)
- Les élèves de première et de terminale ....: pour eux, le «................» ou la formule en deux parties seraient préférables au marathon actuel. (*5e section*)

(b) *Travail à deux* Complétez oralement ensemble les phrases ci-dessus sans consulter ni l'article ni votre liste d'expressions. Ensuite, relisez attentivement les phrases en essayant de les mémoriser.

(c) *Exercice oral* Avec l'aide du professeur, essayez de retrouver les huit phrases à partir de votre liste d'expressions seulement.

---

professeur, passez en revue la colonne **Carrières** de votre document complété (a) et trouvez des noms de profession qui correspondent à chaque mention (*fonction publique → fonctionnaire, inspecteur des impôts*, etc.).

Notez ensuite **quatre** professions variées qui vous intéressent, puis dialoguez avec un(e) partenaire sur vos intentions futures. En variant chaque fois les formules:

- l'un(e) d'entre vous **demandera les intentions** de l'autre
- l'autre **exprimera un souhait**
- le premier/la première offrira, d'après son document complété (a), un **conseil** sur le baccalauréat à choisir.

Ensuite, changez de rôle et reprenez l'exercice.

Polytechnicien en uniforme

LES GRANDES ÉCOLES

■ Etablissements d'enseignement supérieur gérés pour la plupart par l'Etat, mais indépendants des universités, les «Grandes Ecoles» sont destinées à fournir les cadres supérieurs de la nation dans tous les domaines (administration, industrie, commerce, etc.).

Parmi elles:

■ **l'Ecole Polytechnique** – peut-être la plus réputée – qui donne un enseignement scientifique de très haut niveau; malgré son régime militaire, elle prépare indifféremment à des emplois militaires ou civils

■ **les écoles d'ingénieurs** (Ponts et Chaussées, Télécommunications, Mines, Aéronautique) qui donnent une formation spéciale pour les diverses branches

■ **les Ecoles Normales Supérieures** qui complètent des études universitaires menant à l'enseignement et à la recherche, mais permettent souvent une carrière plus brillante.

Les grandes écoles, surtout les écoles scientifiques et commerciales, fournissent à leurs élèves une garantie d'emploi, de prestige et de salaire sans pareils. Et l'assurance, même en période de crise économique, de mener une carrière sans handicaps importants.

LES CLASSES PRÉPARATOIRES

■ Comme les grandes écoles offrent une voie privilégiée, les places sont très recherchées. On y accède par un concours en général très difficile, auquel on se prépare, pendant deux ans après le baccalauréat, dans les «classes préparatoires» de certains lycées (*voir schéma simplifié ci-dessous*).

Mais n'importe qui ne peut entrer dans une «prépa», car elles n'accueillent que les bons, voire les meilleurs élèves des classes terminales. La sélection, très sévère, se fonde sur les notes obtenues par les lycéens en première et en terminale et sur les appréciations des professeurs. Le succès scolaire ne suffit pas: il faut aussi une capacité de travail supérieure et une bonne maîtrise de soi.

Les classes préparatoires, d'après les statistiques de 1981, regroupent plus de 40 000 élèves, la plupart dans les sections scientifiques. Ces effectifs comprennent environ 30% de filles, qui se trouvent surtout dans les sections littéraires et commerciales.

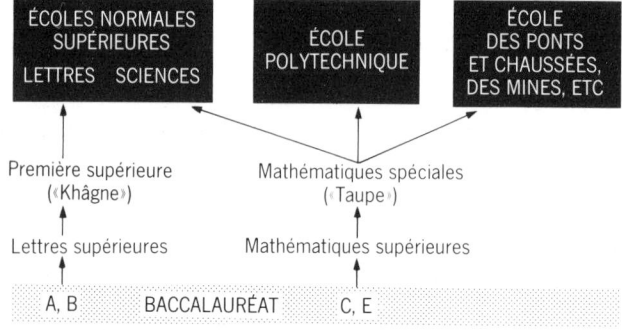

(Le baccalauréat E – mathématiques et techniques – se prépare dans les lycées techniques.)

3. Les grandes écoles et les classes préparatoires (Pronoms relatifs)

(a) D'après l'article, si on est en terminale C «on sait où l'on va – dans une classe préparatoire, une grande école...». Que veulent dire ces termes? Vous l'apprendrez dans les deux textes *Les grandes écoles* et *Les classes préparatoires* (p. 110).

Travail individuel/à deux Lisez attentivement l'un des deux textes et votre partenaire lira l'autre. Ensuite, celui ou celle qui n'aura pas lu *Les grandes écoles* interrogera l'autre afin de découvrir:

– ce que c'est qu'une grande école
– quelques exemples de grandes écoles, et leurs spécialités
– à quoi se destinent les anciens élèves des grandes écoles.

Et celui ou celle qui n'aura pas lu *Les classes préparatoires* posera des questions afin de se renseigner sur:

– ce que c'est qu'une classe préparatoire
– les qualités de ceux qui y entrent et la façon de les sélectionner
– la durée et la structure des études
– ce que font les élèves à la fin de leurs études (quelques exemples).

▶ Comme vous le savez déjà, les **pronoms relatifs** font souvent partie du système de **référence** d'un texte (2, p. 79). Ils servent à relier l'une à l'autre, d'une façon économique, deux propositions dont la deuxième reprend un élément présent dans la première:

«Une capacité de travail supérieure...»

Le bac A2 mène à des carrières dans les relations internationales. *Le bac A2 attire* les forts en langues.	**Le bac A2, qui attire** les forts en langues, mène à des carrières dans les relations internationales. (**qui**: sujet du verbe qui suit)
Le bac B offre des débouchés dans le domaine des affaires. Les élèves ouverts sur ce qui se passe dans le monde *préparent le bac B.*	**Le bac B, que préparent** les élèves ouverts sur ce qui se passe dans le monde, offre des débouchés dans le domaine des affaires. (**que**: objet du verbe qui suit)
Le bac C donne peut-être le plus de chances d'accéder à une grande école. *Le niveau en maths et en sciences du bac C est très élevé.*	**Le bac C, dont le niveau** en maths et en sciences est très élevé, donne peut-être le plus de chances d'accéder à une grande école. (**dont**: équivalent d'un complément introduit par **de**)
Les élèves de la section C sont en général les plus travailleurs. Toutes les portes sont ouvertes *aux élèves de la section C.*	**Les élèves de la section C, à qui (auxquels)** toutes les portes sont ouvertes, sont en général les plus travailleurs. (**qui**, ou moins souvent, **lequel**, etc.: après une préposition, pour représenter une personne)
Le bac D prépare les élèves à une carrière dans la médecine générale ou vétérinaire. *Pour le bac D*, il faut s'intéresser aux sciences naturelles.	**Le bac D, pour lequel** il faut s'intéresser aux sciences naturelles, prépare les élèves à une carrière dans la médecine générale ou vétérinaire. (**lequel**, etc.: après une préposition, surtout pour représenter une chose).

Après les prépositions **parmi** et **entre**, on utilise **lesquel(le)s** pour les personnes. Et n'oubliez pas qu'on emploie **duquel**, etc., (et pas *de + lequel*) après les prépositions composées, par exemple **à la suite de, à côté de**. Enfin, **où** peut remplacer **dans lequel**, etc.◀

(b) *Travail individuel* A partir de ce que vous savez déjà sur les classes préparatoires et les grandes écoles, complétez le texte ci-dessous. Employez pour chaque blanc le **pronom relatif** qui convient: **qui, que, dont** ou **lequel**, etc.

Les grandes écoles, ... sont gérées pour la plupart par l'Etat mais indépendantes des universités, assurent un enseignement supérieur de très haute qualité. Ces établissements, ... le plus réputé est peut-être l'Ecole Polytechnique (......., malgré son caractère militaire, prépare indifféremment à des emplois militaires et civils), sont destinés à fournir les cadres supérieurs de la nation à .... s'ouvrent les carrières les plus brillantes. En effet, leurs élèves en sortent avec un diplôme au moyen .... ils peuvent choisir leur employeur et exiger un salaire nettement supérieur à la moyenne.

Les jeunes accèdent aux grandes écoles par un concours .... ils préparent dans les classes préparatoires de certains lycées. Ces classes, dans .... le travail est ardu et l'horaire lourd, n'accueillent que les meilleurs élèves de terminale .... l'assiduité est reconnue par leurs professeurs. Elles regroupent plus de 40 000 élèves, parmi .... il y a environ 30% de filles .... l'on trouve surtout dans les sections littéraires et commerciales.

4. Rédaction

(a) La bande dessinée de Claire Bretécher *Les champions* (*à droite*), présente un aspect essentiel de l'enseignement à l'heure actuelle. Il y manque la phrase-clef qui en résume l'idée principale.

Travail à deux → Mise en commun/ Discussion Etudiez attentivement la bande dessinée, puis imaginez ensemble une phrase pour accompagner la dernière image.

Comparez ensuite vos idées avec celles des autres étudiants, puis avec la phrase écrite par Claire Bretécher elle-même (*Livret, p. 36*).

L'école est-elle trop obsédée par la compétition et la course aux diplômes pour bien préparer les élèves à la vie réelle? Discutez cette question avec le professeur et l'ensemble de la classe.

(b) A vous maintenant de rassembler tout ce que vous avez appris dans ce dossier sur l'enseignement: sur les finalités de l'éducation (*pp. 94–5*), la vie scolaire des collégiens (*pp. 96–102*), les critiques de l'école publique (*pp. 103–5*) et les études au lycée (*pp. 106–12*).

Discussion → Travail individuel Passez en revue avec le professeur les aspects de l'enseignement mentionnés ci-dessus: il pourra éventuellement noter au tableau les points essentiels de la discussion.

Ensuite, proposez au professeur une **structure** possible (*voyez 1, p. 73 et 2, p. 90*) pour le sujet de rédaction suivant:

L'enseignement secondaire en France et dans votre pays: ressemblances et différences.

Pour terminer, traitez en 300–400 mots le sujet ci-dessus: employez, en écrivant, quelques-uns des procédés que vous avez étudiés dans ce dossier (la **postériorité**, 2, p. 99, le **contraste**, 3, p. 101, **citer une opinion/s'opposer**, 1, p.104, **faire appel à ce que sait tout le monde** et **énumérer**, 2, p. 105, etc.).

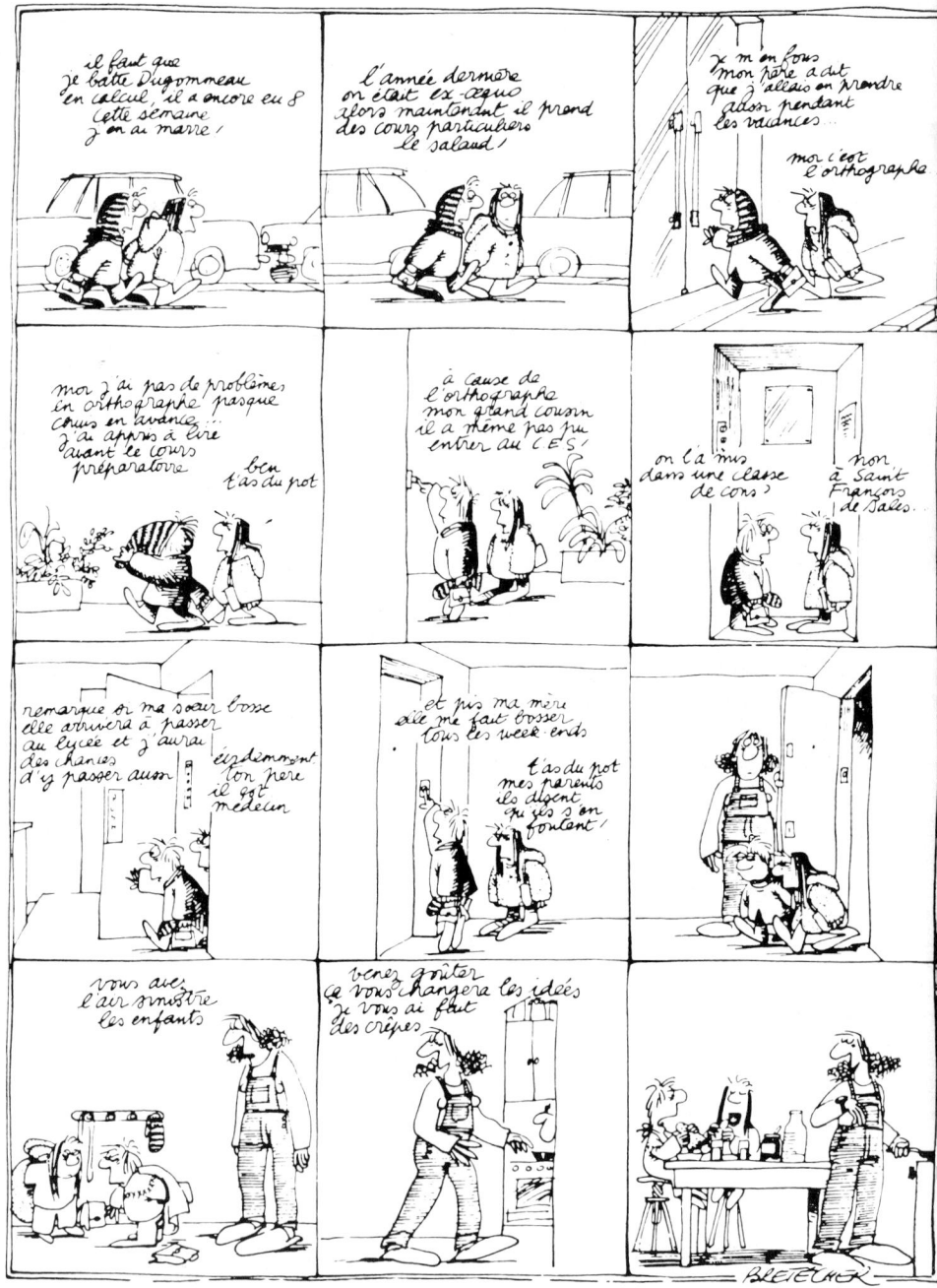

LES CHAMPIONS

VOYAGE AU FOND DU CHÔMAGE

**Tous les pays occidentaux connaissent aujourd'hui le fléau
du chômage qui, en France comme ailleurs, frappe des
millions de travailleurs. Ce dossier vous permettra
d'approfondir vos connaissances de ce phénomène qui nous
concerne tous.**

LE CHÔMAGE À L'ORDRE DU JOUR

27

1. Un premier survol du problème (Exprimer et demander une opinion. Etre d'accord ou en désaccord)

Tout le monde a sa propre opinion, plus ou moins précise, sur les causes, les conséquences et les remèdes de ce mal.

▶ Pour **exprimer son opinion** on peut dire:

Moi, j'estime que ...
Il me semble (bien) que ...
A mon avis/sens
Pour/D'après moi

Pour **demander l'opinion** d'un ami on peut dire:

Tu es d'accord?
Tu es de mon avis?
Qu'en penses-tu?
... n'est-ce pas?/... hein?

Pour dire qu'on est **d'accord** on peut dire:

Je suis (entièrement) d'accord avec toi.
Tu as (tout à fait) raison.
Je suis de ton avis.
C'est très juste ce que tu dis.

Pour exprimer son **désaccord** on peut dire:

Je ne suis (absolument) pas d'accord avec toi.
Tu as (tout à fait) tort.
Je ne suis pas (du tout) de ton avis.
C'est faux, ce que tu dis. ◀

SONDAGE: LE CHÔMAGE

Lisez les phrases ci-dessous et indiquez votre opinion de la façon suivante:

entièrement d'accord	++
plutôt d'accord	+
incertain	○
plutôt pas d'accord	−
pas du tout d'accord	− −

Le chômage est surtout dû à une augmentation de la population active □

La meilleure solution serait d'inciter les femmes à revenir au foyer □

Le chômage est plus dur pour une personne d'âge mûr que pour un jeune □

Si on renvoyait les immigrés dans leur pays il y aurait du travail pour tout le monde □

Le chômeur a de la chance, il a le temps de faire ce qu'il veut, de s'épanouir □

Le sondage présenté dans le *Livret* (p. 36) énumère des **opinions**— parfois discutables – sur le chômage avec lesquelles vous pouvez être soit **d'accord** soit **en désaccord**.

Travail individuel → Travail à deux Complétez ce sondage en exprimant chaque fois votre **opinion** de la façon demandée dans le *Livret*. Ensuite, en vous basant sur vos réponses au sondage, discutez avec un(e) partenaire vos idées sur le chômage. Pour lui **demander son opinion** ou **exprimer** la vôtre, pour dire que vous êtes **d'accord**, ou **non**, avec lui/elle, choisissez chaque fois l'une des formules présentées ci-dessus.

LA CONDITION DE CHÔMEUR

1 *Moi d'abord je me suis mis à bricoler comme un fou, à faire la cuisine. J'ai même appris à tricoter. Mais au bout d'un ou deux mois j'ai perdu la notion du temps. Je me réveillais de plus en plus tard ...*

2 *Nous ne sommes pas racistes et nous vous engagerions volontiers. Mais il peut y avoir des racistes parmi vos subordonnés et le climat qui s'instaurerait nuirait à la maison.*

3 *Je ne veux pas travailler dans le bâtiment comme mon père. Il y fait trop froid l'hiver. Mieux vaut le chômage: on ne meurt pas de faim en France.*

4 *Avant, c'était un homme gai. Maintenant je ne l'entends plus chanter dans la salle de bains. De temps en temps on arrive à oublier, mais ça ne dure jamais longtemps.*

5 *J'en connais. Ils font les bistrots. Ils se droguent. Ils s'intéressent aux femmes. Ils se mettent à voler. Le chômage ça pousse à tous les vices.*

6 *Allez veinard, vous allez avoir le temps de vous détendre maintenant. Toucher son salaire sans travailler, ce n'est pas si mal!*

7 *Je prends France-Soir, je regarde les petites annonces. Mais ça ne sert à rien.*

8 *Quand il se présente on lui propose un salaire qu'il ne peut pas accepter. Il n'est pas fainéant, mais il ne peut pas accepter n'importe quoi.*

9 *Avant, ma fille était ambitieuse. Elle se voyait opticienne, blouse blanche et tout. Et la voilà caissière dans une grande surface.*

10 *Personne n'a su que j'avais perdu mon travail. A quoi ça sert d'en parler?*

11 *Comment, au lieu de travailler vous avez préféré vous amuser à être étudiante?*

12 *Nous, depuis 2 ans qu'il est au chômage, c'est le désert. Les gens oublient votre numéro de téléphone. Ils sont gênés. Ils ne savent pas de quoi parler. Je me sens exclue.*

13 *Ma pauvre tu n'as aucune chance. La place est pratiquement occupée. On y met le fils d'un ami du patron.*

14 *Cette année elle a écrit 800 lettres de demande: 40% de réponses, 10% de rendez-vous. On se met à espérer, et plus rien . . .*

15 *Aller de nouveau à l'école, ça peut être humiliant pour nos stagiaires. Ils ont peur d'avoir l'air bête.*

16 *Mon mari s'est fait licencier. Maintenant il peut faire le travail qu'il veut. Je suis professeur et je suis contente qu'il soit chômeur.*

17 *Il me reste six mois de chômage payé. Six mois de sécurité à court terme. Mais si ça continue, qu'est-ce que je ferai alors, hein?*

18 *28% présentaient des symptômes de maladies cardiovasculaires ou diabétiques. 14% avaient des troubles psychiques très importants aggravés par le chômage.*

19 *La plaie ce sont les tests de personnalité. On vous dit: «Dessinez un arbre.» Et puis, selon les proportions, la présence de fruits, de branches, de feuilles, de racines, on vous classe.*

20 *J'ai demandé pourquoi j'avais été refusée alors que tout semblait coller. On m'a confié: «Parce que vous êtes une femme, Mademoiselle.»*

21 *Là où je travaille à l'ANPE,* il y a une ambiance de frustration, des gens qui s'énervent si les employés traînent un peu.*

22 *Je suis le premier tous les jours à téléphoner pour une annonce. J'en choisis une seule. Faut refaire sans arrêt le numéro, sinon la ligne est occupée.*

23 *Vous êtes bien jeune, Mademoiselle. La plupart de notre personnel dépasse la quarantaine. Vous pourriez provoquer une gêne, un trouble dans notre entreprise.*

24 *Le premier soir je n'ai pas voulu le dire, surtout à cause de la grande fille. Qu'est-ce qu'elle allait penser de son père? Chômeur . . . je me sentais en faute, coupable.*

25 *Travailler, avoir une place, c'est l'essentiel. On ne peut pas tout avoir, il faut accepter des compromis.*

26 *J'ai le temps de regarder les vitrines. Mais ça ne me concerne plus. Du jour au lendemain les objets perdent leur valeur.*

27 *Je n'aimais pas mon usine, ma machine. Mais les machines, les gens, c'était la vie.*

* ANPE: Agence Nationale Pour l'Emploi

Situation personnelle • mode de vie, effets sociaux • réactions psychologiques, affectives • état physique, état de santé	*bricolage, cuisine, tricot, …*
Attitude du chômeur • face à sa situation financière • envers le chômage et le travail • envers le recyclage, la reconversion	
Problèmes • attitudes de ceux qui travaillent • préférences, préjugés des employeurs • démarches pour trouver un emploi	

2. La condition de chômeur

(a) Dans les témoignages présentés ci-dessus, des Français de divers âges et de différents horizons donnent leurs opinions ou racontent leur expérience du chômage.

Travail individuel → Travail à deux   Lisez ces témoignages et essayez de deviner qui parle dans chaque cas (chômeur, parent de chômeur, salarié, patron, etc.). Comparez vos solutions avec celles d'un(e) partenaire.

Avant de passer à (b), vous aurez intérêt à faire l'activité sur le vocabulaire de *La condition de chômeur*, (p. 116).

(b) Que vous apprennent ces témoignages sur la **situation,** les **attitudes** et les **problèmes** du chômeur typique?

Travail individuel   Relisez attentivement les témoignages et notez, selon les rubriques figurant dans le tableau (à *gauche*), ce que disent ces Français et ces Françaises. Essayez, dans la mesure du possible, de n'utiliser que des **noms.**

(Ces noms vous seront peut-être utiles: *accusation, criminalité, déception, exclusion, jalousie, mépris, piston, promiscuité, sarcasme, satisfaction, sexisme.*)

▶ 3. Chômage et alcoolisme en Bretagne

(a) Deux assistantes sociales, Marie-Yvonne L. et Brigitte W., nous ont expliqué qu'à leurs yeux le chômage est souvent lié à d'autres problèmes sociaux tel que l'alcoolisme.

Travail individuel En écoutant l'enregistrement, reconstituez ce qu'ont dit ces assistantes sociales en complétant la transcription (*Livret, p. 37*). Arrêtez et repassez la bande quand vous le voulez.

(b) En langue écrite, il serait possible d'exprimer l'essentiel de ce que disent les assistantes sociales en quelques phrases courtes.

Travail individuel En vous référant à la transcription que vous avez complétée, composez, comme pour un article de magazine, trois phrases sur l'alcoolisme en Bretagne:

- une première phrase sur les problèmes individuels
- une deuxième sur les problèmes familiaux
- une troisième sur les problèmes sociaux

(c) Vous êtes assistant(e) social(e): vous visitez un appartement au cinquième étage d'un immeuble dans la cité dont parlaient Marie-Yvonne L. et Brigitte W. où sévissent chômage, pauvreté, alcoolisme.

Travail individuel Décrivez par écrit vos impressions: ce qui se passe, ce que vous voyez, ce que vous entendez, éclairage, odeurs, etc.

▶ 4. Interview: comment vit-on le chômage?

Vous venez de perdre votre emploi après plusieurs années de travail stable. Vous entendrez, sur la cassette, des questions que vous pose un sociologue qui enquête sur le problème qui est maintenant le vôtre.

Travail individuel/Exercice oral → Travail à deux Ecoutez une fois seulement les questions que l'on vous pose; consultez en même temps vos notes sur *La condition de chômeur* (*2b, p. 115*). Ensuite, individuellement (au laboratoire par exemple) ou collectivement (à tour de rôle) repassez la bande en l'arrêtant après chaque question; donnez oralement vos réponses.

VOCABULAIRE: *la condition de chômeur*

Toute description de la situation matérielle ou morale d'un individu (dans *4, ci-dessous*, par exemple) se composera de nombreux détails; pour les exprimer on aura souvent le choix entre un **verbe**, un **adjectif**, etc., et un **nom abstrait**. La première des personnes interrogées, dans les témoignages (p. 114), aurait pu employer, au lieu des verbes *bricoler* et *tricoter*, les noms abstraits *bricolage* (m) et *tricot* (m). Quels sont les noms abstraits qui correspondent à chacun des mots suivants, tirés des témoignages:

se réveiller, raciste, oublier, voler, se détendre, accepter, ambitieux, ignorer, préférer, gêné, espérer, humiliant, licencier, aggraver, classer, refuser, s'énerver, choisir, coupable, perdre, aimer?

Travail individuel/Mise en commun → Travail à deux Notez, à l'aide d'un dictionnaire s'il le faut, les **noms abstraits** qui correspondent à chacun de ces mots. N'oubliez pas d'indiquer leur genre. Vérifiez-les avec le professeur, puis, en ne regardant que la liste ci-dessus, retrouvez-les de mémoire avec un(e) partenaire.

Enfin, en vous basant sur le tableau sur *La condition de chômeur*, refaites cette interview avec un(e) partenaire. Jouez chacun(e) l'un des deux rôles, sociologue ou chômeur/chômeuse. Pour finir, changez de rôle et reprenez le dialogue.

28 TOUTES LES PORTES SE SONT REFERMÉES

POINTS DE REPÈRE

L'extrait qui suit est tiré d'un conte, intitulé *Le chômage*, écrit par Emile Zola il y a une centaine d'années. Dans ce conte, long de quelques pages seulement, l'auteur crée très rapidement des personnages, peint un décor, évoque des circonstances. Quelles sont les choses qui vous restent présentes à l'esprit après la lecture de cet extrait?

Travail individuel → Exercice oral Lisez attentivement l'extrait

une première fois; puis, sans le regarder, notez en quelques minutes les détails et les impressions qui vous reviennent en mémoire; retrouvez dans la mesure du possible les paroles de Zola. Ensuite, le professeur vous demandera de lui communiquer ce que vous aurez retrouvé. De quoi s'agit-il surtout: de détails concrets, d'actions, d'impressions physiques, d'émotions, d'idées, de circonstances, etc?

L'ouvrier est dehors, dans la rue, sur le pavé.° Il a battu les trottoirs pendant huit jours, sans pouvoir trouver du travail. Il est allé de porte en porte, offrant ses bras, offrant ses mains, s'offrant tout entier à n'importe quelle besogne,° à la plus rebutante,° à la plus dure, à la plus mortelle. Toutes les portes se sont refermées.

Alors, l'ouvrier a offert de travailler à moitié prix. Les portes ne se sont pas rouvertes. Il travaillerait pour rien qu'on ne pourrait le garder. C'est le chômage,° le terrible chômage qui sonne le glas° des mansardes.° La panique a arrêté toutes les industries, et l'argent, l'argent lâche° s'est caché.

Au bout des huit jours, c'est bien fini. L'ouvrier a fait une suprême tentative,° et il revient lentement, les mains vides, éreinté° de misère.° La pluie tombe; ce soir-là, Paris est funèbre° dans la boue.° Il marche sous l'averse, sans la sentir, n'entendant que sa faim, s'arrêtant pour arriver moins vite. Il s'est penché° sur un parapet de la Seine; les eaux grossies coulent avec un long bruit; des rejaillissements° d'écume° blanche se déchirent° à une pile du pont. Il se penche davantage, la coulée colossale passe sous lui, en lui jetant un appel furieux. Puis, il se dit que ce serait lâche, et il s'en va.

La pluie a cessé. Le gaz flamboie aux vitrines des bijoutiers. S'il crevait° une vitre, il prendrait d'une poignée° du pain pour des années. Les cuisines des restaurants s'allument; et, derrière les rideaux de mousseline° blanche, il aperçoit des gens qui mangent. Il hâte le pas, il remonte au faubourg,° le long des rôtisseries, des charcuteries, des pâtisseries, de tout le Paris gourmand° qui s'étale° aux heures de la faim.

Comme la femme et la petite fille pleuraient, le matin, il leur a promis du pain pour le soir. Il n'a pas osé venir leur dire qu'il avait menti, avant la nuit tombée. Tout en marchant, il se demande comment il entrera, ce qu'il racontera, pour leur faire prendre patience. Ils ne peuvent pourtant rester plus longtemps sans manger. Lui, essayerait

bien, mais la femme et la petite sont trop chétives.°

Et, un instant, il a l'idée de mendier.° Mais quand une dame ou un monsieur passent à côté de lui, et qu'il songe à tendre la main, son bras se raidit,° sa gorge se serre.° Il reste planté sur le trottoir, tandis que les gens comme il faut° se détournent, le croyant ivre,° à voir son masque farouche° d'affamé.°

La femme de l'ouvrier est descendue sur le seuil° de la porte, laissant en haut la petite endormie. La femme est toute maigre, avec une robe d'indienne.° Elle grelotte° dans les souffles glacés de la rue.

Elle n'a plus rien au logis; elle a tout porté au Mont-de-Piété.° Huit jours sans travail suffisent pour vider la maison. La veille, elle a vendu chez un fripier° la dernière poignée de laine de son matelas; le matelas s'en est allé ainsi; maintenant, il ne reste que la toile. Elle l'a accrochée devant la fenêtre pour empêcher l'air d'entrer, car la petite tousse° beaucoup.

Sans le dire à son mari, elle a cherché de son côté. Mais le chômage a frappé plus rudement° les femmes que les hommes. Sur son palier,° il y a des malheureuses qu'elle entend sangloter° pendant la nuit. Elle en a rencontré une tout debout au coin d'un trottoir; une autre est morte; une autre a disparu.

Elle, heureusement, a un bon homme, un mari qui ne boit pas. Ils seraient à l'aise,° si des mortes saisons ne les avaient dépouillés° de tout. Elle a épuisé° les crédits: elle doit au boulanger, à l'épicier, à la fruitière, et elle n'ose plus même passer devant les boutiques. L'après-midi, elle est allée chez sa sœur pour emprunter vingt sous; mais elle a trouvé, là aussi, une telle misère qu'elle s'est mise à pleurer, sans rien dire, et que toutes deux, sa sœur et elle, ont pleuré longtemps ensemble.

La pluie tombe, elle se réfugie sous la porte; de grosses gouttes° clapotent° à ses pieds, une poussière d'eau pénètre sa mince robe. Le mari ne rentre pas.

● **pavé** (m) cobbles   **besogne** (f) work, job   **rebutant** repellent, unpleasant   **chômage** (m) unemployment   **sonner le glas** sound the knell   **mansarde** (f) garret   **lâche** cowardly   **tentative** (f) effort   **éreinté** worn out, exhausted   **misère** (f) destitution, poverty   **funèbre** dismal   **boue** (f) mud

se pencher lean   **rejaillissement** (m) splashing   **écume** (f) foam   **se déchirer (à)** break (against)   **crever** smash   **poignée** (f) handful   **mousseline** (f) muslin   **faubourg** (m) working-class district   **gourmand** greedy   **s'étaler** be on display   **chétif(-ive)** sickly   **mendier** beg   **se raidir** stiffen   **se serrer** tighten   **comme il faut** decent   **ivre** drunk

farouche wild-looking   **affamé** starving   **seuil** (m) doorstep   **indienne** (f) printed calico   **grelotter** shiver   **Mont-de-Piété** (m) pawnshop   **fripier** (m) second-hand clothes' dealer   **tousser** cough   **rudement** harshly   **palier** (m) landing   **sangloter** sob   **à l'aise** comfortably off   **dépouiller** strip bare   **épuiser** run out of   **goutte** (f) (rain) drop   **clapoter** splash

1. Ce que dit, et ne dit pas, le texte

(a) Pour bien pénétrer le sens de ce morceau, il faut d'abord saisir ce que nous **dit directement** l'auteur.

Travail individuel → Travail à deux Etudiez les indications qui suivent, puis, en vous y référant, relisez l'extrait (*p. 117*). Ensuite, avec un(e) partenaire, passez en revue oralement ce que vous aurez retenu:

- **Les personnages principaux**
  - identité
  - aspect physique
  - situation sociale (famille, etc.)
  - situation financière
  - actions, gestes, etc.
  - émotions, pensées
  - impressions et réactions
  - etc.
- **Le cadre**
  - situation géographique
  - le 'décor' (bâtiments, rues, etc.)
  - caractère du logement
  - temps qu'il fait
  - ambiance
  - couleurs, éclairage
  - présence/absence d'autres personnes
- **Les 'données' économiques**
  - le marché du travail: offres, débouchés, etc.
  - causes de la crise
  - démarches pour trouver un travail
  - protection sociale

A quels types de détails l'auteur donne-t-il la priorité? Discutez brièvement vos observations sur le caractère du texte.

(b) Pour apprécier la portée de cet extrait, il est également intéressant de se demander ce que l'auteur **ne dit pas**:

L'ouvrier Qu'est-ce qui manque à sa description (nom, visage, etc.)? Pourquoi, à votre avis?

Le décor Vous avez peut-être remarqué qu'il y a une absence relative de détails spécifiques. Pourquoi?

Les circonstances Quel langage Zola emploie-t-il pour évoquer les circonstances (économiques, financières, etc.) dont l'ouvrier est victime? Pourquoi?

La famille de l'ouvrier La dernière partie du texte n'est-elle pas plus individualisée (exemples à relever)? Pourquoi, pensez-vous?

Travail individuel → Discussion Notez brièvement vos idées sur ces questions; ensuite débattez-en avec le professeur et l'ensemble de la classe. Référez-vous au texte pour appuyer votre point de vue.

2. Ce que suggère le texte; impressions sensorielles

Selon le texte de Zola: «Toutes les portes se sont refermées». Dans cette phrase, il s'agit d'abord d'une **impression visuelle** (de lecteur **voit** les portes qui se ferment), peut-être aussi d'une **impression auditive** (le lecteur **entend** claquer les portes). Une impression sensorielle peut être:

visuelle (on **voit** mentalement quelque chose: formes, couleurs, éclairage, etc.)

auditive (on l'**entend**: bruits, sons, etc.)

tactile (on le **touche**: surfaces, températures, etc.)

olfactive (on en **sent l'odeur**: parfums, etc.)

gustative (on a l'impression de le **goûter**: saveurs, goûts sucrés, amers, aigres, etc.).

Mais le sens de la phrase «Toutes les portes se sont refermées» va plus loin qu'une simple impression sensorielle. Elle nous **suggère** peut-être l'indifférence des employeurs, l'exclusion du travailleur, une certaine séparation sociale, une vie sans avenir, etc.

La première colonne du tableau (*ci-dessous*) présente des **impressions** relevées dans le texte de Zola.

Travail individuel → Mise en commun Complétez ce tableau: dans la colonne (ii), dites de quel type d'impression il s'agit; dans la colonne (iii), essayez de préciser ce que suggère chaque élément. Discutez vos idées avec le professeur et les autres étudiants.

IMPRESSION		CE QU'ELLE SUGGÈRE
(i)	(ii)	(iii)
Toutes les portes se sont refermées (*1er paragraphe*).	*visuelle/ auditive*	*l'indifférence des employeurs/l'exclusion du travailleur/une vie sans avenir*
Le chômage sonne le glas (*2e para*).		
Il marche sous l'averse sans la sentir (*3e para*).		
Les cuisines s'allument (*4e para*).		
Les rideaux de mousseline blanche (*4e para*).		
Le long des rôtisseries des charcuteries, des pâtisseries (*4e para*).		
Les souffles glacés de la rue (*7e para*).		
Des malheureuses qu'elle entend sangloter (*9e para*).		

3. La concession: sans + infinitif/sans que + subjonctif

▶ L'ouvrier cherche partout du travail **sans pouvoir** en trouver. Sa situation est sans remède parce que les circonstances sociales sont anormales.

Le texte de Zola est en effet en partie fondé sur l'**opposition** entre ce que l'ouvrier est en droit d'attendre (travail, nourriture, argent) et ce qui lui arrive (chômage, faim, pénurie):

Il cherche du travail **sans** en **trouver**.
Il cherche partout **sans qu'**on lui **fournisse** *pour autant* du travail.

Pour indiquer que le **résultat** d'une action (*chercher*) n'est **pas celui auquel on pourrait normalement s'attendre**, c'est-à-dire dans une phrase **concessive**, on peut employer, comme dans les phrases ci-dessus:

si le **sujet** des deux parties
de la phrase est le **même**:   *sans* + infinitif
si le **sujet** est **différent**:   *sans que* + subjonctif

(Après **sans que**, le verbe s'accompagne d'habitude d'une expression d'**opposition**: *cependant, pourtant, quand même, pour autant, etc.*) ◀

(a) Le tableau qui suit reprend certains **faits** tirés de l'extrait du conte de Zola. A ces faits sont juxtaposés, dans le désordre, des **résultats probables** en pareille circonstance. *Travail à deux → Exercice oral* Trouvez avec un(e) partenaire le **résultat probable** (ii) de chaque **fait** (i), puis déterminez si le **sujet** des deux phrases est le **même** ou **différent**.

(i) FAIT	(ii) RÉSULTAT PROBABLE
L'ouvrier cherche du travail. Il revient chez lui. Il pleut à verse. Sa femme et son enfant l'attendent encore à la maison. Sur le pont l'idée du suicide s'empare de lui. Des bijoux s'étalent dans les vitrines. Il voit partout des boutiques d'alimentation. L'idée lui vient de mendier.	L'ouvrier en est conscient. Elles soupçonnent qu'il leur a menti ce matin. Il se décide à se tuer. Il peut acheter de la nourriture. Il se dépêche. Il s'y résout. Il est réellement tenté d'en voler. Il en trouve.

Sous la direction du professeur, composez maintenant des phrases indiquant que chaque **résultat probable**, colonne (ii), **n'a pas lieu** en fait. Employez *sans* + **infinitif** ou *sans que* + **subjonctif** (+ *cependant, pour autant, etc.*).

Exemples:
L'ouvrier cherche du travail **sans** en **trouver**.
Il pleut à verse **sans qu'**il en **soit** cependant conscient.

(b) *Travail individuel* Rédigez maintenant par écrit les phrases que vous avez composées.

4. La concession: bien que/quoique + passé composé du subjonctif

▶ Regardez ces phrases:

Bien qu'il **ait fait** une suprême tentative, l'ouvrier revient les mains vides.
Quoiqu'il **soit allé** de porte en porte, il se trouve sans travail.

Si on veut indiquer que le **résultat** d'une action (*faire une tentative, aller de porte en porte*) n'est **pas celui auquel on pourrait normalement s'attendre**, c'est-à-dire dans une phrase **concessive**, on peut employer *bien que/quoique*+subjonctif. Si le verbe qui suit **bien que/quoique** représente une action qui se produit bien **avant** la deuxième action, ce verbe se mettra au **passé composé du subjonctif**. ◀

Dans le texte, les résultats des efforts de l'ouvrier ne sont pas ceux auxquels on pourrait normalement s'attendre dans de meilleures conditions économiques.
Travail à deux → Travail individuel En vous basant sur le texte, complétez oralement les phrases suivantes; indiquez (au **présent**) un résultat inattendu pour chaque fait (présenté au **passé**).

Exemple:
Le travailleur est allé de porte en porte, mais **il se trouve toujours au chômage**.

Fait → **Résultat inattendu**
(passé)   **(présent)**

Le travailleur est allé de porte en porte, mais il se trouve . . .
Il a offert de travailler à moitié prix, mais . . .
Il a promis du pain à sa fille ce matin-là, mais . . .
Sa femme est descendue maintenant l'attendre sur le seuil, mais . . .
Elle a apporté au Mont-de-Piété tout ce qu'ils possédaient, mais . . .
Elle a accroché devant la fenêtre la toile du matelas, mais . . .
Son mari ne buvant pas, elle a pu faire des économies par le passé, mais maintenant . . .
Elle s'est réfugiée maintenant sous la porte, mais . . .

Récrivez les phrases que vous venez de compléter en employant *bien que/quoique* + **passé composé du subjonctif**, comme dans les exemples plus haut.

5. *L'âge d'or du chômage*
(La cause et la conséquence. Déduire)

(a) Dans le conte de Zola, les phénomènes responsables de la crise – l'argent, la panique, etc. – se dressent comme des spectres derrière la silhouette du travailleur affamé. Aujourd'hui, les spécialistes essaient de déceler, de façon plus scientifique, les **causes** du chômage et leurs **conséquences** spécifiques.

Dans les extraits présentés à droite une équipe de journalistes révèle sept **problèmes** qui, selon elle, entraînent le chômage: **la natalité, l'émancipation de la femme, le travail clandestin, l'automatisation, la mobilité de la population active, la modernisation de l'industrie, la crise économique.**

Travail individuel Lisez une première fois les extraits et notez le numéro de l'extrait qui correspond respectivement à chacun des titres ci-dessus (*la natalité* = No 4, etc.)

▶ Pour exprimer les **conséquences** de tel ou tel fait, on emploie souvent des verbes tels que:

> **amener, causer, engendrer, entraîner (fatalement), occasionner, aboutir à, conduire à, mener à, être responsable de,** etc.

D'autres verbes accentuent plutôt la **cause**:

> **découler de, provenir de, résulter de, être dû (due) à,** etc . . . ◀

(b) Dans les extraits, chaque **problème** se traduit par un ou plusieurs **faits** qui amènent chacun une **conséquence**.

Travail individuel → Exercice oral En consultant de nouveau les extraits, composez un schéma comme celui qui suit (*p. 121*): complétez d'abord la deuxième et la troisième colonnes, **faits** et **conséquences**. (Essayez d'employer des **noms**: *réduction, baisse, proportion,* etc.) Ensuite, sans regarder les extraits, communiquez au professeur ces faits et ces conséquences. Employez chaque fois un des verbes ci-dessus pour mettre l'accent soit sur la **cause** soit sur la **conséquence**.

1.

⁎ Primo: notre taux de croissance, de 6% dans les années 60, est tombé à 3%. En temps de crise économique, le patron est souvent obligé de licencier une partie de son personnel. A productivité égale, 3% représenterait 600 000 emplois, les trois quarts de la montée du chômage.

2.

⁎ Secundo: l'industrie se dépouille de ses vieux habits. La modernisation des méthodes de production entraîne, c'est inéluctable, le «dégraissage»: on élimine les employés les moins compétents. Les «canards boiteux» qui se refusent à cette nécessité n'ont aucune chance de salut.

3.

⁎ Tertio: la contraception et la baisse de fécondité ont libéré les femmes de la maternité à succession. En huit ans, de 1968 à 1975, leur présence au travail s'est accrue d'un million. Elles ont compté pour la plus grande part (75%) dans le gonflement de la population active.

4.

⁎ Quarto: un phénomène démographique. Dans la guerre de 1914–18, l'éloignement des jeunes envoyés au front a fait tomber la natalité de façon tout à fait exceptionnelle. C'est donc la tranche d'âge la moins nombreuse du siècle. En revanche, la fin de la seconde guerre mondiale a fait doubler les naissances entre 1946 et 1950: le fameux «baby-boom». Ces enfants sont dès 1965 les nouveaux venus du marché du travail. Et leurs enfants à eux y arrivent à leur tour à partir de 1980.

5.

⁎ Quinto: les effets de la crise varient beaucoup selon les régions et selon les secteurs. Les travailleurs se déplacent à la recherche de travail (entre 1968 et 1975 la moitié des Français ont déménagé). Résultat: entre deux emplois ils s'inscrivent au chômage.

6.

⁎ Sexto: tout ce qui est machinal la machine le fera. La machine, ou bien aujourd'hui l'ordinateur, remplace l'homme. Pour une même production les effectifs sont réduits. Plutôt qu'à une augmentation du personnel, la croissance économique est due à la productivité.

7.

⁎ Septimo: la fiscalité, 18,6% de TVA et pas mal de paperasses, enfante le travail au noir qui grandit inexorablement dans les pays industriels. Aspect positif: c'est la seule issue pour beaucoup de chômeurs. Revers de la médaille: le coût social n'est subi que par les salariés déclarés.

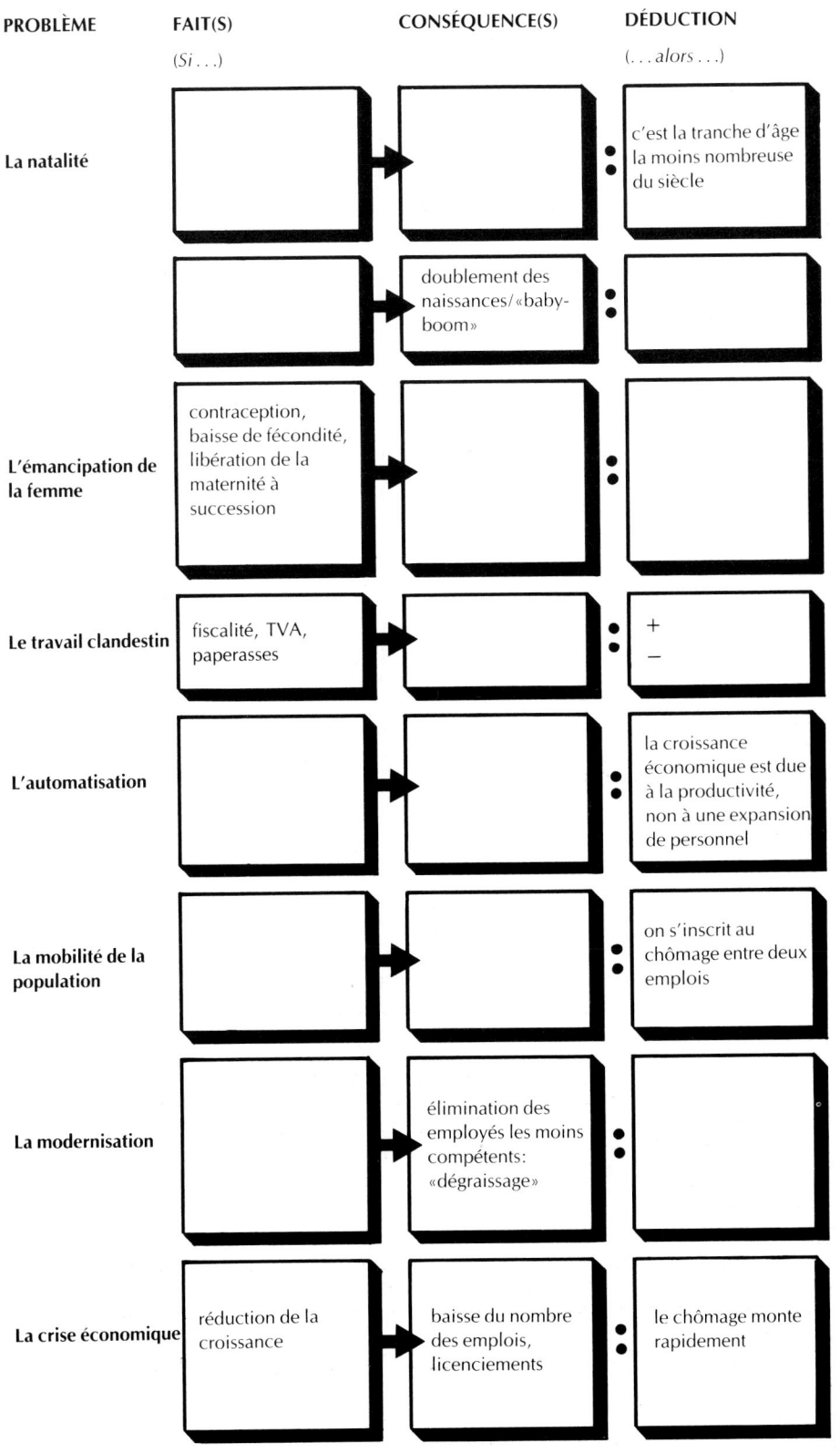

PROBLÈME	FAIT(S) (Si...)	CONSÉQUENCE(S)	DÉDUCTION (...alors...)
La natalité			c'est la tranche d'âge la moins nombreuse du siècle
		doublement des naissances/«baby-boom»	
L'émancipation de la femme	contraception, baisse de fécondité, libération de la maternité à succession		
Le travail clandestin	fiscalité, TVA, paperasses		+ −
L'automatisation			la croissance économique est due à la productivité, non à une expansion de personnel
La mobilité de la population			on s'inscrit au chômage entre deux emplois
La modernisation		élimination des employés les moins compétents: «dégraissage»	
La crise économique	réduction de la croissance	baisse du nombre des emplois, licenciements	le chômage monte rapidement

Exemples:

La crise économique

*La réduction de la croissance **conduit à** une baisse du nombre des emplois (conséquence).*

ou bien

*Les licenciements **sont** souvent **dus à** une réduction du taux de croissance (cause).*

▶ Si on **déduit** un fait d'une certaine constatation, cela veut dire que l'on présente le fait comme son **résultat logique**. Par exemple:

Si la réduction de la croissance est responsable d'une baisse d'emplois, **alors** *(résultat logique)* le chômage doit monter (Si A → B alors C).

Pour exprimer une **déduction** on emploie des expressions telles que:

ce qui fait que ...
ce fait laisse supposer que ...
d'où il faut conclure que ...
ce qui veut dire en effet que ...
cela implique que ...
il en résulte que ...
ce qui explique pourquoi ...
on peut en déduire que ...
il s'ensuit que ... ◀

(c) La quatrième colonne de votre schéma présentera des **déductions** basées sur les observations déjà notées.

Travail individuel Reprenez les **faits** et les **conséquences** et ajoutez-y (quatrième colonne) des **déductions**: employez des phrases très courtes. Pour finir, rédigez huit phrases reliant chaque fois un **fait**, une **conséquence** et une **déduction**. Employez, si possible, les verbes et les expressions mentionnés ci-dessus.

Exemple:

La crise économique

*La réduction du taux de croissance a **entraîné** une baisse du nombre des emplois, **ce qui explique pourquoi** le chômage est monté rapidement.*

☐☐ 6. Lettre: un cas désespéré

(a) Dans l'enregistrement que vous allez écouter, l'assistante sociale Marie-Yvonne L., que vous avez déjà entendue, parle avec sa collègue, Brigitte W., d'un de ses clients. Pour bien comprendre la situation, il faut savoir que les prestations de chômage ne sont attribuées qu'aux personnes qui ont eu récemment un travail régulier comportant un certain nombre d'heures par semaine.

Travail individuel Ecoutez d'abord ce témoignage et notez soigneusement tous les détails que donne Marie-Yvonne L. Ensuite, comme si vous étiez cette assistante sociale, composez une version écrite de ce témoignage: une lettre officielle adressée à une supérieure. N'omettez aucun détail important mais modifiez au besoin la structure de l'énoncé: ordre et agencement des détails.

Début possible:

> Madame,
>   Je me permets d'attirer votre attention sur un cas particulièrement dramatique, celui de M. Alain Bombard.

(b) La situation du chômeur d'aujourd'hui a-t-elle beaucoup changé par rapport au travailleur sans emploi d'il y a cent ans?

Travail individuel → Discussion Relisez votre lettre officielle ainsi que le texte de Zola *Toutes les portes se sont refermées*. Notez toutes les différences que vous voyez entre la situation des deux individus. Le cas dont a parlé Marie-Yvonne L. est-il à votre avis typique? Notez vos observations. Pour finir, discutez avec l'ensemble de la classe ce qui a changé, et ce qui n'a pas changé, dans la condition du chômeur au cours des cent dernières années. Vous aurez sans doute besoin d'expressions de **contraste** (*3b, p. 101*).

(c) Dans l'extrait que vous avez analysé, Emile Zola évoque la condition morale du chômeur, non pas au moyen d'un argument logique mais plutôt avec des impressions, des sensations, des images.

Travail individuel Relisez une dernière fois l'extrait *Toutes les portes se sont refermées* ainsi que vos notes (*1, 2, p. 118*). Remettez-vous également en mémoire votre lettre officielle *(a)*. Finalement, en vous inspirant du texte de Zola, composez un passage intitulé *Il n'a rien pour vivre* basé sur le cas du chômeur qui figure dans votre lettre. Employez impressions, sensations et images pour évoquer sa condition.

POINTS DE REPÈRE

L'article *Qu'est-ce qu'un chômeur*, tiré d'un ouvrage du même nom de Bernard Brizay, journaliste, a paru dans *Les cahiers français*.

Travail individuel → Mise en commun Avant d'aborder l'article, lisez les six intertitres qui suivent. Puis notez en quelques mots ce qu'ils vous apprennent sur le contenu possible de chaque section de l'article:

- Une traversée du désert
- L'indemnisation
- Davantage de détresse morale que financière
- Une incapacité à gérer son temps libre
- Sentiment dominant: le fatalisme plus que la révolte
- Le chômeur essaie de se convaincre lui-même.

Lisez une première fois l'article: avez-vous bien deviné la portée de chaque intertitre?

Ensuite, de mémoire, résumez en 20–25 mots le contenu de chaque section. Pour finir, comparez vos notes avec celles des autres étudiants.

● **épreuve** (f) ordeal, test **ressentir** experience, be affected by **évoluer** evolve **durée** (f) period of time **insouciant** (m) carefree person **licenciement** (m) redundancy, dismissal **droits** (m pl) entitlement, right to claim **seuil** (m) threshold **au-delà de** beyond **indemnisation** (f) compensation, welfare benefits **percevoir** perceive **allocation** (f) allowance, benefit **verser** pay **revaloriser** upgrade **régime** (m) **dégressif** 'tapering off' system **prestation** (f) allowance, benefit **épuiser** come to the end of **percevoir** receive **à leur égard** regarding them **en proie à** exposed to **rentrées** (f pl) income **en prévision de** in the expectation of **tare** (f) defect **culpabilisation** (f) attribution of guilt **s'ensuivre** result from (it) **péché** (m) sin **archétype** (m) prototype **bureau** (m) **d'embauche** labour exchange **soupe** (f) **populaire** soup kitchen **démuni de** without **subvenir aux besoins de** support **paresse** (f) laziness **échec** (m) failure **s'ingénier à** go out of one's way to **méchanceté** (f) spite **gérer** manage, make good use of **se distraire** have a good time **relever de** be a product of **malveillance** (f) malice **champ** (m) **de course** racetrack **Baléares** (f) Balearic Islands **pointer** sign on **se cultiver** educate oneself **vacuité** (f) sense of emptiness **l'emporter (sur)** get the upper hand (over) **«casse»** (m) (fam) 'break-in job' **nourrir** nurture, encourage

QU'EST-CE QU'UN CHÔMEUR?

Une traversée du désert

Le chômage est une traversée du désert: certains réussissent dans cette épreuve,° d'autres restent en route et certains souffrent plus que d'autres. La manière dont chacun ressent° son chômage ne cesse, d'ailleurs d'évoluer° dans la durée.° L'insouciant° qui vient de se retrouver au chômage après un licenciement° pour cause économique risque de n'être plus le même un an plus tard, après l'expiration de ses droits,° s'il n'a toujours pas retrouvé de travail. En effet, tous les gens qui assistent les chômeurs sont d'accord là-dessus: il existe un seuil psychologique, qui peut être de 3, 4 ou 6 mois, au-delà° duquel le moral du chômeur se dégrade à mesure que l'espérance fait place au découragement.

Le chômage de 1986 diffère-t-il de celui de 1936 par exemple, ou de celui du XIXe siècle? Existe-t-il en quelque sorte une nouvelle race de chômeurs? Deux facteurs entrent en jeu: les conditions d'indemnisation° et la manière dont la société perçoit° le chômeur.

L'indemnisation

Aujourd'hui le chômeur qui a perdu son travail à la suite d'un licenciement est indemnisé. Car le système actuel d'indemnisation, qui a vu le jour en 1979, réduit les inégalités entre les diverses allocations° versées° jusqu'alors aux chômeurs; en même temps, il revalorise° les indemnités, avec un régime dégressif° (voir le tableau plus loin: *Le régime des prestations*° *chômage*, p. 124).

On peut discuter de la générosité de ce système d'indemnisation. Mais il existe et il permet de maintenir une partie du pouvoir d'achat. Nous avons pourtant rencontré des chômeurs dont la situation financière était désespérée, c'est-à-dire qu'ils ne bénéficiaient pas d'allocations chômage pour une raison ou pour une autre ou qu'ils avaient épuisé° leurs droits. Comment vivent ceux qui ne perçoivent° plus aucune allocation? Les statistiques font preuve d'une étrange discrétion à leur égard,° comme s'ils avaient disparu de la circulation.

Davantage de détresse morale que financière

Les chômeurs sont-ils, quand même, dans de nombreux cas en proie à° de graves difficultés financières? Il est certain que le chômeur vit moins bien qu'avant, soit qu'il ait enregistré une sérieuse réduction de ses rentrées° financières, soit qu'il économise en prévision de° jours plus difficiles. Mais au risque de choquer, nous pouvons dire qu'il souffre davantage de détresse morale que de détresse financière. Depuis une vingtaine d'années le chômeur est effectivement beaucoup mieux protégé socialement, mais l'environnement psychologique n'a pas suivi de la même façon. Malgré une évolution certaine, le chômage est toujours considéré comme une tare,° et la culpabilisation° qui s'ensuit', cette vieille notion de péché,° n'a pas disparu des mentalités!

Reprenant l'article 23 de la Déclaration des Droits de l'Homme, Jean XXIII, dans son encyclique *Pacem in terris*, a réaffirmé que «tout homme a(vait) droit au travail». Mais par ailleurs la religion catholique tend à culpabiliser celui qui ne travaille pas. En revanche, le marxisme, particulièrement fort dans les pays catholiques, donne au chômage un caractère dramatique. Son archétype,° la crise de 1929 avec ses longues files d'attente devant les bureaux d'embauche° et son corollaire social, la soupe populaire,° appartient à notre mémoire collective. Cette mémoire collective nous vient du XIXe siècle avec l'image classique du chômeur, chef de famille, qui apporte un salaire unique et qui, démuni° de toutes ressources, est incapable de subvenir aux besoins° de sa famille.

Le chômage est différent de nos jours. Il n'empêche qu'il conserve parfois son caractère de «faute» difficile à avouer à la famille, aux voisins, aux amis. Ce qui veut dire qu'il continue à entraîner une sorte d'exclusion sociale, car il reste synonyme de paresse° et d'échec,° surtout aux yeux des gens d'un certain âge ou des parents vis-à-vis de leurs enfants.

Dans les grandes villes, l'anonymat protège le chômeur des préjugés et rend sa situation plus supportable sur le plan psychologique. Mais dans les villages, le chômeur est encore montré du doigt et tout le monde s'ingénie,° souvent sans méchanceté° (mais peu importe), à lui rappeler son infortune.

Une incapacité à gérer° son temps libre

Il existe d'ailleurs une légende à propos du chômage. Dans leur immense majorité les personnes au chômage ne profitent pas de leur situation d'inactivité pour se distraire.° Les assertions, selon lesquelles de nombreux chômeurs seraient finalement même heureux de l'être et organiseraient leur existence autour des loisirs, du sport et des voyages, relèvent° de l'incompréhension ou de la malveillance.° Les chômeurs ne peuplent pas les champs de course,° ne vont pas au cinéma à la séance de 4h et ne passent pas l'hiver aux Baléares° en se contentant de revenir pointer° tous les quinze jours! C'est un des paradoxes du chômage que l'inactivité forcée n'incite pas les chômeurs à lire ou à «se cultiver»,° et encore moins à voir davantage leurs amis. La plupart des chômeurs ont précisément une mauvaise conscience qui leur interdit des distractions considérées comme frivoles. Alors qu'au début, le chômage – considéré comme une période de repos – peut être agréable, au bout de quelques semaines, sinon de quelques jours, ce sont l'ennui et la vacuité° qui l'emportent.°

Autre légende: les incidences du chômage sur la délinquance, notamment en ce qui concerne les jeunes. Bien que certains chômeurs affirment, justement, qu'ils seraient bientôt réduits à faire «un casse»,° il est difficile de les prendre toujours au sérieux. L'on rencontre par ailleurs des jeunes qui avouent leurs craintes de tomber dans l'enfer de la drogue si leur inactivité se prolonge. Mais s'il est vrai que le chômage entraîne parfois des phénomènes inquiétants de désocialisation, il n'est pas prouvé, contrairement à ce qu'on a dit parfois, qu'il nourrisse° la drogue, la délinquance et la violence.

Sentiment dominant: le fatalisme plus que la révolte

Le sentiment qui domine enfin chez les chômeurs n'est pas la révolte, comme on pourrait le supposer. L'amertume° est certes partout présent, mais c'est le fatalisme qui l'emporte sur les autres sentiments. La plupart des chômeurs sont conscients que leur malheur résulte de la crise économique, non seulement nationale mais mondiale: la télévision a sans doute réussi à faire passer ce message. Ce fatalisme global s'arrête cependant au niveau de l'entreprise qui les a licenciés. Les licenciés ne sont pas loin de dire en effet que la crise est un prétexte qui sert à masquer l'incompétence de la direction.°

Le chômeur essaie de se convaincre lui-même

Le chômeur adopte volontiers une attitude. Il noircit° rarement sa situation dans l'intention d'émouvoir° ou de susciter la pitié. En contrepartie,° il peut lui arriver de crâner,° autrement dit de minimiser ses problèmes ou encore de se féliciter° de sa condition. Mais plus qu'il ne cherche à abuser,° il essaie d'abord de se convaincre lui-même. Il ne faut pas trop croire les chômeurs qui disent ouvertement se féliciter de leur état et prendre du bon temps.

Dire que l'on constate un caractère général chez les chômeurs serait hasardeux. A Longwy, à Valenciennes,* on voit la révolte et la violence de certains; ces réactions tranchent° pourtant avec celles, inquiètes mais plus paisibles, que l'on enregistre ailleurs. A vrai dire, chacun assume son chômage à sa façon, plus ou moins bien, mais ce qu'il y a de plus pénible,° de plus destructeur, pour le chômeur c'est sa solitude, son sentiment d'exclusion de la société. Héritée de l'époque du plein emploi, la «tare du chômage» reste vivace.°

*Longwy, ville sidérurgique; Valenciennes, ville minière.

LE RÉGIME DES PRESTATIONS CHÔMAGE (1984) ALLOCATION DE BASE

BÉNÉFICIAIRES	MONTANT	DURÉE
Chômeurs ayant travaillé 24 mois sur les 36 derniers mois	40F/jour + 42% du salaire précédent*	−50 ans: 12 mois† 50−55 ans: 18 mois +55 ans: 24 mois
Chômeurs ayant travaillé 6 mois sur les 12 derniers mois	40F/jour + 42% du salaire précédent*	6 mois†
Chômeurs ayant travaillé 3 mois sur les 12 derniers mois	30F/jour + 30% du salaire précédent	3 mois

* montant maximum 75% du salaire; montant minimum 60% du salaire.

† certaines prolongations possibles: −50 ans, de 3 à 6 mois. +50 ans, de 15 à 18 mois.

ALLOCATIONS DE FIN DE DROITS/ RÉGIME DE SOLIDARITÉ

BÉNÉFICIAIRES	MONTANT	DURÉE
Chômeurs de moins de 25 ans à la recherche d'un premier emploi	40F/jour	12 mois maximum
Chômeurs ayant épuisé les durées d'indemnisation −50 ans: 50−54 ans: +54 ans:	40F/jour 60F/jour 80F/jour }	Renouvellement tous les six mois sur décision Renouvellement de droit
Femmes seules depuis moins de 5 ans ou ayant un enfant à charge	80F/jour	12 mois maximum

1. L'argument de l'article

Vous avez déjà constaté (4, p. 73) que l'argument d'un article comporte normalement une **introduction**, un **développement** et une **conclusion**. Qu'est-ce qu'un chômeur ne fait pas exception à cette règle.

Travail individuel → Exercice oral Relisez l'article: mentalement, ou par écrit si vous le préférez, notez l'essentiel du contenu de l'article et son agencement, c'est-à-dire son **argument**, en suivant le schéma ci-contre (en haut). (Les traits ne donnent qu'une indication du nombre de points à relever.)

Si vous prenez des notes, soyez très économique: pas plus de 8 mots pour chaque trait (−)!

Ensuite, mettez de côté l'article et vos notes si vous en avez pris. En ne regardant que le schéma, retrouvez oralement, avec le professeur, l'argument de l'article.

2. La composition de l'article: choix d'éléments

L'auteur de tout texte de synthèse, comme celui que vous venez de lire, est obligé d'opérer des **choix**: d'informations, d'opinions, d'éléments d'analyse, de témoignages, de moyens de présentation, etc. La liste présentée dans le *Livret, p. 38* propose de nombreux éléments possibles. Lesquels l'auteur a-t-il en réalité employés? Sont-ils nombreux?

Travail individuel → Mise en commun Cochez ☑ les éléments qui sont présents dans l'article: identifiez mentalement un exemple de chaque élément retenu. Ensuite, comparez vos conclusions, et vos exemples, avec ceux des autres étudiants.

● **amertume** (f) bitterness **direction** (f) management **noircir** paint a gloomy picture of **émouvoir** sway emotions **en contrepartie** on the other hand **crâner** show off **se féliciter** congratulate oneself **abuser** mislead **trancher avec** be in contrast to **pénible** hard to take **vivace** indestructible.

L'ARGUMENT DE L'ARTICLE

INTRODUCTION
Ce qu'est le chômage
–

–

–

Evolution des sentiments du chômeur
–

–

–

Perspective historique
–

Deux facteurs (annonçant le développement)
–

DÉVELOPPEMENT
1. L'indemnisation actuelle: régime
–

Efficacité, utilité du système
–

2a. La situation du chômeur: question
–

Situation financière/morale
–

–

Deux points de vue, religieux et politique, sur le chômage
–

–

Origines de ce deuxième point de vue
–

2b. Le chômage aujourd'hui: situation sociale du chômeur
–

–

–

Première idée fausse
–

–

Deuxième idée fausse
–

–

2c. Sentiments du chômeur
–

–

–

CONCLUSION
Réactions du chômeur
–

–

Sa situation morale/sociale
–

■ **Eléments de composition**
portraits de chômeurs ☐
anecdotes ☐
descriptions d'un cadre physique ☐
faits divers ☐
questions posées ☐

■ **Eléments d'analyse**
définition du chômage ☐
historique ☐

■ **Opinions ou témoignages**
de chômeurs ☐
d'employeurs ☐
d'autorités/experts ☐
d'enquêteurs ☐
d'individus 'moyens' ☐
de rapports officiels ☐

■ **Informations sur mesures anti-chômage** ☐

VOCABULAIRE: comprendre le chômage

(a) Vous trouverez ci-dessous six questions qui se rapportent respectivement aux six sections de *Qu'est-ce qu'un chômeur?* Pour vous aider à y répondre, nous donnons, après chacune de ces questions, des définitions qui correspondent à des mots ou expressions paraissant dans l'article.
Travail individuel En consultant l'article, relevez d'abord le mot ou expression qui se rapporte à chaque définition.

Exemple:
limite au-delà de laquelle se produit un changement → **seuil** (m).

1. Selon l'auteur, qu'est-ce qui arrive au chômeur après quelques mois sans travail?
   – – – – – (m): limite au-delà de laquelle se produit un changement.
   – – – – – – – – –: subir une détérioration.

2. Lesquels des chômeurs français se trouvent dans la situation la plus désespérée?
   – – – – – – – – – – –: jouir de (un avantage, etc.).
   – – – – – – – – – – (f): somme d'argent attribuée (à une personne dans le besoin, etc.).
   – – – – – – –: être à bout de (ressources, droits (*ici*), etc.).

3. En quoi la condition du chômeur chef de famille était-elle différente au XIXe siècle?
   – – – – – – – –: privé de (nourriture, argent, etc.).
   – – – – – – – – – – – – – – – – – –: faire vivre (une personne, une famille, etc.).

4. Le chômage mène-t-il d'habitude, à en croire l'auteur, à la délinquance?
   – – – – – – – – – (f): le fait de ne rien faire.
   – – – – – – – – – – – – (f): destruction des rapports sociaux (de quelqu'un).
   – – – – – –: encourager, entretenir (un phénomène).

5. Comment le chômeur typique réagit-il, d'après l'article, face à sa situation?
   – – – – – – – – (m): attitude selon laquelle ce qui arrive est inévitable.
   – – – – – (f): période de difficultés graves (économiques, etc.).

6. Quels sont, sur le plan social, les facteurs les plus négatifs de la condition de chômeur?
   – – – – – – –: qui cause de la peine.
   – – – – – – – – (f): le fait d'empêcher (quelqu'un) d'entrer (dans un groupe, etc.).
   – – – – (f): défaut qui diminue le mérite (de quelqu'un).

(b) Le travail que vous venez de faire vous aidera à répondre aux six questions ci-dessus.
Travail à deux → Exercice oral Avec un(e) partenaire, composez oralement des réponses aux questions en consultant l'article; employez chaque fois les mots et expressions que vous avez relevés (a).
Pour finir, le professeur vous posera les mêmes questions. Répondez cette fois de mémoire, sans consulter ni le texte ni vos notes; essayez de réemployer les mots et les expressions déjà relevés.

3. L'articulation d'un texte écrit
(Ajouter/Contraster/Confirmer/Expliquer)

▶ Il y a plusieurs façons, comme vous le savez (*1, p. 108*) de relier les unes aux autres des idées ou des phrases, c'est-à-dire d'**articuler** un texte.

On peut par exemple:

ajouter une idée à une autre

> **d'abord, ensuite, enfin**
> **en même temps**
> **non seulement ... mais ...**
> **aussi/encore**
> **par ailleurs, d'un autre côté**
> **d'ailleurs, de plus, en outre**
> **à ceci (etc.) s'ajoute le fait**
> **que**
> **mais plus important encore**
> (une énumération: ..., ..., ...)

opposer/contraster deux idées

> **mais (en réalité)**
> **quand même**
> **cependant, toutefois**
> **néanmoins, pourtant, or**
> **certain(e)s ... d'autres**
> **en revanche, en contrepartie**
> **par contre, au contraire**
> **d'une part ... d'autre part**
> **alors que, tandis que**
> **malgré, en dépit de**
> **bien que/quoique +**
> **subjonctif**

confirmer/renforcer une idée

> **en effet, effectivement**
> **justement**
> **car (à vrai dire/de toute**
> **évidence)**
> **cela étant**
> **certes**
> **précisément**
> **voire** (langue soignée)

expliquer une idée

> **autrement dit**
> **en d'autres termes**
> **c'est-à-dire (que)**
> **soit**
> **car**
> **ce qui revient à dire que**
> **ce qui veut dire que**
> (deux points) (:)   ◀

(a) Quels sont les articulateurs employés par l'auteur de *Qu'est-ce qu'un chômeur*?

Travail individuel → Mise en commun Dans chacune des six sections de l'article, cherchez un exemple de ces quatre types d'**articulateur** (*d'abord, mais, en effet, car*, etc.); classez par écrit chaque exemple que vous trouverez. Ensuite, comparez vos notes avec celles des autres étudiants.

(b) Les phrases présentées à droite, légèrement simplifiées, sont tirées d'un article sur le chômage, mais tous les **articulateurs** ont été supprimés.

Travail individuel → Mise en commun Déterminez d'abord quel est le lien, marqué(?), entre chaque phrase et celle qui la précède: *addition, opposition, confirmation* ou *explication*. Comparez vos solutions avec celles des autres étudiants.

(c) Pour faire de ces phrases un texte cohérent et équilibré, il faudrait employer des **articulateurs** pour éclaircir les liens entre les différents éléments.

Travail individuel Faites de ces phrases un texte suivi: reliez-les les unes aux autres en employant chaque fois un mot ou une expression qui convienne (*voir ci-dessus*). Remaniez les phrases si vous le voulez.

DES VOIES SANS ISSUE?

INTRODUCTION

Le chômage est le cancer de l'économie
⟩ (EXPLICATION)

L'inflation et la récession s'attaquent à tout le corps social
⟩ (OPPOSITION)

Le chômage frappe individuellement

DÉVELOPPEMENT

Cédant aux apparences, on s'efforce de mettre fin à cette injustice.
⟩ (?)

On ne remonte pas aux causes premières.
⟩ (?)

On se limite à demander l'arrêt du machinisme.
⟩ (?)

On demande la fin des licenciements.
⟩ (?)

On demande la semaine de 35 heures.
⟩ (?)

Les gouvernements n'appliquent pas ces remèdes.
⟩ (?)

Ils croient que le chômage indique un mauvais fonctionnement de la production.
⟩ (?)

Plus il y a de croissance, moins il y a de chômeurs.
...

Voilà pourquoi on pratique la «relance».
⟩ (?)

On injecte de l'argent pour que l'économie tourne plus vite.
⟩ (?)

Ce dopage crée quelques emplois.
⟩ (?)

Il manifeste bientôt ses effets pervers: inflation, récession, nouvelle poussée du chômage.

CONCLUSION

Le mythe de la machine dévoreuse d'hommes est éternel.
⟩ (?)

Le refus violent du machinisme a ponctué toute l'Histoire.
⟩ (?)

Ses promoteurs ont souvent été traités en ennemis du peuple.

4. *Chômage: quels remèdes?* (Citer une opinion)

(a) Pour réduire le chômage faut-il partager le travail, accélérer la croissance ou, au contraire, pratiquer l'austérité? Différentes **opinions** sont possibles. Les extraits *Quels remèdes?* comportent de nombreuses opinions contrastées.

Travail individuel Lisez attentivement ces extraits, puis résumez les opinions que vous y trouverez en complétant les phrases dans la deuxième colonne du tableau à la page 128.

(b) Vous connaissez déjà (*2, p. 31*, etc.) certaines **expressions** que l'on emploie pour **citer une opinion:** *pour, selon, d'après, à en croire, aux yeux de, suivant l'opinion de*, etc. Vous avez aussi déjà (*1, p. 14*, etc.) employé des **verbes** pour exprimer l'opinion d'une autre personne: *dire, déclarer, constater, affirmer, prétendre, déclarer, estimer*, etc.

Si vous voulez transmettre à quelqu'un des opinions comme celles que vous venez de noter, vous aurez souvent besoin de préciser l'identité de l'auteur.

Exercice oral Communiquez vos phrases complétées au professeur en reliant chaque fois **autorité** et **opinion** avec une expression/un verbe qui convient.

Exemple:

> ***A en croire*** *les spécialistes, il existe trois solutions possibles: croissance, partage du travail et compétitivité.*

CHÔMAGE: QUELS REMÈDES?

Alors, que peut-on faire contre le chômage? Les idées ne manquent pas. Les exemples non plus. Mais ce serait croire à la magie que de proposer une panacée, et les faux remèdes doivent être écartés.

1. En fait, on ne connaît que trois armes d'ailleurs imparfaites, contre le chômage: une croissance plus forte; le partage du travail; une meilleure compétitivité qui accélère l'essor des exportations, comme en Allemagne et au Japon.

Le président ne croit pas que l'on puisse faire, l'année prochaine, plus d'un demi-point de croissance supplémentaire par rapport à cette année. Or ce petit progrès sera dû essentiellement à des gains de productivité sans engagement de personnel.

Le partage du travail, solution préférée des syndicats, c'est la réduction du temps de l'activité dans la journée, dans la semaine, dans l'année ou dans la vie: temps partiel, semaine de trente-cinq heures, congés supplémentaires, retraite prise plus tôt. Le gouvernement ne refuse rien si tout cela s'accompagne d'une réduction correspondante de salaire et de retraite. Or les intéressés et leurs représentants syndicaux refusent. Cette voie est donc sans issue.

Il reste la troisième, celle choisie par le gouvernement: la mise en compétitivité de notre industrie par son «redéploiement». Le président soutient que cette option ne cause pas de dommages puisque, face à 1 100 000 licenciements pour cause économique, correspond un million de création d'emplois.

Il faut analyser avec plus de précision la situation présente, qui se ramène à trois.

2. Les mauvais conseillers du racisme impénitent susurrent déjà: «Les immigrés sont plus nombreux que les chômeurs. Qu'ils partent! Il y aura du boulot pour les vrais Français.»

De 1959 à 1974, l'essor de l'immigration a suivi, c'est vrai, celui de l'expansion. Tandis que les jeunes Français s'installaient dans le tertiaire, des secteurs entiers de l'économie ont fonctionné grâce à cette main-d'œuvre venue d'ailleurs. Sans grandes revendications, elle accepte de vivre sans confort, souvent dans les faubourgs des métropoles.

Son départ brutal blesserait à mort beaucoup d'entreprises et provoquerait un nouveau chômage. Dans le bâtiment, particulièrement, où ils sont 21% des salariés. Dans certains ateliers de l'automobile, 80% de la main-d'œuvre est étrangère. Ce n'est pas du jour au lendemain que l'industrie trouvera, en nombre suffisant, de jeunes Français disposés à accepter ces noces contre nature: travail pénible et salaire le plus souvent du bas de l'échelle.

4. Le «truc» des systèmes autoritaires: on cache le chômage en maintenant les salaires très bas. Là où il faudrait un seul ouvrier à 2 700 Francs par mois, on en occupe trois à 900 Francs. «Solution» inconcevable ici.

5. «Qu'est-ce que vous faites dans la vie?» Essayez de poser la question autour de vous. Vous serez surpris par l'ambiguïté des réponses: «Rien de palpitant.» «Je m'occupe.» Pour réussir sa vie, l'amour du travail n'est plus jugé indispensable.

«Ce n'est pas mon unique centre d'intérêts, vous pouvez me croire», certifie une serveuse de café, «J'ai mieux que ça dans la vie.» Notre enquête l'a confirmé: 10% seulement des Français croient que l'amour du métier est important pour le bonheur.

Pour certains éducateurs, la chute du travail dans l'échelle des valeurs a quelque chose de positif. L'école n'est pas à leurs yeux qu'une préparation à la vie active: il faut apprendre à vivre pleinement, à s'épanouir. La «civilisation de loisirs», nous y sommes déjà.

3. Deuxième faux remède: le protectionnisme. Le parti de la ligne Maginot veut fermer les frontières aux transistors de Singapour, aux chemisettes de Macao, à la production du Tiers monde dont la concurrence inquiète. Mais la France doit importer son énergie, donc exporter.

Notre balance des paiements est excédentaire avec trente des trente-six pays les plus importants du Tiers monde. Nos échanges avec les pays en développement se sont traduits par un surplus net d'emplois (rapport Berthelot).

Dans son magasin de Passy

▶ En plus des verbes et des expressions que vous venez d'utiliser (*b*) de nombreuses autres expressions sont employées en langue écrite pour **citer une opinion**: celle d'une personne, d'une institution, d'une publication, etc. Dans un seul article du *Nouvel Observateur*, par exemple, nous avons relevé toutes les formules suivantes (X = une personne, une institution, une publication).

● **PERSONNES** (ministres, économistes, experts, etc.)

> la thèse de X c'est que …
> comme l'a montré X
> il ne manque pas de Xs pour affirmer que …
> X émet l'avis suivant: …

● **INSTITUTIONS** (gouvernements, entreprises, églises, etc.)

> X évalue l'impact de …
> la conclusion de X c'est que …
> X fournit les indications suivantes: …
> l'opinion traditionnelle de X c'est que …

● **PUBLICATIONS** (études, rapports, enquêtes, etc.)

> c'est ce qui ressort de X
> en analysant X on s'aperçoit que …
> le plus frappant dans X c'est que …
> tous les X's récents concluent que …

(c) Vous trouverez à droite des opinions sur le chômage.
Travail à deux Lisez ensemble ces témoignages, puis complétez chaque blanc avec un seul mot de votre choix.

(d) Voici les personnes, les institutions ou les publications auxquelles on a attribué les neuf observations que vous avez complétées:

- le christianisme traditionnel
- le *Financial Times*
- un sondage SOFRES
- Henri Guitton, auteur d'un ouvrage sur le partage du temps
- les syndicalistes
- un jeune chômeur 'heureux'

AUTORITÉ	OPINION
1. 'On' (les spécialistes?)	Il existe trois solutions possibles: …
Le président	Il y aura une très faible croissance …
L'auteur	Ce petit progrès n'entraînera pas …
Les syndicats	La réduction du temps de travail …
Le gouvernement	Cette réduction devra s'accompagner …
L'auteur	Cette voie est …
Le gouvernement	La meilleure solution …
Le président	Le redéploiement …
2. Les racistes	Pour créer …
L'auteur	Les immigrés acceptent …
	Le rapatriement brutal …
3. Les protectionnistes	Il faut empêcher …
L'auteur	Le commerce avec …
4. Le totalitarisme	En limitant …
L'auteur	Cette «solution» …
5. 90% des Français	L'amour du travail …
Certains éducateurs	Il faut apprendre …

L'automatisation ……… le nombre des «cols blancs» comme celui des cols bleus.

Travailler moins et mieux répartir les ……… du progrès parmi les travailleurs, voilà l'enjeu des luttes ouvrières.

Dans le but de vendre plus, on «fragilise» les produits; on les rend ……… à réparer.

Il faudrait des systèmes de travail partiel, la possibilité de ……… son emploi du temps.

La vraie richesse de l'ouvrier c'est le ……… dont il dispose pour des activités librement choisies.

L'homme chassé du paradis terrestre est condamné au travail comme à une ………; mais cette condamnation constitue aussi sa dignité.

80% des boulots sont ……… et inutiles; j'ai été mis trois fois au chômage et je me sens mieux comme ça.

Tous les Français, quels que soient leur âge, leur sexe, leur profession (tableau 8), donnent la ……… à la vie de famille.

On trouverait difficilement un seul secteur de l'industrie britannique où le nombre d'emplois n'ait pas tendance à ……….

- Vance Packard, auteur d'un livre sur la société de consommation
- Karl Marx
- une récente enquête sur les microprocesseurs

Travail à deux → Travail individuel
Avec un(e) partenaire, déterminez la personne, l'institution, etc. qui à votre avis a émis chaque déclaration. Ensuite rédigez, pour chacune, une phrase comme pour un article de magazine. **Citez l'opinion** de chaque personne, institution, ou publication en employant l'une des expressions présentées ci-contre.

Exemple:
La thèse *traditionnelle du christianisme* **c'est que** *le travail constitue à la fois une punition et la dignité de l'homme.*

⦿ 5. Tout n'est pas possible (la probabilité)

(a) Vous trouverez ci-dessous des déclarations concernant le chômage.

Travail individuel → Travail à deux
Lisez une première fois ces déclarations puis, d'après vos connaissances ou vos convictions, estimez ensemble la **probabilité** de chacune selon l'échelle suivante:

certain – probable – possible – incertain – improbable – impossible.

Ensuite, en consultant *Le point sur la probabilité* (p. 235), composez oralement des phrases qui expriment la probabilité de chaque déclaration.

Exemple (1. improbable):
Il y a peu de chances pour que *le secteur industriel* **fournisse** *à l'avenir le plus grand nombre d'emplois.*

1. Le secteur industriel fournira à l'avenir le plus grand nombre d'emplois.
2. L'automatisation crée autant d'emplois qu'elle n'en détruit.
3. Les gouvernements démocratiques bloqueront à long terme les salaires pour combattre le chômage.
4. Le protectionnisme (la limitation des importations) provoquerait des représailles de la part d'autres pays.
5. Le chômage conduit fatalement à des conflits sociaux.
6. Le travailleur est aujourd'hui mieux protégé qu'au XIXᵉ siècle.

7. Les syndicats accepteraient une réduction des salaires pour compenser la semaine de 35 heures.
8. Bien des femmes considèrent le travail comme une libération des tâches ménagères.

(b) A vous maintenant de faire des estimations sur le chômage.

Travail individuel En consultant *Le point sur la probabilité*, transcrivez pour chacun des six degrés de probabilité (*certain, probable*, etc.) un début de phrase qui vous semble utile à retenir.
Ensuite, fermez le livre et complétez ces six phrases, à votre manière, pour exprimer des estimations sur le chômage.

6. Article sur le chômage: contenu, structure, moyens de présentation, articulation

(a) Il y a de nombreuses façons de traiter une question d'actualité telle que le chômage. Au niveau du **contenu**, par exemple, l'article *Qu'est-ce qu'un chômeur?* met l'accent sur la situation du chômeur: financière, sociale et morale. Evidemment, le choix du contenu d'un article sur le chômage dépendra principalement de son sujet ou de son titre:

- **L'épreuve du chômage**
- **Chômage, un mal inévitable?**
- **Combattre le chômage.**

Chacun de ces titres mettrait en jeu plusieurs aspects différents de la question du chômage: causes, conséquences humaines, remèdes possibles, etc. Mais, selon le titre choisi, on mettra l'accent plutôt sur un aspect ou sur un autre.

Travail individuel Choisissez d'abord l'un des trois titres (*ci-dessus*), puis dressez en vrac une liste de toutes les idées ou informations qui vous seront peut-être utiles: consultez tous les documents que vous avez déjà étudiés. Ensuite, soulignez les éléments qui, d'après le titre retenu, auront le plus d'importance dans votre article.

(b) En ce qui concerne la **structure**, comment allez-vous entrer en matière? Comment s'organisera le développement de votre argument? En quoi consistera votre conclusion?

Travail individuel Mettez maintenant de l'ordre dans vos notes et classez-les: **intro-**

duction, développement (quelques aspects du sujet ou bien **le pour et le contre), conclusion** (*1–3, pp. 73–4*).

(c) Pour ce qui est de votre technique de **présentation**, comment allez-vous éveiller et retenir l'intérêt du lecteur?
Travail individuel Réfléchissez en particulier à votre introduction et à votre conclusion: vous savez ce que vous voulez dire; mais comment le dire? Au lieu d'une simple déclaration, pouvez-vous employer, par exemple: un **portrait**, une **anecdote**, un **fait-divers**, une **citation**, des **statistiques**, une **description**, une **question** (*voir par exemple 4, 5, p. 49*)? Et comment, avec de tels éléments, varier la présentation du développement?

(d) La rédaction d'un article ne se fait pas d'un seul jet. Il s'agit en particulier d'en faire ressortir l'**articulation**.
Travail individuel Faites d'abord le **plan** de votre article.

Quels sont vos **points majeurs**?
Quels **rapports** voulez-vous établir entre ces points: *addition, opposition, déduction*, etc.? (*1, p. 108; 5, p. 120*)?
Quels **détails secondaires** emploierez-vous pour appuyer chacun des points essentiels?
Quels seront les **rapports** entre détails secondaires et points essentiels: *exemple, explication, confirmation*, etc. (*3, p. 126, etc.*)?

Composez une première version, un «brouillon», de votre article. Employez des formules qui conviennent pour bien relier les uns aux autres les éléments de votre argument.
Relisez votre brouillon. Votre article est-il bien construit, intéressant? Au besoin, revoyez-le et corrigez-le avant d'en rédiger la version finale.

30 TRAVAILLER MOINS POUR TRAVAILLER TOUS?

REFAISONS LE PREMIER MAI

Un entretien avec Michel Rolant l'un des secrétaires nationaux de la CFDT

■ **La réduction de la durée du travail est-elle réellement pour vous le meilleur moyen de réduire le chômage?**

M.R. Réduire la durée du travail, pour nous, c'est d'abord réduire la quantité de travail par poste, la pénibilité des tâches, la fatigue et, par conséquent, le nombre des accidents. C'est casser la chaîne, abolir le travail au rendement et, en attendant sa suppression, rendre plus supportable le travail posté et de nuit qui est l'une des principales causes de maladie, de mort et de mésententes.

C'est ensuite diminuer le «temps contraint» et donner à chacun plus de temps libre pour s'occuper de sa famille, de sa

Faut-il partager le chômage?

(Pierre Drouin, économiste)

La logique de cette notion est en gros la suivante: si la population active occupée est de l'ordre de 20 millions de personnes travaillant en moyenne quarante heures par semaine, une diminution d'une heure de la durée hebdomadaire du travail permet d'embaucher 500 000 chômeurs. Mais chacun sait que cette estimation doit immédiatement faire l'objet d'un grand nombre de corrections complexes, dont le résultat final reste entaché d'incertitude.

D'une part, un emploi de plus ne signifie pas un chômeur de moins; dans une proportion importante, les emplois nouvellement créés sont occupés par des personnes qui n'étaient pas précédemment deman-

UNE RÉDUCTION À LA CARTE

Interview avec Robert Boulin, Ministre du Travail

Croyez-vous que nous allons vers la semaine de trente-cinq heures?

R.B. — Ecoutez, évitons le psycho-drame: trente-cinq heures pour tout le monde et tout de suite, sans réduction de salaire, c'est un slogan. Parlons donc clairement.

Ou bien vous me dites: ces trente-cinq heures, c'est pour lutter contre le chômage, multiplier les emplois, etc. — et alors vous envisagez de «partager» le chômage, en ne payant évidemment que trente-cinq heures de travail par semaine à chacun. Mais

La semaine de 35 heures, le débat est ouvert
(Présenter un argument)

(a) Sur n'importe quelle mesure anti-chômage, il peut y avoir plusieurs opinions. Une réduction du temps de travail, par exemple, améliorerait-elle la qualité de la vie en libérant en même temps des emplois? Ou, au contraire, engendrerait-elle l'ennui ou bien l'inflation, la récession, et une nouvelle poussée du chômage?

Vous trouverez dans le *Livret* (pp. 39–40) trois points de vue différents sur la semaine de 35 heures tirés:

- d'une interview avec un ancien ministre du Travail
- d'un article rédigé par un économiste
- d'une conversation avec un secrétaire national de la CFDT, organisation syndicale.

Travail individuel Lisez les trois documents et dressez la liste de tous les arguments que vous y trouverez **pour** et **contre** la semaine de 35 heures.

(b) La direction d'une entreprise de machines-outils, qui subit d'importantes pertes à cause d'une récession économique, se décide à mettre en chômage de nombreux employés. Pourtant, une délégation syndicale vient lui proposer une autre solution: la réduction du temps de travail.

Travail en groupe La classe se divisera en deux: délégation **syndicale** et représentants de la **direction**. Chaque groupe préparera respectivement des arguments **pour** et **contre** la semaine de 35 heures, en tenant compte de la situation de l'entreprise.

Ensuite, il réfléchira aux arguments que risque de présenter l'équipe adverse: et cherchera un moyen de les réfuter.

▶ Lorsqu'on **présente un argument** on emploie des expressions telles que:

Il est incontestable que…	plus fort
Il faut bien reconnaître que…	↑
On ne peut (pas) nier que…	
Il va sans dire que…	
Il ne faut pas oublier que…	↓
On dirait que…	moins fort ◀

(c) Le comité directeur et la délégation syndicale se trouvent maintenant face à face.

Jeu de rôles Sous la direction d'un fonctionnaire indépendant (du professeur), les deux groupes présenteront leurs arguments et essaieront chacun de réfuter ceux de leurs «adversaires». Au cours de ce débat, les participants auront sans doute besoin de **présenter des arguments** (expressions *ci-dessus*) d'exprimer une **opinion** (*2, p. 55*) de dire s'ils sont **d'accord** ou non (*1, p. 114*) de **protester** (*2, p. 55*), de **concéder** un point avant de s'y **opposer** (*3, p. 85; 1, p. 104*), ou de **recommander** une solution (*3, p. 65*).

LE SALAIRE DE LA PEUR

31 L'ÈRE DE L'INSÉCURITÉ?

Nous vivons, dit-on quelquefois, dans l'ère de l'insécurité. Le fils ou la fille est en retard d'une heure, un soir, et les parents l'imaginent victime, ou même agresseur. On songe attaques, violences, terrorisme. Et, en dehors de ces craintes, il y a d'autres inquiétudes: la peur du lendemain, des problèmes d'identité, ou autres.
Insécurité physique: Suis-je en sécurité chez moi? Puis-je sortir sans danger?
Insécurité matérielle: Vais-je trouver un travail, ou le garder? Serai-je victime de la crise?

Insécurité morale: Qui suis-je? Ma vie a-t-elle un sens? Qu'est-ce que j'attends d'elle?

Travail individuel → Discussion Lisez d'abord les questions ci-dessus. Ces incertitudes sont-elles les vôtres? Notez vos premières réactions.

Ensuite, répondez brièvement par écrit aux questions qui suivent; donnez, si possible, des exemples concrets. Pour finir, discutez ces questions, et celles posées ci-dessus, avec l'ensemble de la classe.

Eprouvez-vous quelquefois un sentiment d'insécurité physique? Dans quelles situations? Quelles sont les causes ou les origines de vos craintes? Quels dangers craignez-vous?
Avez-vous déjà été témoin ou victime de la violence? Quelles mesures prenez-vous pour éviter de courir des risques?
Vous sentez-vous quelquefois tenté(e) d'avoir recours à la violence? Quand? Où? Pourquoi?
Votre avenir, l'envisagez-vous avec confiance ou, au contraire, le redoutez-vous? Quelles sont vos espérances et vos inquiétudes majeures?
Qu'est-ce qui compte le plus pour vous dans la vie? Pensez-vous le trouver?
Ressentez-vous quelquefois le besoin de vous évader de la réalité? Comment? Pour quelles raisons?

32

POINTS DE REPÈRE

Il serait erroné de n'attribuer l'insécurité qu'à la criminalité; il serait également faux de réduire la criminalité à la délinquance juvénile. Mais il n'en reste pas moins vrai que les jeunes figurent largement dans les statistiques du crime. Pourquoi? A qui la faute? L'article *Patrick, Sandrine et la société*, paru dans *Le Monde*, présente un argument, un point de vue bien déterminé sur les origines de la délinquance juvénile à l'heure actuelle.

Travail individuel → Mise en commun Lisez attentivement l'article et analysez brièvement par écrit l'argument de son auteur:

– Résumez en quelques mots l'essentiel de cet argument.
– Expliquez pourquoi l'article porte le titre *Patrick, Sandrine et la société*.

– A partir de la dernière section, *La télévision*, composez un bref portrait des parents qui, selon l'auteur, n'assument pas leurs responsabilités: que font-ils ou ne font-ils pas?
– Relevez les conséquences explicites et sous-entendues qui, à en croire l'auteur, découlent de cette «démission» parentale.
– Notez aussi les caractéristiques des parents qui, eux, assument leurs responsabilités: que font-ils ou ne font-ils pas?
– Relevez les conséquences explicites et sous-entendues de ce deuxième type d'attitude.
– Donnez votre avis personnel sur le point de vue présenté dans cet article.

Comparez votre analyse avec celle des autres étudiants.

ADOLESCENCE

Patrick, Sandrine et la société

PATRICK a seize ans et une moto. Il passe ses samedis à la réparer, à la réviser,° à la graisser,° à la bichonner.° Gare° à l'enfant qui s'approche et la touche! Un coup de poing lui fait comprendre combien son geste est sacrilège.

Il s'ennuie dans son HLM. La cour de ciment, les tours de béton, le gardien, la famille, ras-le-bol!° Alors le dimanche, avec Sandrine, une «nana»° de quatorze ans qu'il a «draguée»° à l'école, Patrick fait des «virées».°Ça le fait «marrer»° de voir la «gueule»° des bourgeois quand le tuyau d'échappement° crépite° dans les quartiers tranquilles. Ça leur apprendra à ces «cons-là»° d'être «pourris de fric».°

Souvent, il sort avec ses copains. Avec ceux qui ont une moto. En bande, ils font de la route. Ça «carbure».° Plus ça va vite, plus c'est «vachement au poil».° On fonce° tout droit. N'importe où. Le principal, c'est faire de la vitesse. Le paysage, on s'en fout.° On roule.

Patrick est fier de Sandrine. «Gonflée° qu'elle est.» De temps en temps, pour se faire du pognon,° les deux jeunes «s'en prennent»° aux passants. Aux gens âgés de préférence. Surtout si ce sont des vieilles.

Avec l'argent, ils s'achètent des disques, des vêtements, des cigarettes; ils jouent aux «flippers»° et à d'autres jeux du Centre commercial. Ils organisent des «boums»° chez Sandrine, le samedi soir. A minuit, Patrick et

sa «nana» mettent tout le monde à la porte. Ils passent la nuit ensemble jusqu'à dix heures le lendemain matin. Pas de danger, Sandrine prend la pilule.

Une mère accommodante

La jeune fille aime bien sa mère: celle-ci la laisse entièrement libre. Elle n'est pas comme ces mères-poules qui demandent ceci, qui exigent cela, qui permettent ou ne permettent pas. Sandrine fait exactement ce qu'elle veut. Attention, ce n'est pas en cachette° que Patrick passe la nuit chez elle, en fin de semaine. La mère, divorcée, connaît quelqu'un et s'absente cette nuit-là. Alors, comme le logement est libre … C'est comme pour l'école! Jamais un mot là-dessus. C'est Sandrine° qui signe elle-même les carnets de notes.°

Ce n'est pas la même chose chez Patrick. Les parents – de fort braves gens – gagnent bien leur vie. Père comptable,° mère secrétaire. Patrick est l'aîné des trois enfants. Quand les parents étaient jeunes, «ils en ont bavé».° «Nos gosses ne connaîtront pas la vie que nous avons connue. Rien n'est trop beau pour les enfants.» Des jouets, tourne-disques,° radios. A douze ans, Patrick recevait chaque mois son argent de poche. Bien entendu, pas question de surveiller l'emploi de ce viatique.° Et ses études? On ne vérifiait ni

les devoirs ni les leçons. Les profs sont là pour ça!

Huit jours de brouille°

Donc, à seize ans, Patrick a reçu une moto pour son anniversaire. Il y a longtemps qu'il la convoitait.° Il en parlait sans cesse. Certes, Patrick ne méritait pas un tel cadeau. Un désastre à l'école. A part la moto, rien ne l'intéresse. Il n'aimait ni l'étude, ni l'école, ni l'effort. Lui faire la morale?° D'abord, c'est vieux jeu et autant souffler dans un violon. Lui refuser son argent de poche? Cela frisait le° chantage° et – de toute façon – il le «prendrait». Un jour, cependant, il voulait trop. La mère a refusé.

Le lendemain, dans la journée, il a retourné° l'appartement et a finalement trouvé une belle somme. Il a tout pris. La mère, désespérée, indignée, lui a fait de violents reproches. Il lui a répondu par des mots ignobles. La claque° est partie toute seule. Alors Patrick a giflé° sa mère en l'insultant. Après huit jours de brouille, on s'est raboché.°

Si on ne lui avait pas offert une moto pour ses seize ans, que se serait-il passé?

Tués sur le coup

Voilà donc qu'un soir Patrick et Sandrine attendent. Ils attendent une vieille femme qui vient de retirer une grosse somme à la poste. Comme d'habitude, Sandrine s'était placée dans une cabine et, faisant semblant de téléphoner, observait les personnes qui recevaient de l'argent de l'employé des postes. Une vieille femme comptait une épaisse liasse° de billets. Sandrine sort et on attend. Le sac est arraché et la moto s'enfuit. Un automobiliste a tout vu

1. Portraits: Patrick, Sandrine et leurs parents

(a) L'argument que vous venez d'analyser est en quelque sorte préparé par le **portrait des deux adolescents** Patrick et Sandrine dans la première section de l'article. Pour le lecteur averti, les détails de ces portraits permettent de deviner à l'avance les intentions de l'auteur.

Travail individuel Notez par écrit ce que l'auteur veut suggérer par les détails qui suivent.

Exemple:

Un coup de poing lui fait comprendre combien son geste est sacrilège. → *La* **susceptibilité de Patrick, son agressivité, sa violence, sa possessivité**, etc.

Un coup de poing lui fait comprendre combien son geste est sacrilège. (→ ?)
La cour de ciment, les tours de béton, le gardien, la famille, ras-le-bol! (→ ?)
Ça le fait «marrer» de voir la «gueule» des bourgeois quand le tuyau d'échappement crépite . . . (→ ?)
. . . les deux jeunes s'en prennent aux passants. Aux gens âgés de préférence. (→ ?)
Avec l'argent, ils s'achètent des disques, des vêtements, des cigarettes . . . (→ ?)
Pas de danger, Sandrine prend la pilule. (→ ?)

(b) Comme les portraits de Patrick et de Sandrine, ceux de leurs **parents** annoncent eux aussi l'argument de l'auteur.

Travail individuel → ***Mise en commun*** Choisissez maintenant dans la deuxième section *Une mère accommodante* parmi les détails qui décrivent la mère de Sandrine et les parents de Patrick, ceux qui révèlent le mieux les intentions de l'auteur, comme vous l'avez fait pour Patrick et Sandrine (a). Expliquez ce qu'il veut faire comprendre par ces détails.

Dans les deux sections suivantes, *Huit jours de brouille* et *Tués sur le coup*, quels autres détails s'ajoutent aux portraits des parents? Relevez ces détails et expliquez-les de la même manière. Pour finir, discutez avec l'ensemble de la classe votre interprétation des portraits de Patrick et Sandrine et de leurs parents.

(c) Le récit de la mort des deux adolescents a apparemment pour but de choquer le lecteur. Mais cette intention se justifie-t-elle à votre avis? L'auteur réussit-il ainsi à renforcer son argument ou finit-il par l'affaiblir? Quelle est la véritable tragédie de cette situation? Est-ce que cette mort la souligne ou nous en détourne?

Travail individuel → ***Discussion*** Relisez la troisième section, *Huit jours de brouille*, et la quatrième, *Tués sur le coup*. Ensuite, discutez avec le professeur les questions posées ci-dessus.

---

et la poursuite commence. Pas longtemps. Se sentant pourchassé,° Patrick accélère. Un mauvais virage° et la moto heurte une voiture de plein fouet.°

Tués sur le coup, les corps de Patrick, seize ans et demi, et de Sandrine, quatorze ans, sont allongés sur le trottoir.

Des parents éplorés° qui ne comprendront pas. Qui ne comprendront peut-être jamais.

La mère de Sandrine pensera que tout est la faute de Patrick. Sa fille a été entraînée° par ce voyou.° Sinon, c'était une bonne petite.

Quant à Patrick, il avait pourtant tout ce qu'il lui fallait. On ne lui refusait rien, monsieur, on ne lui refusait rien.

«C'est la faute de la société»

Si je rapporte ce «fait divers», c'est parce que je suis effrayé par l'inconscience° et le manque de responsabilité de trop de parents. Et aussi parce que je m'insurge° contre l'excuse: «C'est la faute de la société!»

Des jeunes brisent des vitrines de magasins? La société. Des presque gamins° usent de stupéfiants?° La société. Des voyous de quatorze ans attaquent de vieilles gens dans le métro? La société. On viole,° on cambriole, on tue? La société, vous dis-je, la société!

Eh bien non, je ne marche° pas! Il est vrai que la société porte sa part de responsabilité. Il est vrai que bien des choses restent à faire pour remettre à l'endroit° ce qui est sens dessus dessous.° Mais il n'en reste pas moins vrai que c'est un peu trop facile de tout mettre sur le dos de la société. Les parents ont leur part – leur grande part – de responsabilité. C'est tout de même à eux de veiller° à l'éducation de leurs enfants. C'est à eux de prendre de leur temps pour assurer l'avenir de leur fils, de leur fille!

La télévision

Le soir, combien de parents vérifient le travail scolaire de la journée?

«Dis donc, 'pa, dans ma rédaction, on me demande . . .

– Laisse ton père tranquille. Tu vois pas qu'il regarde la télévision?»

Bien des parents ignorent – ou veulent ignorer – que le repas du soir, ce repas qui réunit toute la famille, doit être l'heure de la détente,° de la bonne humeur, de la joie de se retrouver tous ensemble.

Au lieu de cela, on regarde la télévision. Aucune communication entre les membres de la famille qui deviennent vite des étrangers.

Il ne suffit pas de nourrir le corps d'un enfant. Il faut lui nourrir l'âme. Dès la naissance. Il deviendra ce que la famille est. Faites-lui écouter de la bonne musique, racontez-lui de belles histoires, apportez-lui la gaieté, vous en ferez un bon élève qui aura l'esprit éveillé en entrant à l'école. Ce n'est pas par des claques ou par des cris qu'il s'épanouira,° mais par la fermeté° et par l'affection. Et c'est souvent par le manque de fermeté que les enfants tournent mal.

N'est-il pas aberrant° de voir des jeunes – parfois de très jeunes – avec de l'argent en poche? Ils n'ont pu le gagner. Comment en comprendront-ils la valeur? Des garçons roulent sur des motos au prix exorbitant. Les parents ne font-ils pas preuve d'inconscience en leur offrant de tels engins?°

Le pis° est que ces jeunes, avec ces motos, cet argent en poche, ces cigarettes, eh bien ces jeunes ne sont même pas heureux. Ils s'ennuient!

Oui, c'est vrai, la société a sa part de responsabilité. Mais les parents aussi. Mais les parents surtout.

● **réviser** service   **graisser** grease   **bichonner** spruce up   **gare à qqn** sb'll be for it, cop it   **ras-le-bol!** *(fam)* (he's) cheesed off, had it up to here   **nana** (f) *(fam)* bird, chick   **draguer** pick up   **virée** (f) run, spin   **faire marrer qqn** *(fam)* give sb a good laugh, 'kill' sb   **gueule** (f) *(fam)* mug, expression   **tuyau** (m) **d'échappement** exhaust   **crépiter** crackle, roar   **con** (m) *(fam)* sod, bugger   **pourri de fric** *(fam)* stinking rich   **ça carbure** *(fam)* they put their foot down   **(vachement) au poil** *(fam)* (bloody) great, fantastic   **foncer** step on it   **s'en foutre** *(fam)* not to give a damn   **(être) gonflé** *(fam)* (have) bottle   **pognon** (m) *(fam)* lolly   **s'en prendre à** set about, mug   **flipper** (m) pinball machine   **boum** (f) *(fam)* party   **en cachette** on the sly   **carnet** (m) **de notes** report card   **comptable** (m) accountant   **en baver** *(fam)* have a hard time of it   **tourne-disque** (m) record player   **viatique** (m) pay-out   **brouille** (f) being on bad terms   **convoiter** long for   **faire la morale à qqn** lecture sb   **friser** border on   **chantage** (m) blackmail   **retourner** ransack, turn over   **claque** (f) *(fam)* slap   **gifler qqn** smack sb in the face   **se rabibocher** *(fam)* make it up   **liasse** (f) wad   **pourchasser** pursue   **virage** (m) bend   **de plein fouet** head on   **éploré** in tears   **entraîner** lead on   **voyou** (m) yob   **inconscience** (f) thoughtlessness   **s'insurger** protest   **gamin** (m) kid   **stupéfiant** (m) drug   **violer** rape   **je ne marche pas** *(fam)* I can't go along with that   **à l'endroit** the right way up   **sens dessus dessous** all upside down   **veiller à** see to   **détente** (f) relaxation   **s'épanouir** develop fully   **fermeté** (f) firmness   **aberrant** ridiculous   **engin** (m) machine   **le pis** the worst thing

📼 2. Sans foi ni loi?

Dans le témoignage que vous allez écouter, le président d'un «moto-club» breton, Patrick G., raconte ce qui s'est passé un jour, lors d'une «concentration hivernale» (un rassemblement d'hiver) organisée par son club sur le Menez-Bré, un des points culminants du nord de la Bretagne, surmonté par la chapelle St-Hervé.

Travail individuel → Exercice oral
Avant d'écouter Patrick G., vérifiez d'abord, s'il le faut avec un dictionnaire, le sens des mots donnés ci-dessous.

En classe ou au laboratoire, écoutez deux ou trois fois l'enregistrement sans rien écrire. Regardez en même temps les indications qui suivent; elles aideront votre compréhension:

- **La participation de Patrick G.**
  organisation – direction – s'en occuper
- **Les concentrations d'il y a quelque temps, aujourd'hui**
  rassemblements – à l'époque – maintenant – perturbateurs – grandes villes – pas prudent – bagarres – invitation – dégâts
- **Le rassemblement en question**
  décourager – pas des «roule-toujours» – Menez-Bré – hivernale – espérait – point culminant – haut – pas dans le siècle – pluie – geler – glaçons
- **Le déroulement du rassemblement**
  «ce beau monde» – patiner – monter

– toits – gelés, givrés – piquets – plier – chapelle – fracturer – abri – libation – chants – bière – remise des prix – estrade – feu – réchauffer – détruit – casser – maison de Dieu

- **Ce qui s'en est suivi**
  problèmes – autorités.

Reconstituez oralement avec le professeur, en suivant les indications ci-dessus, ce qui s'est passé ce jour-là. Quelles sont vos premières réactions? Parlez-en avec l'ensemble de la classe.

3. La conduite des jeunes (Approuver/Désapprouver/Excuser)

▶ Pour dire ce que l'on **aime** ou **n'aime pas** dans la conduite d'un individu ou d'un groupe on peut employer:

> approuver/désapprouver +nom
> approuver/désapprouver le fait que + subjonctif. ◀

📼 (a) Quelles sont vos réactions devant les activités et le mode de vie des deux adolescents dans *Patrick, Sandrine et la société*? Et le récit du rassemblement du Menez-Bré, raconté avec un plaisir évident par Patrick G., vous a-t-il choqué(e) ou amusé(e)? Que pensez-vous d'un tel comportement?

Travail individuel → Exercice oral   Ecoutez encore une fois l'enregistrement *Sans foi ni loi?* (2, à gauche) et notez par écrit

ce que vous **approuvez** et ce que vous **désapprouvez** dans la conduite des jeunes motards. Ensuite, communiquez vos opinions au professeur. Vous pouvez également reparler de Patrick et Sandrine.

Exemples:
J'approuve *l'existence du moto-club.*
Je désapprouve le fait que *les rassemblements* ***soient*** *perturbés par des bagarres.*

▶ Si l'on veut porter un jugement sur la conduite de quelqu'un, on peut l'**approuver**, la **désapprouver** ou bien l'**excuser**, en employant des expressions telles que:

Approuver

> **J'admire . . .**
> **Ce qui me plaît, c'est (que) . . .**
> **Je trouve (leur conduite, etc.) admirable, formidable, etc.**
> **Ils ont raison de . . .**
> **Ce qu'il y a de bien (chez . . .), c'est . . .**
> **Ils ont le mérite d'être/d'avoir, etc. . . .**
> **Leur plus grande qualité c'est . . .**

Désapprouver

> **Je déteste . . .**
> **Ce qui me déplaît, c'est (que) . . .**
> **Je trouve (leur conduite) impardonnable, scandaleux, etc.**
> **Ils ont tort de . . .**
> **Ce qu'il y a d'intolérable (chez . . .), c'est . . .**
> **Ils ne devraient pas . . .**
> **Leur plus gros défaut c'est . . .**

Excuser

> **J'excuse . . . C'est (de) la faute de . . .**
> **Ce n'est pas (de) leur faute parce que . . .**
> **Il faut plutôt s'en prendre à . . .**
> **(Leur conduite, etc.) se comprend parce que . . .**
> **Il ne faut pas les condamner d'être/ d'avoir, etc. . . .**
> **On comprend que + subjonctif**
> **Il est normal que + subjonctif** ◀

(b) Les citations présentées à droite, sous le titre *Ce que les parents pensent des jeunes*, ont été relevées dans des interviews sur les jeunes d'aujourd'hui.
Travail à deux → Travail individuel   Relevez oralement, avec un(e) partenaire,

CE QUE LES ADULTES PENSENT DES JEUNES

Ils sont plus tolérants, plus compréhensifs que la génération précédente.

Ils essaient toujours de provoquer des réactions. Ils sont frondeurs.

Ils pensent que ce que nous faisons pour eux leur est dû. Ils prennent trop de libertés.

C'est aux adultes qu'il faut s'en prendre. Les jeunes sont comme nous les avons faits.

Il y a un truc qui est général: la fuite de l'adulte, la peur de l'adulte, devant les jeunes.

J'admire leur indépendance, leur refus des idées reçues. Ils se moquent du «qu'en dira-t-on».

Dans le fond ils sont idéalistes. Ce qui les rend matérialistes c'est le matraquage de la pub, des médias.

Leur penchant pour la violence est vraiment désolant. Il faudrait leur flanquer de temps en temps une bonne raclée!

Ce qui déroute c'est leur manque d'ambition. Ils ne pensent pas à leur avenir. Aucun esprit d'économie.

A mon sens les jeunes sont en train de payer pour les changements sociaux qui se sont faits trop vite.

Beaucoup de parents n'assument pas leurs responsabilités. Ils démissionnent. C'est cette démission qui est néfaste.

Ce que je leur reproche? Leur laisser-aller, leur négligence, leur manque de soins dans leur propreté physique.

La nouvelle pédagogie dit aux jeunes «Le travail dans la joie». L'école ne leur dit plus qu'il faut faire des efforts.

On remarque une certaine maturité qui se développe de façon plus précoce qu'autrefois.

Je les trouve égoïstes pensant d'abord à eux.

Ce qui me plaît, c'est leur franchise. Ils contrarient rarement pour le plaisir.

Ils ont une attitude très amicale, beaucoup d'aisance dans leurs relations.

Les jeunes sont toujours enthousiastes. Mais la société ne leur donne pas toujours quelque chose pour satisfaire cet enthousiasme.

toutes les choses qu'approuvent et que désapprouvent ces témoins; dites aussi comment ils excusent les jeunes: sur quoi ou sur qui rejettent-ils la responsabilité?

Exemples:

On **approuve** la tolérance des jeunes, leur compréhension, etc.
On **désapprouve** leur désir de provoquer des réactions, leur esprit frondeur, etc.
On les **excuse** en rejetant la responsabilité sur la nouvelle pédagogie, sur l'école, etc.

Composez par écrit sept ou huit phrases qui expriment **vos opinions** sur les jeunes d'aujourd'hui: ce que vous **approuvez** et, s'il y a lieu, ce que vous **désapprouvez**, et comment vous les **excusez**. Employez chaque fois une des expressions présentées ci-contre et évitez d'employer deux fois la même expression.

▶ Attention à la construction des verbes **reprocher** et **pardonner**: on **reproche/ pardonne à quelqu'un quelque chose/de faire quelque chose.**

Certains adultes **reprochent aux jeunes leur désir** de provoquer des réactions. Ils **leur reprochent** aussi **d'être** frondeurs. Ils **pardonnent aux jeunes de vouloir** tout changer. Ils ne **leur pardonnent** pas **leur penchant** pour la violence.

(c) Certains adultes ont tendance à **reprocher** aux jeunes beaucoup de choses; d'autres sont plutôt prêts à leur **pardonner** leurs prétendus défauts.

Travail individuel → Exercice oral Pensez pendant quelques instants à des individus bien connus, ou à des personnes de votre entourage, qui font preuve d'attitudes différentes à l'égard des jeunes. Ensuite, dites au professeur, en employant les deux verbes en question, ce qu'ils **reprochent, pardonnent** ou **ne pardonnent pas** aux adolescents.

(d) Vous échangerez maintenant avec l'ensemble de la classe vos idées sur les **qualités** et les **défauts** des jeunes et sur les facteurs qui peuvent les **excuser**.

Discussion Débattez ces questions en essayant d'employer les formules présentées ci-dessus (3a, *b, c*).

VOCABULAIRE: *le crime et le châtiment*

(a) On ne peut traiter de la question de l'insécurité sans aborder celle de la criminalité: le criminel, son crime et l'action judiciaire qui y répond.

Nous présentons ci-dessous, en vrac, dix espèces de crime, dix types de personnes susceptibles de les commettre et dix éléments de l'action judiciaire. Tous les crimes ou délits que nous mentionnons n'ont pas, bien entendu, la même gravité.

Travail individuel → Mise en commun Trouvez d'abord dans le cadre les dix **crimes** ou **délits** (petits crimes) en vérifiant leur sens, s'il le faut, avec un dictionnaire. Ensuite, arrangez-les par écrit dans l'ordre qui va en général, à votre avis, du **plus grave** au **moins grave**. A côté de chaque crime, inscrivez son **auteur** le plus vraisemblable:

	CRIME/DÉLIT	**AUTEUR**
(le plus grave)	*assassinat*	*meurtrier*

Ceci fait, vérifiez avec le professeur les correspondances entre les crimes et leurs auteurs. Etes-vous d'accord sur le degré de gravité de ces crimes? Discutez-en avec l'ensemble de la classe.

(b) L'action judiciaire se compose de nombreux éléments qui se déroulent dans le temps. Qu'en savez-vous?

Travail individuel → Mise en commun Notez, dans l'ordre chronologique qui vous semble le plus vraisemblable, les dix éléments de l'action judiciaire présentés dans le cadre.

Ensuite, vérifiez-les en consultant le paragraphe sur la justice pénale française à la page 146.

Pour finir, le professeur vous demandera de résumer oralement l'action judiciaire en ne consultant que votre liste de dix mots.

---

inculpation (f)   vandale (m/f)   pyromane (m/f)   meurtrier (m)   pirate (m) de l'air   obsédé sexuel

détournement (m) d'avion   arrestation (f)   élargissement (m)   contrefaçon (f)   agresseur (m)   supercherie (f)

condamnation (f)   enquête (f)   vol (m) à l'étalage   chapardeur (m)   instruction (f) (préparatoire)   peine (f) (réclusion (f), etc.)

incendie (m) volontaire   viol (m)   faussaire (m/f)   coups (m pl) et blessures   procès (m)

assassinat (m)   dégâts matériels   verdict (m)   liberté conditionnelle   fraudeur (m)   escroc (m)   abus (m) de confiance

---

4. Quatre points de vue sur la délinquance (Demander de répéter ou de clarifier)

(a) Le sentiment d'insécurité qu'éprouvent beaucoup de Français a bien sûr d'autres causes que la délinquance juvénile. Les articles que vous allez lire, plutôt optimistes ou plutôt pessimistes selon le cas, donnent chacun un point de vue différent sur la criminalité en France.

Travail individuel → Travail en groupe Si le nombre d'étudiants le permet, la classe se divisera en quatre groupes à chacun desquels le professeur donnera un article différent (*Livret*, p. 41–4).

Relevez dans votre article, et notez individuellement, les sept on huit **idées** ou **informations** qui vous semblent être les plus importantes en ce qui concerne

l'insécurité: ses causes, ses manifestations, ses conséquences, les remèdes possibles, etc. Ensuite, notez les **techniques de présentation** adoptées le plus souvent par l'auteur: statistiques, fait divers, portrait, anecdote, expérience vécue de l'auteur, témoignages, constatations générales, etc.

Pour finir, mettez-vous en groupe. Avez-vous choisi les mêmes idées ou informations? Essayez de vous mettre d'accord sur les points à retenir. Etes-vous également d'accord sur les techniques de présentation employées?

▶ Si on veut **demander** à quelqu'un **de répéter** ou **de clarifier** ce qu'il dit, on emploie des expressions telles que:

Demander de répéter	Demander de clarifier
Qu'est-ce que tu dis?	**Excuse-moi, je n'ai pas très bien compris.**
Tu peux répéter s'il te plaît?	**Tu peux préciser un peu (en ce qui concerne) …?**
Pardon, j'ai mal entendu.	**Qu'est-ce que tu veux dire (au niveau de) …?**
Tu dis?/Tu dis que …?	**Ce n'est pas très clair (ce que tu dis sur) …**
Tu pourrais peut-être reprendre?	**Je n'ai pas très bien suivi. Explique un peu.**

(b) Vous pouvez maintenant profiter des lectures des autres étudiants et leur permettre de profiter de la vôtre.

Mise en commun/Prise de notes Chaque groupe présentera tour à tour à la classe les idées ou informations essentielles qu'il a tirées de son article. Les autres étudiants prendront des notes. Ils pourront éventuellement **demander** à leurs amis **de répéter** ou **de clarifier** leurs propos.

5. Des risques à éviter (Le but: de peur/crainte de + infinitif, de peur/crainte que + subjonctif)

Combattre la délinquance c'est souvent essayer d'éviter que certains résultats ne se produisent.

▶ Lorsqu'on parle d'un **but à éviter** on emploie, si le **sujet** des deux actions est le **même**, de peur de ou **de crainte de** + **infinitif**:

Michèle ne descend jamais seule au sous-sol **de peur d'être** agressée.

Si le **sujet** des deux actions est **différent**, on emploie **de peur que** ou **de crainte que** + ne + subjonctif:

Elle ne descend jamais au sous-sol **de crainte qu**'un voyou **ne l'agresse**.

En langue orale on peut omettre **ne**. ◀

Les phrases qui suivent sont basées sur les articles que vous avez lus (4, ci-contre).

Travail individuel/en groupe → Exercice oral Individuellement ou collectivement, les membres de chaque groupe consulteront leur texte pour compléter les trois phrases qui s'y réfèrent. Remarquez que dans certains cas le **but à éviter** est implicite plutôt qu'explicite: l'exercice demande donc de la logique et un peu d'imagination. Employez chaque fois soit **de peur/crainte de** + infinitif soit **de peur/crainte que** + ne + subjonctif. Pour finir, passez en revue toutes les phrases complétées avec le professeur et l'ensemble de la classe.

Les chiffres cachés de la délinquance
Michel Cherel s'est tué d'un coup de fusil **de peur (crainte) que/de** . . .
Souvent, les victimes de délits ne portent pas plainte de peur (crainte) que/de . . .
S'ils sont témoins d'une agression, la plupart des voyageurs de métro n'osent pas intervenir de peur (crainte) que/de . . .

Nous avons choisi d'agir
Pierre Joxe a choisi d'augmenter de 50%

le budget consacré à l'équipement et au matériel de la police **de peur (crainte) que/de** . . .
Le ministre dit que les statistiques sur la délinquance ne sont pas «ses chiffres» de peur (crainte) que/de . . .
L'opposition n'a pas voté en faveur du plan de modernisation de peur (crainte) que/de . . .

Les vide-goussets du métro
Dans le métro, les policiers sont obligés de s'habiller comme les voyous qu'ils traquent **de peur (crainte) que/de** . . .
A l'intérieur du wagon, il faut faire attention lorsque les voyageurs se serrent les uns contre les autres de peur (crainte) que/de . . .
Malgré l'image négative de la CCSM, il serait impensable de supprimer la présence policière dans les wagons de métro de peur (crainte) que/de . . .

Fini les vacances
Des ministères, des municipalités, l'armée, la police, etc., ont collaboré pour offrir aux jeunes des activités sportives et culturelles **de peur (crainte) que/de** . . .
Au quartier des Flamands, Jo Ros et son équipe n'ont pas voulu évacuer les enfants à la montagne de peur (crainte) que/de . . .
Il ne faut pas que l'effort collectif entrepris aux Flamands s'arrête à la fin des vacances de peur (crainte) que/de . . .

6. Table ronde: l'insécurité, ses causes et ses remèdes
La table ronde, à laquelle vous allez participer, mettra en présence les personnes suivantes:

- **Annette Kahn**, journaliste, auteur de l'article *Les chiffres cachés de l'insécurité*
- L'actuel **ministre de l'Intérieur** qui, comme Pierre Joxe dans *Nous avons choisi d'agir*, surveille l'activité de la police en France
- **Yves**, policier de la Compagnie Centrale de Sécurité du Métro (CCSM) dont il est question dans *Les vide-goussets du métro*
- **Jo Ros**, éducateur de l'Education Surveillée, qui a mené l'opération décrite dans *Fini les Vacances*.

La discussion portera essentiellement sur

ces deux questions:

Pourquoi les Français ont-ils l'impression de vivre dans un climat d'insécurité?
Quelles mesures peut-on prendre pour les rassurer ou pour mieux les protéger?

Travail individuel → Jeu de rôles Vous prendrez chacun l'un des rôles mentionnés ci-dessus, selon l'article que vous avez déjà lu. Relisez votre article et notez des idées ou des informations qui ont rapport aux deux questions que vous considérez. Ajoutez-y des idées à vous, que la personne que vous représentez serait susceptible d'avoir.
Pour finir, en groupe ou avec l'ensemble de la classe, selon le nombre d'étudiants, débattez les questions posées ci-dessus.

7. Article de journal: *A qui la faute?*
Vous avez déjà analysé la composition de l'article *Patrick, Sandrine et la société* qui aurait pu s'intituler *A qui la faute?*

Au cœur de l'article il y a un **argument**. L'argument repose sur un **fait divers**.
Le fait divers comporte surtout des **portraits**.
Les portraits se composent de **comportements** typiques.

L'article se termine par l'**argument**: les **observations** de l'auteur sur le comportement des parents d'adolescents, sur ses conséquences et sur un autre comportement possible.

Travail individuel Relisez *Patrick, Sandrine et la société*. Ensuite, en vous inspirant de cet article, écrivez un article analogue sur un **problème d'actualité**: délinquance, violence, ennui, solitude, chômage, racisme ou autre.
Votre article commencera par un ou des **portraits** qui illustrent le problème en question. Vous pouvez y ajouter un ou des **incidents** pour en arriver à votre **argument**. Pourquoi ce problème existe-t-il et comment peut-on le combattre?

VOUS FUMEZ?

Pour combattre l'insécurité ou la tension, ou pour les fuir, nous avons tendance à recourir à des drogues licites, celles que prescrivent les médecins, tranquillisants ou stimulants, et celles que sanctionne depuis des siècles notre société, l'alcool et, bien sûr, le tabac.

Travail à deux Interrogez un(e) partenaire sur son expérience et son opinion du tabac. Répondez à votre tour à ses questions. Vous pouvez demander:

– si votre partenaire fume
– si oui, est-ce
  par habitude, par plaisir ou par besoin?
  avec bonne ou mauvaise conscience?
– sinon, est-ce
  parce qu'il/elle croit que c'est dangereux?
  parce que cela coûte cher?
  parce que cela ne l'attire pas?
– s'il lui arrive
  d'être gêné(e) de fumer (dans quelles situations?)
  d'être gêné(e) par le fait que d'autres personnes fument (quand?)
– s'il/si elle est souvent tenté(e)
  de commencer à fumer ou
  de s'arrêter de fumer (dans quelles situations? pourquoi?)
– s'il/si elle croit que le tabac
  est bienfaisant
  est dangereux pour la santé
  n'est pas plus risqué que de traverser la rue
– s'il/si elle croit que la campagne anti-tabac
  est efficace ou inutile
  est pratiquement inexistante
– ce qui l'empêchera de fumer ou l'aidera à s'arrêter
  la volonté, le bon sens ou le goût personnel?
  un remède ou une thérapeutique?
  le soutien d'un groupe?
– s'il/si elle croit que la publicité pour le tabac doit être contrôlée plus sévèrement
  totalement interdite.

33

POINTS DE REPÈRE

(a) L'article *Pourquoi fumez-vous?* aborde différents **aspects** de l'usage du tabac.
Travail individuel → Mise en commun Lisez attentivement l'article et notez les sept ou huit aspects de cette question que traite l'auteur. Ensuite, comparez vos notes avec celles des autres étudiants.

(b) Au cours de son article, l'auteur **cite** de nombreuses **opinions**.
Travail individuel → Exercice oral Relisez l'article et relevez mentalement les idées et les informations provenant de personnes autres que l'auteur. Ensuite, communiquez-les oralement au professeur. Employez le **conditionnel** et des expressions telles que: **selon, d'après, pour, à en croire, si l'on en croit, aux yeux de,** etc. (voyez 4, pp. 127–8).

Exemple:
  Pour Jean Carrière, le mauvais usage du tabac ***serait*** dangereux.

Pourquoi fumez-vous?

Sartre: «Fumer, c'est une façon d'exister.» Pour beaucoup de Français, aujourd'hui, c'est aussi une façon de mettre sa santé en danger. Pourtant, la consommation° de tabac ne diminue pas. Alors?

«S'il vous plaît, pourriez-vous attendre un peu avant de fumer?» La voix affecte cette politesse monocorde° que l'on prend naturellement pour demander la salière.° Vingt-cinq ans, peut-être, le cheveu frisé, le T-shirt un peu disparate° dans ce restaurant parisien. Il n'apprécie pas la fumée indiscrète, née à la table voisine, qui s'insinue dans leur tête-à-tête. Et il le dit. L'importun,° un complet veston° habillant sa cinquantaine, s'excuse et écrase° sa cigarette, comme un insecte nuisible. Sans se défendre, sans grommeler,° le fumeur a capitulé.

Un café près des Champs-Elysées. Elle lance au vol° sa commande de cigarettes au garçon, qui tangue° entre les clients. «Pour ça, je ne vais pas me presser, répond le bolide.° Ce sera autant de gagné pour votre santé!»

Ces scènes quotidiennes sont autant de petits signes: le fumeur ne fait plus la loi.° Dans les lieux publics, il devient courtisan,° alors qu'il était roi. Banni des rames° de métro, assigné à résidence dans les trains, relégué dans la queue des avions. Dans les transports français, la moitié des places, au minimum, lui sont désormais° refusées. La moitié des 14 000 taxis parisiens affichent° un panonceau° verdâtre: «Il est recommandé de s'abstenir de fumer», parfois assorti d'un: «si vous le pouvez», ironique.

La majorité des non-fumeurs, 60% des Français, n'est plus silencieuse, le sondage° de *L'Express* le montre: elle n'hésite pas à adresser des reproches aux fumeurs, non pas tellement pour la gêne° qu'ils occasionnent, mais bien pour les ennuis° de santé auxquels ils s'exposent. La plupart des Français admettent, en effet, que fumer raccourcit° la vie. Seuls un tiers des fumeurs le nient.

Jean Carrière, directeur général du Seita (Service d'exploitation industrielle des tabacs et allumettes), 80% du marché des cigarettes en France, 14 milliards de Francs de chiffre d'affaires,° avoue: «Oui, c'est notre devoir de le dire, le mauvais usage et l'excès du tabac sont dangereux.»

Subtil euphémisme. Certes, les cigarettes sont aujourd'hui moins nocives:° la teneur° en goudron° et en nicotine a diminué de moitié en quinze ans. Certes, la manière de fumer joue un grand rôle. Selon Pierre Ledez, directeur des recherches du Seita, le rejet de la fumée sans l'avaler,° l'habitude de tirer de petites bouffées° et de laisser un mégot° plus long diminuent la nocivité de la cigarette. Mais, hélas! tous les médecins sont unanimes: il n'y a pas de fumée sans danger.

Depuis quelques années les fumeurs savent que le tabac est dangereux. Ils se préoccupent des nuisances qu'ils peuvent provoquer. Ils sont polis, prévenants . . .° Mais ils fument! Pas plus qu'auparavant, pas moins non plus. «C'est déjà un progrès, estime Françoise Buhl, déléguée générale du Comité français d'éducation pour la santé. Les ventes de cigarettes, en France, augmentaient chaque année de près de 5%. Elles sont presque stabilisées depuis 1976.»

Quatre-vingt-deux milliards et demi de cigarettes vendues par an, cela fait 2 000 cigarettes par personne de plus de 15 ans. Pis: les jeunes fument en grand nombre et de plus en plus tôt, et quel que soit° leur sexe. Un individu de moins de 25 ans sur deux s'est marié avec le tabac. En toute conscience de ses dangers. D'éminents cancérologues allument souvent une cigarette rapide entre deux consultations, «pour se détendre».°

Le geste originel

Des centaines d'expériences ont été consacrées à cette substance étrange. Les rats, qui refusent catégoriquement de fumer, ont été enfermés malgré eux dans de véritables tabagies.° On a pu ainsi tester leur tonus,° leur endurance, leur «déprime»° ou leurs performances sexuelles. Des hommes aussi, fumeurs volontaires, se sont soumis à des chocs électriques et ont accepté des situations de «stress» bien peu confortables. Résultats: une série de paradoxes et de controverses. La nicotine agit aussi bien comme stimulant que comme calmant. Une ambiguïté que certains résolvent par une pirouette: l'extraverti rechercherait l'effet stimulant; l'introverti, au contraire, son action tranquillisante.

Les effets de la nicotine sur la mémoire sont tout aussi discutés. Comme ceux qu'elle exerce sur la sexualité.

La nicotine serait, pourtant, le facteur essentiel de la dépendance, la corde qui attache le fumeur à sa cigarette, comme un condamné au poteau.° D'après le psychologue américain Stanley Schachter, le gros fumeur aurait tendance à maintenir constant son taux° de nicotine. Les cigarettes à faible teneur seraient alors les plus dangereuses: pour obtenir sa ration quotidienne, le fumeur en consommerait plus, et donc davantage de produits toxiques.

Le fumeur est bien une proie de choix pour les psychologues et les psychiatres. Certains parlent d' «érotisme pulmonaire». D'autres voient dans le tabac un acte complet qui flatte les cinq sens, la vue comprise, grâce à ces arabesques° bleutées ou à la lueur° rassurante de la petite braise° dans le noir. Beaucoup regardent la cigarette comme «un défi° souverain à la mort», ou «une tendance innée à l'autodestruction»!

Le psychiatre Cyrille Koupernik considère l'acte de fumer comme une «action orale, analogue à celle de boire, de téter° le sein,° de sucer». Retrouverions-nous dans ces petits tubes de feuilles séchées le geste originel?

Les psychologues ont cherché en vain à définir un caractère type du fumeur. «Il n'y en a pas, affirme Marie-Hélène Moser, psychothérapeute, auteur d'une thèse sur le fumeur dépendant. Mais il y a peut-être, chez tous les fumeurs vraiment dépendants, un certain déséquilibre de l'image de soi. D'ailleurs, quand on cesse de fumer, cela correspond souvent à un nouvel équilibre dans sa vie.»

Les sociologues confirment la fonction sociale de la cigarette. A leurs yeux la naissance du fumeur, ce passage au tabac du jeune adolescent, serait un acte d'initiation: «La cigarette est considérée par les jeunes comme un attribut adulte, et non plus seulement viril», confirme Claude Vilain, sociologue du Comité d'éducation pour la santé, une Gauloise à la main. Si le mégot du cow-boy macho chevauchant° les grands espaces ne séduit plus beaucoup les lycéennes, la cigarette garde toujours son goût subtil de liberté.

D'abord simple curiosité, la cigarette devient transgression, puis affirmation et enfin dépendance. C'est l' «engrenage»,° contre lequel se battent depuis longtemps les associations anti-tabac.

● **consommation** (f) consumption   **monocorde** neutral   **salière** (f) salt pot   **disparate** out of place   **importun** (m)   (person as) source of annoyance   **complet veston** (m) suit   **écraser** stub out   **grommeler** mutter to oneself   **lancer au vol** shout as sb goes past   **tanguer** lurch   **bolide** (m) meteor(ic person)   **faire la loi** be in command   **courtisan** (m) courtier   **rame** (f) de **métro** tube train   **assigné à résidence** under enforced residence   **désormais** from now on   **afficher** display   **panonceau** (m) sign   **sondage** (m) survey   **gêne** (f) nuisance   **ennui** (m) problem   **raccourcir** shorten   **chiffre** (m) **d'affaires** turnover   **nocif(-ive)** harmful   **teneur** (f) content   **goudron** (m) tar   **avaler** inhale   **bouffée** (f) puff   **mégot** (m) (fam) cigarette end   **prévenant** considerate   **quel(le) que + subj.** whatever   **se détendre** relax   **tabagie** (f) smoking den   **tonus** (m) muscle/nerve tone   **déprime** (f) (fam) depression   **poteau** (m) execution post   **taux** (m) level, rate of consumption   **arabesque** (f) swirl   **lueur** (f) glow   **braise** (f) ember   **défi** (m) challenge   **téter** suck   **sein** (m) breast   **chevaucher** ride across   **engrenage** (m)   (process of) escalation

La guerre au tabagisme

Plusieurs pays ont déclaré la guerre au tabagisme° des jeunes. La Suède a même décidé de créer une génération entière de non-fumeurs, en échelonnant° un éventail° de mesures sur vingt-cinq ans. L'O.m.s. recommande aux gouvernants de considérer le tabac avec la même attention que les vaccinations et la ceinture de sécurité.

«Le tabac est dangereux. La majorité de la population le sait, désormais», constate avec satisfaction Françoise Buhl. De son bureau parisien, elle a orchestré les campagnes nationales antitabac. Elle prépare pour la rentrée un «cahier du maître» sur la toxicité du tabac, qui sera diffusé dans toutes les classes de cours moyen° 2ᵉ année. «Nous restons strictement dans le domaine médical, explique-t-elle. Mais, de la connaissance au changement de comportement, il y a un fossé.»°

«On va bientôt nous mettre en quarantaine, proteste une lycéenne de 16 ans. On veut toujours faire notre bien à notre place. Cela ne regarde pas l'Etat.» En France, les responsables de la lutte antitabagique en sont convaincus: «Nous nous limitons à l'information sur les risques, rappelle Françoise Buhl. Fumer, cela doit rester un libre choix.»

Le fumeur français doit donc se résoudre à ne compter que sur lui-même. Un arsenal de méthodes peut néanmoins l'aider à se débarrasser° de sa drogue, s'il le désire. Mais comment choisir entre le fil° dans l'oreille, le médicament miracle, l'hypnose, la séance d'acupuncture, la psychothérapie, ou même les chocs électriques associés à la cigarette, pour créer le dégoût? Catherine Rechtman, jeune médecin qui ne pouvait supporter l'atmosphère enfumée des amphithéâtres, a entrepris une étude comparative des traitements antitabac. Elle a analysé des dizaines de recherches européennes et américaines, retenant comme seul critère de succès l'arrêt total un an après le traitement. «Quelle que soit la méthode utilisée, dit-elle, on observe en moyenne 25% de succès.»

Face au plaisir et à l'angoisse que lui procure sa cigarette, le fumeur reste solitaire. L'écrivain Annie Leclerc, qui a consacré un livre passionné à son combat contre le tabac, «Au feu du jour», l'a formulé à sa manière: «La cigarette est la prière° de notre temps. Et, comme d'habitude, personne ne répond.»

DOMINIQUE SIMONNET ∎

● **tabagisme** (m) tobacco addiction   **échelonner** space out   **éventail** (m) range   **cours moyen** top primary   **fossé** (m) gap   **se débarrasser de** get rid of   **fil** (m) wire

1. Le tabagisme en chiffres (Présenter un fait comme apparemment vrai)

(a) Les statistiques sur le tabagisme peuvent paraître alarmantes. Que savez-vous sur ce problème?

Travail individuel La classe se divisera en deux groupes à chacun desquels le professeur donnera la moitié des informations sur le tabac, présentées dans le *Livret* (pp. 45–6). Ces informations constituent des réponses aux questions suivantes:

Combien de fumeurs y a-t-il en France? Qui fume?

Quels sont les effets du tabac sur l'organisme?

Quels sont les risques de maladie?

Et quelles sont les chances de survie?

Que pensent les fumeurs de leur habitude?

A quel âge fume-t-on?

Que coûte, et rapporte, le tabac?

Quelles cigarettes les Français préfèrent-ils?

Est-il vraiment difficile de renoncer au tabac?

Etudiez ces informations en essayant de les mémoriser.

▶ Pour transmettre ces informations, vous aurez besoin de dire ce qui, selon les statistiques à votre disposition, est **apparemment vrai:**

40% des Français sont fumeurs, **semble-t-il.**

Ces statistiques **révèlent que** 40% des Français sont fumeurs.

On constate que 40% des Français sont fumeurs.

Il apparaît que 40% des Français sont fumeurs.

Il semblerait que 40% des Français **soient** fumeurs. ◀

(b) En se posant mutuellement des questions, les deux groupes vont maintenant échanger les informations qu'ils ont retenues.

Exercice oral Avec les autres membres de votre groupe, essayez de répondre **de mémoire** aux questions que posera l'autre groupe sur vos informations. Employez chaque fois une des expressions présentées ci-dessus pour **présenter un fait comme apparemment vrai.**

2. Le fumeur: image et réalité (La conséquence: *faire* + infinitif, *rendre* + adjectif, etc.)

▶ Les effets supposés du tabac ont pour conséquence de motiver le fumeur. On peut exprimer ce rapport de **conséquence** de plusieurs façons; par exemple:

faire + infinitif	Le tabac **fait rêver** le fumeur.
rendre + adjectif	Il **rend** (le fumeur) plus **communicatif**
donner/apporter quelque chose à quelqu'un	Il **apporte au fumeur une illusion** de sécurité
faire de quelqu'un quelque chose	Il **fait du fumeur le camarade** de tout le monde. ◀

(a) Pourquoi fume-t-on? Les raisons sont complexes et multiples. On peut cependant distinguer des facteurs sociaux (image de soi, etc.), physiques (besoins), et psychologiques (désirs, etc.).

Exercice oral → Travail individuel Sous la direction du professeur, composez oralement deux ou trois phrases illustrant chacune des constructions ci-dessus. Consultez, dans le schéma *La prière de notre temps*, les éléments inscrits dans les ronds de fumée.

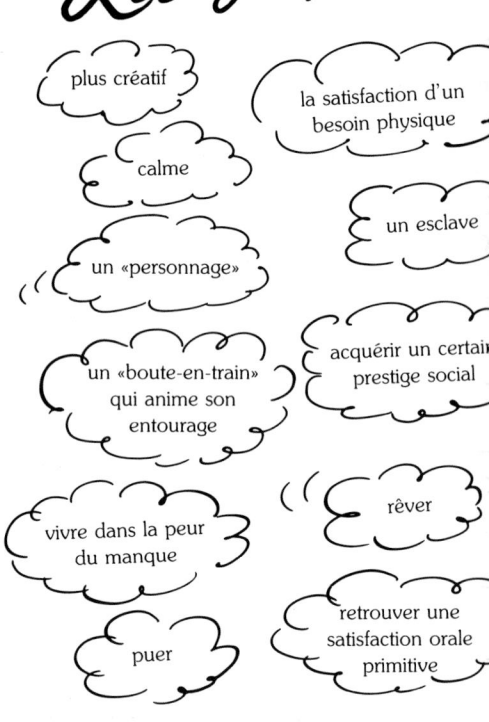

La Prière

plus créatif · calme · un «personnage» · un «boute-en-train» qui anime son entourage · vivre dans la peur du manque · puer · la satisfaction d'un besoin physique · un esclave · acquérir un certain prestige social · rêver · retrouver une satisfaction orale primitive

notre temps

un cow-boy macho

...ser beaucoup d'argent

une impression d'émancipation

imaginatif

malade

communicatif

sûr de soi

un cardiaque ou un pulmonaire

soucieux

donne mauvaise haleine

une illusion de sécurité

un sentiment de culpabilité

le camarade de tout le monde

Faites-vous plaisir arrêtez de fumer

des dîners plus légers et moins arrosés. Consom-mez davantage de légumes verts et de fruits. Faites du sport, de la marche, du vélo, de la natation. En fait, vous devez retrouver un équili-bre physique perturbé de-puis longtemps par la ciga-rette.
Vous avez peur de deve-

Ensuite, composez par écrit dix phrases sur les motivations du fumeur ou sur les dangers du tabac. Variez les formules que vous utiliserez pour exprimer les effets du tabac, ses **conséquences**.

▶ Vous connaissez déjà la construction **faire + infinitif** *(2, p. 58)*, mais connais-sez-vous ces variantes?

L'acte de fumer **fait acquérir au fumeur un certain prestige** social.
La cigarette **fait croire au fumeur que** tout le monde le perçoit comme un camarade.

C'est-à-dire:

faire + infinitif + à + nom + nom
faire + infinitif + à + nom + que ... ◀

(b) *Exercice oral → Travail individuel*
Avec l'aide du professeur, composez ora-lement, comme dans les exemples ci-dessus, à partir des éléments qui suivent, des phrases avec:

faire + infinitif + à + nom + nom ou
faire + infinitif + à + nom + que ...

La cause mentionnée entre parenthèses *(l'acte de fumer* etc.) deviendra chaque fois le sujet du verbe *faire.*

Le fumeur acquiert un certain prestige

social (à cause de l'acte de fumer).
Il croit que tout le monde le perçoit comme un camarade (à cause de la cigarette).
Il retrouve une satisfaction orale primi-tive (à cause du plaisir de sucer).
Il dépense beaucoup d'argent (... prix du tabac).
Les jeunes imaginent que fumer est un acte d'initiation (... publicité).
Le contribuable paie moins d'impôts directs (... droits sur le tabac).
L'Etat dépense des milliards en soins médicaux (... maladies dues au tabac).
Le tabac prend l'attrait d'un fruit défendu (... hostilité des parents).
Certains jeunes comprennent que le tabac n'apporte pas le bonheur (... comportement de parents qui fument).

Rédigez maintenant par écrit les neuf phrases que vous venez de composer oralement.

▶️ 3. Faites-vous plaisir. Arrêtez de fumer

(a) A la radio et à la télévision françaises, toute publicité pour le tabac est interdite, mais on y voit ou on y entend quelquefois des «flashes» anti-tabac. La presse écrite, en revanche, est à la fois le support et le bénéficiaire d'une très large publicité en faveur du tabac qui constitue l'une de ses plus importantes ressources financières.
La classe se divisera en deux groupes; l'un des groupes écoutera le flash anti-tabac *Pourquoi pas vous?*; l'autre étudiera l'an-nonce publicitaire *Faites-vous plaisir. Arrêtez de fumer* présenté dans le *Livret.* *(p. 47)*
Travail individuel Etudiez votre docu-ment, oral ou écrit, et notez les arguments que l'on y emploie:

– les avantages de la vie sans tabac

– les difficultés que l'on doit affronter quand on arrête de fumer
– les «trucs» qui aident à surmonter ces difficultés.

(b) Autrefois, la publicité exploitait tous les thèmes pour faire acheter le tabac: *plaisir, nature, pureté, amitié, sexualité, évasion*, etc. Aujourd'hui la loi interdit aux producteurs de tabac la plupart de ces thèmes; leur publicité doit pratiquement se limiter au nom et à l'image du produit, accompagnés d'informations factuelles. Par revirement de situation, c'est la cam-pagne anti-tabac qui exploite les anciens thèmes des annonces pour cigarettes.
Quels thèmes emploie-t-on dans les annonces que vous venez d'étudier?
Travail individuel/en groupe → Discus-sion En réécoutant ou en relisant votre document, trouvez des exemples de thèmes publicitaires et notez-les. Ensuite, comparez vos notes avec celles des autres membres de votre groupe.
Pour finir, discutez avec l'ensemble de la classe les arguments employés (a) et les thèmes que vous aurez relevés.

4. «Le gouvernement devrait interdire l'usage du tabac» Qu'en pensez-vous?

Travail en groupe → Débat La classe se divisera en deux groupes. En se référant aux textes et aux documents présentés dans ce dossier, l'un des deux groupes préparera tous les arguments **pour** l'inter-diction du tabac et l'autre groupe tous les arguments **contre**.
Un membre du premier groupe parlera en faveur de la motion, et un membre du deuxième groupe parlera contre. Ensuite, tous les membres de la classe partici-peront au débat. Pour finir, un membre de chaque groupe résumera les principaux arguments de son camp.

ALCOOL: LE MAL FRANÇAIS

34

POINTS DE REPÈRE

Le professeur aura devant lui (*Livret, p. 48*) un fait divers paru dans *Ouest-France* et intitulé *Bagarre mortelle à Pédernec* (Bretagne). Dans cet article, il s'agit d'un certain Daniel Menou et de ses beaux-frères Adrien et Jean-Yves Guillard.

Exercice oral   Interrogez le professeur pour découvrir ce qui s'est passé au cours de ce drame, pendant la nuit du 18 au 19 octobre. La carte vous indiquera les lieux mentionnés dans l'article. Vos questions porteront sur les détails ci-dessous. Notez par écrit ce que vous apprendrez sur:

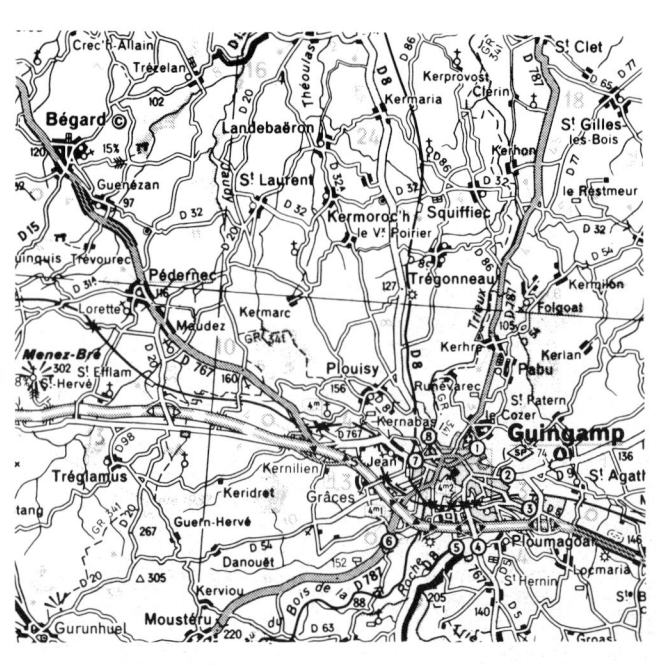

l'événement
- le crime
- la cause/le motif
- le jour et l'heure
- les lieux

les protagonistes
- l'auteur du crime
  (nom, âge, profes-
  sion, domicile)
- la victime
  (mêmes détails)
- le témoin
  (nom, parenté avec
  l'auteur du crime et
  avec la victime)

le déroulement des faits
- les activités des protagonistes
  (pendant la journée)
- leur déplacement
  (destination, moyen de transport)
- le drame
  (ce qui est arrivé)

l'action des autorités
- les enquêteurs concernés
- l'enquête

la conclusion
- la situation de l'auteur du crime.

1. Le témoignage du commandant de la gendarmerie

(a) Le capitaine P., le capitaine de la gendarmerie de Guingamp dont il est question dans le fait divers *Bagarre mortelle à Pédernec*, a raconté à notre enquêteur ce qui s'est passé ce jour-là.

Travail individuel/à deux → Mise en commun Avec ou sans partenaire, écoutez l'enregistrement et complétez la transcription (*Livret*, pp. 48–50). Ensuite, vérifiez avec l'ensemble de la classe les informations que vous aurez relevées.

(b) En racontant cet incident, le capitaine P. nous a dit que les trois hommes sont venus au café **après avoir travaillé** chez l'un d'eux et qu'ensuite, **en sortant** du café, ils sont montés dans un camion. Comme vous le savez déjà (*Le point sur la séquence, p. 235*) il aurait également pu dire:

> **Ayant travaillé** chez l'un d'eux, ils sont venus au café.
> Ils ont travaillé chez l'un d'eux **avant de venir** au café.
> **Une fois sortis** du café, ils sont montés dans un camion.

Travail individuel/à deux → Exercice oral Relisez dans la transcription (à partir de «il apparaît que trois beaux-frères ...») le déroulement du meurtre; puis, avec un(e) partenaire, racontez oralement **de mémoire** au passé composé les faits essentiels de l'incident en vous basant sur ces verbes:

> *travailler, dîner, venir, boire, rester, sortir, monter, accrocher, endommager, traîner, se disputer, garer, revenir, reprocher, se battre, tuer.*

Pour finir, racontez oralement cet incident au professeur: reliez **deux faits** dans chaque phrase en employant l'une des cinq formules de **séquence** données à gauche et en les variant.

(c) A vous maintenant d'essayer de reconstituer le fait divers paru le lendemain dans *Ouest-France*.

Travail individuel Rédigez ce fait divers en vous référant aux indications proposées pour vos questions (*Points de repère*). Incorporez-y les informations que vous avez notées.

Début possible:

Fait divers
Bagarre mortelle à Pédernec

GUINGAMP. Une bagarre sur la route de Guingamp, dimanche matin vers 2h30 au lieu-dit Maudez, à côté de Pédernec, a opposé

2. La coupe est pleine

Ce que ne dit pas le fait divers *Bagarre mortelle à Pédernec*, c'est que l'incident était dû à l'alcool, sujet tabou dont on ne parle pas, comme l'indiquent les observations du journaliste François de Closets, à droite ci-dessous.

Dans son livre *La France et ses mensonges* de Closets affirme que «c'est probablement 20% de la population française qui est touchée par l'alcoolisme». Chiffre effarant. Pour arriver à cette conclusion, l'auteur s'est appuyé sur des statistiques comme celles que nous présentons dans le *Livret* (p. 51). Elles vous permettront d'y

voir plus clair sur cette question troublante.

Travail individuel/en groupe → Exercice oral/Prise de notes Le professeur divisera la classe en deux groupes; ensuite vous lirez les statistiques (qui ne sont pas encore classées).

Le premier groupe prendra individuellement des notes sur:

- **les effets de l'alcoolisme**
  - maladies, effets physiques
  - accidents qu'il provoque
  - mortalité
  - conséquences pour les familles
  - criminalité qu'il engendre
  - le coût de l'alcoolisme.

Le deuxième groupe prendra des notes sur:

- **la consommation d'alcool**
  - consommation globale
  - consommation abusive
  - facteurs qui encouragent l'alcoolisme
  - nombre d'alcooliques
  - identité, caractéristiques
  - recettes dues à la consommation d'alcool.

Ensuite, les membres de chaque groupe se réuniront pour compléter ou, s'il le faut, pour corriger leurs notes.

Pour finir, le professeur demandera à des membres de chaque groupe de communiquer de mémoire à l'ensemble de la classe ce qu'ils auront appris sur chacune des rubriques données ci-dessus: *maladies/ effets physiques, accidents, mortalité*, etc. En les écoutant, l'autre groupe pourra prendre des notes.

Au cours de vacances passées en Bretagne, je fus témoin d'une bagarre à l'issue d'un Fez-Nos. Les protagonistes étaient pris de boisson. Je lus le lendemain dans la presse locale que l'un d'eux avait succombé à ses blessures. Le journal titrait «Bagarre mortelle à l'issue d'un Fez-Nos». De l'ivresse des combattants, il n'était pas question. Si l'un des jeunes avait tué sous l'empire du LSD, le titre eût été: «Drame de la drogue: un mort». Mais, en France, l'alcool ne se mentionne même pas, et surtout pas en tant que drogue. Ne provoque-t-il pas le quart des accidents du travail, 40% des accidents de la route et des homicides»

⊚ **3. Pourquoi boit-on? (Le but)**

(a) Selon le journaliste Gérard Bonnot, «toutes les raisons paraissent également bonnes» au buveur:

> On boit **pour noyer** son chagrin et aussi **pour se féliciter** d'un succès.

Dans les citations présentées à droite, plusieurs personnes – alcooliques, journalistes, médecins, etc. – expliquent la motivation du buveur, son **but** psychologique ou affectif.

Travail individuel → Exercice oral Lisez une première fois ces citations et notez mentalement les **raisons** pour lesquelles on se met à boire; le professeur vous donnera un temps limité (sept ou huit minutes?) pour votre lecture. Ensuite, essayez d'exprimer oralement **de mémoire** les buts profonds du buveur. Employez **pour (ne pas), afin de, en vue de, de manière/façon à** ou d'autres expressions de **but** (*Le point sur le but*, p. 236).

(b) Vous venez sans doute d'employer surtout des expressions qui appellent l'**infinitif**, fréquentes en langue orale. Mais, comme l'indique *Le point sur le but*, si le **sujet** des deux actions est **différent** on emploie plutôt des expressions avec **que + subjonctif**.

Travail individuel En vous reportant, si vous le voulez, aux citations présentées à droite, complétez les phrases ci-dessous à votre manière.

Exemple (1. Anne Chabrol):

> *L'alcoolique se met à boire **afin de chasser** l'ennui, **de s'évader**, ou **de rendre** tolérables ses conditions de vie.*

1. L'alcoolique se met à boire **afin de** . . . ou **de** . . . ou **de** . . .
2. Il cherche en quelque sorte un refuge **pour que** la vie . . .
3. On commande des boissons alcoolisées **de crainte que** les autres . . .
4. Si on n'a pas trouvé de raison de vivre on s'adonne à l'alcool, comme à la drogue, **en vue de** . . .
5. Souvent, on n'ose pas arrêter de boire **de peur que** . . .
6. Bien des jeunes dont la vie familiale est difficile se réunissent au café **pour ne pas** . . .
7. Le bistrot, le «troquet», les jeunes y **viennent** . . .
8. Si le jeune ne croit pas à l'avenir, il cherchera des satisfactions immédiates **de manière à** . . .
9. La fonction de la publicité c'est de créer des insatisfactions **de sorte que** . . .
10. Il faut offrir à l'alcoolique d'autres possibilités que l'alcool **de façon à ce que** . . .

1. Anne Chabrol
   journaliste

   《 *On peut aisément trouver mille raisons de boire: ennui, recherche d'évasion, inadaptation aux conditions actuelles de vie.* 》

2. Thérèse, 15 ans
   élève de CET

   《 *Quand je picole, la vie me paraît moins dure à supporter. Ma timidité disparaît. L'alcool, ça va bien avec les mobylettes, la musique des boums. C'est chouette, on ne déprime pas.* 》

3. Ancien alcoolique
   détoxiqué

   《 *Le plus dur, c'est le sourire d'ironie, de pitié, de mépris, du garçon ou des clients au café quand je commande de l'eau. On boit pour faire comme les autres.* 》

4. 'Jacqueline' des
   Alcooliques anonymes

   《 *Je travaillais dans l'édition sans problème. Mon mari était haut fonctionnaire. Mais je n'avais pas trouvé de réponse à la vie. Plus rien n'avait de sens. Je me suis mise à boire, pour oublier.* 》

5. Frédérique, 31 ans

   《 *J'ai voulu fuir. Je suis partie pour l'Angleterre, pour l'Allemagne. Mais partout j'ai continué à boire. Je me disais: ça ne sert à rien d'arrêter; mon existence deviendrait insupportable.* 》

6. Alain, 14 ans
   élève de CES

   《 *Le bistrot, les copains, c'est le seul moment où je me sens bien dans ma peau. Passer la soirée chez moi, ce serait l'enfer: mon père est ivre chaque fois qu'il rentre du boulot; et ma mère elle est complètement dingue.* 》

7. Pierre, 14 ans
   élève de CET

   《 *Au «troquet» il fait bon. On rencontre quelqu'un qu'on connaît. On joue au flipper. On discute. On boit.* 》

8. Le Dr Schmidt
   psychiatre

   《 *Le jeune a l'impression de vivre dans un monde sans avenir où il n'aura jamais sa place. La boisson, ça le libère de ses angoisses, de ses craintes, des frustrations de la société de consommation.* 》

9. Marie Constantine
   journaliste

   《 *A en croire la publicité, l'alcool offre au consommateur ce que la vie ne lui offre pas: il cherche dans l'alcool assurance, camaraderie, virilité, aventure. Le whisky égale existence superchic.* 》

10. Gérard Bonnot
    journaliste

    《 *On ne vaincra pas l'alcool en dénonçant ses méfaits. Mais en proposant d'autres manières de se réaliser et de vivre pleinement qui excluent l'alcool.* 》

La lutte contre l'alcoolisme

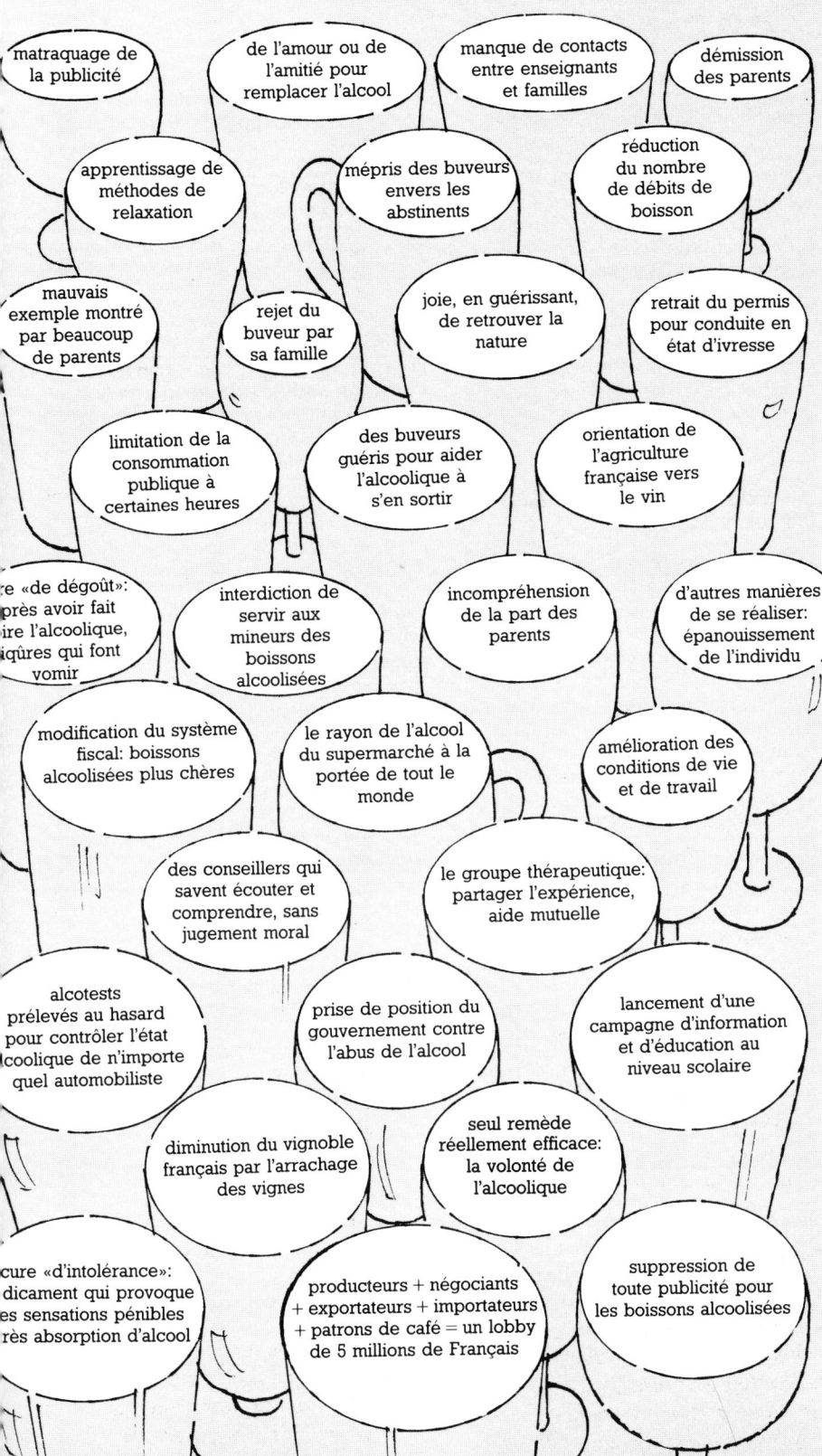

- matraquage de la publicité
- de l'amour ou de l'amitié pour remplacer l'alcool
- manque de contacts entre enseignants et familles
- démission des parents
- apprentissage de méthodes de relaxation
- mépris des buveurs envers les abstinents
- réduction du nombre de débits de boisson
- mauvais exemple montré par beaucoup de parents
- rejet du buveur par sa famille
- joie, en guérissant, de retrouver la nature
- retrait du permis pour conduite en état d'ivresse
- limitation de la consommation publique à certaines heures
- des buveurs guéris pour aider l'alcoolique à s'en sortir
- orientation de l'agriculture française vers le vin
- cure «de dégoût»: après avoir fait boire l'alcoolique, piqûres qui font vomir
- interdiction de servir aux mineurs des boissons alcoolisées
- incompréhension de la part des parents
- d'autres manières de se réaliser: épanouissement de l'individu
- modification du système fiscal: boissons alcoolisées plus chères
- le rayon de l'alcool du supermarché à la portée de tout le monde
- amélioration des conditions de vie et de travail
- des conseillers qui savent écouter et comprendre, sans jugement moral
- le groupe thérapeutique: partager l'expérience, aide mutuelle
- alcotests prélevés au hasard pour contrôler l'état alcoolique de n'importe quel automobiliste
- prise de position du gouvernement contre l'abus de l'alcool
- lancement d'une campagne d'information et d'éducation au niveau scolaire
- diminution du vignoble français par l'arrachage des vignes
- seul remède réellement efficace: la volonté de l'alcoolique
- cure «d'intolérance»: médicament qui provoque des sensations pénibles après absorption d'alcool
- producteurs + négociants + exportateurs + importateurs + patrons de café = un lobby de 5 millions de Français
- suppression de toute publicité pour les boissons alcoolisées

4. L'alcoolisme: ses causes, sa prévention, son traitement (La nécessité. Proposer une solution. La probabilité)

(a) Quelles sont les influences qui encouragent l'individu à trop boire? Comment peut-on l'en décourager et comment peut-on traiter cette maladie qu'est l'alcoolisme?

Nous avons recueilli ici, et présenté en abrégé (dans *La lutte contre l'alcoolisme*, à gauche), les observations de nombreux experts, auteurs et journalistes.

Travail à deux Lisez ensemble ces observations et déterminez, dans chaque cas, s'il s'agit des **causes** de l'alcoolisme, de sa **prévention** ou de son **traitement**.

(b) Ces propositions vous semblent-elles convaincantes? Les moyens de traitement, par exemple, peuvent-ils être selon vous d'une utilité **certaine, probable, incertaine, possible** ou **peu probable** *(Le point sur la probabilité, p. 235)*? Quelles sont, à votre avis, les mesures **nécessaires**, les **solutions** possibles? Pour en parler vous aurez certainement besoin d'employer des expressions qui expriment la **nécessité** ou de **proposer une solution** *(3, p. 65)*.

Travail individuel En vous référant à *La lutte contre l'alcoolisme*, complétez à votre manière les phrases qui suivent.

Exemple:

> **Il est certain que** *le lobby du vin est très puissant en France: 5 millions de personnes si l'on compte producteurs, négociants, importateurs, etc.*

1. Il est certain que . . .
2. Sans doute (+ inversion) . . .
3. Il se peut que . . .
4. Il sera nécessaire de . . .
5. Il me paraît évident que . . .
6. Il me semble bien que . . .
7. Il serait inutile de . . .
8. Je ne pense pas que . . .
9. Il est fort probable que . . .
10. L'une des meilleures solutions consiste à . . .
11. Il serait possible de . . .
12. Il y a de fortes chances pour que . . .
13. Il faudrait absolument que . . .
14. Peut-être (+ inversion) . . .
15. Il semblerait également que . . .
16. Je doute que . . .
17. Ce qu'il faudrait faire, c'est . . .

5. Article: *SOS alcool*

(a) Dans votre analyse du contenu de l'article *Pourquoi fumez-vous?*, vous avez sans doute découvert une structure telle que celle-ci:

Introduction: anecdotes

Développement: quelques aspects du sujet
- les dangers du tabac
- le consommateur de tabac
- recherches sur les caractéristiques du tabac
- la motivation du fumeur
- la fonction sociale du tabac
- la lutte contre le tabagisme
- les traitements possibles

Conclusion: citation

Travail individuel Relisez cet article qui vous servira de modèle pour rédiger un article sur l'alcoolisme: gardez sous les yeux le schéma proposé ci-dessus et notez mentalement la manière dont se présente dans le texte chaque aspect du sujet.

(b) Vous avez déjà lu (*2, p. 143*) le début d'un article de François de Closets paru dans *L'Express*.

Si ce journaliste s'était basé sur les informations dont vous disposez, et s'il avait adopté une structure comme pour *Pourquoi fumez-vous?*, il aurait pu commencer chaque section de son article de la manière indiquée à droite.

Travail individuel En vous référant à *Pourquoi fumez-vous?* et en vous basant sur les informations, les observations et les statistiques présentées dans les activités précédentes, complétez l'article dont nous donnons à droite quelques fragments. Ne recopiez pas telles quelles les phrases fournies dans les autres activités; remaniez les propositions à votre manière. Employez, si vous le voulez, des intertitres.

SOS ALCOOL

(INTRODUCTION: anecdote)

Dans l'accomplissement de leurs fonctions, les gardiens de la paix ont souvent affaire à l'alcool. Au cours d'une nuit d'octobre, le capitaine P., commandant de la gendarmerie de Guingamp (Bretagne), fut appelé sur les lieux d'une bagarre qui avait eu lieu à la sortie d'un café *(quelques mots sur la bagarre à Pédernec)*

(DÉVELOPPEMENT: quelques aspects du sujet)

(les dangers de l'alcool)

L'alcoolique est souvent vu comme un «joyeux ivrogne». Mais le vrai alcoolique atteint un tel niveau d'intoxication qu'il ne peut plus vivre sans alcool. Le matin il se réveille en état de manque: sueurs abondantes, nausées, anxiété. Et, au bout du chemin, de graves dangers l'attendent: maladies, accidents

(la consommation d'alcool en France)

Combien y a-t-il d'alcooliques en France? C'est difficile à dire, car l'alcoolisme est affaire de degrés. Mais, selon les estimations les plus courantes

(la motivation du buveur)

Pourquoi boit-on jusqu'à se détruire? Longtemps on a associé alcoolisme et misère sociale. En fait, il n'y a pas d'explication simple

(la fonction sociale de l'alcool)

Les enquêteurs confirment la fonction sociale de l'alcool: on est initié à l'alcool comme au tabac. «Dans tous les cas, écrit Mme de Vulpian, du Haut Comité sur l'alcoolisme, on se met à boire pour faire comme les autres»

(la lutte contre l'alcoolisme)

Je ne prétends pas connaître la recette miracle qui éliminera l'alcoolisme en France, car ses racines sont profondes. Mais les premières mesures à prendre sont évidentes

(les traitements possibles)

Il arrive un moment où tout alcoolique veut s'en sortir. Ce qui peut l'aider? Toutes les méthodes sont bonnes, il n'y en a pas une seule qui réussisse. Chacun trouve la sienne. Mais

(CONCLUSION: citation)

LA JUSTICE PÉNALE EN FRANCE

L'**enquête** préalable est confiée, par le représentant de l'Etat, le procureur, à la police judiciaire. Celle-ci peut **arrêter** pendant 24 heures des coupables présumés. A la suite de l'enquête a lieu l'**instruction**: le juge d'instruction essaie d'établir l'auteur du crime dans l'intention de l'**inculper**. Ensuite, l'inculpé, devenu accusé, passe devant un tribunal. Au terme du **procès**, le tribunal rend son jugement, son **verdict**, et **condamne** éventuellement le coupable à une **peine** quelconque (**réclusion**, etc.). A la fin de sa peine, un prisonnier peut être mis en **liberté conditionnelle** avant d'être **élargi** définitivement.

(Remarquez que l'ordre de l'action judiciaire n'est pas dans tous les cas rigide. L'arrestation peut avoir lieu avant ou pendant l'instruction; l'instruction se poursuit normalement après l'inculpation en vue d'élucider les faits.)

35 *SOS DROGUE*

Chaque société rejette certaines drogues et en tolère d'autres. Les deux produits qui, en Europe, font le plus de ravages – le tabac et l'alcool – sont parfaitement légaux. Il y a cependant de nombreuses substances, appelées couramment «la drogue», qui inquiètent à juste titre le public et préoccupent une certaine presse avide de sensations.

L'ivresse de la colle

Assis sur sa banquette, en 1re classe – direction les Lilas – il tète, avec une sorte d'avidité lasse, un sac en plastique blanc. Ses boucles brunes dégringolent sur son front: un gros bébé de 15 ans.

Le plastique crisse. Une odeur âcre flotte soudain dans le compartiment du métro. Les passagers détaillent le jean délavé, les Pataugas, le blouson de fausse fourrure. Ils lorgnent, fascinés, le manège solitaire du garçon, mais détournent la tête, lorsqu'il leur répond d'un bref regard provocant.

Station Belleville. Alain – appelons-le Alain – attend que le quai soit désert pour vider un nouveau tube de colle dans le sac qu'il malaxe. Je l'aborde. Il hésite. En titubant, il m'emmène lentement dans un square – le jardin de sa bande. Là, un soir du printemps de 1980, un ami de sa sœur les a initiés, lui et ses copains, à ce nouveau jeu de «ballon» ... Les deux petits frères d'Alain, 12 et 13 ans, eux aussi, ont appris à «sniffer» la colle. Au risque d'en mourir.

«Je ne veux pas me détruire», chuchote Alain. Il me fixe soudain, et marmonne: «Je n'ai rien à faire, rien à faire, rien à faire ...» Quand je le quitte, il agite faiblement son sac à oubli, en guise d'adieu.
                    JACQUELINE REMY ■

Il y en a qui s'en sortent

Marie-Hélène se «droguait» au whisky avant de passer à l'héroïne. Elle a les cheveux bruns, un visage d'ange, quinze ans et des parents qui refusent de voir le problème en face. Le médecin scolaire l'a orientée vers le centre DIDRO d'accueil de toxicomanes

Marie-Hélène est maintenant sevrée, mais continue de rencontrer Alain, le psychologue du centre parce qu'elle trouve au DIDRO des interlocuteurs moins bornés que les autres et parce qu'elle peut enfin raconter librement tout ce qu'elle a sur le cœur.

«Ses raisons ne sont pas toujours clairement exprimées, raconte Alain, pourtant elle va mieux. Elle fait des projets d'avenir. Marie-Hélène a décidé de quitter une école qu'elle déteste – mais où elle a trouvé beaucoup de compréhension – et d'apprendre le tissage. Elle a fait des démarches auprès d'artisans en ce sens.»

Et Alain ajoute: «C'est très positif».

1. Les dimensions du problème

Les coupures de presse et les citations que nous présentons à la page 149 vous fourniront la base d'un article sur la drogue en France: données, observations, opinions. La classe se divisera en deux groupes. L'un des groupes étudiera les coupures l'autre les citations.

Travail individuel/en groupe → Discussion Avant de prendre des notes sur votre document, lisez-le une première fois. Quels **thèmes** – motivation du drogué, dangers des différentes drogues, etc. – allez-vous choisir pour représenter différents aspects du sujet et pour mettre de l'ordre dans vos notes? Notez ces thèmes puis parlez-en brièvement avec votre groupe. Essayez de vous mettre d'accord sur les aspects du problème de la drogue que vous allez étudier.

Individuellement, notez les informations et les idées essentielles contenues dans ces documents d'après les thèmes que vous aurez retenus. Ajoutez à vos notes vos propres idées ou d'autres informations qui vous semblent importantes.

Pour finir, discutez avec la classe le problème de la drogue.

VOCABULAIRE: *la drogue*

Vous ne sauriez aborder la question de la drogue sans posséder un vocabulaire suffisant qui s'y rapporte. Vous trouverez dans le *Lexique de la drogue* des termes qui vous seront sans doute utiles, accompagnés, dans le désordre, de définitions.

Travail individuel → Exercice oral Trouvez dans la colonne de droite la définition correspondant à chaque terme présenté à gauche; puis mémorisez les termes et leurs définitions. Ensuite, le professeur vous demandera de lui donner oralement, de mémoire, une définition de chacun des termes de la colonne de gauche.

LEXIQUE DE LA DROGUE

1 stupéfiant (m)

2 drogué(e) (m, f)

3 calmant (m)
   (barbituriques (m pl), etc.)

4 stimulant (m)
   (amphétamines (f pl), etc.)

5 renifler
   («sniffer»)

6 se piquer
   («se shooter»)

7 planer

8 voyage (m)

9 dépendance (f)

10 accroché(e)

11 escalade (f)

12 overdose (f)

13 sevrage (m)

14 cannabis (m),
   marijuana (f)
   (hasch (m),
   herbe (f), etc.)

15 LSD (m)
   (acide (m))

16 héroïne (f)
   (blanche (f), cheval (m), etc.)

17 cocaïne (f)
   (neige (f), coke (m),
   etc.)

18 colle (f)

19 solvant (m)

20 saisie (f)

aspirer (une substance, etc.) par le nez

produit fabriqué au laboratoire qui provoque des hallucinations

expérience subie sous l'effet d'une drogue

plante dont les feuilles, la résine, etc., induisent un état d'euphorie

substance qui agit sur le système nerveux

prise de possession, par la police, etc., d'objets interdits par la loi

le fait d'être privé, souvent de façon douloureuse, d'une drogue

poudre blanche dérivée de l'opium à laquelle l'accoutumance se produit rapidement

substance gluante qui sert à faire adhérer des objets

situation d'une personne incapable de vivre sans quelque chose

médicament employé comme excitant du système nerveux

personne qui a l'habitude de prendre des stupéfiants

s'injecter un stupéfiant, se faire un piqûre

percevoir des sensations agréables sous l'effet d'une drogue

processus selon lequel on monte, p.ex. de drogues douces à drogues dures

médicament employé comme sédatif ou pour faire dormir

substance liquide qui peut dissoudre d'autres substances

produit, extrait des feuilles du coca, qui donne une sensation d'ivresse

décrit une personne dépendante d'un ou plusieurs stupéfiants

surdosage de drogue pouvant entraîner la mort

2. Article à partir d'un portrait: *«SOS drogue»*

(a) Vous avez déjà vu plusieurs façons d'organiser un article ou une rédaction sur une question d'actualité.

Les extraits (p. 147) *L'ivresse de la colle* constituent le début et la fin d'un article, paru dans *L'Express*, sur les méfaits de certains produits — colles, détachants, solvants, etc. — qui s'achètent facilement dans les grandes surfaces. Les coupures présentées sous le titre *Il y en a qui s'en sortent* (p. 147) sont tirées du magazine *La Vie*.

Travail individuel → Mise en commun Lisez attentivement ces portraits de jeunes drogués et notez les ressemblances et les différences entre les deux cas: causes apparentes ou sous-entendues, manifestations du problème, avenir suggéré, etc. A votre avis, quel serait le ton de chaque article: objectif ou émotif, optimiste ou pessimiste? Qu'est-ce qui vous le fait croire? Discutez vos conclusions avec les autres étudiants.

(b) Les articles où figurent les extraits que vous venez de lire sont chacun en quelque sorte «encadrés» par un portrait qui a pour fonction de faire réfléchir le lecteur sur le problème en question: nature, causes, conséquences, remèdes possibles, etc.

Pour l'article que vous allez écrire vous essayerez de trouver ou de vous rappeler un portrait de drogué(e), que vous réécrirez à votre manière pour illustrer le problème de la drogue. Au besoin, inventez ce portrait.

Travail individuel Composez ce portrait en trois ou quatre paragraphes très courts.

(c) Dans le reste de l'article que vous allez écrire, *«SOS drogue»*, vous aborderez tour à tour les différents **aspects** de la question que vous avez débattus en classe (*1, p. 147*). Le portrait que vous venez de composer (*b*) fournira le début et la fin de l'article. Plan d'ensemble:

Introduction:	portrait (début)
Développement:	quelques aspects du sujet
Conclusion:	portrait (suite et fin).

Travail individuel Composez l'article *«SOS drogue»*. Référez-vous, si vous le voulez, au contenu et à la structure de l'article *«SOS alcool»* (*5, p. 146*).

«SOS Drogue»

Désir de transgresser l'interdit, besoin de s'affirmer, curiosité, recherche de satisfactions immédiates, difficultés à affronter les frustrations et les déceptions de la vie courante, besoin d'évasion, chaque drogué a ses raisons à lui.

On fait traditionnellement la distinction entre drogues dures qui entraînent une dépendance physique – héroïne, cocaïne, barbituriques et amphétamines – et drogues douces, principalement le hachisch.

«Le meilleur médicament pour l'usager fiables, puisque nous ne connaissons de manière sûre que les saisies, les overdoses, les cambriolages de pharmacie … la partie émergée de l'iceberg» Monique Pelletier, ancien ministre.

commerce a ses lois: à Mulhouse un représentant a sayé de persuader une marchande d'articles scolaires cheter de la colle: «Ça part s bien en ce moment.»

En 1978 la Brigade des Stupéfiants a saisi 3,8 kilos d'héroïne et interpellé pour usage ou trafic d'héroïne 1 183 personnes. En 1978 il y avait 43 décès par overdose. En 1984, 208 kilos, 9 668 interpellations et 166 overdoses mortelles.

On vous dira: «On ne se sent plus seule», «On oublie tous ses ennuis», «Tu vas bien rigoler» ou encore «Tu n'es vraiment pas des nôtres», «Pauvre idiote, tu ne sais pas ce que tu perds». Voici quelques réponses parmi d'autres: «Je bois, je fume, je cause mais je ne me drogue pas.» «Je n'ai pas besoin de faire comme tout le monde.» «Je n'ai personne à épater.» «Je ne me drogue pas parce que je suis anti-conformiste.»

«Le groupe est très important. Fumer du haschisch pour moi c'est se retrouver avec des copains et sentir que je fais partie de leur groupe» Sylvie, 16 ans.

«Nous pourrions limiter les ventes de certains articles en conseillant aux détaillants d'être vigilants» porte-parole du ministère de la Santé.

«La prise … de cannabis par un adolescent devrait toujours être l'occasion d'une mise en garde sereine et d'un dialogue familial» déclaration de 19 médecins spécialistes.

En face des 70 000 décès par an dus à l'alcoolisme, l'héroïne elle-même fait heureusement pauvre figure: cent cinquante et quelque surdoses par an.

Selon certains spécialistes, le cannabis n'induit aucune dépendance physique; d'autres estiment qu'il provoque des altérations mentales et des angoisses débouchant sur des psychoses.

«Fumer une cigarette de hasch ça me mettait dans un état que j'aimais bien, mais j'arrivais complètement «raide» aux cours; je ne pouvais plus travailler. J'ai arrêté, et j'ai réussi mon bac» Nathalie, lycéenne.

N'oublions pas les 30 millions de boîtes de calmants et les 10 millions de stimulants vendus annuellement en pharmacie.

«J'ai vu des gens dépérir en quelques mois et crever. Je connais trop le tableau affreux de l'héroïne» R. le Taillanter, policier anti-drogue.

e pire pour un drogué qui veut s'arrêter, c'est e se retrouver avec d'autres drogués. L'essentiel c'est de se détacher du milieu.

De nombreux spécialistes reconnaissent l'importance des centres «drop-in» où les jeunes peuvent venir parler de leurs difficultés.

«Ce n'est pas parce que l'alcool et le tabac sont des drogues permises qu'il faut en ajouter une autre, le hachisch» le Mouel, commissaire de police.

«Une seule prise de solvants peut entraîner un accident: hémorragie pulmonaire, paralysie partielle, coma» médecin, hôpital Fernand-Widal, Paris.

– L'incidence du chômage sur la toxicomanie va croissant, la catégorie dite des «sans-emploi» passe en quatre ans de 42,55% à 55,93% du total des interpellés soit de 4 336 à 14 274 individus.

«Dans le contexte français (la peur de) la drogue sert à détourner les gens des problèmes réels, comme l'inexistence d'une politique de la jeunesse, les carences de l'appareil scolaire, les problèmes économiques» Dr Claude Olivenstein, centre Marmottan, Paris.

Impossible de mesurer le problème des solvants. A Paris, cependant, 10% à 15% des drogués transportés au service de réanimation avaient inhalé un solvant: colle forte, détachant, essence, etc.

Prostitution, vol, cambriolage: la moitié de la délinquance s'explique, selon un responsable de la Brigade des Stupéfiants, par le besoin de drogue.

Certains practiciens prescrivent des médicaments dont ils peuvent voir les résultats néfastes. Des milliers de malades deviennent des drogués à cause de leur médecin.

«Si on légalise le hachisch, les jeunes par goût de transgression risquent de passer massivement aux drogues plus dures» porte-parole, Office Central de Répression des Stupéfiants.

«Les amphétamines provoquent des névroses qui ont toutes les apparences de la dépression nerveuse … ou même de la schizophrénie» Dr Loo, hôpital Sainte-Anne, Paris.

Il faut reconnaître que prendre du haschisch ne conduit pas obligatoirement à l'escalade, et à la consommation des drogues «dures». Les dangers du haschisch existent, tant sur le plan biologique que psychologique; et surtout, le haschisch peut devenir l'essentiel dans la vie du consommateur et constituer le centre de son existence. Il pose alors le même problème de fond que toute toxicomanie aux drogues «dures».

«Le meilleur médicament pour l'usager occasionnel ou épisodique de drogues est la communication avec une personne qui s'intéresse à lui … pas de barbituriques, pas de tranquillisants, etc. … ils risquent de fixer une pathologie» Dr H. Flavigny

«En collant l'étiquette de «drogué» sur un jeune qui n'a fait qu'une expérience … ou en l'incarcérant, on risquerait fort de renforcer des positions de révolte … de l'inciter à l'escalade» Dr F. Curtet, centre Trait-d'Union, Boulogne-sur-Seine.

QU'EST-CE QUE LA POLITIQUE?

Liechtenstein: les femmes votent pour la 1ère fois

L'événement de ces élections parlementaires

Pour la première fois dans l'histoire, les citoyennes de la Principauté du Liechtenstein rejoignent, dimanche, les hommes aux urnes pour élire les 15 représentants à la Diète, le Parlement de la Principauté. Le droit de vote des femmes n'a en effet été accordé au Liechtenstein que le 1er juillet 1984 après une longue résistance des deux partis au pouvoir, puis des hommes contre l'avis des partis. Les citoyennes de cette Principauté de 26 850 habitants ne représentent pas moins de 67% des 12 500 électeurs.

INSÉCURITÉ: les chiffres cachés de la délinquance

Il a écrit un mot d'adieu d'une simplicité déchirante: «Faites le maximum pour trouver mes voleurs. Je leur souhaite le même sort.» Et Michel Cherel, 35 ans, s'est tué, d'un coup de fusil, le 7 janvier, dans son magasin de matériel de jardin pillé, la veille, à Saint-Michel-Tubeuf, dans l'Orne. C'était la cinquième fois depuis 1980 qu'il trouvait, au matin, son commerce entièrement dévasté.

Michel Cherel est un des «héros noirs» de l'insécurité française. Comme ces vieilles dames du dix-huitième ou du quatorzième arrondissements de Paris assassinées pour leurs économies; comme ce boucher lyonnais et son fils de 2 ans gravement blessés pendant leur sommeil, au soir du Jour de l'an, par des voleurs furieux d'avoir trouvé la caisse vide.

Même scénario la semaine suivante à Marseille, où

NRJ supprimée: la colère des jeunes

Je suis une lycéenne et je vous écris au sujet de la radio NRJ. Je pense que les personnes qui veulent interdire cette radio, notre radio, celle des jeunes, veulent détruire une partie de notre culture. Si NRJ n'existe plus, qu'allons-nous écouter? Oui, bien sûr, il reste d'autres radios mais la musique qu'elles nous proposent est-elle d'une qualité aussi bonne que celle de NRJ?

Qu'allez-vous nous mettre comme radio à présent? Nous voulons des radios pour nous. Pourquoi les jeunes n'ont-ils pas le droit d'avoir leur radio et leur musique sans que personne ne vienne les déranger? Où est la liberté?

L'ancien maire de Dreux parle des immigrés

P.D.   Alors, c'est vrai ce qu'on prétend: un immigré de moins, c'est un Français chômeur de moins?

F.G.   C'est complètement faux. Sur cent travailleurs immigrés, quatre-vingts sont OS ou manœuvres alors que sur cent Français actifs, il n'y en a que cinquante. Croit-on que les autres souhaitent le devenir? Imagine-t-on, par exemple, un contre-maître, licencié par une entreprise dans le Sud-Ouest, venir travailler comme terrassier dans le Nord? Le profil professionnel des Français qui sont demandeurs d'emploi ne correspond pas du tout, mais pas du tout, à celui du million et demi d'immigrés au travail.

Plouézec (Côtes-du-Nord) rejette le projet de centrale nucléaire

SAINT-BRIEUC – Le conseil municipal de Plouézec, site envisagé pour l'implantation d'une centrale nucléaire, a dit non au projet, au cours d'une réunion, vendredi soir, par douze voix contre et neuf bulletins blancs. A l'évidence, la catastrophe de Tchernobyl a pesé dans les débats qui étaient ouverts depuis deux mois.

La guerre des étoiles n'est pas pour demain

Selon les experts français, le déploiement de systèmes balistiques spatiaux est surtout un accélérateur pour la recherche scientifique.

Les moyens stratégiques français survivraient-ils à la mise en place par les deux super-puissances de systèmes anti-balistiques spatiaux? C'est à cette question que la «Commission d'études sur les armes spatiales» tente de répondre dans un rapport rendu public mardi.

Pour les scientifiques auteurs de ce texte de 23 pages, un avertissement s'impose d'entrée: «Même dans le cas d'une évolution technique extrêmement rapide, accompagnée d'un effort budgétaire considérable, il semble peu réaliste d'envisager avant 2010 un déploiement par l'une des grandes puissances d'une composante spatiale suffisamment importante pour être raisonnablement efficace.»

La victoire du quatrième pouvoir

Des agents secrets français chargés de surveiller la protestation de Greenpeace contre les essais nucléaires français, ont fait sauter le bateau «Rainbow Warrior», apparemment sans que le Président en soit informé ...

«On peut dire dans le cas de l'affaire Greenpeace que la presse a fait office de quatrième pouvoir.» C'est ainsi que Françoise Giroud, journaliste et auteur de «la Comédie du pouvoir» parle des exploits de deux journalistes du *Monde*. Ces derniers ont révélé les dessous de l'affaire qui a entraîné la démission du ministre de la Défense.

Le traité de Rome était ambitieux: de la coopération économique devait naître une dynamique irréversible vers une Europe fédérale. Cette unité supra-nationale devait faire face aux super-puissances, tout en maintenant l'équilibre mondial; ainsi diminueraient les risques d'une troisième guerre.

NOUVEAUX PAUVRES

Il y a en France au moins 2 500 000 chômeurs, dont 500 000 ont épuisé les recours des allocations. Il y a 18 mois, ils travaillaient encore.

● On a pratiquement tout dit sur la pauvreté, nouvelle ou ancienne: on a déjà évoqué l'absence d'une réponse politique à un phénomène dont on n'a pas su ou voulu prendre assez tôt la mesure, sans doute parce qu'il était gênant et intolérable dans une société qui se voulait moderniste et développée.

On a donc tout dit, ou presque, sauf peut-être l'essentiel: à savoir que le temps des discours n'est plus de mise mais qu'il est devenu urgent d'agir.

C'est que l'hiver approche. Il est, pour les plus démunis, un obstacle terrible, deux ou trois mois qui semblent durer des années, où l'on ne peut plus se contenter de dormir sur un banc, où l'entrée d'une bouche de métro n'est plus un abri suffisant.

Quelles sont vos priorités?

Voici la hiérarchie des problèmes auxquels la France est confrontée. Evidemment, les problèmes ne sont pas de la même importance selon que l'on est de gauche ou de droite.

Classement général des priorités par l'ensemble des Français	% des notes «très important»
1 Emploi	**79%**
2 Sortir de la crise économique	**72%**
3 Protection sociale (allocations, etc)	**68%**
4 Formation des jeunes	**67%**
5 Sécurité	**66%**
6 Libertés	**62%**
7 Pouvoir d'achat	**59%**
8 France dans le monde	**50%**
9 Communication, information	**48%**
10 Immigration	**39%**
11 Rassembler les Français	**37%**
12 Fiscalité	**33%**
13 Equilibre nationalisé/privé	**27%**

«Qui détient le pouvoir en France?». Lorsque cette question a été posée à un échantillon représentatif de la population française, 58% des personnes interrogées ont cité le gouvernement et 49% les partis politiques (on pouvait donner des réponses multiples). Pour la plupart des Français, donc, «pouvoir» signifie «pouvoir politique». Mais qu'est-ce que c'est au juste que la politique?

Travail individuel → Discussion Lisez attentivement les titres et les débuts d'articles présentés ci-contre et à la page 150. Lesquels de ces articles, à votre avis, ont trait à la politique? Pourquoi? Notez mentalement vos réponses à ces questions. Ensuite, sous la direction du professeur, comparez-les avec celles de l'ensemble de la classe et discutez brièvement cette question-ci: «Qu'est-ce que la politique?»

Les problèmes qui préoccupent les Français

En 1986, peu avant les élections législatives (qui désignent les députés), un hebdomadaire a fait une enquête pour établir la hiérarchie des problèmes qui préoccupaient les Français. Les réponses sont présentées à gauche dans la liste *Quelles priorités?* Bien sûr, ces problèmes représentaient leurs priorités politiques; les personnes interrogées allaient probablement voter pour le parti politique qui, selon eux, tenait le plus à les résoudre.

Travail individuel/à deux → Discussion Consultez la liste des priorités et relisez les titres et les débuts d'articles que vous venez d'étudier. Avec un(e) partenaire trouvez si possible dans la liste une priorité qui correspond à chaque début d'article. Quelle est la nature de l'article ou des articles qui ne semblent se rapporter à aucune des priorités citées? Quelles conclusions pouvez-vous tirer des correspondances que vous avez trouvées (ou que vous n'avez pas trouvées)? Si on vous demandait de classer les priorités de vos compatriotes, la hiérarchie serait-elle la même que celle des Français en 1986? Discutez ces questions avec le professeur et les autres étudiants.

POINTS DE REPÈRE

L'article qui suit, tiré d'un magazine pour les jeunes, traite de l'évolution politique de plusieurs jeunes filles qui militent dans différents partis. Qu'est-ce qui attire les jeunes vers la politique? Qu'est-ce que la politique représente pour eux?

Travail à deux/Travail individuel →
Mise en commun Avant de lire l'article, discutez brièvement avec un(e) partenaire les questions ci-dessus. Ensuite, lisez l'article. Vos réponses correspondent-elles à celles qui ressortent des interviews?
Comparez vos conclusions avec celles des autres étudiants.

● **(être) un(e) dingue de** (*fam*) (be) crazy about **ancré** (firmly) rooted **RPR = Rassemblement pour la République** **dès lors** from then on **assister à** attend **se débrouiller** manage **mettre son grain de sel** (*fam*) stick one's oar in **fier(-ère)** proud **flou** vague, woolly **militer** be politically active **circonscription** (f) constituency **cantonal(e)** local (elections) **concret** (m) matters of practical concern **(elle) est intarissable sur** (she) could talk for ever about **être (tout) désigné pour** be (perfectly) suited to **soutenir** support **se porter candidat(e)** stand (for election) **droit** (m) law **remonter** go back to **se prendre au jeu** get caught up in it **rigoler (bien)** (*fam*) have (great) fun **faire une blague à qqn** (*fam*) play a trick on sb **UDF = Union pour la démocratie française** **déclencher** trigger off **mettre plus de nuances** bring out the finer points, be more cautious **atout** (m) trump **vilain** unattractive **rictus** (m) fixed grin **monture** (f) frame **se réjouir** be thrilled **maîtrise** (f) master's degree **politisé** politically aware **ENA = Ecole nationale d'administration** **élu** **député** elected as member of parliament **Palais Bourbon** building which houses the Assemblée nationale **tenir des permanences** hold 'surgeries' **boulot** (m) (*fam*) job **accaparé par** completely wrapped up in **étape** (f) stage **scrutin** (m) ballot **peaufiner** (*fam*) put the finishing touches to **cumuler** reconcile **horaires** (m pl) (fixed) working hours **Municipales = élections municipales** **une vague courette** a sort of small courtyard **rigolo(te)** (*fam*) amusing, fun **atterrir** land **en l'occurrence** in this instance **parenthèse** (f) digression **faire le tour de** explore all the possibilities of **gérer** manage, administer **projet** (m) **de loi** bill **suivi** (m) **de** supervising the consistency of **rapporteur** (m) secretary (of committee) **déposer** table **cabinet** (m) group of (ministerial) advisers **prenant** time-consuming **siéger** be in session **dingue** (*fam*) crazy **coincé** (*fam*) stuck **côtoyer** rub shoulders with

Les dingues° de politique

La politique pour elles, c'est une passion. Un virus contracté en famille souvent, à la fac parfois, mais toujours définitivement. Marie-Pierre, Sophie et Marie-Thérèse ont fait des affaires publiques un job presque à plein temps. Et en période électorale, elles ne chôment pas.

Marie-Thérèse F.

Elle a l'accent chantant de son île natale, la Corse. Et une vocation solidement ancrée° puisque c'est vers 15 ans que Marie-Thérèse, chargée de l'animation du secteur «jeunes» du RPR,° commence à s'intéresser à la politique. «Je trouvais que le maire de mon village négligeait un certain nombre de secteurs et que moi, j'avais des idées. Je voulais faire de la politique même si je ne savais pas ce que cela voulait dire. Un jour, je suis allée voir le maire (il avait d'ailleurs demandé à rencontrer des jeunes) et je lui ai proposé mes services. Tout simplement. Dès lors,° j'ai assisté aux° réunions du Conseil municipal. Ce n'était pas toujours très amusant, mais je me débrouillais° pour mettre mon grain de sel».° Elle n'est pas peu fière,° en racontant ses débuts, Marie-Thérèse, tout en soulignant qu'en ce temps-là, son ignorance était grande, et ses idéaux politiques encore assez flous.° «C'est vrai, dit-elle. Aucun parti ne m'avait particulièrement séduite et je les connaissais mal».

A 18 ans, Marie-Thérèse émigre à Nice pour suivre des études de commerce. En 1976, elle assiste à son premier meeting politique: choisit pour son dynamisme le parti de Chirac et pendant quelques mois, milite° à la fac. «Un an plus tard en Corse, raconte Marie-Thérèse, j'ai rencontré le responsable du secteur «jeunes» du RPR. Ensemble, nous avons organisé des réunions et préparé les élections législatives.» Puis Marie-Thérèse débarque à Paris pour continuer ses études mais aussi pour faire sa rentrée définitive dans l'équipe nationale du parti. Depuis, elle s'occupe des jeunes RPR mais elle est également secrétaire de circonscription,° c'est-à-dire responsable du RPR et non plus simplement des jeunes, pour la circonscription d'un département (les Yvelines): l'année dernière, elle a surveillé de près là-bas les élections cantonales.°

Pour Marie-Thérèse, la politique, c'est avant tout la possibilité d'améliorer la vie quotidienne des gens, l'action sur le concret.° «Je crois en ce que je fais, affirme-t-elle. Je n'aime pas entendre dire que la politique est réservée à quelques

privilégiés: il ne faut pas favoriser ceux qui n'ont que des ambitions personnelles.»

Sur la question du sexisme dans le milieu° politique, Marie-Thérèse est intarissable:° «Pendant très longtemps, j'étais la seule femme dans les réunions politiques et les autres avaient un peu l'air de se demander ce que je faisais là, surtout en milieu rural. Au parti, par contre, la nouvelle génération est beaucoup moins sexiste que son aînée». Mais pour Marie-Thérèse, les hommes ne sont pas seuls en cause. «Nous avons beaucoup de délégués femmes qui ne cherchent absolument pas à s'imposer. Elles ne sont pas les dernières à considérer que la politique est avant tout une affaire d'hommes. C'est regrettable, car les femmes sont toutes désignées pour° le concret, le pratique.» A ce propos, Marie-Thérèse souligne que sa famille lui a été d'un grand secours. «Mes parents m'ont toujours soutenue,° moralement et matériellement, ce qui m'a permis de suivre des études tout en militant.» Marie-Thérèse est permanente au parti. Et sans doute espère-t-elle un jour se porter elle-même candidate.°

Sophie K.

Un bac à 16 ans, des études de droit° Rennes. A 21 ans, Sophie débarquait Paris, toute fraîche de son adolescenc bretonne mais avec une idée en tête: fai

la politique. Aujourd'hui elle a fait de sa °cation, qui remonte° à la candidature aux élections présidentielles de Valéry Giscard Estaing en 1974, son métier. «En terminale, j'avais des amis qui militaient pour VGE, raconte-t-elle. Alors, avec eux j'ai collé des affiches; j'ai été à des meetings. Je me suis prise au jeu,° parce qu'on était toute une bande et qu'on rigolait bien.° Et après un certain temps, c'est Giscard lui-même qui m'a séduite. Il était jeune et sympa, et il avait des idées nouvelles.» A le voir toujours de bonne humeur et avec le mot pour rire, à imaginer qu'il n'est pas loin le temps où elle faisait des blagues à° ses petites camarades, on imagine mal qu'il y ait écrit sur sa carte de visite: conseiller technique en communication politique pour l'UDF.° Sous cette formule un peu pompeuse se cache une profession encore neuve en France que définit ainsi Jean-Claude Boulet, publicitaire: «Le candidat-produit doit conquérir un électorat-marché et déclencher° des votes-achats. Le produit devient alors candidat. Son emballage, c'est son aspect physique, sa manière de parler, de sourire, de bouger.» Mais Michel Bongrand, chez qui travaille Sophie, met plus de nuances° dans ses propos: «Un candidat ne peut être assimilé à un produit.» Mais le candidat a pris conscience que plus que jamais, il doit mettre tous les atouts° de son côté. Le conseiller marketing va dans un premier temps procéder à l'étude du marché pour en tirer les conclusions qui lui permettront de construire une stratégie. Au bout de tout cela: un plan d'attaque. Il apprend à marcher, à sourire sans ce vilain° rictus° qui pourrait faire douter Madame Michu de sa bonne foi. On lui choisit «le» costume et «la» cravate, «sa» monture° de lunettes. Bref il faut qu'il ait le look juste. Une profession passionnante quand on écoute Sophie. «Depuis un an, et pour la première fois de ma vie, je me réjouis° tous les matins à l'idée de venir m'asseoir à ce bureau, précise-t-elle. Quand je suis arrivée à Paris après ma maîtrise° de droit, j'étais assez politisée, mais je me suis dit qu'il fallait que je continue mes études. J'ai même préparé l'ENA.»°

C'est déjà vers la vie publique que se dirige Sophie. Mais avec des idées qu'elle formule tout assez mal. «Peu après, explique-t-elle, j'ai eu la chance qu'un ami de mon père, élu député° UDF, m'offre d'être sa collaboratrice à l'Assemblée nationale. Il avait besoin à la fois d'un juriste et de quelqu'un de motivé politiquement. J'avais sans doute le profil qu'il fallait.»

Pendant trois ans, Sophie va partager son existence entre le Palais Bourbon° et la circonscription de son député, en Bretagne, où elle tient des permanences° et rencontre des élus locaux. Elle crée d'autre part une association d'assistants parlementaires qui réunit le RPR et L'UDF pour des débats en commun. «A l'époque, raconte Sophie, j'avais l'impression qu'un jour ou l'autre je me présenterais à des élections.»

En juin 1981, Sophie, tout comme son député, ne retrouve pas sa place à l'Assemblée. «Heureusement, bientôt après les élections le hasard m'a fait rencontrer Michel Bongrand avec qui je travaille aujourd'hui». Celui-ci a une longue carrière derrière lui comme conseiller en marketing politique, de Jean Lecanuet en 1965 à VGE en 1981. «Ce qui est passionnant dans ce métier, dit Sophie, c'est la diversité des affaires: un jour, on est appelé à travailler pour une ville, un autre, on est chargé d'établir des notes de stratégie politique pour un candidat. C'est encore plus passionnant que mon boulot° à l'Assemblée où je ne travaillais que pour une seule personne.»

Depuis quelques mois, Sophie est surtout accaparée par° la préparation des élections municipales. Première étape:° l'analyse, à l'aide des scrutins° passés, de la situation politique de la ville. Sont venues ensuite les études psychologiques et sociologiques du terrain et l'étude des besoins de la population, ce qui a permis de peaufiner° ensuite la campagne du candidat. «Les femmes s'intègrent mieux que les hommes aux équipes de campagne, constate Sophie. Peut-être parce qu'elles sont plus psychologues, moins rigides intellectuellement. Le monde politique n'est pas, contrairement à ce qu'on dit, fait aux femmes. Je crois au contraire qu'elles y ont tout à fait leur place. Seul problème: cumuler° une profession qui ignore les horaires,° où on peut vous envoyer du jour au lendemain à l'autre bout de la France, et une vie de femme mariée. Alors pour le bébé, on a décidé d'attendre la fin des Municipales!»° Ses ambitions? «J'aimerais bien être député, mais avec une famille ce sera difficile …»

Marie-Pierre de la G.

Je l'ai rencontrée dans son austère bureau de l'Assemblée nationale. Une petite pièce toute de gris vêtue, encombrée de dossiers et donnant sur une vague courette.° Marie-Pierre a 23 ans, des cheveux noirs coupés court, un look rigolo° et un joli accent marseillais. Et pourtant depuis trois ans, elle est une familière de ce très sérieux endroit qu'est la Chambre des députés. A 20 ans, elle obtient son diplôme d'avocat et la même année, commence à travailler comme assistante parlementaire avec un député. Marie-Pierre n'a pas atterri° à l'Assemblée tout à fait par hasard mais a repris en l'occurrence° le flambeau familial. «Dans ma famille, on est à gauche et on fait de la politique. Je m'y suis intéressée donc dès mon adolescence, raconte-t-elle. Ma mère a travaillé longtemps avec un député. Mon

père était sénateur. J'étais déjà militante lorsque j'ai pris la même direction».

Aucun regret depuis. Marie-Pierre est très à l'aise dans ce milieu politico-juridique où elle fait son apprentissage, avec à plus long terme la ferme intention d'être un jour avocate. «Ce que je fais pour le moment n'est qu'une parenthèse,° affirme-t-elle. Mais je suis sûre de ne pas perdre mon temps ici, bien que ce soit un boulot qu'on ne fait généralement pas longtemps parce qu'au bout de quelques années, on a l'impression d'en avoir un peu fait le tour.»° En 1980

Marie-Pierre change de poste et devient assistante au groupe socialiste. Pour chacune des six commissions permanentes de l'Assemblée le groupe socialiste a deux assistants. Marie-Pierre, elle, est à la Commission des lois et s'occupe de tout le secteur droit privé. «Chaque assistant est chargé de gérer° globalement son secteur, explique-t-elle. Cela veut dire qu'il faut suivre les projets de lois,° répondre au courrier destiné au président du groupe ou à un député mais concernant un secteur bien particulier. Il faut pouvoir aussi aider un député sur tel ou tel point technique. Mais la partie la plus importante de mon travail, c'est le suivi des° textes. Je travaille avec les rapporteurs,° je suis les réunions des députés. Ce qui signifie aussi déposer° les amendements, rencontrer les membres des cabinets° ministériels. Tout ceci n'est bien entendu qu'un rôle d'assistance technique: nous ne nous substituons jamais aux députés.» Un travail très prenant° en période de session parlementaire. «Quand l'Assemblée siège,° j'ai souvent des horaires dingues° et j'ai un peu l'impression d'être coincée;° je n'ai plus le temps de penser à mon avenir.»

Côtoyer° toute la journée des députés n'a pas convaincu Marie-Pierre: «Si j'habitais en province, je suis sûre que je serais attirée par la vie politique municipale. Mais je n'ai aucune envie d'être parlementaire. Mon père était sénateur et je ne me souhaite pas ce genre de vie.»

1. Les faits essentiels de l'article: échange de renseignements

(a) Un institut d'études politiques fait une enquête pour établir les détails de la carrière des jeunes qui s'engagent dans des partis politiques.

Travail individuel → Travail en groupe
Le professeur donnera à chaque étudiant un exemplaire du formulaire que doit remplir l'enquêteur (*Livret*, p. 52). Ensuite, la classe se divisera (si le nombre le permet) en trois groupes; chacun de ces groupes (ou individus) s'occupera d'une des trois jeunes militantes dont il s'agit dans l'article *Les dingues de politique*. Lisez très attentivement la section de l'article qui vous concerne. Ensuite, en consultant les autres membres de votre groupe, notez sur le formulaire les détails qui se rapportent à la jeune femme en question.

(b) Vous allez maintenant présenter aux autres groupes le profil politique que vous venez de compléter.

Travail en groupe → Discussion D'abord, passez en revue dans votre groupe les renseignements que vous avez relevés (a); songez à la manière dont vous allez les présenter.

Ensuite, trouvez ensemble les questions que vous devrez poser aux autres groupes (ou individus) afin d'obtenir les détails de la carrière des deux autres militantes politiques.

Ceci fait, posez à tour de rôle vos questions aux deux autres groupes et notez brièvement sur votre formulaire l'essentiel de leurs réponses. Pour finir, discutez brièvement avec le professeur l'engagement politique des jeunes. Considérez en particulier le rôle de la famille, des études, des camarades et des autres facteurs auxquels le formulaire fait allusion: quelle est leur importance relative, selon vous, dans l'évolution politique des jeunes?

⦿ 2. Des profils légèrement différents (L'opposition: le contraste, la concession)

Les phrases ou groupes de phrases suivants, qui sont basés sur l'article que vous venez de lire, illustrent plusieurs manières d'exprimer **l'opposition**.

(a) *Travail individuel/Travail à deux →*
Mise en commun Lisez d'abord les phrases. Puis, avec un(e) partenaire, en vous référant au *Point sur l'opposition (pp. 236–7)*, discutez la nature de chaque phrase ou groupe de deux phrases: est-ce que la journaliste y exprime un **contraste** (neutre, marqué ou très marqué?), ou est-ce qu'elle **concède** un point avant de **s'opposer** à l'argument sous-entendu? Quelles formules d'opposition emploie-t-elle?

(i) Assister aux réunions du conseil municipal n'était pas toujours très amusant, mais Marie-Thérèse se débrouillait pour mettre son grain de sel.

(ii) Pour Marie-Thérèse, la politique c'est avant tout la possibilité d'améliorer la vie quotidienne, alors que pour d'autres c'est un moyen de réussir.

(iii) Certains disent que le monde politique est fermé aux femmes: Sophie croit au contraire qu'elles y ont tout à fait leur place.

(iv) Bien entendu, les hommes politiques sont quelquefois sexistes. N'empêche que les femmes ne cherchent pas toujours à s'imposer dans ce domaine.

Passez en revue vos réponses avec le professeur et l'ensemble de la classe.

(b) *Travail individuel → Mise en commun* Reprenez le formulaire (*L'engagement politique chez les jeunes*) que vous avez complété (1, ci-dessus). En le consultant très soigneusement, trouvez dans un même profil ou dans deux profils différents 5 ou 6 groupes de deux idées ou faits entre lesquels on peut établir une relation d'**opposition** (contraste neutre, marqué ou très marqué). Ensuite, en employant des formules d'opposition qui conviennent (*voir Le point sur l'opposition, pp. 236–7*), reliez en une seule phrase chaque paire d'idées ou de faits. Pour finir, passez en revue vos phrases avec le professeur et les autres étudiants.

Exemple:

Quoique Marie-Thérèse **ait fait** ses débuts politiques en Corse, elle s'occupe maintenant des élections dans les Yvelines, près de Paris.

3. Les profils politiques: la narration (Le présent historique)

▶ D'après l'article, «c'est vers 15 ans que Marie-Thérèse commence à s'intéresser à la politique». Comme vous le savez déjà (*Le point sur la narration, pp. 233–4*), pour narrer des événements passés on peut employer ainsi le temps **présent**. Cet emploi du **présent** dit **historique** a pour effet de rendre le récit en quelque sorte plus vivant. Ce procédé est souvent introduit par un ou plusieurs verbes au passé, ou par une expression qui marque le passé (*En 1974, C'est vers 15 ans, etc.*). ◀

(a) Dans les trois premiers paragraphes de l'article, la journaliste emploie le **présent historique** pour raconter des événements passés (les débuts politiques de Marie-Thérèse F.). Bien sûr, elle emploie aussi le présent pour raconter la situation et les réactions de Marie-Thérèse au moment de l'interview. Comment nous permet-elle de distinguer ces deux emplois du présent? (Notez que pour le discours direct la journaliste emploie des verbes au *passé*.)

Travail individuel → Mise en commun Relisez attentivement les trois premiers paragraphes de l'article et notez tous les verbes employés au présent. Ensuite, indiquez pour chaque verbe le moment concerné: **présent** (le moment de l'interview) ou **passé**. Comment la différence est-elle indiquée? Ceci fait, passez en revue vos conclusions avec le professeur et les autres étudiants.

(b) A l'époque où Laurent Fabius a été nommé Premier ministre à l'âge de 38 ans, un hebdomadaire d'information a publié un résumé de ses origines, de son activité politique, etc.

Travail individuel A partir de ce résumé (*Profil politique, à droite*) écrivez un compte rendu de la carrière de Laurent Fabius, en prenant comme modèle les paragraphes que vous venez d'étudier (a). Racontez sa carrière au **présent historique**, en prenant soin de distinguer le fil de la **narration** de votre description de M. Fabius et de ses commentaires.

Début possible:

Fils d'antiquaire, Laurent Fabius est né à Paris, dans le très chic XVIe arrondissement. Depuis son enfance il est harcelé par le désir de réussir: au lycée ...

37 POLITIQUE LOCALE, POLITIQUE NATIONALE

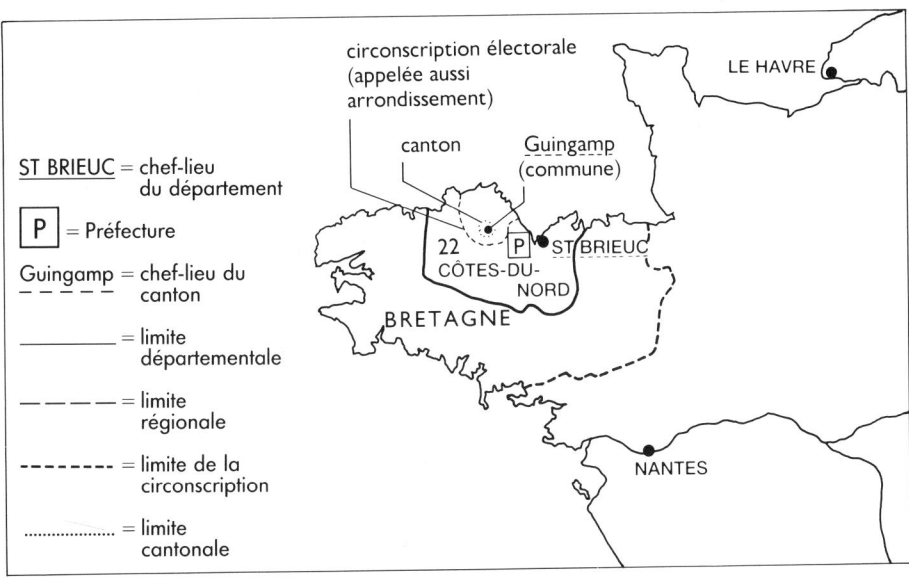

ST BRIEUC = chef-lieu du département

P = Préfecture

Guingamp = chef-lieu du canton

——————— = limite départementale

— — — — = limite régionale

– · – · – · = limite de la circonscription

················· = limite cantonale

1. «*On est connu de tout Le monde*»: interview avec Monsieur L., maire de Guingamp

(a) Pour beaucoup de gens, la mairie sert essentiellement à «faire des papiers» et le maire à célébrer des mariages (d'où l'expression «passer devant monsieur le maire»). Bien sûr, la mairie assure une fonction administrative qui commence à l'enregistrement de la naissance du citoyen et qui s'achève à l'inscription de son décès au registre de l'état civil. Mais elle prend en charge bien d'autres aspects de l'existence de la commune (c'est-à-dire la collectivité locale) qu'elle représente, comme nous le montre Monsieur L. dans l'extrait d'interview que vous allez entendre.

Travail individuel → Mise en commun
Avant d'écouter l'extrait d'interview, consultez attentivement la carte ci-dessus à gauche pour être sûr(e) de bien comprendre la division du territoire national en collectivités locales. Cachez ensuite la carte et essayez de classer par ordre d'importance: le *canton*, la *région*, la *commune*, le *département*, et la *circonscription*.

Ensuite, vérifiez à l'aide d'un dictionnaire la signification de ces mots et expressions: *modéré, élire, péjoratif, boucher un trou, faire semblant, accrocher, légiférer, patrimoine, moyenâgeux, gâcher, assurer une permanence*.

Ce travail fait, écoutez une première fois l'extrait d'interview et notez le deuxième rôle politique du maire de Guingamp. Lequel de ses deux rôles préfère-t-il, et pourquoi? Quelle est sa propre couleur politique? Quelle était, au moment de l'enregistrement, la représentation des différentes tendances politiques au sein du conseil municipal de Guingamp?

Passez en revue vos conclusions avec le professeur et les autres étudiants.

PROFIL POLITIQUE	
1. **Identité:**	FABIUS, Laurent
2. **Originaire de:**	Paris, XVIᵉ arrondissement (père antiquaire, famille très aisée. L.F.: «On ne se rebaptise pas ouvrier»)
3. **Age auquel il/elle a commencé à s'intéresser à la politique:**	27 ans (1973: déposition d'une demande pour être auditeur au Conseil d'État)
4. **Origines apparentes de cet intérêt:**	– harcelé depuis son enfance par le désir de «réussir» – 1975: son «adoption» par François Mitterrand («Celui qui traduit le mieux ma pensée? Fabius»)
5. **Etudes/formation:**	lycéen brillant, très travailleur. Ecole normale supérieure: sciences politiques: agrégation de lettres modernes: Ecole nationale d'administration
6. **Parti dans lequel il/elle s'est engagé(e):**	le Parti socialiste
7. **Raison(s) de ce choix (si elles sont connues):**	Désir de voir une société plus égalitaire, plus juste
8. **Activités politiques entreprises au sein du parti:**	–(78) député d'une circonscription près de Rouen –(81) ministre du Budget –(83) ministre de la Recherche et de l'Industrie –(84–86) Premier ministre sous la présidence de François Mitterrand
9. **Ambitions personnelles:**	«Démontrer que la gauche peut gérer le pays sans trahir les principes socialistes». (Prédiction de ses admirateurs: un avenir présidentiel)
10. **Autres observations:**	Apparence de L.F: froid et maître de lui. Sensibilité cachée. Très poli, discret. L.F: «La maîtrise de soi est un élément essentiel de la réussite.» «Je supporte 14h de boulot sans bobo.»

(b) Vous allez maintenant examiner en détail la différence entre les deux rôles politiques de Monsieur L.

Travail individuel → Mise en commun
Ecoutez de nouveau l'extrait d'interview en arrêtant la bande quand il le faudra. Notez, pour chacun de ses deux rôles, ce que vous apprenez sur:

- la collectivité/la division du territoire qu'il représente (avec si possible le nombre d'habitants)
- les lieux de travail et, si possible, les horaires
- ses fonctions et ses préoccupations.

Classez vos notes en deux colonnes verticales représentant les deux rôles dont il est question. Comparez ensuite vos notes avec celles des autres étudiants et, au besoin, corrigez-les ou ajoutez-y des précisions.

◉ (c) Un député est élu au suffrage universel direct: le maire, par contre, est désigné par les conseillers municipaux. Ce n'est là qu'un des nombreux **contrastes** qu'on peut établir entre les deux rôles de Monsieur L.

Travail individuel → Exercice oral Relisez attentivement les notes que vous venez de prendre (*b*) en cherchant des **contrastes** entre les informations présentées dans les deux colonnes. Ensuite, essayez de mémoriser ces informations.
Pour finir, mettez de côté vos notes. Avec un(e) partenaire, décrivez à tour de rôle un aspect du travail politique de Monsieur L., en employant chaque fois une des formules présentées à la p. 236 (*Le point sur l'opposition*) pour exprimer le **contraste** entre ses deux rôles. Les expres-

sions suivantes vous seront utiles: *comme/ en tant que (député), pour ce qui est de (son rôle de maire).*

2. Le régime politique en France (L'hypothèse: condition possible)

(a) Monsieur L. exerce des fonctions d'élu aux niveaux local et national. Comment ses deux rôles s'intègrent-ils dans le régime politique de la France? L'extrait *L'organisation actuelle des pouvoirs*, tiré d'un manuel de civilisation française, résume la structure de ce régime.

Travail individuel → Mise en commun
Lisez attentivement l'extrait en gardant

sous les yeux le schéma *Le régime politique* (Livret, p. 53) que vous donnera le professeur. Ensuite, en consultant l'extrait quand il le faudra, complétez le schéma de manière à indiquer:

- la fonction principale de chaque personnage et de chaque groupe indiqué
- le pouvoir d'influence qu'ils ont l'un sur l'autre.

Pour finir, passez en revue votre schéma complété avec le professeur et les autres étudiants. Sous ce régime, qui vous semble détenir le pouvoir, et pourquoi?

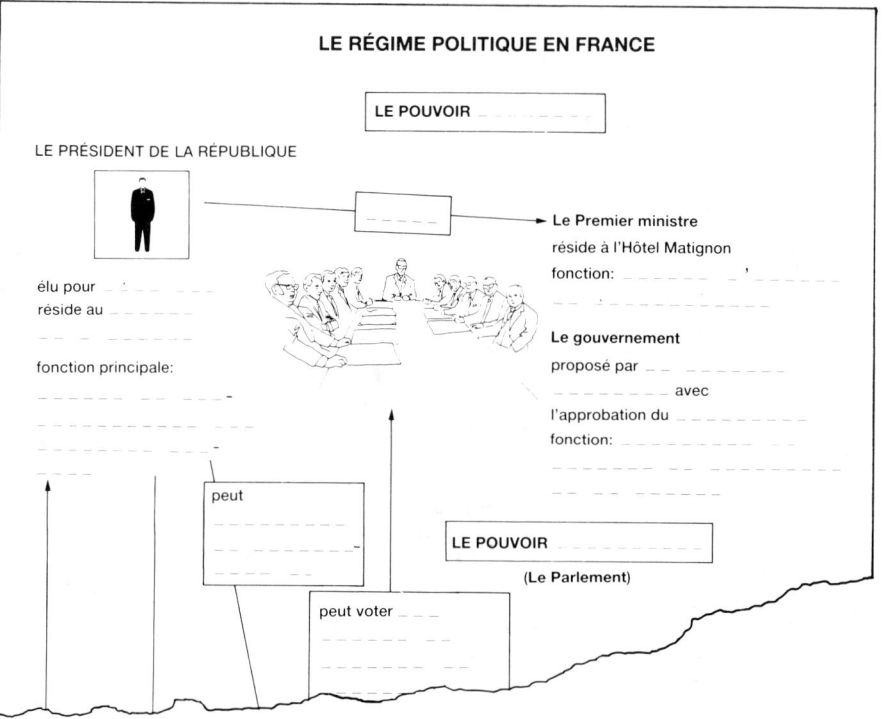

LE RÉGIME POLITIQUE EN FRANCE

LE POUVOIR _____

LE PRÉSIDENT DE LA RÉPUBLIQUE

élu pour _____
réside au _____

fonction principale: _____

Le Premier ministre
réside à l'Hôtel Matignon
fonction: _____

Le gouvernement
proposé par _____
_____ avec
l'approbation du _____
fonction: _____

peut

LE POUVOIR _____
(Le Parlement)

peut voter _____

VOCABULAIRE: *la politique locale*

Ce texte, une fois complété, offrira un résumé du rôle d'un maire et de son conseil municipal.

«Le maire en France représente une .... locale qui s'appelle une ...., et ce sont les membres de son conseil qui l'........... A l'intérieur du conseil il peut y avoir des gens de plusieurs .... politiques: ...., c'est-à-dire de droite, si vous voulez; ...., qui correspondent un peu aux travaillistes en Angleterre: ou .... Le conseil municipal est chargé d'........... et aussi d'........... le patrimoine de la commune, c'est-à-dire ses biens et son

équipement. Par exemple dans une vieille ville comme Guingamp, le conseil .... toutes les réparations pour qu'on ne .... pas du moderne à côté des vieilles maisons, ce qui risquerait d'en .... le caractère; et à Guingamp également on .... des promenades piétonnes pour les touristes. En plus, le maire célèbre des .... et assure des .... pendant lesquelles les membres du public lui parlent de leurs problèmes: très souvent des gens qui sont au .... viennent lui demander du travail.»

L'ORGANISATION ACTUELLE DES POUVOIRS

La Ve République, dont l'architecte était le général de Gaulle, est née en 1958. Issue d'une situation de crise provoquée par la guerre d'Algérie (1954–62), la Ve République se dote des moyens nécessaires à la fois pour réformer les structures de la Nation et pour mettre fin à la guerre. Depuis 1958 l'évolution des institutions est caractérisée par un renforcement constant du pouvoir exécutif (le Président et le gouvernement) et par un affaiblissement du rôle du Parlement. Ces changements doivent permettre une vie gouvernementale plus stable (au cours des dernières années de la IVe République (1954–58), huit gouvernements s'étaient succédé).

LE POUVOIR EXÉCUTIF

Le Président de la République est le chef de l'Etat, le premier personnage de la Nation. Il est élu au suffrage universel direct. Le mandat présidentiel est de sept ans, et le Président réside au palais de l'Elysée à Paris.

Ses pouvoirs
- il assure, par son arbitrage, le fonctionnement régulier des pouvoirs publics
- il nomme le Premier ministre
- il préside le Conseil des ministres
- il promulgue les lois et signe les ordonnances et les décrets délibérés en Conseil des ministres
- il peut prononcer la dissolution de l'Assemblée nationale
- il peut avoir recours au référendum pour consulter directement le peuple
- il est le chef des armées.

Le gouvernement est composé de ministres et de Secrétaires d'Etat proposés par le Premier ministre, qui doit toutefois soumettre son choix à l'approbation du Président de la République; tout député nommé ministre doit renoncer à son siège à l'Assemblée nationale.

Ses attributions
- son action est dirigée par le Premier ministre qui assure l'exécution des lois
- il détermine et conduit la politique de la Nation par le moyen des projets de loi qu'il dépose et qui sont débattus par le Parlement
- il est responsable devant l'Assemblée nationale et doit lui rendre compte de ses actes
- en situation de blocage, le Premier ministre peut donner au Président de la République la démission du gouvernement.

LE POUVOIR LÉGISLATIF

Le Parlement se compose de deux assemblées: l'Assemblée nationale et le Sénat. Tout projet de loi déposé par le gouvernement est examiné successivement par les deux assemblées. En cas de désaccord, l'Assemblée nationale a le dernier mot.

L'Assemblée nationale comprend 491 députés âgés de 23 ans au moins. Ils sont élus pour 5 ans au suffrage universel direct. L'Assemblée nationale siège au Palais Bourbon.

Ses attributions
- elle peut voter une motion de censure pour mettre en cause la responsabilité du gouvernement. Si la motion est adoptée, le Premier ministre doit remettre au Président de la République la démission de son gouvernement.
- elle peut adopter ou rejeter des projets de loi et a le dernier mot en cas de désaccord avec le Sénat.

Le Sénat comprend 306 sénateurs âgés de 35 ans au moins et élus pour 9 ans par les députés, les conseillers généraux et les délégués des conseillers municipaux. Il siège au Palais du Luxembourg.

Ses attributions
- il peut adopter ou rejeter des textes de loi
- il représente essentiellement les collectivités locales et en particulier la France rurale.

L'Assemblé nationale

(b) Une des caractéristiques intéressantes de la Vᵉ République est la possibilité de ce qu'on appelle la *cohabitation* entre un Président d'une certaine couleur politique et un Parlement dont la majorité est d'une tendance opposée. Cette possibilité provient de la durée respective des mandats (*voir votre schéma complété, a*): en 1986, elle s'est même réalisée avec un Président socialiste et un Parlement dont la majorité était de droite. Dans **l'hypothèse** d'un conflit prolongé, quelles mesures pourraient être prises, et par qui? Un examen des cas fictifs présentés à droite vous permettra de répondre à cette question.

Travail individuel/Travail à deux → Mise en commun Examinez attentivement les cas fictifs, en gardant sous les yeux votre schéma complété (a). Relisez ensuite *L'organisation actuelle des pouvoirs* et essayez avec un(e) partenaire de déterminer pour chaque cas (**condition possible**) les conséquences éventuelles.

Composez ensuite pour chacun des cas une phrase, avec **si** + **imparfait** + **conditionnel**, qui résume la situation et ce qui pourrait s'ensuivre.

Comparez vos phrases avec celles des autres étudiants.

Exemple:

Si le gouvernement déposait des projets de loi que l'Assemblée nationale désapprouvait de manière fondamentale, celle-ci refuserait de les adopter.

3. Le rôle du chef de l'Etat (Le seul (etc.) ... qui + subjonctif)

▶ Lorsqu'on parle des qualités ou des aptitudes d'une personne ou d'une chose, après **le premier/le dernier/le seul** ou un **superlatif** (**le plus grand/le meilleur**, etc.) + **qui**.../**que**..., etc. (**relatif**), on emploie normalement le subjonctif:

L'assemblée nationale est **la seule** assemblée en France **qui puisse** voter une motion de censure du gouvernement.

Le général de Gaulle a été **le premier** chef d'Etat **qui ait eu** le droit de dissoudre à lui seul l'Assemblée nationale.

On emploie aussi le subjonctif après un **négatif** + **qui/que**, etc. (**relatif**) pour parler de qualités ou d'aptitudes qui

ET SI CELA SE PRODUISAIT ...

(i) **C'EST LA BAGARRE!**
Le Président a nommé un Premier ministre qui n'est pas acceptable à l'Assemblée nationale: son gouvernement dépose devant le Parlement des projets de loi que les députés désapprouvent de manière fondamentale. Ils vont

(ii) **CRISE POLITIQUE**
L'Assemblée nationale rejette tous les projets de loi déposés par le gouvernement

(iii) **LES AFFRES DE LA COHABITATION ...**
Le Premier ministre, nommé par le Président de la République de manière à faire plaisir à la majorité des députés, n'arrive pas à rassembler un gouvernement qui soit acceptable au chef de l'Etat. Cette situation pourrait se prolonger jusqu'à ce que

(iv) **QUEL AVENIR POLITIQUE?**
Le Président de la République a indiqué hier qu'il désapprouvait tous les récents projets de loi déposés par le gouvernement et votés par le Parlement et qu'il les trouvait contraires à l'intérêt de la Nation. Puisqu'il est obligé de les promulguer dans les délais, il n'a d'autre choix que de demander au Premier ministre

Un des chefs d'Etat les plus puissants du monde

Pour le citoyen, le président de la République apparaît d'abord comme le chef de l'Etat, héritier d'une longue lignée de rois, d'empereurs ou de présidents qui ont symbolisé la nation. Comme ses prédécesseurs royaux, lui seul en France a le droit de grâce: c'est-à-dire qu'il peut pardonner son crime à un individu condamné par un tribunal.

Le président de la République française, à la différence de certains de ses collègues tels que la reine d'Angleterre ou le président de la République fédérale d'Allemagne, a toujours été doté de pouvoirs politiques non négligeables: notamment la nomination des membres du gouvernement et la présidence du conseil des ministres. Il est également le seul Français à savoir le code qui permet d'appuyer sur le bouton nucléaire. La définition de la prééminence du chef d'Etat donnée par le général de Gaulle dans une célèbre conférence de presse est peut-être

la plus extensive: «Il doit être évidemment entendu que l'autorité indivisible de l'Etat est confiée tout entière au président par le peuple qui l'a élu, qu'il n'en existe aucune autre, ni ministérielle, ni civile, ni militaire, ni justiciaire qui ne soit conférée et maintenue par lui [c'est-à-dire par le président].»

Désormais, rien n'échappe donc à l'autorité du président, qui est devenu par cette déclaration celui qui détient véritablement le pouvoir. Il n'est aucun domaine politique – relations extérieures, défense, orientations économiques et sociales, initiatives culturelles – qui lui soit étrangère, puisqu'il confie et maintient toute autorité. Le président de la République française concentre ainsi entre ses mains des pouvoirs plus vastes que ceux de tout autre chef d'Etat démocratique, y compris le président des Etats-Unis.

n'existent apparemment pas dans une certaine catégorie de choses ou de personnes:

> Selon certains, il n'existe **aucun** régime sous lequel le peuple **soit** plus puissant.
> On **ne** trouve **pas** de constitution qui **définisse** plus précisément les pouvoirs du Parlement. ◀

Qu'est-ce, au fond, que le rôle exact du Président de la République? Depuis 1958, cette question a été posée bien des fois. L'extrait d'article *Un des chefs d'Etat les plus puissants du monde*, tiré d'une revue hebdomadaire, tente d'y répondre.

Travail individuel → Mise en commun Lisez attentivement l'extrait d'article. Ensuite, composez 5 ou 6 phrases qui résument les pouvoirs particuliers du Président de la République française. Employez chaque fois une des formules suivantes:

> Le Président/Il est **le seul/le plus** + adj. **qui/que** ...
> C'est le/la ... **le/la plus** + adj. **qui/que** ...
> Il n'y a **aucun/pas de** ... **qui/que** ...
> Il n'y a **rien/personne qui/que** ...
> } + subjonctif

Exemple:

> Parmi les trois chefs d'Etat du Royaume-Uni, de l'Allemagne fédérale et de la France, le Président français est **le seul qui soit** doté de pouvoirs politiques non négligeables.

Ce travail fait, passez en revue vos phrases avec le professeur et les autres étudiants.

Le régime politique britannique

Rôle	Titre	Autorisation et attributions
Chef d'Etat	La Reine	Position héréditaire. Elle «invite» le chef du parti majoritaire à former un gouvernement
Chef du gouvernement	Le Premier ministre	Leader du parti majoritaire aux Communes. Détermine et dirige l'action du gouvernement
Parlement	1. Les Communes (la chambre des députés)	Les députés sont élus pour 5 ans au suffrage universel direct. Ils proposent et débattent des projets de loi. En cas de désaccord avec les Pairs, les Communes ont le dernier mot
Parlement	2. La Chambre des Pairs	Les pairs sont nommés par le gouvernement ou l'Eglise; quelques-uns ont des positions héréditaires. Ils proposent et débattent des projets de loi
Administration locale	Conseils municipaux	Ils représentent les boroughs, les comtés et les paroisses. Leurs membres sont élus au suffrage universel direct

4. Une comparaison des régimes politiques britannique et français

Il existe entre les régimes britannique et français certaines différences intéressantes et également des ressemblances. A vous de les trouver et de résumer ce que vous considérez en être les conséquences.

Travail individuel Le tableau ci-dessous à gauche, *Le régime politique britannique*, donne les grandes lignes de l'organisation des pouvoirs en Grande-Bretagne. Lisez-le avec attention; puis, en consultant *L'organisation actuelle des pouvoirs* (p. 157), votre schéma complété (2a, p. 156) et *Un des chefs d'Etat les plus puissants du monde*, notez les différences les plus frappantes qui existent entre les régimes britannique et français. Ensuite, composez à partir de ces notes deux paragraphes qui résument ces différences et ce qui vous semble être leurs conséquences probables. Employez des formules qui conviennent pour exprimer **l'opposition** (p. 236), **la comparaison** (p. 234) et **la conséquence** (p. 47), ainsi que les expressions que vous venez d'étudier (3, ci-dessus).

Début possible:

> A la différence du régime français, le régime politique de la Grande-Bretagne comporte un chef d'Etat dont la position est héréditaire et qui ...

38 DES POLITIQUES RADICALEMENT OPPOSÉES

POINTS DE REPÈRE

Dans l'extrait d'interview que vous allez entendre, Claire et Jean-Claude B. donnent leurs avis personnels sur la politique; ils sont interrompus de temps en temps par leur petite fille Gaëlle (3 ans).

Avant d'écouter l'extrait, vérifiez la signification de ces mots et expressions: *l'individu en tant que tel, faire/prendre une mesure, une idée de base, avoir les moyens de (faire), ponctionner le salaire, cotiser à une caisse de chômage, la solidarité, amnistier, un délit, des capitaux, un impôt, les entrepreneurs.*

Travail individuel → Mise en commun Ecoutez une ou deux fois les témoignages de Claire et de Jean-Claude, avec la transcription de l'extrait *(Livret, p. 54)* sous les yeux. Notez cinq titres qui correspondent aux différents aspects du sujet abordés au cours de leur conversation. Ensuite, passez en revue vos titres avec le professeur et les autres étudiants, en justifiant au besoin votre choix.

1. Les témoignages en détail

Les titres que vous venez de trouver *(Points de repère)* vous permettront de résumer clairement ce que disent Claire et Jean-Claude.

(a) ***Travail individuel → Travail à deux***
Mettez de côté la transcription. Ecoutez encore une fois la partie de l'enregistrement qui correspond à votre premier titre. Résumez par écrit en deux ou trois phrases l'idée principale et les idées secondaires qui vous semblent les plus importantes (pas plus de trois). Ensuite, résumez de la même manière les quatre autres sections de l'enregistrement. Pour finir, comparez vos résumés avec ceux d'un(e) voisin(e). En cas de désaccord, consultez de nouveau la transcription.

(b) Votre famille et vos amis partagent-ils l'opinion sur la politique de Claire et Jean-Claude B.?
Travail individuel → Discussion Consultez deux ou trois membres de votre famille ou amis dans d'autres classes; demandez-leur ce que c'est que la politique et en quoi elle les touche dans leur vie quotidienne. Revenu(e) en classe, discutez avec les autres étudiants les réponses que vous aurez recueillies. Ressemblent-elles à celles de Claire et de Jean-Claude? Si non, pouvez-vous expliquer les différences?

2. La droite et la gauche: l'extrait en détail (Exemplifier)

▶ Pour illustrer une remarque par un ou plusieurs **exemple(s)**, on choisit souvent une des formules suivantes:

> **Pour ne prendre qu'un exemple, ...**
> **Pour illustrer ce point, on n'à qu'à considérer (que) ...**
> **On pourrait citer à titre d'exemple ...**
> **Prenons (par exemple) le cas de ...**
> **Tel est le cas (notamment) de ...**
> **En voici un exemple: ...**   ◀

(a) Si la première partie de l'enregistrement est consacrée à l'attitude des Français envers la politique, les autres sections traitent du contraste entre la droite et la gauche. Comme le dit Claire B., «Disons que radicalement la droite et la gauche sont opposées au niveau idées». Selon Claire et Jean-Claude, en quoi consiste cette opposition entre la droite et la gauche en France? Et lorsque ces idées se traduisent en mesures concrètes, qu'est-ce qu'elles donnent?

Travail individuel → Mise en commun
Faites un tableau comme celui présenté ci-dessous. Sans consulter la transcription, repassez la bande en l'arrêtant quand il le faudra. Complétez votre tableau en prenant des notes selon les indications suivantes:

- l'idée sur laquelle est fondée cette politique
- ce qui compte le plus pour ceux qui la mènent
- exemple(s) de mesure(s) représentative(s)
- motivation (explicite ou sous-entendue) qui a inspiré cette/ces mesure(s)
- réaction(s) des gens concernés par la/les mesure(s)
- raison de cette/ces réaction(s).

Comparez vos notes avec celles des autres étudiants. Consultez au besoin la transcription, afin de vérifier ce que vous venez de noter. De quel côté politique, à votre avis, se situent Claire et Jean-Claude B.? Qu'est-ce qui vous donne cette impression? Donnez des **exemples** pour illustrer votre réponse en employant les formules ci-dessus.

Indication:	LA DROITE	LA GAUCHE
L'idée sur laquelle est fondée cette politique	une théorie	une philos
Ce qui compte		

(b) Au cours d'une émission radiophonique qui s'adresse aux jeunes, un journaliste de gauche va tenter de résumer la politique respective de la droite et de la gauche.

Travail individuel → Travail à deux Relisez attentivement vos notes sur la droite et la gauche (a) en essayant de les mémoriser. Ensuite, écrivez de mémoire pour chaque élément des notes (*L'idée sur laquelle . . .*, *Ce qui compte . . .*, etc.) deux ou trois mots qui le résument. Laissez un peu de place après chaque groupe de mots.

Ceci fait, essayez de déterminer la nature du rapport qui relie le deuxième élément au premier, le troisième au deuxième, etc.: **justification, exemplification, explication, addition, opposition**? Notez chaque fois *entre* les éléments de vos notes le terme qui vous semble décrire le mieux ce rapport, par exemple: **opposition ↑**. Ensuite notez une ou deux formules que vous pourrez employer pour exprimer chacun des rapports ainsi déterminés, en consultant au besoin celles que vous avez déjà rencontrées: **exemplification** *(2a, ci-dessus)*, **explication** *(p. 14)*, **justification** *(p. 30)*, **addition** etc. *(p. 108)* et **opposition** *(p. 236)*.

Pour finir, avec un(e) partenaire, faites de mémoire et à tour de rôle un exposé oral de ces deux politiques, en explicitant à l'aide de formules qui conviennent les rapports entre les éléments de votre exposé.

3. Entretien avec un leader de droite (Aborder un aspect d'un sujet)

Claire et Jean-Claude B., vous l'avez sans doute constaté, éprouvent une sympathie prononcée pour les idées de la gauche. Dans l'entretien qui suit, par contre, un leader de droite explique ses idées à un journaliste qui l'interroge sur la situation de la France.

Travail individuel/à deux → Mise en commun Lisez attentivement le texte de l'entretien. Notez par écrit, sous des titres correspondant aux différents **aspects** du sujet **abordés** par le leader, les grandes lignes de la politique qu'il préconise et les reproches qu'il adresse au gouvernement socialiste.

Ensuite, avec un(e) partenaire, faites à tour de rôle le résumé de chacun des différents aspects du sujet traités dans l'entretien. Pour **aborder** chaque **aspect du sujet**, n'oubliez pas d'employer des formules qui conviennent (voir 1, p. 8). Pour finir, discutez brièvement avec le professeur et les autres étudiants ce qu'a dit le leader de droite. Ses arguments vous ont-ils convaincu(e)? Pourquoi (ou pourquoi pas)?

Ce qu'il faut faire: entretien avec un leader de droite

– Le plan de restructuration industrielle élaboré par le gouvernement socialiste suscite° beaucoup de discussions. Que pensez-vous des objectifs et des moyens adoptés par ce gouvernement?

– Les mutations° industrielles sont nécessaires à toute économie qui veut s'adapter à la compétition internationale. Mais les socialistes viennent de découvrir, sous la pression° des nécessités, une situation qu'ils ont longtemps refusé de voir: leur politique l'a même aggravée.° Pendant des années, au lieu de prêcher° l'adaptation industrielle, ils ont mené une politique irréaliste de relance.° C'est ce qui explique les embauches° massives dans les charbonnages et la construction navale, les investissements démesurés° dans la sidérurgie.° Les processus d'adaptation et de réduction d'effectifs° mis en œuvre par des gouvernements antérieurs ont été bloqués ou inversés.° Depuis qu'ils mènent cette politique, l'économie française sombre° dans une récession paralysante. Et le plus grave, c'est que, depuis l'arrivée au pouvoir des socialistes, plus un seul emploi n'a été créé, alors qu'on en perd sans cesse.

L'adaptation de la France au défi° de demain exige une autre politique. Il y faudrait une politique fondée sur la liberté des entreprises et sur la fin de cet interventionnisme, de ce dirigisme° si chers aux socialistes.

– Comment voyez-vous le rôle de l'Etat dans le domaine de l'industrie?

– Le rôle de l'Etat, c'est, d'abord, de créer un climat favorable à la prospérité des entreprises. L'Etat doit aussi stimuler l'expansion de nouvelles activités industrielles et promouvoir° le développement de nouvelles technologies. Mais ce rôle ne saurait être qu'indirect. Il faut surtout que l'on comprenne une chose: il est tout à fait contraire à l'intérêt de l'économie nationale de maintenir des entreprises en état de survie° artificielle. Si elles ne sont pas concurrentielles,° c'est qu'elles doivent disparaître. Les conserver, c'est simplement jeter par la fenêtre l'argent de l'Etat, c'est-à-dire l'argent des Français.

– Les Français veulent plus de garanties, plus de sécurité, et en même temps ils critiquent les excès du pouvoir d'Etat. Comment, selon vous, concilier° ces deux tendances?

– C'est l'arrivée au pouvoir des socialistes qui a suscité cette méfiance° de l'Etat, car les Français ont vu multiplier ses interventions dans tous les domaines et cet étatisme° ne leur plaît pas. La plupart des Français réclament,° dans la vie sociale comme dans la vie économique, plus de responsabilité individuelle. Bien sûr, il doit toujours y avoir des mesures sociales en faveur des chômeurs: on ne peut pas se désintéresser de leurs conditions de vie. Mais le traitement° du chômage doit être économique. La politique socialiste en matière de chômage – ce qu'on appelle le «traitement social» du chômage – coûte extrêmement cher. Elle consiste à faire de tout jeune sans emploi un jeune en formation, et de tout chômeur un préretraité.° Ce sont là de simples manipulations de statistiques qui devront s'arrêter lorsqu'il n'y aura plus d'argent pour payer la «formation» ou la «préretraite».

Le traitement économique du chômage exige, au contraire, la modernisation et l'assainissement° de l'économie française, avec la conquête de nouveaux marchés à l'étranger. Il s'ensuivrait tout naturellement une expansion économique qui mènerait à la création de nouveaux emplois et donc à une réduction dramatique du taux° de chômage.

● **susciter** give rise to   **mutation** (f) change
pression (f) pressure   **aggraver** make worse
prêcher preach   **relance** (f) (industrial) revival
embauche (f) taking-on of workers   **démesuré** enormous, disproportionate   **sidérurgie** (f) steel industry   **effectifs** (m pl) labour force
inversé reversed   **sombrer** sink   **défi** (m) challenge   **dirigisme** (m) State control
promouvoir promote   **survie** (f) survival, prolongation of life   **concurrentiel(le)** competitive   **concilier** reconcile   **méfiance** (f) mistrust   **étatisme** (m) State control   **réclamer** call for   **traitement** (m) handling, process of dealing with   **préretraité** (m) person who has taken early retirement   **assainissement** (m) stabilisation   **taux** (m) level, rate

4. Les différentes tendances politiques (Le moyen)

(a) Le fait que Claire et Jean-Claude B. parlent de «la droite» et de «la gauche» indique très bien la bipolarisation qui caractérise le combat politique actuel en France. Mais, à droite comme à gauche, il existe de nombreux partis: l'UDF, pour laquelle Sophie K. a collé des affiches, le RPR dans le cadre duquel travaille Marie-Thérèse F. (*p. 152*), etc. Que représentent ces sigles, et quels sont les objectifs des partis qu'ils symbolisent? Les extraits à droite, tirés d'une encyclopédie, et des professions de foi électorales des principaux partis (*Livret, pp. 59–60*), vous fourniront les renseignements nécessaires pour répondre à ces questions.

Travail individuel/à deux → Mise en commun   Lisez attentivement les *Définitions* des principaux partis, en essayant de retenir le(s) **objectif(s)** de chacun d'entre eux. Ensuite, lisez deux des quatre *Professions de foi* (*Livret, pp. 59–60*) (votre partenaire lira les deux autres), en y cherchant des propositions qui correspondent à ces **objectifs**. A l'aide de ces correspondances, essayez de déterminer l'identité du parti ou de la coalition qui a publié chaque *profession de foi*. Comparez ensuite vos solutions avec celles de votre partenaire. En cas de désaccord, consultez de nouveau les textes.

Passez en revue vos idées avec le professeur et les autres étudiants.

▶ Pour exprimer le **moyen** permettant de réaliser quelque chose, on peut employer devant un nom l'une des formules suivantes:

au moyen de qqc
à l'aide de qqc
grâce à qqn/qqc
par l'intermédiaire de qqn
avec l'aide de qqn

On peut aussi exprimer le **moyen** à l'aide du **participe présent** employé avec *en*:

On peut améliorer la vie quotidienne **en faisant** de la politique.

Pour accentuer l'expression du moyen, et pour indiquer un effort continu ou répété, on emploie **à force de + infinitif**:

A force de se répéter, il a réussi à convaincre les électeurs.   ◀

LES PARTIS POLITIQUES: QUELQUES DÉFINITIONS

Le Front National (FN) *Président*: Jean-Marie Le Pen. *Buts*: combattre le socialo-communisme autrement que par le laxisme de l'UDF–RPR; une justice plus sévère; l'arrêt effectif de l'immigration et le retour progressif des immigrés chez eux; mettre en cause l'administration excessive.

Le Parti communiste français (PCF) *Secrétaire-général*: Georges Marchais. *Objectifs*: «la transformation de la société capitaliste en une société fraternelle sans exploiteurs ni exploités». Cette transformation «exige la conquête du pouvoir par la classe ouvrière en alliance avec la paysannerie laborieuse et l'ensemble des masses populaires.» (*Cf. Statuts du PCF.*) En 1977, le PCF s'est prononcé pour une force de dissuasion française indépendante, et pour une Europe démocratique respectant la souveraineté et l'indépendance nationales.

Le Parti socialiste (PS) réunit plusieurs tendances dont les courants F. Mitterrand et M. Rocard. *Doctrine*: Le capitalisme est installé dans l'Etat et en contrôle l'administration: c'est là qu'il doit être attaqué. La conquête du pouvoir politique doit ouvrir la possibilité de changements afin d'engager le pays, par les moyens démocratiques et par étapes, dans la voie de la démocratie socialiste.

Le Rassemblement pour la République (RPR) *Président*: Jacques Chirac. *But*: Rassembler, à l'exemple du général de Gaulle dont le parti s'inspire, le peuple français aujourd'hui divisé. Le RPR se déclare contre le programme de la gauche, jugé dangereux pour les libertés. On considère que le RPR est l'héritier de la droite traditionnelle, centralisatrice et nationaliste.

L'Union pour la démocratie française (UDF) est une fédération de petits partis et a seize secrétaires-généraux, y compris Valéry Giscard d'Estaing, ancien Président de la République. Cette fédération réunit le centre-gauche et le centre-droit non-gaulliste. Elle se déclare pour un système économique libéral accompagné de réformes sociales, et favorise la décentralisation administrative.

(b) A vous d'étudier maintenant en détail les programmes des partis politiques.

Travail à deux → Exercice oral   Le professeur divisera la classe en deux groupes. Chaque groupe étudiera les *Définitions* et les *Professions de foi* de deux partis (dont un de droite et un de gauche).

Avec un(e) partenaire du même groupe, relisez attentivement les documents qui vous concernent. Prenez ensuite des notes selon les indications suivantes:

- **objectifs** de chaque parti
- ce à quoi ils **s'opposent**
- **moyens** qu'ils se proposent d'employer dans leur combat pour ou contre ces choses.

(Songez d'abord à la manière dont vous allez classer ces notes. Comment les présenter aussi clairement que possible: à l'aide d'un tableau à trois colonnes? au moyen d'un tableau à deux colonnes, et en vous servant de parenthèses?)

Ceci fait, préparez avec votre partenaire un exposé oral des programmes que vous avez étudiés. Vous aurez besoin d'employer des formules pour exprimer l'**opposition** (*p. 236*) et le **moyen** (*à gauche*).

Ces expressions vous seront aussi utiles: *être/se déclarer pour . . .*, *être partisan de*, *prôner*, *proposer (de)*.

Pour finir, le professeur demandera à plusieurs d'entre vous de présenter oralement vos exposés. Notez par écrit les grandes lignes des programmes des partis que vous n'avez pas étudiés.

(c) Que pensez-vous de ces partis et de leurs programmes?

Travail individuel → Discussion   Relisez les notes que vous venez de prendre (*b*), ainsi que la liste des priorités des Français (*p. 151*). Notez vos réponses à ces questions, en les justifiant à l'aide d'exemples:

- A votre avis, lesquels de ces partis ont un programme essentiellement positif ou essentiellement négatif?
- D'après vous, quel parti a composé le programme qui correspondait le mieux aux préoccupations de leurs compatriotes?
- Pour lequel de ces partis auriez-vous voté personnellement?

Discutez avec les autres étudiants vos réponses à ces questions.

ÉLECTIONS LÉGISLATIVES DU 16 MARS 1986

Liste «Pour une majorité de Progrès»

*Cette profession de foi, ultime de la campagne électorale,
répond à la question posée par tous:
«Quel projet avons-nous pour le pays?»*

ENSEMBLE, BÂTISSONS
Nous sommes fidèles à notre idéal. Nous voulons une société
plus juste dans laquelle les richesses produites par les travailleurs
sont redistribuées à tous, où les chances sont égales, où le droit à
la santé, aux loisirs, à une retraite heureuse n'est pas une off

ÉLECTIONS LÉGISLATIVES DU 16 MARS 1986

Liste d'Union de l'Opposition*

Des engagements clairs et précis

Nous prenons devant vous des engagements qui orienteront
demain notre action.
Nous voulons nous battre pour l'emploi: retrouver les
conditions de la croissance économique, alléger les contraintes et
les charges qui pèsent sur les entreprises, donner la priorité à

ÉLECTION DES DÉPUTÉS – 16 MARS 1986

liste de RASSEMBLEMENT NATIONAL

*Françaises et Français,
Notre pays est menacé dans son existence, dans sa prospérité, dans
les libertés de chacun d'entre vous. Le chômage, l'insécurité, la ré
économique, l'immigration étrangère, le laxisme mor
Vous en avez*

ÉLECTIONS LÉGISLATIVES – MARS 1986

S'EN SORTIR, C'EST POSSIBLE!

*La France est un grand pays moderne. Elle a des atouts industriels,
agricoles, culturels considérables. Dans un tel pays, il devrait être
donné à tou*

L'Hémicycle de l'Assemblée nationale (1986)

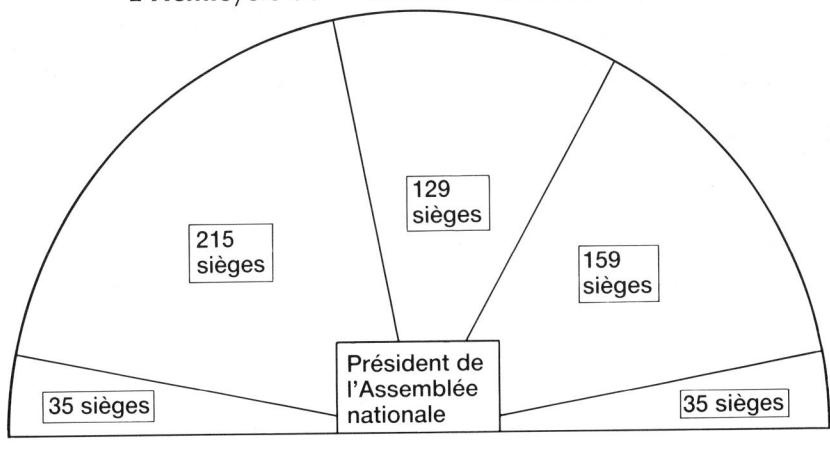

(d) Vous trouverez ci-dessous à gauche un schéma représentant l'hémicycle (demi-cercle) de l'Assemblée nationale (*photo, p. 160*). Depuis la première moitié du XIXᵉ siècle, les députés de gauche (en commençant par l'extrême gauche) ont occupé les places à gauche par rapport au président de l'Assemblée, et ainsi de suite, en passant par les députés du centre jusqu'à ceux de l'extrême droite. A vous maintenant de situer à leur place habituelle dans l'hémicycle les partis dont vous venez d'étudier les professions de foi.

Travail à deux→Mise en commun Avec un(e) partenaire, et à l'aide de vos notes sur la droite et la gauche (*2, 3, p. 160–1*), essayez de déterminer la place occupée dans l'hémicycle par les cinq partis ou groupes politiques dont vous venez d'étudier les *définitions* et les *professions de foi* (a). (La répartition des sièges présentée dans le schéma est celle qui a résulté des élections législatives de 1986.)

Comparez ensuite vos solutions avec celles des autres étudiants. Quel est le parti ou la coalition qui a obtenu la majorité à la suite des élections de 1986?

5. Rédaction: La vie politique en France

Un jeune professeur doit rédiger, pour un manuel d'instruction civique qui s'adresse à des élèves de cinquième, un article qui servira d'introduction à la vie politique en France aujourd'hui.

Travail individuel En consultant les notes que vous avez prises en étudiant ce dossier, faites le plan de cet article. Songez d'abord à l'ordre dans lequel il faudra traiter les aspects suivants:

- l'organisation des pouvoirs au niveau local
- le rôle du Président de la République
- l'organisation des pouvoirs au niveau national
- les principaux partis politiques
- ce que c'est que la politique
- les différentes raisons pour lesquelles on s'intéresse à la politique.

Ensuite, écrivez l'article à la place du professeur (en 300–400 mots). Employez des formules qui conviennent pour exprimer **l'opposition** (*p. 236*) et le **moyen** (*4, p. 162*), et pour **exemplifier** (*2, p. 160*).

39 QUELLE EUROPE?

(a) Dans une des professions de foi que vous venez d'étudier (4, p. 162), on a déclaré: «nous voulons faire l'Europe». Est-ce vrai de tous les Français? Et de nous autres? Si oui, quelle Europe voulons-nous faire? Considérons d'abord des questions plus précises. Vous sentez-vous euro-péen(ne)? Vos compatriotes sont-ils plus ou moins «européens» que les habitants des autres pays de la Communauté Econo-mique Européenne (CEE)? Au cours d'un sondage sur l'Europe, les enquêteurs ont posé aux habitants des pays membres de la CEE la question suivante: «Si l'on vous annonçait demain que la Communauté européenne est abandonnée, éprou-veriez-vous de grands regrets, de l'indif-férence ou un vif soulagement?» Le tableau à droite montre les réponses recueillies.

- Comment répondriez-vous person-nellement à cette question?
- Quelles conclusions sur les attitudes des différents Européens (Français, Allemands ou Britanniques, par exemple) pouvez-vous tirer des réponses données?
- Avez-vous des idées sur les raisons pour lesquelles ces différences exist-ent?

Travail individuel → Travail à deux
Réfléchissez à ces questions en consultant le tableau; puis parlez-en avec un(e) par-tenaire.

Le Parlement européen

Sondage: réponses à la question *«Si l'on vous annonçait demain que la Communauté européenne est abandonnée, éprouveriez-vous de grands regrets, de l'indifférence ou un vif soulagement?»* posée en mars–avril 1983.

	Grands regrets	Indifférence	Vif soulagement	Sans réponse
Luxembourg	57	32	3	8
Pays-Bas	56	31	3	10
RFA	54	27	4	15
Italie	45	43	2	10
France	40	43	4	13
Belgique	38	38	3	21
Irlande	33	49	7	11
Danemark	31	34	19	16
Grèce	29	45	12	14
Royaume-Uni	22	43	30	5
Moyenne CEE	41	39	9	11

Source: *30 jours d'Europe*, septembre 1983

(b) Que savez-vous des institutions de la Communauté européenne? Les docu-ments *Les institutions européennes*, paru dans *les Cahiers français*, et *Les institu-tions de la Communauté*, tiré de *Lettre de Matignon*, le service d'information du Premier ministre (*Livret*, pp. 61–2), vous permettront de vérifier ou d'étendre vos connaissances.

Travail à deux/Travail individuel → Mise en commun Communiquez à un(e) par-tenaire ce que vous savez déjà des institu-tions suivantes:

- le Parlement européen
- le Conseil européen
- la Commission européenne
- le Conseil des ministres
- le Comité économique et social
- la Cour de justice.

Lisez maintenant l'un des deux docu-ments: votre partenaire lira l'autre. Ensuite, interrogez-vous mutuellement sur les informations contenues dans vos docu-ments: cherchez à savoir la **composition**, la **fonction** et les **pouvoirs** de chaque institution concernée. Au besoin, commu-niquez à votre partenaire les informations qui lui manquent. Quand vous aurez échangé et noté par écrit les informations, le professeur vous demandera de les lui communiquer de mémoire, sans consulter ni vos notes ni les documents.

POINTS DE REPÈRE

La politique agricole commune (PAC), pierre angulaire de la Communauté Economique Européenne (CEE) a permis un remarquable essor de l'agriculture du Marché Commun. Toutefois, ce système se voit aujourd'hui vivement critiqué tant par les consommateurs que par les gouvernements, comme l'indique l'article *Ne cultivez plus la grange est pleine*, paru dans le magazine *La Vie*.

«Les greniers sont pleins. Les citernes débordent. Les chambres froides sont remplies.»

Quel est le **problème de fond** posé dans ces trois premières phrases?

A quelles catégories de **produits** font allusion les mots *greniers, citernes, chambres froides*?

Quelles sont, selon l'article, les **causes**, générales et spécifiques, des difficultés que connaît la PAC?

Travail individuel → ***Mise en commun*** Lisez une première fois l'article et notez brièvement vos réponses à ces questions. Ensuite discutez-en avec l'ensemble de la classe.

NE CULTIVEZ PLUS LA GRANGE° EST PLEINE

Les pays de la CEE produisent trop de blé,° de lait, de viande. A ne plus savoir qu'en faire.° «Hé bien, stockez, exportez, distribuez au tiers monde!», répondent les consommateurs en colère. Leurs solutions sont dignes de° Candide, le héros naïf et optimiste du conte de Voltaire. Ce n'est pas si simple. G. Desmedt tente ici d'éclaircir° le débat.

Les greniers° sont pleins. Les citernes° débordent.° Les chambres froides sont remplies. Les producteurs de blé français soutiennent,° auprès des pouvoirs publics, un dossier qui prévoit° de transformer leurs surplus en éthanol, un alcool qui serait additionné à l'essence. La production laitière européenne a pris une telle ampleur° que la CEE a imposé des quotas. La France, pour sa part, doit baisser ses fournitures° de lait de 2,95%. Les excédents° de vin de table seront régulièrement distillés. Et voilà que la crise de surproduction touche maintenant les poulets et les œufs.

L'agriculture européenne est victime de ses succès. L'Europe des six, devenus dix et bientôt douze, a mis en place progressivement, dans les années 1960, une politique commune pour préserver et développer le secteur agricole. Avec un objectif: se suffire° pour nourrir tous les Européens. Pour cela, on a dressé° des barrières douanières aux frontières du vieux continent; on a donné la préférence aux produits des membres du Marché commun, avec des prix identiques garantis à tous;

l'argent de la CEE finance un fonds° d'intervention pour soutenir les marchés. Pour les grands produits, les résultats ont dépassé les espérances. L'Europe est devenue une grosse exportatrice de blé, de produits laitiers et de viande.

Le cas du blé est exemplaire.° En France, la moisson° 1984 a donné ses 31,5 millions de tonnes avec une moyenne° de 65 quintaux° de blé par hectare (10 quintaux de plus que l'année dernière). «*Cette année est exceptionnelle*, explique M. Philippe Neeser, le président de l'Association générale des producteurs de blé, *mais elle préfigure le niveau habituel dans quelques années. Quantité et qualité vont maintenant de pair*».°

La sélection des espèces,° l'utilisation des engrais,° la mécanisation ne cessent de faire progresser les rendements.° Actuellement, les champs de blé donnent un quintal de plus à l'hectare chaque année! Un pays comme la Grande-Bretagne réussit à produire 75 quintaux à l'hectare avec deux récoltes° par an et parvient à l'autosuffisance,° Ainsi, la récolte est trop

belle. Mais les silos font défaut° et l'on stocke des tonnes de blé dans de vieilles granges ou dans des péniches.°

Détruire coûte moins cher...

Pour le lait, la situation est aussi ubuesque.° Les frigos de la communauté sont pleins de beurre à ras bord.° Il y en avait plus d'un million de tonnes au mois de juillet, stocks que l'on a réduits en les vendant à prix cassés° à l'URSS et au Moyen-Orient,° ainsi que par les opérations «beurre de Noël» dans la Communauté. Quant à la poudre de lait, il y en a 985 000 tonnes en stock. Le lait apporte aux paysans européens des revenus sûrs, réguliers, des prix garantis par la Communauté. Aujourd'hui, l'Europe des dix quand elle tire 120 litres de lait de ses vaches, n'en consomme que 100 litres. On réduit donc la production de lait, on abat° des vaches. Le marché de la viande de bœuf en subit les conséquences. Les élevages° se sont multipliés alors que les Européens mangent de moins en moins de beefsteaks. Les chambres froides regorgent de° 500 000 tonnes de viande, qui attendent preneur, tandis que les carcasses d'Argentine et d'Australie arrivent à bas prix dans les boucheries des Dix...

Du côté des° volailles,° la faillite° menace nombre de producteurs bretons, super-équipés pour engraisser° des dizaines de milliers de poulets. Lesquels ne trouvent plus preneurs, menacés par les exportations brésiliennes, à prix bradés.°

Pourquoi tant de surplus, tant de gâchis?° Il faut y regarder à deux fois avant de prononcer un jugement définitif sur les fruits détruits ou le lait invendable. Tous les excédents ne sont pas de même nature. Les pommes versées° par tonnes dans les décharges,° les pêches arrosées de° fuel ou les choux-fleurs jetés sur les routes arrachent des cris de colère au consommateur. Mais les cultures° sont tributaires du° climat. Si celui-ci est favorable, la production est massive et ne trouve pas preneur. Pour les fruits et les légumes, pas de prix garantis. Les pouvoirs publics interviennent sur le marché de façon ponctuelle° en procédant à des «retraits»,° autrement dit à des destructions. Ils sont très contrôlés et payés par les caisses° de la CEE. *«C'est un mal° nécessaire. Dans certains cas, la solution économique est de détruire,* explique un expert de la FNSEA, le principal syndicat° agricole. *Tâchons de regarder le côté positif. Pour avoir assez, il est préférable de produire un peu plus...»*

Côté lait, blé et vin, les excédents sont structurels. La politique agricole commune a eu ses côtés positifs: agriculture moderne, productivité, revenus garantis des agriculteurs.° Mais aussi son côté négatif: le monde agricole a parfois forcé la dose° en élevant plus de vaches, en plantant plus de blé, sans se préoccuper des débouchés.°

L'exemple le plus caricatural vient de la vigne. Les flots de vin de consommation courante° ne trouvent pas d'acheteurs, mais on continue consciencieusement à le produire, à le payer, puis à le distiller!

Candide aurait pourtant des tas de° solutions à proposer. Pour, d'un coup de baguette magique, faire disparaître les surplus. Candide, hélas, se heurte à° bien des barrières. Stockez donc, dit-il, en prévision de° mauvaises saisons. Cette solution est déjà amplement utilisée puisque les greniers et les frigos sont pleins: d'ailleurs, le stockage coûte très cher. Vous possédez beaucoup? Distribuez les surplus aux plus démunis.° Oui, mais agir sur une grande échelle... coûte cher. Le programme décidé par le gouvernement pour aider les «nouveaux pauvres» le prouve. Cette fois-ci, on a vu grand,° à la mesure du° drame. Depuis le 1er décembre dernier, on distribue chaque mois directement à 400000 personnes ou sous forme de repas collectifs: 12 rations de viande (essentiellement du steak haché surgelé),° 600 grammes de poudre de lait,

500 grammes de beurre, 6 kilos de pommes de terre, un légume, 2,5 kilos de pommes et 1 kilo de pruneaux en compote.° Le coût des produits (sauf la viande) est très faible, car ils proviennent des stocks d'excédents. Mais il faut transporter, emballer, distribuer... et savoir où envoyer la marchandise! Au total, le seul volet° alimentaire° d'aide revient à 105 millions de francs sur les 500 millions dégagés° pour les «nouveaux pauvres». De telles distributions ne doivent pas désorganiser les marchés ni être revendues. Une action bien comprise demande une organisation énorme!

Distribuer, c'est bien, mais exporter fait vivre. L'Europe a la chance d'être un grand continent agricole. L'agriculture, voilà notre pétrole. Exportons au maximum dans tous les pays du monde, dit Candide. Cette utilisation intelligente de l'abondance est évidemment la meilleure. Le «pétrole vert» participe à la meilleure tenue° de la balance commerciale de la France. Mais sur les marchés mondiaux, c'est la lutte au couteau. Pour le blé, avec leurs terres immenses, les Etats-Unis jouent les épouvantails.° En 1984, ils en ont produit 85 millions de tonnes dont 14 millions de tonnes de surplus. La même année, l'Etat américain – ô combien «libéral» – a dépensé 19 milliards° de dollars pour soutenir ses marchés agricoles, plus que la CEE. L'Australie et le Canada cherchent aussi à placer leur blé. En conséquence, les cours° mondiaux sont ridiculement bas.

En face de cette offre, qui achète?

Les pays de l'Est restent actuellement les meilleurs clients. L'URSS a ainsi acheté 24 millions de tonnes de

---

● **grange** (f) barn   **blé** (m) wheat   **savoir qu'en faire** know what to do with it   **digne de** worthy of   **éclaircir** shed light on   **grenier** (m) corn loft, granary   **citerne** (f) tank   **déborder** overflow   **soutenir** present   **prévoir** plan to; forecast   **prendre une telle ampleur** reach such a scale   **fourniture** (f) supply   **excédent** (m) surplus   **se suffire** be self-sufficient   **dresser** erect   **fonds** (m) fund   **être exemplaire** be a good example   **moisson** (f) harvest

moyenne (f) average   **quintal** (m) = 100 kg   **aller de pair** go hand in hand   **espèce** (f) strain, type   **engrais** (m) fertiliser   **rendement** (m) yield   **récolte** (f) crop; harvest   **autosuffisance** (f) self-sufficiency   **...font défaut** there aren't enough...   **péniche** (f) barge   **ubuesque** farcical   **à ras bord** to the brim   **à prix cassés** at knock-down prices   **Moyen-Orient** (m) Middle East   **abattre** slaughter   **élevages** (m pl) livestock farming   **regorger de** be crammed with

(du) côté (de) ... as far as ... is concerned   **volaille** (f) poultry   **faillite** (f) bankruptcy   **engraisser** fatten   **à prix bradés** at throwaway prices   **gâchis** (m) waste   **versé** tipped   **décharge** (f) rubbish dump   **arrosé de** soaked in   **cultures** (f pl) crops   **tributaire de** dependent on   **de façon ponctuelle** as the need arises   **retrait** (m) withdrawal   **caisses** (f pl) coffers   **mal** (m) evil   **syndicat** (m) union   **agriculteur** (m) farmer   **forcer la a**

blé de la récolte 1984 (5 millions de tonnes à la CEE). La Pologne, la Tchécoslovaquie importent, ainsi que les pays du Moyen-Orient. Des nations comme la Chine et l'Inde ont cependant cessé leurs achats. Ces deux pays ont réussi leur révolution agricole et s'autosuffisent maintenant. Ils commencent même à exporter, eux aussi!

Reste la demande des pays pauvres, surtout d'Afrique. Ceux-là ne peuvent pas payer. Le Nigéria, par exemple, en raison des baisses du prix du pétrole, a pratiquement cessé ses importations de blé. Son endettement° le lui interdit. «Pourtant, au niveau mondial, affirme Alain Revel, un spécialiste de l'économie agricole internationale, *en matière*° *alimentaire, je constate*° *un excédent global avec des déficits régionaux notamment en Afrique. En 1972, explique-t-il, on prévoyait l'apocalypse, une crise alimentaire mondiale. Or elle n'a pas eu lieu. La croissance*° *de la population mondiale continue, mais à un rythme plus lent. Les progrès techniques se poursuivent,*° *invariablement.*»

En somme, tout est question de répartition,° de distribution, donc de politique. Garder des surplus quand d'autres n'ont rien ou meurent de famine, comme en Ethiopie, a de quoi° révolter. Le bon sens voudrait le transfert des excédents des pays riches et repus° vers les nations pauvres et affamées.° «*Cette aide alimentaire existe,* explique un haut fonctionnaire° des Communautés européennes. *La CEE s'est engagée à*° *livrer*° *6 millions de tonnes de céréales par an aux pays déficitaires, ainsi que 150 000 tonnes de lait en poudre et 40 000 tonnes de «butter oil», qui permet de reconstituer du lait. La Communauté paie l'acheminement.*° *La distribution est assurée par les Etats eux-mêmes ou par des Associations non gouvernementales.*

Pourrait-on faire plus? Peut-être, mais alors, attention aux effets pervers.° *Des aides régulières trop importantes entraînent un changement des habitudes alimentaires et peuvent bouleverser*° *le commerce des produits agricoles locaux*». L'Afrique a ainsi pris l'habitude de manger du pain, alors qu'elle ne produit presque pas de blé. Quant à la distribution, elle laisse souvent à désirer. Il est vrai qu'il existe des détournements,° des pertes, des gâchis. Ceci ne remet cependant pas l'aide en cause.°

L'aide d'urgence° au tiers monde est indispensable ponctuellement pour empêcher que des populations ne meurent. Mais aide alimentaire doit cependant se conjuguer° avec développement.

En France, les agriculteurs sont capables de réaliser° à la fois la solidarité directe et l'aide au développe-

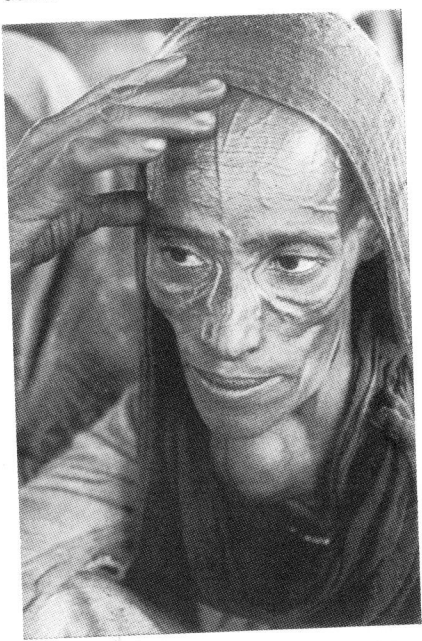

ment. Les coopératives de producteurs de céréales ont demandé à leurs adhérents° de réserver un millième de la récolte pour l'aide alimentaire. Mais les agriculteurs accueillent aussi chez eux des paysans du tiers monde pour leur apprendre les techniques les plus modernes.

Pour sa part, M. Remaury, cultivateur ariégeois° (75 ha) près de Saverdun, et président de la Fédération des coopératives Midi-Pyrénées, pense que l'agriculture n'évitera pas une réflexion sur la façon de produire. «*Nous obtenons des rendements maximums, mais à des coûts élevés. Il est peut-être plus rentable*° *de récolter 50 quintaux de blé à l'hectare à moindre coût, plutôt que 80 quintaux à coût prohibitif.*» Dépenser moins pour produire moins. Comment alors sauvegarder le niveau de vie des agriculteurs? «*N'oublions pas que nous ne sommes excédentaires que pour certains produits*», dit M. Remaury. «*La France importe des centaines de milliers de tonnes de maïs.*° *Le soja qui nourrit le bétail*° *vient du Brésil et des Etats-Unis. Pourquoi ne pas en produire ici, ou développer plus encore des cultures qui le remplacent, le pois,*° *la féverole,*° *le lupin?*» Les Etats-Unis ont d'ailleurs bâti leur puissance agricole en produisant massivement cette nourriture destinée au bétail. Ne pourrait-on en faire de même° en Europe, malgré quelques difficultés climatiques et des problèmes d'adaptation?

Diversification, imagination, transformation des produits, solidarité mondiale des paysans. Est-ce possible? Sûrement, au prix d'une vraie coopération, entre riches et pauvres, sur des programmes de développement. L'agriculture ne dépend pas seulement de la météorologie. Elle subit° aussi les effets du climat politique.

---

dose (fam) overdo it   débouché (m) outlet
vin (m) de consommation courante table wine   es
des tas de (fam) lots of   se heurter à come up
against   en prévision de in anticipation of
démuni (m) deprived person   voir grand think
big   à la mesure de in keeping with   surgelé
frozen   pruneaux (m pl) en compote stewed
prunes   volet (m) section (of budget)
alimentaire food   dégagé released   tenue (f)
handling   jouer les épouvantails (m pl)   act the rôle

of bugbear   milliard (m) thousand million,
billion   cours (m) price   endettement (m)
debts   en matière (de) . . . as far as . . . is
concerned   constater note   croissance (f)
growth   se poursuivre continue   répartition (f)
sharing out   avoir de quoi . . . be enough to . . .
repu well fed   affamé starving   haut
fonctionnaire (m)   high-ranking official
s'engager à undertake to   livrer deliver
acheminement (m) transport, dispatch   pervers

negative   bouleverser have a drastic effect on
détournement (m) misappropriation   remettre en
cause call into question   d'urgence
emergency   se conjuguer go hand in hand
with   réaliser achieve   adhérent (m)
member   ariégeois from the Ariège   rentable
profitable   maïs (m) maize   bétail (m)
livestock   pois (m) pea   féverole (f) bean
fodder   en faire de même do the same thing
subir be subject to

1. Mettre de l'ordre dans les idées: liens logiques et liens linguistiques (L'articulation)

(a) Cet article, vous l'avez constaté, expose un problème de fond, le surplus, qui est en effet la somme totale de plusieurs problèmes du même ordre, des surplus de produits particuliers. Chacun de ces problèmes se compose de différents facteurs ayant entre eux des **liens logiques** (de **cause**, de **conséquence**, de **justification**, etc.) que peuvent exprimer des **liens linguistiques** ou **articulateurs**. A vous de trouver les **articulateurs** dont vous aurez besoin pour exprimer les **liens logiques** indiqués dans le schéma *Les surplus agricoles* (à *droite*), qui présente un résumé de l'article.

Travail individuel→Exercice oral Consultez d'abord attentivement le schéma. Sans rien écrire, relisez ensuite l'article: remettez-vous en mémoire ce qui y est dit sur tous les facteurs et éléments mentionnés dans le schéma.

Ceci fait, réfléchissez à la manière dont vous pourrez exprimer les **liens logiques** indiqués sur le schéma (**but**, **moyen**, etc.); à l'aide de quelles formules? Rapportez-vous s'il le faut aux pages indiquées ici: le **but** (*2, p. 4*), l'**énumération** (*2, p. 105*), la **cause**, la **conséquence** et la **confirmation** (*1, p. 108 et 3, p. 126*), l'**exemplification** (*2, p. 160*), le **moyen** (*4, p. 162*) et l'**opposition** (*pp. 236–7*).

Pour finir, le professeur vous demandera d'interpréter tour à tour une partie du schéma, sans consulter le texte: employez une variété de **liens linguistiques** ou **articulateurs**.

(b) Vous allez maintenant intégrer dans un exposé écrit les **liens linguistiques** que vous venez d'employer à l'oral.

Travail individuel Ecrivez deux ou trois paragraphes intitulés *Les surplus agricoles*. Employez quand il le faudra les **liens linguistiques** qui conviennent: **but**, **moyen**, etc. Ne regardez pas l'article.

2. Des solutions? Oui, mais … (Recommander: Concéder et s'opposer)

▶ Vous connaissez déjà plusieurs façons de **concéder** un point et de **vous opposer** à un argument (*p. 85*). Voici certaines expressions qui servent à exprimer des réserves:

Concéder	S'opposer
Certes, …	Il faut cependant reconnaître que …
Il est certain que …	Il serait quand même illusoire/absurde
En effet, …	d'imaginer que …
(etc.)	Mais voyons, il est absurde de
	supposer que … ◀

(a) Une commission nommée par le Fonds d'intervention et d'orientation agricole est chargée d'examiner les solutions possibles au problème des excédents. Elle **recommande** donc à des personnes intéressées (représentant des fermiers, des ministères d'agriculture, etc.) des solutions possibles. Ces personnes, tout en **concédant** l'utilité relative de ces recommandations, y **opposent** des réserves.

Travail individuel Relisez l'article *Ne cultivez plus la grange est pleine*; puis notez par écrit des **recommandations** que pourrait faire la commission dans les domaines suivants: **stockage, distributions gratuites, exportations, aide au tiers monde, réductions de production et d'investissements,** et **développement d'autres cultures**. Ensuite, consultez de nouveau l'article. Pour chaque solution recommandée, notez par écrit des réserves que pourrait y **opposer** un interlocuteur (en d'autres termes, les limites de cette solution).

(b) A vous maintenant de prendre les rôles des membres de la commission et des personnes intéressées.

Exercice oral La classe se divisera en deux. La moitié prendra le rôle de la commission et posera des questions aux personnes intéressées sur les **recommandations** possibles, en employant des formules qui conviennent (*2, p. 43*). L'autre moitié jouera le rôle des personnes intéressées, qui exprimeront des réserves en **concédant** la nécessité d'une solution de ce genre, mais en **s'opposant** à un aspect de la solution proposée. Ne regardez pas le texte.

Exemple:

– Est-ce qu'*il conviendrait* à votre avis **de** stocker les produits excédentaires?
– *Il est certain que* le stockage joue un rôle important. *Il faut cependant reconnaître que* cette solution coûte cher et *qu'*elle est déjà amplement utilisée.

3. Quel avenir pour l'Europe? (L'antériorité immédiate, la durée limitée)

▶ On peut indiquer la **durée limitée** d'une circonstance ou d'une action en employant **jusqu'au/à la + nom** ou **jusqu'à ce que + subjonctif**:

Jusqu'à la signature du Traité de Rome, l'idée que l'on se faisait de l'Europe est restée bien vague.
Jusqu'à ce qu'on ait signé le Traité de Rome, l'idée . . .

On peut éviter d'employer le subjonctif en employant **jusqu'au moment**

où + indicatif:

Jusqu'au moment où le général de Gaulle **s'est retiré** de la scène politique, la Grande-Bretagne n'a pu adhérer à la CEE.

Pour marquer l'**antériorité immédiate**, c'est-à-dire le fait qu'une action précède immédiatement celle du verbe principal, on emploie **dès + nom**, **dès que/dès le moment où + indicatif**:

Dès le départ du général de Gaulle, la Grande-Bretagne a pu négocier son entrée à la CEE.
Dès que/le moment où le général de Gaulle **s'est retiré** de la scène politique, . . .

Lorsque l'on parle de deux actions futures, dont l'une précédera immédiatement l'autre, on emploie **dès que + futur antérieur** pour la première action et le futur pour la deuxième:

Dès que l'unité européenne **se sera réalisée**, la stabilité mondiale **deviendra** plus facile à maintenir. ◀

(a) La CEE fut fondée peu après la fin de la deuxième guerre mondiale pour établir entre l'Allemagne et ses voisins occidentaux «des liens organiques et irrévocables». Le but était donc politique: il fallait à tout prix éviter une troisième guerre en Europe, puisque la deuxième avait laissé le continent dans un état de délabrement qui avoisinait la ruine.
Cependant, l'union politique tant désirée par les fondateurs de la CEE n'est pas encore une réalité. Le sera-t-elle jamais?

Quelles sont les **conditions nécessaires** à la réalisation de cette union? Jusqu'à ce que ces conditions soient présentes, l'union de l'Europe ne sera sans doute qu'un vain espoir. Les extraits présentés dans le *Livret* (p. 63) vous permettront d'explorer ces questions.

Travail individuel→ Travail à deux Lisez attentivement ces extraits. Notez par écrit dans chaque cas:

● ce que l'auteur semble **espérer** pour la CEE de l'avenir
● la **condition nécessaire** à la réalisation de cet espoir.

Ajoutez-y éventuellement vos propres idées, et classez vos notes de la manière suivante:

espoir de l'auteur:	*condition(s)*
manifestation par les Européens d'un plus grand intérêt à l'égard de la CEE.	*nécessaire(s):* une meilleure information sur le fonctionnement de la Communauté.

Rédigez ensuite, pour trois des extraits seulement, des phrases qui relient chaque espoir à la condition nécessaire à sa réalisation. Employez chaque fois une des formules présentées ci-dessus pour exprimer l'**antériorité immédiate** ou la **durée limitée**. (Notez que dans les cas où vous emploierez des expressions de **durée limitée**, l'espoir s'exprimera au *négatif*). Comparez ensuite vos phrases avec celles d'un(e) voisin(e).

Exemple:

*Les Européens manifesteront un intérêt plus grand à l'égard de la CEE **dès qu'**ils **auront été** mieux informés sur son fonctionnement.*

***Jusqu'à ce qu'ils soient** mieux informés sur son fonctionnement, les Européens **ne** manifesteront **pas** un très grand intérêt à l'égard de la CEE.*

(b) *Travail individuel→Travail à deux* Relisez attentivement vos notes (a) en essayant de les mémoriser. Ensuite, avec un(e) partenaire et sans regarder vos notes, formulez tour à tour des phrases sur l'avenir possible de l'Europe et les conditions nécessaires à sa réalisation. Employez chaque fois une formule pour exprimer l'**antériorité immédiate** ou la **durée limitée**.

4. La CEE: le côté positif

On parle beaucoup des inconvénients de l'adhésion à la CEE: contributions au budget, limitation des quotas agricoles, etc. Quant aux avantages, on en parle moins. L'extrait d'article à droite, tiré encore une fois de *La Vie*, tente de redresser l'équilibre.

Travail individuel→ Travail à deux Lisez attentivement l'extrait *L'Europe entre dans la vie de tous les jours*. Notez par écrit tous les avantages offerts aux habitants des pays membres en récompense de leur adhésion à la CEE. Pouvez-vous y ajouter d'autres avantages (politiques, psychologiques, commerciaux)?

Comparez ensuite votre liste d'avantages avec celle d'un(e) voisin(e).

5. Discussion et rédaction: *L'adhésion à la CEE vaut-elle ou non la peine?*

(a) Après vous être renseigné(e) sur le pour et le contre de la CEE, quelle réponse apporterez-vous personnellement à la question ci-dessus?

Travail individuel→ Discussion Passez en revue les notes que vous avez prises au cours de votre étude de la CEE (*1–4, pp. 168–70*), en relevant tout ce qui vous sera utile pour justifier votre point de vue.

Ensuite, le professeur demandera à quelques-uns d'entre vous de faire un exposé qui répondra à la question posée ci-dessus; vous aurez chacun trois ou quatre minutes pour exprimer votre avis. Les étudiants qui ne sont pas d'accord pourront intervenir avec la permission du professeur.

Quel est le verdict majoritaire de la classe? Pensez-vous qu'il corresponde à l'avis général de vos compatriotes?

(b) A vous maintenant d'expliquer et de justifier par écrit votre réponse à la question que vous venez de débattre.

Travail individuel Faites d'abord le plan de votre rédaction, en adoptant la structure la mieux adaptée (*voir pp. 73 et 90*). Comment allez-vous éveiller l'intérêt du lecteur dans votre introduction: par une question? par un résumé historique? par une citation? Quels aspects positifs et négatifs de la CEE allez-vous traiter dans votre développement? Comment allez-vous conclure votre argument: en faisant allusion à l'avenir? en résumant et en

justifiant votre avis personnel?

Ecrivez maintenant la rédaction (en 400–500 mots). Employez quand il le faudra des formules pour exprimer **l'opposition** (*p. 236*), pour **concéder** et **vous opposer** (*p. 85*), pour **exemplifier** (*2, p. 160*), pour exprimer **le moyen** (*4, p. 162*), **l'antériorité** et la **durée limitée** (*3, p. 169*).

L'EUROPE ENTRE DANS LA VIE DE TOUS LES JOURS

Gino est italien. Il a dû dernièrement changer de métier, et a suivi à cet effet un stage de formation professionnelle. Stage financé, en partie, par le fonds social européen, l'une des institutions de la Communauté européenne. Depuis 1972, plus de deux millions de personnes ont bénéficié de cette aide à la réadaptation professionnelle. C'est peu par rapport aux quelque six millions de chômeurs dans les pays de la Communauté économique européenne. Mais ce n'est pas négligeable.

Bernard est français. Il a trouvé un emploi dans une petite entreprise de mécanique, dont la création a été, en partie, financée par le Fonds européen de développement régional (FEDER). Grâce à ce Fonds, les régions les plus riches de l'Europe devraient aider les plus pauvres. Mais à cause des réticences de l'Allemagne fédérale, le «banquier» de la CEE, et parce que les Etats – la France en particulier – répugnent à voir la CEE mettre son nez dans leurs affaires régionales, l'action du FEDER est encore bien modeste.

En France, la Bretagne, l'Auvergne, et, à un moindre degré, la Lorraine ont été les principaux bénéficiaires de cette aide européenne aux régions, tandis qu'en Grande Bretagne, c'est le Nord-Est du pays qui en a le plus bénéficié. Des millions de livres, des milliards de francs ont été distribués et seront utilisés soit pour des investissements industriels (construction, agrandissement ou modernisation d'usines) soit pour des équipements publics (adduction d'eau dans les campagnes, routes, etc.).

Jan a quitté la Belgique pour s'installer en Allemagne, dont sa femme est originaire, et où il a trouvé un emploi intéressant. Dans l'ensemble de la Communauté, les ressortissants des pays membres ne sont pas considérés comme des travailleurs émigrés: ils n'ont pas besoin de carte de travail, ils ont droit aux mêmes prestations (allocations familiales, Sécurité sociale, caisses de retraite) que les citoyens des pays où ils s'installent.

Eric achève ses études de médecine à Paris. S'il le désire, il pourra exercer son art en Italie, en Irlande ou dans n'importe quel autre Etat de la Communauté. Ce «droit au libre établissement» à l'intérieur de la Communauté a été proclamé pour toutes les professions libérales et tous les travailleurs indépendants.

Dans la pratique, seuls les médecins en bénéficient pour le moment. Infirmières, dentistes et avocats pourront aussi l'exercer bientôt. Pour les architectes et les vétérinaires, on en est encore à discuter les modalités pratiques.

Naturellement, ce sont les paysans qui savent le mieux ce que la Communauté européenne a changé dans leur vie. Car c'est seulement en matière agricole qu'une politique commune a été complètement élaborée.

Pour Gino, Bernard, Jan ou Eric, cependant, l'Europe est une réalité qui joue un rôle dans leur vie quotidienne. Demain, peut-être, il en sera de même pour nous.

«DEBOUT BRETAGNE!»

Région maritime la plus occidentale de France, indépendante pendant des siècles, la Bretagne tient de son passé la volonté de se définir elle-même, de défendre ses intérêts. Malgré l'amputation de la Loire-Atlantique qui faisait traditionnellement partie de la Bretagne, la région a, depuis les années 60, transformé son agriculture et modernisé son industrie. Mais elle attend beaucoup de la décentralisation mise en œuvre, à partir de 1981, par le gouvernement.

Comment sont les Bretons? Comment envisagent-ils leur passé, leur présent et leur avenir?

Roscoff

LÉON

Morlaix

Brest

Lannion

TRÉGORROIS

Guingamp

Saint-Malo

Saint-Brieuc

CÔTES-DU-NORD 22

Dinan

Fougères

FINISTÈRE 29

ILLE-ET-VILAINE 35

Douarnenez

CORNOUAILLES

RENNES

Quimper

Concarneau

MORBIHAN 56

Lorient

VANNETAIS

Redon

Vannes

LOIRE-ATLANTIQUE 44

NANTES

«Sans le breton, pas de Bretagne»

40

POINTS DE REPÈRE

Duché indépendant durant des siècles avant de devenir une province française en 1532, la Bretagne a conservé, jusqu'à aujourd'hui, sa langue celtique, sa culture et ses traditions. Mais la lutte n'a pas toujours été facile.

Dans cet extrait tiré de son livre *Le cheval d'orgueil (ci-dessous)*, Pierre-Jakez Hélias, né en 1914, évoque pour nous son expérience d'enfant «bretonnant» à l'école où il fallait parler français.

Travail individuel → Mise en commun Lisez attentivement l'extrait et notez brièvement ce que vous apprenez sur:

— le rôle respectif du français et du breton dans la vie de l'écrivain
— l'attitude envers la langue régionale de ses parents et de ses maîtres.

Comparez ensuite vos notes avec celles des autres étudiants.

🔊 1. Parler breton ou parler français?

(a) Dans l'enregistrement «*Ma langue maternelle c'est le breton*», fait à Guingamp en 1981, Fanch K., qui est beaucoup plus jeune que Pierre-Jakez Hélias, nous donne un autre aperçu de l'enfance d'un Breton.

Travail individuel → Travail à deux En arrêtant la bande quand vous le voudrez, notez en quelques lignes l'essentiel de ce que dit le témoin. Comparez ensuite vos notes avec celles d'un(e) partenaire et mettez-vous d'accord sur les points majeurs de ce témoignage.

(b) A vous maintenant de vous interroger sur la portée de l'extrait que vous avez lu (*Points de repère*) et du témoignage que vous avez écouté (a).

Discussion En vous référant à vos notes, discutez ces questions avec le professeur:

D'après l'extrait et le témoignage, quelles sont vos premières impressions sur la Bretagne en tant que région?

Quel était le rôle du breton dans la société décrite par Hélias et quel est son rôle dans la vie de Fanch K.?

Y a-t-il des régions de votre pays qui ressemblent à la Bretagne? En quoi?

«Que je dactylographiasse°...»

De lâcher° quelques mots bretons dans la classe ne tire pas trop à conséquence.° C'est dans la cour, pendant nos libertés surveillées, que nous risquons de nous faire surprendre à bavarder par phrases entières dans un coin du préau.° Au plus fort° d'une discussion passionnée entre écoliers, il arrive que l'un des maîtres qui arpentent° l'espace entre le dos de la mairie et la barrière du jardin directorial° s'approche à pas de loup.° Dans les petites classes, nous en sommes quittes pour° un revers de main,° une oreille froissée° et la promesse de ne plus recommencer. Mais plus nous avançons en âge et plus les punitions nous pleuvent dessus. Toujours pour notre bien. C'est ainsi que l'année des bourses,° je me vois infliger la conjugaison à tous les temps° et tous les modes du verbe dactylographier, cette horreur. Que je dactylographiasse, que nous dactylographiassions! Je ne sais pas ce que j'ai, cette année-là, mais c'est la troisième ou quatrième fois que le directeur, monsieur Gourmelon, me tombe dessus pendant que je suis en train de discourir° en breton avec Alain Mazo ou Alain Le Gall, deux autres candidats. Il nous a pourtant expliqué que lorsqu'on prépare un examen aussi important pour l'avenir, il faut s'entraîner sans cesse à parler français. Il a raison sans aucun doute...

Lorsque l'un d'entre nous est puni pour avoir fait entendre sa langue maternelle dans l'enceinte° réservée au français, soit qu'il écope° d'un verbe insolite ou irrégulier, soit qu'il vienne au piquet° derrière le tableau après le départ de ses camarades, une autre punition l'attend à la maison. Immanquablement.° Le père ou la mère, qui quelquefois n'entend° pas un mot de français, après lui avoir appliqué une sévère correction,° lui reproche amèrement° d'être la honte° de la famille, assurant qu'il ne sera jamais bon qu'à garder les vaches, ce qui passe déjà pour infamant,° par le temps qui court,° auprès de ceux-là mêmes dont une part du travail est de s'occuper des vaches...

Quant aux maîtres d'école, depuis la création des Ecoles Normales,° beaucoup d'entre eux sont des fils de paysans. Ils font souvent comme le père d'un de mes amis. Ils punissent sévèrement, dans la journée, les élèves qu'ils surprennent à parler breton. Après la classe, leur plus grand plaisir est de parler le même breton dans leur famille et avec les gens du bourg.° Contradiction? Pas du tout. Quand ils ont fini d'être des hussards° de la République, ils redeviennent des hommes.

● **dactylographier** type out **lâcher** come out with **ne pas tirer trop à conséquence** be of no great consequence **préau** (m) covered playground **au plus fort de** at the height of **arpenter** pace up and down on **directorial** headmaster's **à pas de loup** stealthily **en être quitte pour** get away with **revers** (m) **de main** backhander **froissé** twisted **discourir** hold forth **enceinte** (f) enclosure

soit que ... soit que ... (+*subj*) whether ... or whether ... **écoper de** (*fam*) cop **insolite** unusual **venir au piquet** come and stand in the corner **immanquablement** without fail **entendre** understand **correction** (f) thrashing **amèrement** bitterly **honte** (f) disgrace, shame **infamant** ignominious **par le temps qui court** nowadays **Ecole** (f) **Normale** Training College **bourg** (m) village **hussard** (m) cavalryman

2. Langues minoritaires: symboles ou réalités?

L'extrait et le témoignage que vous venez d'étudier soulèvent une question plus générale: celle du rôle des langues et des cultures minoritaires dans une société moderne. En 1985, la création, par le gouvernement, d'un Conseil National des Langues et Cultures de France a suscité de vives discussions. Voici quelques faits:

- la France a sept langues régionales: l'**alsacien** et le **flamand**, langues germaniques; le **catalan**, le **corse** et l'**occitan**, d'origine latine; le **breton** et le **basque**
- il y a aussi les langues des communautés minoritaires: l'**espagnol** et le **portugais**; le **berbère** et l'**arabe**; l'**arménien** et l'**hébreu**, etc.
- si l'on prend le **breton** comme

exemple, il semblerait que 350 000 personnes environ le parlent quotidiennement, que 600 000 sachent le parler, qu'un million le comprennent et que 8 000 l'apprennent (dont 5 000 enfants); chaque année, un millier d'élèves présentent le breton comme deuxième ou troisième langue au baccalauréat (*voyez aussi Le «problème breton», p. 178*).

Les extraits et les témoignages présentés ci-dessous guideront vos réflexions sur le problème des langues et des cultures minoritaires.

Travail individuel/à deux→Discussion

D'abord, notez en quelques mots l'essentiel de chaque extrait ou témoignage.

Ensuite, discutez avec un(e) partenaire les questions suivantes et notez brièvement les grandes lignes de votre discussion:

Est-il important de conserver les langues et les cultures minoritaires? Est-ce possible?

Quels sont les facteurs qui entraînent leur affaiblissement?

Quelles mesures faudrait-il adopter afin de les conserver?

Les langues et les cultures minoritaires devraient-elles figurer aux programmes d'enseignement?

Les enfants feraient-ils mieux d'apprendre une langue régionale ou minoritaire, ou bien une langue étrangère comme l'allemand, l'anglais, etc.?

Une variété de langues et de cultures enrichit-elle la société ou menace-t-elle plutôt son unité?

Débattez maintenant avec le professeur le pour et le contre du maintien des langues et des cultures minoritaires.

Langues minoritaires: symboles ou réalités?

Il faut permettre aux Bretons, aux Basques, etc., l'exercice de cette liberté fondamentale qui est de vivre leur langue et leur culture. Il faut reconnaître leur droit à la différence.

L'apprentissage précoce d'une deuxième langue ouvre l'esprit des enfants et les prépare à l'analyse ... Lorsqu'on a la chance d'habiter une région biculturelle, pourquoi ne pas en profiter pour inciter très tôt les enfants à cette double culture?

Le combat pour la survivance est noble, estimable: il est un peu fou quand il est sans espoir, comme celui des Bretonnants, des Basques, des Occitans, des Corses, brandissant leurs costumes, apprenant leur langue «maternelle», battant à la recherche des vestiges humains de leur «patrie», une lande ou une montagne prise d'assaut par les antennes de télévision! Ce sont les coquilles d'œufs de l'omelette française.

Encourager les langues régionales, c'est porter atteinte à l'unité de la nation, c'est écrire l'histoire de France à l'envers. Robespierre n'a-t-il pas dit: «Dans une république une et indivisible, la langue doit être une.»?

La guerre de 14–18, l'école «obligatoire, républicaine et laïque» et la dépopulation ont porté un rude coup au breton. Mais il a fallu aussi lutter contre les bretonnants eux-mêmes qui ont eu une réaction de rejet contre leur propre mode d'expression, comme s'il était un facteur d'arriération, d'isolement social, d'obstacle au modernisme.

La langue bretonne est en grand péril, en dépit des efforts démesurés de beaucoup de Bretons pour la sauver. Ce qu'il faudrait? Qu'elle pénètre réellement à l'école, et surtout que la radio-télévision lui fasse une place autre que celle du pauvre. Une heure trente par semaine sur FR3 et quinze heures sur Radio Bretagne-Ouest, c'est insuffisant. Le breton ne peut pas vivre sans disposer de moyens modernes.

Le gouvernement parisien a créé un citoyen français standardisé, un «col blanc» cultivé. Je suis devenu Breton en décapant quinze ans d'école et d'université pour retrouver ma propre culture.

L'enseignement élémentaire en corse ou en breton? A mon avis, il est bien plus important qu'un enfant sache lire, écrire et compter en français. C'est le français qui lui permettra de poursuivre ses études, de trouver un emploi.

41

POINTS DE REPÈRE

Comme en témoigne cet article, tiré du journal *Le Monde Dimanche*, le mécontentement de certains Bretons ne concerne pas seulement l'attitude de l'Etat français envers leur langue, et il ne se limite pas à des reproches.

Travail individuel → Mise en commun Lisez d'abord le titre et le chapeau de l'article, puis regardez attentivement la photo de l'hôtel de ville de Rennes (*p. 175*). Ensuite, lisez l'article lui-même et, ceci fait, expliquez au professeur la signification du titre et ce qui est arrivé au monument en question.

● **érigé** erected **prise** (f) **de conscience** (new) awareness **bâti** built **réuni** connected **aile** (f) wing **mettre en valeur** show to advantage **tour** (f) **d'horloge** clocktower **égayer** brighten up **sort** (m) fate **Etats** (m pl) Parliament **rétablissement** (m) restoring **santé** (f) health **accord** (m) agreement **réjouissances** (f pl) festivities **œuvre** (f) work of art **contester** protest (against) **agenouillé** kneeling **coterie** (f) clique **renégat** (m) turncoat **suscité** aroused **soutenu** supported **s'apprêter à** get ready to **écrasé** crushed **âme** (f) soul **déclencher** trigger off **revendication** (f) demand **signaler** report **se durcir** harden **être porté sur** be keen on **biniouserie** (f) folksiness **faire scission** break away **se soucier de** be concerned to **désagréger** break up **bénéfique** beneficial **poignée** (f) handful **faire paraître** bring out **fournir** provide **bétail** (m) livestock **chantier** (m) building site **caserne** (f) barracks **épluchures** (f pl) peelings **écoulé** gone by **or voilà que** then lo and behold **faire sauter** blow up **à la fois ... et ...** both ... and ... **défi** (m) challenge **revendiquer** claim responsibility for **attentat** (m) action **asservissement** (m) enslavement **trôner** sit arrogantly **porter** express **appréciation** (f) judgement **nuancé** qualified **réprobation** (f) disapproval **faute de** for want of **quelconque** some ... or other **entreprendre** undertake

Le monument de la honte

Depuis 1911, un monument érigé° à Rennes cristallise la prise de conscience° de l'identité bretonne. Mais le 7 août 1932 ...

L'hôtel de ville de Rennes, bâti° de 1734 à 1743 par Jacques Gabriel, se compose de deux importants pavillons, plutôt sobres et même sévères, réunis° par des ailes° incurvées qui mettent en valeur° au centre de l'ensemble une élégante tour d'horloge.° Au pied de cette tour, une niche monumentale qui attire immédiatement l'œil est désespérément vide depuis plus d'un demi-siècle; une niche que les municipalités de ces dernières années égayaient° selon les circonstances de verdure ou de drapeaux. C'est que les deux statues antérieures ont connu un sort° particulièrement malheureux.

Jacques Gabriel avait destiné cet emplacement à une représentation du roi régnant, pour donner son caractère officiel au bâtiment. Et effectivement, en 1754, les Etats° de Bretagne y firent installer une composition théâtrale réalisée par Jean-Baptiste Lemoyne pour marquer le rétablissement° de la santé° de Louis XV, le Bien-Aimé. Mais sous la Révolution, peu de jours après la chute de la monarchie, la statue fut enlevée de sa niche et détruite par la municipalité; les pouvoirs publics préféraient consacrer cette masse de bronze à la fabrication des canons.

Plus d'un siècle plus tard, en 1908, le maire de Rennes, Jean Janvier, qui comme tous les radicaux d'alors ne connaît qu'une nation, la France *«une et indivisible»*, accueille favorablement le projet soumis par le sculpteur Jean Boucher, car celui-ci se propose d'exé-cuter pour la niche un groupe artistique en bronze symbolisant l'union de la Bretagne à la France en 1532. Accord° est passé.

Le 29 octobre 1911, les Rennais organisent des réjouissances° pseudo-médiévales pour fêter l'inauguration du monument en présence de plusieurs personnalités. Mais l'œuvre° de Boucher est tout de suite contestée° par des jeunes gens de la région, menés par Camille Le Mercier d'Erm: ils dénoncent la position humiliante réservée par l'artiste à la duchesse Anne de Bretagne, agenouillée° devant le roi de France, Charles VIII, qui lui a imposé le mariage en 1491, après avoir conquis, selon le mot de Commynes, *«la ville de Rennes et la fille qui était dedans»*. Les contestataires, peu représentatifs à cette date il est vrai, profitent de l'occasion pour publier le manifeste d'un parti nationaliste breton, le premier PNB de la Bretagne contemporaine: *«... Une coterie° de renégats° et de vendus, suscitée° et soutenue° par le gouvernement français, s'apprête à commémorer notre honte nationale: la réunion de la Bretagne à la France, c'est-à-dire l'assassinat prémédité de notre indépendance politique ... On nous croit écrasés,° annihilés, francisés. C'est faux! Il y a encore dans l'âme° bretonne quelque chose qui résiste et qui survit, c'est le sentiment national.»*

Et voilà comment un monument déclenche° la première revendication° séparatiste. Ce nationalisme sentimental mériterait à peine d'être signalé° s'il était un phénomène isolé, mais c'est tout l'*Emsav*, c'est-à-dire le renouveau breton, qui se durcit° devant le «monument de la honte».

La même année, des dissidents de l'URB (Union régionaliste bretonne), qui reprochent à leur président le marquis de L'Estourbeillon d'être trop porté sur° *«la biniouserie° de carte postale»*, font scission° et lancent la FRB (Fédération régionaliste bretonne). Ce nouveau mouvement se soucie° surtout de renforcer l'économie de la région en même temps qu'il s'intéresse à la langue et à la culture bretonnes. Ainsi, pour la première fois, la revendication régionale est prise en charge par la bourgeoisie urbaine, qui découvre «le développement inégal»: la Bretagne ne se modernise guère, mais sert de réservoir humain à l'industrie française et aux armées coloniales; l'émigration désagrège° lentement la société bretonne.

La guerre de 1914–18, pendant laquelle deux cent quarante mille soldats bretons meurent «pour la patrie», laisse quelques années de répit au

monument de Rennes et à la politique qu'il symbolise. Mais deux événements extérieurs ravivent l'ardeur de ceux qui contestent le caractère bénéfique° des quatre siècles d'union de la Bretagne à la France: d'une part la question du «home rule» pour l'Irlande et d'autre part l'affirmation internationale du droit des peuples à disposer d'eux-mêmes. Au lendemain de la guerre, en 1919, une poignée° de jeunes intellectuels bretons, malgré l'indifférence de la plupart de leurs compatriotes, font paraître° une publication intitulée *Breiz Atao* (Bretagne toujours), dans laquelle ils dénoncent l'attitude du gouvernement parisien envers la province. A partir de 1931, cette publication devient l'organe d'un nouveau PNB.

«Nous restons le peuple inférieur qui n'est bon qu'à fournir° du bétail° humain aux chantiers° et aux casernes° de France, de l'argent pour la mise en valeur de ses richesses et des légumes à ses habitants, qui ne nous rendent que les épluchures.»° C'est en ces termes qu'Olier Mordrel

oppose, dans *Breiz Atao*, la prospérité de la Bretagne ducale indépendante, *«nation riche, que ses voisins, Français et Anglais, enviaient»*, aux quatre siècles écoulés° depuis le traité d'union qui a fait de cette province *«la terre du passé».*

Or voilà° qu'en 1932 le gouvernement de Paris décide d'organiser des fêtes publiques, qui sont destinées à célébrer le quatrième centenaire de ce fameux traité imposé par François 1er aux Etats de Bretagne, alors réunis à Vannes. C'en est trop pour le jeune PNB: *«Aux campagnes de presse et aux fêtes dont le but est d'exalter l'unité française … il faut opposer … le spectacle d'une Bretagne réduite au rang de colonie d'exploitation par la France, mais non satisfaite de son sort.»*

Le 7 août 1932, lors de la venue à Vannes du président Edouard Herriot pour les festivités, des inconnus font sauter° en fin de nuit le monument de Rennes, qu'ils ressentent sans doute à la fois° comme un défi° aux Bretons et comme une contre-vérité historique, car l'union ne s'était faite que par acceptation réciproque de deux nations souveraines. Dès le lendemain, une mystérieuse organisation, *Gwenn ha Du* (Blanc et Noir, couleurs du drapeau breton), revendique° l'attentat:° *«Toujours Bretons, … nous ouvrons la lutte pour la délivrance de notre pays, en ce jour anniversaire de notre annexion, par la destruction du symbole de notre asservissement° qui trône° au centre de notre capitale.»*

Les autres mouvements bretons de l'époque portent° sur cet attentat des appréciations° nuancées,° et il semble bien qu'il suscite chez l'ensemble de la population davantage de réprobation° que de joie. Et pourtant, jusqu'à présent, faute de° pouvoir espérer l'accord des Rennais et des Bretons autour d'un projet de statue quelconque,° aucun notable de la région n'a osé entreprendre° la reconstruction du monument de Jean Boucher, votée en 1937 par le conseil municipal de Rennes.

1. Résumé de l'article (La narration: le passé composé et l'imparfait)

(a) Dans un article de ce genre, ainsi que dans un tableau qui résume des faits historiques, on emploie souvent le **présent historique** pour parler d'événements passés.

Travail individuel Relisez attentivement l'article et notez par écrit, au **présent**, de la manière indiquée à droite, **ce qu'ont fait** les **personnes** ou les **groupes** suivants, **à quel moment** et **pourquoi**:

Jacques Gabriel, les Etats de Bretagne, la municipalité, le maire Jean Janvier, les Rennais, des jeunes gens de la région, les contestataires, des dissidents de l'URB, une poignée de jeunes intellectuels bretons, le gouvernement de Paris, des inconnus, une mystérieuse organisation Gwenn ha Du, aucun notable de la région.

◉ ▶ Comme vous le savez peut-être déjà (*Le point sur la narration, pp. 233–4*), dans un récit oral, dans un récit écrit en langue neutre ou familière (lettre, journal intime) ou dans un récit écrit en contact avec le présent (article de journal), on emploie normalement:

le **passé composé** pour chacun des **événements** qui constituent le fil de la narration

l'**imparfait** pour la **description** des circonstances qui existent déjà ou se poursuivent, ou pour des actions qui **se répètent**. ◀

(b) ***Travail à deux*** En posant tour à tour des questions, passez en revue avec un(e) partenaire les événements de votre tableau complété (a). Employez cette fois le **passé composé** pour chaque événement (**Quoi?**) et l'**imparfait** pour les circonstances en question (**Pourquoi?**).

Exemples:
– *Qu'est-ce qui est arrivé de 1734 à 1743?*
– *Jacques Gabriel **a bâti** l'hôtel de ville de Rennes, laissant vide une niche au pied de la tour centrale.*
– *Pourquoi l'a-t-il laissée vide?*
– *Il **voulait** y installer ...*

(c) Un journaliste breton présente, pour Radio Bretagne-Ouest, une émission sur l'histoire des mouvements autonomistes.

QUAND?	QUI?	QUOI?	POURQUOI?
De 1734 à 1743	J. Gabriel	bâtit l'hôtel de ville de Rennes, laissant vide une niche au pied de la tour centrale	il veut y installer u[ne] représentation du ro[i] régnant
En 1754	les Etats de Bretagne	font installer dans la niche une composition	ils marquent ainsi [le] rétablissement

Travail individuel A partir de votre tableau complété (a), racontez oralement à sa place les événements présentés dans l'article *Le monument de la honte*. Si possible, enregistrez votre **narration** au laboratoire ou sur cassette, etc. N'oubliez pas d'employer le **passé composé** et l'**imparfait**.

Début possible:

«*C'est un monument municipal, érigé à Rennes, qui **a cristallisé** la prise de conscience de l'identité bretonne. En voici l'histoire. De 1734 à 1743, Jacques Gabriel **a bâti** ...*»

2. La réunion de la Bretagne à la France: échange de renseignements (La narration: le passé simple, l'imparfait, etc.)

(a) Comment François 1er, soucieux d'unifier son royaume, a-t-il pu imposer aux Etats de Bretagne le traité de 1532? Quel rôle la duchesse Anne a-t-elle joué dans les événements qui ont précédé ce traité?

Travail à deux Le professeur vous donnera respectivement, à vous et à votre partenaire, une version incomplète, A ou B (*Livret, pp. 64–5*), d'un tableau qui résume les événements qui ont précédé la ratification du traité d'union à Vannes en 1532. En vous posant – au **présent** – des questions à tour de rôle et en notant soigneusement les réponses obtenues, complétez vos versions respectives. Comparez ensuite les deux versions et corrigez au besoin la vôtre.

Exemples:

*Comment **s'appelle** le duc de Bretagne? Quand est-ce qu'il **signe** le traité du Verger?*

◉ ▶ Lorsqu'on écrit, en langue soignée, une **narration** sans contact avec le présent (récit historique, roman), on utilise le plus souvent le **passé simple** au lieu du passé composé ou du présent historique; on emploie l'**imparfait** de la même manière que dans un récit oral, etc. (*1, ci-dessus*). En langue soignée, comme en langue neutre ou familière, on emploie le **plus-que-parfait** pour des événements qui ont lieu **avant** ceux qui constituent le fil de la narration. Pour parler d'événements qui ont lieu **après** ceux qui constituent le fil de la narration, on emploie le **conditionnel**, dit futur du passé (*Le point sur la narration, pp. 233–4*).◀

(b) A vous maintenant de rédiger une page pour un livre d'histoire.

Travail individuel A partir de votre tableau complété (a), composez une page sur Anne de Bretagne et la perte de l'indépendance. Employez dans votre **narration** les temps verbaux qui conviennent (**passé simple, imparfait, plus-que-parfait** et **conditionnel**) et remplacez, au besoin, les dates du tableau par d'autres expressions de temps: *peu après, un an plus tard, l'année suivante*, etc.

Début possible:

*Par le traité du Verger, signé le 10 août 1488, François II, duc de Bretagne, **promit** de ne marier ses filles qu'avec le consentement du roi de France. **A peine un mois plus tard** ...*

3. Quelques moments de l'histoire bretonne
(Rapports de temps: quand/lorsque, etc., + passé antérieur + passé simple)

▶ Quand, dans une narration en langue soignée sans contact avec le présent, un événement isolé précède un autre événement au passé, on emploie souvent **quand/lorsque + passé antérieur** pour le premier événement et le **passé simple** pour le second. Le passé antérieur est composé du passé simple d'*avoir* ou d'*être* suivi d'un participe passé (il **fait**→il **eut fait**, ils **partent**→ils **furent partis**):

L'armée royale s'empare de Rennes. Peu après, une assemblée de légistes et d'évêques déclare nul le mariage d'Anne et de Maximilien.	**Quand** l'armée royale **se fut emparée** de Rennes, une assemblée de légistes et d'évêques **déclara** nul le mariage d'Anne et de Maximilien

Si les deux événements sont très rapprochés dans le temps, on emploie **dès que/aussitôt que + passé antérieur + passé simple**:

Anne épouse Maximilien d'Autriche. Le roi de France envoie aussitôt une armée en Bretagne.	**Dès qu'**Anne **eut épousé** Maximilien d'Autriche, le roi de France **envoya** une armée en Bretagne.

La construction **à peine + passé antérieur (avec inversion) + que + passé simple** indique une succession très rapide entre les deux événements:

Anne retourne dans son duché. Louis XII répudie en hâte sa première femme.	**A peine** Anne **fut-elle retournée** dans son duché **que** Louis XII **répudia** sa première femme.◀

Les extraits qui suivent, écrits au présent, racontent quelques moments de l'histoire de la Bretagne.

Travail individuel En vous basant sur les exemples ci-dessus, récrivez ces extraits au passé: employez chaque fois une **conjonction** qui convienne (**quand, dès que, à peine ... que**, etc.) + **passé antérieur** (pour le verbe en italique) + **passé simple**. Il n'est pas nécessaire d'employer les expressions de temps (*sans tarder*, etc.) qui sont présentes dans la plupart des extraits.

VOCABULAIRE: la contestation

(a) *Travail individuel* Recopiez ces mots et expressions dans l'ordre nécessaire pour compléter le reportage ci-dessous. N'oubliez pas de faire les changements grammaticaux qui conviennent. Ensuite, mémorisez les mots et expressions.

> attentat (m) – contestataire (m/f) – défi (m) – dénoncer – se durcir – opprimer – prendre conscience de – profiter de l'occasion – raviver l'ardeur de – réduire au rang de – revendication (f) – susciter

L'hôtel des impôts de Rennes a été dévasté hier soir par une bombe qui a explosé dans les bureaux du service des paiements. L'_____ a été revendiqué par un groupe autonomiste, l'ORB, en partie, paraît-il, pour _____ –'_____ __ ses partisans après quelques mois de silence. «*La Bretagne*, a affirmé par téléphone un responsable de ce mouvement clandestin, *a été _____ __ ____ __ colonie d'exploitation par l'Etat français qui démantèle son économie et détruit sa culture. Il faut que tous les Bretons _____ _____ du fait qu'ils sont asservis et _____ par le gouvernement parisien.*» Et il a _____ __ '_____ pour répéter la principale _____ de l'ORB: une Bretagne indépendante et socialiste.

M. Charles Marcel, porte-parole du conseil régional, n'a pas mâché ses mots aujourd'hui en _____ cet attentat: «*Ce ____ lancé aux pouvoirs publics révèle la lâcheté de ses auteurs. Il va _____ la réprobation unanime du peuple breton. Mais l'attitude de l'ORB __ _____: il faut absolument que les forces de l'ordre redoublent leurs efforts pour arrêter ces _____. Autrement on va assister à un regain de violence.*»

(b) *Travail à deux* Complétez oralement ce reportage sans regarder votre liste de mots et d'expressions ni le cadre ci-dessus.

L'émigration celte du Vᵉ siècle Les Celtes, chassés de Grande-Bretagne, *s'installent* en Armorique. Ils se mettent à ranimer la péninsule ruinée par les barbares.

Nominoé, fondateur de l'unité bretonne Nominoé *reçoit*, en 824, la dignité de duc pour la Bretagne entière. Il entreprend sans tarder d'y faire reconnaître l'autorité de l'empereur Louis le Pieux.

La fin des invasions normandes Le jeune Alain Barbetorte *remporte* une victoire définitive sur les Normands à Trans (939). Les Bretons le reconnaissent tout de suite comme leur souverain.

Jean IV l'Anglophile Le 12 avril 1365, à Guérande, Jean de Montfort *signe* un traité avec le roi de France, puis il se tourne vers les Anglais pour assurer son indépendance.

Les guerres de religion La ville de Dinan *succombe*, en février 1598, à l'armée royale. Sur-le-champ, Mercœur, gouverneur de Bretagne, se soumet pleinement au roi Henri IV, qui signe, le 13 avril, l'Edit de Nantes.

La révolte des «bonnets rouges» (1675) Les paysans de la Basse Bretagne *apprennent* que les Rennais ont saccagé le bureau des tabacs et celui du papier timbré. Le jour même, ils s'insurgent avec violence contre le pouvoir royal.

La Chouannerie Une petite armée d'émigrés, venue d'Angleterre, *débarque* en 1795 sur la plage de Carnac. A peine arrivés, ils doivent se rendre au général Hoche: après leur exécution, la péninsule est ravagée par de sauvages guérillas.

4. Le problème breton depuis 1945

(a) Au lendemain de la deuxième guerre mondiale, la Bretagne, telle qu'elle a été décrite par Olier Mordrel, n'avait guère changé. Médiocrité du réseau de communications, insuffisance de l'équipement énergétique, morcellement de la production agricole, manque d'industries: autant de facteurs qui expliquaient son appauvrissement progressif. Et les Bretons, de plus en plus conscients de leur potentiel, en avaient assez, comme l'indique l'article *Le «problème breton»* (à droite). Pour eux, il s'agissait de «désenclaver» leur région, c'est-à-dire de l'ouvrir sur l'extérieur.

Travail individuel → Travail à deux Lisez attentivement *Le «problème breton»*, puis complétez, à partir de l'article, le schéma (*Livret, p. 66*) qui vous permettra d'en retrouver les grandes lignes. Notez brièvement dans chaque case les informations qui conviennent: nature de la tendance concernée, organisme(s) dont il est question (principes, objectifs ou fonction, etc.).

Comparez ensuite votre schéma complété avec celui de votre partenaire.

(b) A vous maintenant d'expliquer, comme si c'était la vôtre, la position que représente une des trois tendances identifiées dans *Le «problème breton»*.

Exercice oral La classe se divisera en trois groupes, dont chacun s'occupera d'une des trois tendances. Le professeur demandera à chaque groupe d'expliquer, à partir du schéma complété (a), la nature de la tendance concernée et le ou les organismes dont il est question (principes, objectifs ou fonction, etc.).

Manifestation des Bretons à Plogoff

LE «PROBLÈME BRETON»

Depuis la libération, l'affirmation du particularisme breton a pris trois formes. On peut distinguer d'abord une tendance technocratique, basée sur une analyse approfondie des difficultés économiques et sociales, et ensuite une tendance autonomiste qui regroupe plusieurs organisations distinctes; mais la principale manifestation est d'ordre culturel et surtout linguistique: l'éveil du celtisme, la prise de conscience d'une très vieille identité collective.

C'est le *Comité d'étude et de liaison des intérêts bretons* (CELIB) qui incarne la première tendance. Depuis sa création par un groupe de notables en 1951, le CELIB a eu pour but de faire connaître au pouvoir parisien l'existence et les besoins de la Bretagne. Ses grands objectifs se résument ainsi: l'amélioration du niveau et des conditions de vie, la réduction de l'émigration, surtout parmi les jeunes, et l'aménagement équilibré du territoire régional. Ayant versé, pendant les années 60, dans des dissensions internes, le CELIB a perdu par la suite sa ferveur primordiale.

Parmi les partis ou groupes qui constituent la tendance autonomiste, deux sont représentatifs: l'*Union démocratique bretonne* (UDB) et le *Front de libération de la Bretagne* (FLB). Créée à l'université en 1964, l'UDB, qui a quelque 2 000 militants, prône une Bretagne socialiste et autonome. Parmi ses objectifs: une importante dévolution à la région des pouvoirs concentrés dans les ministères parisiens, une industrialisation massive pour freiner l'exode des jeunes et la défense de la langue et de la culture bretonnes. Le sigle FLB, qui a vu le jour en 1966, recouvre plusieurs groupuscules qui revendiquent un état breton indépendant et socialiste; pour faire valoir leurs revendications, ils ont eu recours à la violence (plastiquages d'émetteurs de télévision, de camps militaires . . . et même du château de Versailles). Dissous par un décret ministériel en 1974, le FLB, dont les arguments n'ont guère touché la masse des Bretons, existe maintenant dans la clandestinité.

A côté de ces mouvements politiques, une foule d'organisations culturelles, nées dans l'après-guerre, ont permis aux Bretons de découvrir leur histoire, leurs traditions et notamment leur langue. La défense de la langue bretonne prend aujourd'hui trois formes principales. D'abord, le mouvement institutionnel, que représente une organisation comme *Skol An Emsav* (l'école du mouvement breton). Sa principale revendication: une meilleure place pour le breton dans les médias et l'enseignement. Ensuite, le groupe *Stourm Ar Brezhoneg* (le combat pour le breton), qui réclame, entre autres choses, une signalisation bilingue sur l'ensemble du réseau routier en Bretagne. Et enfin l'association *Diwan* (en breton, le germe), qui assure un enseignement à base de breton dans une série d'écoles maternelles et primaires.

Derrière ces différentes manifestations du particularisme breton, il y a une même volonté régionale qui s'affirme . . . Et malheur rapproche. Quelles que soient leurs idées politiques ou culturelles, les Bretons ont fait bloc, en 1978, pour protester contre la marée noire répandue par l'*Amoco-Cadiz* et pour dénoncer, en 1980, la décision d'installer une centrale nucléaire à Plogoff.

42

POINTS DE REPÈRE

(a) Lorsqu'un jeune agriculteur, Alexis Gourvennec, et ses collaborateurs ont décidé de lancer une compagnie maritime basée au nouveau port en eau profonde de Roscoff, les professionnels de la navigation commerciale (*les armateurs*) se sont moqués d'eux: «*Vous n'êtes pas des armateurs, mais des amateurs!*». Tout d'abord, quelles sont les circonstances qui ont poussé les agriculteurs de la région de Saint-Pol-de-Léon à réclamer, vers le milieu des années 60, la construction d'un nouveau port à Roscoff?

Travail individuel → Mise en commun
Pour répondre à cette question, lisez attentivement l'extrait de document présenté à droite. Ensuite, fermez votre livre et expliquez au professeur le pourquoi de la situation des agriculteurs.

(b) Pourquoi les agriculteurs ont-ils ressenti la nécessité de lancer, en 1972, la société d'abord appelée BAI (Bretagne-Angleterre-Irlande), puis Brittany Ferries? Comment est-ce que la société a réussi à s'établir? Dans l'enregistrement que vous allez écouter, fait dans son bureau à Roscoff en 1986, un responsable de Brittany Ferries, Yves L., répond à ces deux questions.

Travail individuel/à deux → Mise en commun   Avec ou sans partenaire, écoutez une première fois l'enregistrement, puis mettez les sujets suivants dans l'ordre de l'extrait:

- le développement du trafic de camions: chiffres, produits importés et exportés
- le transport de passagers: les raisons de la réussite de ce nouveau service
- les revendications bretonnes des années 60
- le défi du choc pétrolier: les deux possibilités ouvertes à la jeune compagnie
- la construction du nouveau port: ce que proposaient les paysans
- les difficultés envisagées par les armateurs et la solution adoptée par Alexis Gourvennec, Jean Hénaff et leurs amis.

Comparez ensuite votre solution avec celle des autres étudiants.

«VOUS N'ÊTES PAS DES ARMATEURS...»

Depuis plus d'une dizaine d'années, les agriculteurs° du Nord-Finistère exportaient une moyenne° de 25 000 tonnes de choux-fleurs vers la Grande-Bretagne. Ces exportations se faisaient, entre décembre et avril, par de petits cargos° conventionnels qui chargeaient° les cageots° dans l'ancien port de Roscoff. Comme le port asséchait° à marée basse°, les bateaux étaient souvent obligés de se mettre sur le fond du port avant de repartir, douze heures plus tard, avec la deuxième marée. Ce désavantage, la mauvaise ventilation des cargos et les conditions nautiques hivernales sur la Manche avaient deux conséquences: des pertes de marchandises importantes° et des retards fréquents sur les marchés britanniques.

Pour pallier° ces inconvénients, certains producteurs se mirent à utiliser les services de Townsend-Thoresen au Havre, et le trafic du port de Roscoff diminua sensiblement°. C'est pour cela que la Chambre de Commerce de Morlaix et la SICA (Société d'Intérêt Collectif Agricole) de Saint-Pol-de-Léon, sous l'impulsion d'Alexis Gourvennec, réclamèrent° au gouvernement la construction à Roscoff d'un port en eau profonde.

● **agriculteur** (m) farmer   **moyenne** (f) average   **cargo** (m) freighter   **charger** load   **cageot** (m) crate   **assécher** dry up   **à marée basse** at low tide   **important** considerable   **pallier** get round   **sensiblement** appreciably   **réclamer** ask (for)

1. Prise de notes et résumé: l'extrait en détail

(a) Pour bien suivre le détail de la narration d'Yves L., il faut comprendre le sens de certains mots: vous aurez donc intérêt à faire d'abord l'exercice de vocabulaire à droite. (Notez aussi *passerelle* (f): lieu aménagé pour l'embarquement et le débarquement de véhicules, et *doryphore* (m): insecte qui dévore les feuilles de plantes de pommes de terre.)

Travail individuel → Mise en commun Ecoutez de nouveau l'enregistrement et, en arrêtant la bande quand vous le voudrez, notez brièvement par écrit ce que vous apprenez sur les six sujets présentés à la page 179 (*Points de repère, (b)*). Ensuite, passez en revue ce que vous aurez appris avec le professeur et l'ensemble de la classe. S'il le faut, corrigez ou ajoutez des précisions à vos notes.

(b) *Travail individuel* Ecoutez une dernière fois l'enregistrement, puis, à partir de vos notes, complétez le résumé suivant:

Le plan de désenclavement breton comportait essentiellement trois mesures: la mise en place d'un système de routes à quatre voies, la création .... Pour assurer la rentabilité du nouveau port en eau profonde, les agriculteurs proposaient ....

Cependant, le port enfin construit, les responsables eurent de la difficulté à attirer les services d'un armateur parce que .... Les garanties exigées par les armateurs étaient telles qu'Alexis Gourvennec, Jean Hénaff et leurs amis décidèrent ....

En deux ans, la nouvelle compagnie atteignit le niveau d'équilibre, c'est-à-dire 8 000 camions environ: la première année, elle transporta .... Pour obtenir cet équilibre, ils durent trouver, en plus des produits ....

Le choc pétrolier de décembre 1973 posa un problème préoccupant aux dirigeants de Brittany Ferries. Etant donné la multiplication ....

Malgré des études de marché pessimistes, ils arrivèrent rapidement à faire un succès du trafic de passagers pour deux raisons principales. D'abord, les économistes qui avaient fait ces études n'avaient pas pris en considération le fait que .... Ensuite, il y eut, à partir de 1972, un développement important ....

Aujourd'hui, en 1986, Brittany Ferries croit atteindre et dépasser le million de passagers transportés et son chiffre d'affaires avoisine le milliard de francs.

VOCABULAIRE: la navigation commerciale

(a) Voici quelques définitions qui se rapportent à la navigation commerciale et les mots ou expressions auxquels elles correspondent.

Travail individuel Trouvez dans le cadre le mot ou expression qui correspond à chacune de ces définitions; ensuite relisez les mots et expressions en essayant de les mémoriser:

– taxes sur les marchandises importées ou exportées payées aux autorités portuaires
– huile combustible employée pour faire tourner les moteurs d'un navire
– navire destiné au transport de marchandises
– total des ventes effectuées pendant une période donnée
– sociétés commerciales qui se disputent la même clientèle
– recherches entreprises pour découvrir si un marché existe pour un produit ou un service
– compagnie qui se spécialise dans la navigation commerciale
– ensemble de techniques utilisées pour augmenter les ventes d'un service ou d'un produit (publicité, etc.)
– marchandises transportées dans un navire
– point auquel le total des recettes est égal à celui des dépenses
– région située en arrière d'une côte, d'un port.

niveau (m) d'équilibre	chiffre (m) d'affaires	concurrents (m pl)
armement (m)	fuel (m)	cargo (m)
arrière-pays (m)	études (f pl)	promotion (f)
fret (m)	de marché	droits (m pl) de port

(b) *Travail à deux* A tour de rôle, lisez une des définitions ci-dessus à votre partenaire: il/elle essaiera de retrouver de mémoire le mot ou expression qui correspond.

(c) *Exercice oral* Le professeur vous présentera un à un les mots et expressions dans le cadre: à tour de rôle, essayez de lui donner, de mémoire, la définition qui convient.

Roscoff

2. Les principales étapes de l'expansion de Brittany Ferries: échange de renseignements

Le car-ferry Kerisnel a fait son premier voyage en janvier 1973. Quelles ont été, depuis cette date, les principales étapes de l'expansion de Brittany Ferries? Une fois complétés, les documents A. *Une expansion soutenue/Le plus grand hôtel de l'ouest* et B. *Les étapes d'une construction* (Livret, pp. 67–9) vous donneront toutes les précisions nécessaires.

Travail individuel → Travail à deux Le professeur vous donnera, à vous et à votre partenaire, les documents en question. L'un d'entre vous s'occupera des documents A, l'autre du document B. D'abord, lisez le ou les documents que vous aurez choisi(s), puis écoutez l'extrait de l'enregistrement qui vous concerne, A ou B: en arrêtant la bande quand vous le voudrez, complétez votre documentation.

Ensuite, transmettez à votre partenaire les détails que vous aurez relevés: il/elle les notera sur son exemplaire du document en question. S'il le faut, posez-vous des questions, demandez des précisions, etc.

3. Document publicitaire: *Brittany Ferries – bon sens, imagination, dynamisme*

Un responsable du Département Recherches et Développement prépare, en 1985, un document qui expliquera la création et l'expansion de Brittany Ferries à des visiteurs intéressés: spécialistes du tourisme, journalistes, etc. A vous de rédiger à sa place ce document, qui insistera – comme l'indique le titre de cette activité – sur les mérites de la compagnie.

Travail individuel Pour préparer votre document publicitaire, référez-vous aux extraits d'enregistrement que vous avez écoutés, au résumé et aux documents que vous avez complétés (*1, 2, ci-dessus*) et aux autres extraits de documents sur la compagnie (*p. 179 et à droite*).

Pensez surtout à votre **introduction**: commencerez-vous par parler de Brittany Ferries en 1985 ou de la situation des années 60? Emploierez-vous quelques chiffres, une anecdote ou un témoignage pris dans ce dossier? Quels aspects du sujet présenterez-vous dans le **développement** de votre document? Et n'oubliez pas la **conclusion**: regarderez-vous en arrière vers les origines de la société, ou présenterez-vous ses perspectives d'avenir?

Employez des intertitres pour séparer les sections de votre document et, en le rédigeant, utilisez des expressions de **proportion**, etc., et **explicitez**-les (*2, p. 71*). Pour la **narration** de la création de Brittany Ferries – événements qui n'ont pas de contact direct avec le présent – employez les temps verbaux qui conviennent (*2, p. 176*).

(Les verbes suivants vous seront peut-être utiles: *atteindre un total de … , augmenter de … , avoisiner, s'élever à … , passer de … à …*)

En 1982, les dirigeants de Brittany Ferries, en collaboration avec les pouvoirs publics de la région Bretagne, les collectivités départementales et la caisse nationale d'une banque française, ont mis en place une structure financière régionale, la SABEMEN (Société Anonyme Bretonne d'Economie Mixte et d'Equipement Naval). La vocation de cette nouvelle société est de financer l'acquisition de matériel naval qu'elle loue à Brittany Ferries. Appuyée ainsi par les principales forces vives de la région, la compagnie maritime a déjà élargi le champ de ses activités. Elle envisage d'aller encore plus loin vers la maitrise du commerce extérieur maritime français et du tourisme international.

La construction du lien fixe entre la France et la Grande-Bretagne, le tunnel sous la Manche, bloquera sans doute le développement des lignes courtes du secteur est (Calais-Douvres, etc.). Les lignes plus longues de l'ouest peuvent envisager l'avenir avec confiance: leur atout c'est qu'en tant qu'hotels flottants, les navires offrent aux voyageurs de nuit le confort et le repos. Mais les traversées de jour risquent de poser des problèmes dans la mesure où il faut occuper la clientèle pendant plusieurs heures. Ainsi, il sera question d'inventer de nouvelles formes d'animation à bord et de développer la qualité des services offerts aux voyageurs.

43

POINTS DE REPÈRE

Malgré les protestations de certains autonomistes affirmant le contraire, la Bretagne a beaucoup changé depuis les années 60. Le cas de Brittany Ferries n'est qu'un exemple de ce qui est arrivé dans la région. L'article ci-dessous, tiré de *L'Express*, rend compte de cette évolution.

Travail individuel*→ *Mise en commun Lisez attentivement l'article: pour chacun de ses huit paragraphes, relevez dans le texte la phrase ou le membre de phrase qui en représente, à votre avis, le point majeur.

Exemple (1ᵉʳ paragraphe):
  «*le mouvement . . . va . . . révolutionner toute la Bretagne*».

Ensuite, passez en revue avec l'ensemble de la classe les phrases ou membres de phrases que vous aurez relevés.

Bretagne: le vent du progrès

En vingt ans, la Bretagne a modernisé son agriculture, développé son industrie et regagné des habitants. Fini l'isolement, le temps est venu de produire et même d'exporter.

8 juin 1961, 6 heures. Six cents tracteurs bloquent tous les accès à la ville de Morlaix. Quatre heures plus tard, la sous-préfecture est occupée. Le général de Gaulle se fâche:° les agriculteurs qui dirigent la manifestation° seront arrêtés et passeront deux semaines en prison. Qu'importe:° le mouvement est lancé, et il va – le mot n'est pas trop fort – révolutionner toute la Bretagne. A la tête des manifestants: Alexis Gourvennec. A l'époque, il a 25 ans, possède une minuscule exploitation,° et a, chevillée° au cœur, la volonté de s'en sortir. Il s'en est sorti: aujourd'hui, 2 000 personnes dépendent plus ou moins directement de lui; quatre fermes, dont une en Gironde; la présidence de la coopérative de Saint-Pol-de-Léon; 65% de la production française de choux-fleurs et d'artichauts; une compagnie maritime, pour exporter vers la Grande-Bretagne. Carré° comme un rugbyman irlandais, Alexis se souvient des années de lutte: «Nous avons organisé des milliers – je dis bien des milliers – de réunions° dans les fermes, puisque nous en avions marre de° subir° la domination des négociants.° Nous tous, ceux qui avions refusé de partir, de quitter nos exploitations, nous étions devenus des enragés du° développement. Et comme nous avions appris l'action de groupe à la JAC, nous nous sommes lancés.»

Que serait la Bretagne de l'après-guerre sans les équipes des Jeunesses agricoles catholiques, sans les personnalités du CELIB, le Comité d'étude et de liaison des intérêts bretons? Une région en fronde° contre l'Etat? Les Bretons lancent la bataille pour défendre leur agriculture, pour sauver les lignes SNCF menacées; ils ne mâchent° ni leurs mots ni leurs analyses; ils exigent° une aide. La Bretagne croit que l'Etat, les techniques modernes de production et le réveil industriel français des années d'après-guerre vont la sauver. Le combat va durer plusieurs années. Paris rechigne.° Puis Georges Pompidou comprend qu'il faut agir. «La Bretagne est au bord de la révolution», déclare-t-il. En octobre 1968, le gouvernement dote° la région d'un plan routier,° d'un projet de réseau° de télécommunications, décide de renforcer la formation° des jeunes Bretons, d'implanter des unités industrielles . . . Quinze ans plus tard, ces objectifs ont-ils été atteints?° Oui, pour l'essentiel.

Désenclaver° la région

La Bretagne n'est plus isolée: trois quarts des 1 100 kilomètres de routes prévus° dans le plan routier de 1968 ont été aménagés,° et les axes° majeurs Saint-Brieuc-Brest, au nord, et Brest-Nantes, au sud, seront terminés avant 1989. Désenclaver la Bretagne signifie aussi un réseau ferré° plus moderne. A la fin de 1990, l'électrification des chemins de fer sera achevée,° mais, surtout, dès 1989 le TGV° fera son entrée en gare de Saint-Brieuc, qui sera alors à moins de trois heures de Paris.

Trois heures pour partir, mais aussi trois heures pour revenir. Un chiffre: en 1954, la Bretagne perd 8 400 Bretons. En 1982, le solde migratoire° – comme disent les statisticiens – est exactement le même. Toutefois dans le sens inverse: 8 400 Bretons en plus! Ce retournement correspond non pas à un ralentissement° de l'émigration – il y a toujours trop de jeunes bien qualifiés qui quittent le pays – mais à un

essor° de l'immigration. Il s'agit maintenant, pour les Bretons exilés, de «revenir vivre et travailler au pays» . . . et d'y avoir des enfants. Depuis dix ans, la population bretonne a crû° plus rapidement que celle des autres régions françaises.

Une profonde mutation°

L'agriculture bretonne, elle, est passée du Moyen Age au XXᵉ siècle. Depuis 1954, la Bretagne a perdu 320 000 emplois dans ce secteur; mais grâce à un important effort de modernisation, elle est devenue de loin la première région agricole de France pour le lait, les légumes, la volaille,° les porcs et son agriculture soutient la comparaison avec les pays étrangers les plus productifs. Elle a su aussi se doter d'une industrie agro-alimen-

taire° efficace. Témoin° ses succès à l'étranger. C'est Bridel qui exporte chaque année pour 800 millions de Francs de produits laitiers; ce sont les plats cuisinés° Hénaff qu'on trouve dans les supermarchés australiens; c'est la société Doux qui exporte ses poulets, «comme des petits pains»,° dans les Emirats arabes unis.

Et la Bretagne n'est plus un désert industriel. A côté des décentralisations prestigieuses (Citroën, à Rennes, qui emploie 13 500 salariés, Thomson-CSF à Brest, le Centre d'études des télécommunications à Lannion), de nombreuses petites entreprises se sont créées, notamment dans des secteurs de pointe.° Ainsi, en vingt ans, la Bretagne a gagné 100 000 emplois dans le secteur tertiaire,° et est maintenant la deuxième région française

pour l'emploi dans le matériel° téléphonique et télégraphique. Matra-Communications va fabriquer dans ses usines du Finistère le nouveau M20, le «Minitel intelligent» commandé à 50 000 exemplaires° par les PTT. Et le Japonais Canon, après avoir construit une usine à Liffré (Ille-et-Vilaine), vient de décider d'en édifier° une seconde, ultramoderne, dans la même ville.

Augmentation du tourisme, aussi. Seconde région de France – après la Provence-Côte d'Azur – la Bretagne reçoit chaque année quelque trois millions de touristes sur ses côtes. Entre 1970 et 1980, les dépenses° des «non-Bretons» dans la région sont passées de 2 à 5,2 milliards de Francs.

L'excitation du futur

Sans doute faut-il se garder de tout triomphalisme, car les ombres° de la crise voilent° toujours Fougères, Redon ou Brest, malades de la chaussure, de la machine-outil ou de la réparation navale. A Lorient, les problèmes de la pêche industrielle restent préoccupants et dans les usines de télécommunications du Trégor, après l'âge d'or des années 70, a succédé le temps de la grande peur. Tout le monde sait, aussi, que le bâtiment et les travaux publics ont été cruellement saignés° par la crise. Mais le vent du progrès, l'audace et l'esprit d'entreprise soufflent partout dans la région. La Bretagne produit, la Bretagne exporte: la course° à l'égalité des années 60 a fini par payer. De quoi faire mentir° Ernest Renan, l'un des Bretons les plus illustres, qui croyait pouvoir noter au siècle dernier: «Jamais race ne fut plus impropre à° l'industrie et au commerce . . .»

● **se fâcher** get angry   **manifestation** (f) demonstration   **qu'importe** no matter **exploitation** (f) farming business   **chevillé** rooted deep   **carré** thickset   **réunion** (f) meeting **en avoir marre de** (*fam*) be fed up with   **subir** be subjected to   **négociant** (m) wholesaler **devenir un enragé de** (*fam*) become mad keen on **en fronde** in open revolt   **mâcher ses mots** mince one's words   **exiger** demand   **rechigner** drag one's feet   **doter de** provide with   **routier(-ière)** road   **réseau** (m) network   **formation** (f)

training   **atteindre** reach   **désenclaver** open up   **prévu** scheduled   **aménager** develop   **axe** (m) trunk road   **ferré** rail **achever** complete   **TGV (train** (m) **à grande vitesse)** high-speed train   **solde** (m) **migratoire** balance of migration   **ralentissement** (m) slowing down   **essor** (m) upsurge   **croître** increase   **mutation** (f) transformation **volaille** (f) poultry   **industrie** (f) **agro-alimentaire** food production industry   **témoin** (m) witness   **plat** (m) **cuisiné** ready-cooked

dish   **comme des petits pains** like hot cakes **secteur** (m) **de pointe** hi-tech field   **secteur** (m) **tertiaire** service industries   **matériel** (m) equipment   **commandé à . . . exemplaires** of which . . . have been ordered   **édifier** build **dépenses** (f pl) expenditure   **ombre** (f) shadow   **voiler** cast a pall over **cruellement saigné** bled white   **course** (f) race **de quoi faire mentir qqn** enough to prove sb wrong   **impropre à** ill-suited to

1. Structure et présentation de l'article; résumé (L'articulation)

(a) Afin de bien résumer un article comme *Bretagne: le vent du progrès*, il peut être utile d'étudier d'abord sa **structure** et sa **présentation**.

Travail à deux → Mise en commun D'après ce que vous savez déjà de la **structure** (*1, p. 73*) et de la **présentation** (*6, p. 129*) d'un article de presse, trouvez oralement avec un(e) partenaire les réponses à ces questions:

Qu'est-ce qui constitue l'**introduction** de l'article? Quels procédés l'auteur emploie-t-il pour éveiller l'attention de son lecteur?

Où commence et se termine le **développement**? De quoi parle chacune de ses sections? De quels éléments (exemples, statistiques, descriptions, etc.) l'auteur se sert-il pour présenter les différents aspects du sujet?

En quoi consiste la **conclusion**? Par quels moyens, à la fin de l'article, l'auteur essaie-t-il de faire apprécier au lecteur l'intérêt de son argument?

Comparez vos réponses à ces questions avec celles des autres étudiants.

(b) Comment l'article est-il composé au niveau du détail?

Travail individuel → Mise en commun Reprenez les phrases ou membres de phrases qui représentent les points majeurs des huit paragraphes qui constituent l'article (*Points de repère*). Pour chaque **point majeur**, notez par écrit, avec vos propres mots, le ou les **points secondaires** qui l'accompagnent (pas plus de trois ou quatre). Ensuite, déterminez la nature du rapport de chaque point secondaire avec son point majeur ou avec le point secondaire qui le précède: **addition, cause, confirmation, conséquence, exemplification, explication, opposition.**
Pour finir, comparez vos notes avec celles des autres étudiants.

Exemple:
*«le mouvement . . . va . . . révolutionner toute la Bretagne» – la manifestation de Morlaix (**exemplification**); . . .*

(c) Pour résumer l'article *Bretagne: le vent du progrès*, vous aurez besoin de reprendre les **points majeurs** et les **points secondaires** que vous aurez notés et, au besoin, de faire ressortir les rapports entre eux en employant des **articulateurs** d'**addition**, de **cause**, etc., qui conviennent (*voir 1, p. 108 et 3, p. 126*).

Travail individuel Ecrivez maintenant un résumé de l'article.

2. «Nous en avions marre . . .» (La quantité)

(a) Savez-vous employer les expressions de **quantité** présentées dans *Le point sur la quantité, le degré, etc.* (*p. 237*)?

Travail individuel Recopiez les mots et expressions ci-dessous dans l'ordre nécessaire pour compléter le texte qui suit. N'oubliez pas d'employer pour chaque mot ou expression la structure qui convient (avec *de, des*, etc.).

> assez . . . pour – autant – beaucoup – bien (des) – encore – ne . . . que – peu – un peu – la plupart – plus – quelques – tant – tellement . . . que – tout(e) – tous – trop

Le 8 juin 1961, ____ __ 4 000 manifestants, __ _____ _'entre eux des agriculteurs, investissent Morlaix et s'emparent de la sous-préfecture. Surpris par ____ __ détermination, les pouvoirs publics arrêtent les leaders. Un des manifestants se souvient bien de la situation: «Nous en avions ____ _____ marre des expéditeurs de légumes ___ nous avons décidé d'agir. Ils nous causaient ____ ___ ennuis, car ils __ nous offraient pour nos produits ___ des prix très modestes. Très ___ __ producteurs de légumes réalisaient _____ __ bénéfices ____ assurer la rentabilité de leurs investissements . . . et nous, nous n'avions pas _____ __ problèmes que les éleveurs de bétail! Alors nous avons fait ce qu'il fallait . . . et nous pensions qu'avec __ ____ __ chance le gouvernement entendrait notre appel.»

Le mouvement déclenché à Morlaix gagne vite _____ la Bretagne: des lignes téléphoniques sont sabotées, des voies ferrées bloquées. Sans faire ____ __ bruit, le Tribunal de Morlaix libère les deux prisonniers, et _____ jours plus tard – trop tard selon _____ _'agriculteurs – le gouvernement décide de mettre en application la loi d'orientation agricole de 1960. Mais il faudra _____ ___ manifestations, en juin 1962, pour obtenir un engagement sur la réorganisation des marchés agricoles.

(b) ***Travail à deux*** Sans regarder votre liste de mots et d'expressions ni le cadre plus haut, refaites l'exercice oralement.

Citroën (Rennes)

3. Quelques chiffres sur la Bretagne: échange de renseignements (La proportion, les fractions et l'approximation. Expliciter. Présenter des chiffres)

(a) Vous avez déjà appris que le bilan migratoire de la Bretagne est maintenant positif. Cette activité vous donnera de plus amples renseignements sur la population bretonne.

Travail à deux → Travail individuel Le professeur vous donnera respectivement, à vous et à votre partenaire, une version incomplète, A ou B (*Livret*, p. 70), d'un texte intitulé *La population bretonne*. Il manque à chaque version des renseignements différents: à chacun(e) d'entre vous de compléter la sienne en posant des questions à l'autre et en notant soigneusement ses réponses.

Exemples:

Combien d'habitants la Bretagne avait-elle en 1911?

Qu'est-ce qui est arrivé à sa population entre 1911 et 1946?

De quel pourcentage a-t-elle diminué?

Comparez ensuite les deux versions et corrigez au besoin la vôtre. Pour finir, relisez attentivement votre texte complété et notez mentalement l'usage fait par l'auteur d'expressions de **proportion** et d'**approximation**, de **fractions** et de **pourcentages**.

▶ Selon le texte que vous venez de compléter (a), «la population … **était tombée** en 1946 à 2 336 000, ce qui correspond à **une diminution d'**à peu près 11%».

Pour **présenter** ainsi **des chiffres**, on peut choisir parmi ces expressions:

> la population **a augmenté/s'est accrue de** 150 000
> l'emploi agricole **a baissé/diminué de** 20% (**à** 8,5%)
> la production **s'est élevée/est tombée à** 2 500 tonnes
> ce chiffre **ne représente que/n'équivaut qu'à** 12% de la population active
> l'ensemble des emplois industriels **a atteint-dépassé un total de** 180 000
> le trafic global **est passé de** 3 millions de tonnes **à** près de 8 millions
> la production **avoisine** 200 000 tonnes

> **une augmentation/un accroissement de** 25%
> **une baisse/une diminution de** 5 millions
> un nombre d'emplois **supérieur/inférieur à** la moyenne nationale
> une production **moyenne** de 35 000 tonnes entre 1980 et 1985
> une proportion **égale à** la proportion nationale
> ce secteur fournit 9% des emplois **contre** 10,9% au niveau national

(b) On divise souvent l'activité économique d'un pays ou d'une région en trois secteurs: **secteur primaire** (agriculture, mines, etc.), **secteur secondaire** (industrie) et **secteur tertiaire** (commerce, transports, etc.).

Au début du siècle, il y avait plus de 800 000 agriculteurs en Bretagne et en 1954 on en comptait encore 540 000. Depuis les années 60, cependant, la poli-

tique de modernisation et d'industrialisation y a profondément modifié la structure des emplois.

Exercice oral → Travail individuel Avec le professeur, passez en revue les chiffres sur l'emploi en Bretagne présentés dans le tableau ci-dessous. Vous pouvez établir des comparaisons entre:

– les années 1962 et 1980
– les différents secteurs d'activité
– la Bretagne et la France.

Employez des expressions de **proportion** et d'**approximation** et des **fractions** (2, p. 71), et utilisez les expressions à gauche pour **présenter les chiffres**. (Notez que l'unité employée dans le tableau égale 1 000 actifs: par exemple, en 1962 il y avait **418 000** emplois dans l'agriculture.) Ensuite, en vous référant à *La population bretonne* (a), rédigez deux ou trois courts paragraphes sur l'évolution de l'emploi dans la région. (N'oubliez pas d'**expliciter** les chiffres les plus significatifs: pour ce faire, choisissez parmi les formules que vous avez déjà rencontrées, 2, p. 71.)

ÉVOLUTION COMPARÉE DES STRUCTURES DE L'EMPLOI: BRETAGNE-FRANCE

Unité: 1 000 actifs	BRETAGNE				FRANCE			
	1962		1980		1962		1980	
Agriculture	418	48,2%	204	20,4%	3 822	20,1%	1 890	8,7%
Industrie	130	13,1%	182	18,2%	5 723	30,1%	5 666	26,2%
Bâtiment	77	7,7%	102	10,2%	1 509	7,9%	1 811	8,3%
Tertiaire	365	36,8%	512	51,2%	7 937	41,7%	12 252	56,6%
Total	990	100%	1 001	100%	18 991	100%	21 619	100%

4. Prise de notes: quelques aspects de l'économie bretonne

(a) L'article *Bretagne: le vent du progrès* vous a donné un aperçu de l'évolution économique de la région depuis les années 60. Cette activité, basée sur des extraits de livres ou de documents publiés en 1982–83 (*Livret, pp. 71–6*), vous donnera une idée plus approfondie de la situation dans certains secteurs de l'économie bretonne au début des années 80.

Travail individuel/en groupe → Mise en commun La classe se divisera en trois groupes, dont chacun s'occupera d'un des thèmes suivants:

- l'industrie
- l'agriculture
- l'économie côtière.

Lisez d'abord attentivement les extraits qui vous concernent, puis notez les faits qui représentent, pour vous, les étapes essentielles de l'évolution du secteur en question. Ceci fait, chaque groupe se réunira afin de mettre au point ses notes. Pour finir, en se servant du tableau ou du rétroprojecteur, les membres de chaque groupe présenteront, à tour de rôle, les thèmes étudiés: les autres étudiants noteront les faits essentiels et poseront au besoin des questions sur les détails.

(b) ***Discussion*** En vous basant sur vos notes (a), et sur ce que vous avez appris dans les autres textes que vous avez étudiés, passez en revue avec le professeur les traits dominants de l'évolution de l'économie bretonne et de sa position face à l'avenir. Considérez, si vous le voulez, les questions suivantes:

Quelles sont les caractéristiques principales de l'industrie bretonne?

Jusqu'à quel point la Bretagne est-elle toujours une région agricole?

La Bretagne a-t-elle vraiment une vocation maritime?

5. Article de presse

Au cours de ce dossier, vous avez étudié plusieurs aspects de la Bretagne: le rôle de sa langue celtique (*pp. 172–3*), la prise de conscience de l'identité bretonne (*pp. 174–8*), la création et l'expansion de Brittany Ferries (*pp. 179–81*), le développement économique de la région depuis les années 60 (*pp. 182–6*). A vous maintenant d'écrire un article sur l'un des deux sujets suivants:

- **La Bretagne: une région qui est sortie de son isolement.**
- **La Bretagne: un «problème» résolu?**

Travail individuel Ayant choisi l'un ou l'autre des deux sujets, employez le plan de travail que vous avez adopté pour votre article sur le chômage (*6, p. 129*):

- en consultant les textes que vous avez lus et les notes que vous avez prises, notez en vrac toutes les idées ou informations qui vous seront utiles, puis soulignez les éléments qui auront le plus d'importance dans votre article;

- mettez de l'ordre dans vos notes et classez-les: **introduction, développement** (le pour et le contre? quelques aspects du sujet?), **conclusion** (*1, p. 73 et 2, p. 90*);

- réfléchissez à votre **entrée en matière** (*4, p. 49 et 5, p. 146*) et à votre **conclusion** (*4, p. 49 et 5, p. 146*);

- faites le plan détaillé de votre article: **points majeurs/points secondaires/ rapports entre eux** (*1, p. 184*).

Composez ensuite le brouillon de l'article en employant quelques-uns des procédés étudiés jusqu'ici: moyens d'**articulation** (*1, p. 184*), expressions de **proportion** et d'**approximation** (*3, p. 185*), etc. Pour finir, rédigez votre article.

OPÉRATION SURVIE

ENVIRONNEMENT
Inde: apocalypse now

On accusait le nucléaire, c'est la chimie° qui tue. A Bhopal, en Inde, des milliers de morts témoignent° de la réalité des risques industriels.

Une semaine après, on meurt toujours à Bhopal. D'ores et déjà° on peut parler de la plus terrifiante catastrophe technologique de l'Histoire. Les chiffres sont effrayants: plus de 2 500 morts, des milliers de gazés marqués à vie, 50 000 personnes sous surveillance médicale.

C'est à 1 heure du matin, lundi dernier, que cette ville de 800 000 habitants, sise° au centre de l'Inde, bascule° dans l'apocalypse. La valve d'un réservoir souterrain contenant du méthylisocyanate (MIC) – utilisé à Bhopal par l'Union Carbide pour fabriquer des pesticides – lâche° brusquement. La violence du phénomène balaie° tous les systèmes de sécurité. En quarante minutes, une bonne partie des 20 tonnes de gaz extrêmement volatil se répand° au-dessus de la ville, sur 40 kilomètres carrés. Alors, seulement, les sirènes d'alerte se déclenchent.° Bien trop tard. Des centaines d'habitants de la ville sont déjà morts, gazés.

Dans le bidonville° bâti aux portes mêmes de l'usine, c'est l'horreur. Les plus «chanceux»° meurent dans leur sommeil. Les autres s'éveillent en hurlant,° une douleur atroce leur brûle les yeux, la bouche, les poumons.° Certains, pris de convulsions, expirent sur place. Dans un rayon° de 10 kilomètres, tous les habitants se réveillent en suffoquant; les uns atteints° de cécité,° les autres pris de vomissements° et de vertiges.° Du coup,° un vent de panique souffle sur Bhopal. Des centaines de milliers de personnes se jettent dans la rue pour fuir. Les plus faibles meurent étouffés,° piétinés° par la foule en délire.°

Le drame de Bhopal révèle la formidable face cachée des risques industriels. Pourquoi avoir autor

---

● **chimie** (f) chemistry, chemicals **témoigner de** bear witness to **d'ores et déjà** already **sis** located **basculer** topple, be plunged **lâcher** give away **balayer** sweep aside, overwhelm **se répandre** spread out **se déclencher** go off **bidonville** (m) shanty town **chanceux** lucky **hurler** scream **poumon** (m) lung **rayon** (m) radius **atteint de** affected by **cécité** (f) blindness **vomissements** (m pl) vomiting **vertiges** (m pl) dizziness **du coup** all at once **étouffer** suffocate **piétiner** trample underfoot **en délire** crazed

POINTS DE REPÈRE

L'extrait *Inde: apocalypse now*, tiré d'un article paru dans *Le Point*, rendait compte d'une des calamités écologiques les plus meurtrières de notre époque. Il se terminait par une question que nous avons supprimée.

A votre avis, quelles questions doit-on en effet se poser à la suite d'une catastrophe de ce genre?

Travail individuel → Discussion Lisez l'extrait et réfléchissez ensuite quelques instants. Notez par écrit les questions que soulève pour vous ce désastre, puis parlez-en avec le professeur et les autres étudiants.

1. Les bûchers brulent

(a) Vous allez entendre deux reportages radio diffusés par *France-Inter* et *Europe 1* trois ou quatre jours seulement après la catastrophe de Bhopal.

Travail individuel → Mise en commun Sans rien écrire, écoutez deux ou trois fois ces reportages. Ensuite trouvez trois, quatre ou cinq titres sous lesquels vous pourrez classer les notes que vous allez prendre sur les détails essentiels du contenu de ces reportages. Notez ces titres et comparez-les avec ceux qu'auront trouvés les autres étudiants.

(b) Vos titres sont-ils bien choisis? A vous maintenant de les mettre à l'épreuve.

Travail individuel → Travail à deux Ecoutez de nouveau les reportages et, en respectant les titres que vous avez retenus, prenez des notes sur la catastrophe. Arrêtez la bande quand vous le voudrez. Consultez ensuite les notes d'un(e) partenaire et mettez-vous d'accord sur les informations en demandant, au besoin, l'aide du professeur.

2. Négligence criminelle?

Une semaine après, l'Inde sort du cauchemar: l'affolement cède la place à la colère.

Travail individuel → Discussion Notez d'abord vos réponses aux questions suivantes, puis débattez-les avec l'ensemble de la classe.

De tels accidents pourraient-ils être évités?

Si oui, comment? Si non, pourquoi?

Les autorités indiennes ont-elles eu raison de faire arrêter le président d'Union Carbide?

Sur qui, selon les informations à votre disposition, rejetez-vous la responsabilité du désastre?

De tels événements sont-ils plus susceptibles de se produire dans le Tiers monde? Si oui, pourquoi?

S'il y a eu négligence, quelles en sont les causes?

Avez-vous entendu parler d'autres accidents écologiques du même ordre? Lesquels? (*Voir l'extrait tiré du journal* Le Monde, *ci-dessous*).

---

de créer un tribunal pour les crimes contre l'humanité où les assassins de la guerre économique seront jugés au même titre que les criminels de guerre.»

Redoutable accusation. Dans *La Vie*, M. Patrick Lagadec, économiste, auteur d'une thèse remarquée sur les «risques industriels majeurs», est plus nuancé: *«A Mexico, il ne s'agissait pas d'une multinationale. A Seveso, si la compagnie en cause était bien une multinationale, on ne peut pas dire que l'Italie fasse partie du Tiers monde.»* Dans *Paris-Match*, le même expert détaille les dernières catastrophes industrielles: 1974, vingt-huit tués dans l'explosion d'une usine chimique en Grande-Bretagne; 1976, Seveso, en Italie (pollution chimique); 1978, l'*Amoco-Cadiz* (220 000 tonnes de pétrole à fleur de mer); 1979, Three-Mile-Island, aux Etats-Unis, (200 000 personnes fuient le voisinage d'une centrale nucléaire dont le réacteur surchauffe). En 1986, à Tchernobyl en URSS, la catastrophe que tout le monde craignait (l'explosion d'un réacteur a dégagé dans l'atmosphère un nuage radioactif qui a pollué plusieurs pays d'Europe du Nord).

En France on a répertorié précisément la liste des *«200 à 300 installations à haut risque»*. Le Nouvel Observateur publie la carte de ces installations – centrales nucléaires, usines chimiques, raffineries, poudreries. On constate une forte concentration dans quatre régions: la basse vallée de la Seine, le Nord, le sud de la région lyonnaise et celle de Marseille.

Que faire? Trembler? Fuir? Attendre que ça saute? Tout fermer? *Le Nouvel Observateur* prend la défense de l'industrie: *«A moins de retourner à l'âge de pierre, où les accidents de chasse*

POINTS DE REPÈRE

Au cœur de toute question écologique: des priorités et, bien souvent, un dilemme.
Travail individuel → Mise en commun Lisez une première fois l'article ci-dessous et
notez vos réponses à ces questions:

Quelle est la question de fond que pose l'auteur?
Tire-t-il une conclusion nette de son exposé? De quel ordre est-elle?
Quel est, à votre avis, le sens du titre de cet article?

Discutez vos idées avec l'ensemble de la classe.

Les procès° de l'amiante°

Corps naturel indispensable, l'amiante est également dangereux pour la santé. Faut-il le bannir?

Un paysage lunaire hérissé° de terrils° gris pâle. Des petites maisons blanches aux auvents° peints de couleurs vives. Des enseignes,° en français: Salle de billards, Vins et spiritueux, Club des contremaîtres,° Marché aux puces° ... Thetford Mines, Black Lake, Asbestos, Sherbrooke, ces villes de la vallée de l'amiante, au Québec, se cachent au sud du fleuve Saint-Laurent, dans les montagnes Appalaches.

A Thetford, la British Canadian exploite à ciel ouvert° le minerai° noir et friable° parcouru de veines blanches. C'est un immense cirque de gradins° géants. Il n'y a pas âme qui vive: depuis deux mois, les mineurs sont en chômage, faute de° commandes.° A l'usine ultramoderne d'Asbestos Corp., le «moulin», comme disent les Québécois, où l'on sépare les fibres des roches stériles, les ouvriers vont à leur tour cesser le travail. Pour trois mois.

C'est toute la ville qui souffre en silence. Car, ici, l'amiante – auquel on a élevé une statue à côté de l'église – représente l'emploi, le pain quotidien, la vie, en quelque sorte. Paradoxe: ailleurs° dans le monde, il est hautement suspect et victime d'un ostracisme° légal. Les pays scandinaves ont été les premiers à en interdire totalement l'utilisation.

La fibre maudite°

Découvert dès l'Antiquité, l'amiante a connu un vrai boom durant notre siècle. Sa production est passée de 128 000 tonnes en 1910 à près de 5 000 000 en 1980. Parce qu'il est incombustible, parce qu'il résiste aux hautes températures, aux acides et à l'usure,° il a subjugué° notre époque. Il s'agit d'une histoire exemplaire, celle d'un matériau aux propriétés exceptionnelles qui s'est révélé peu à peu meurtrier. Mais trop tard: un empire industriel s'était déjà bâti autour de lui. Aujourd'hui, l'amiante – du grec amiantos, incorruptible – entre dans la fabrication de quelque 3 000 produits. C'est surtout dans le bâtiment, sous forme d'amiante-ciment et comme isolant,° dans les matériaux° de friction, comme les garnitures° de frein, et dans les objets ignifugés° qu'on le rencontre.

Dès 1921, l'Internationale des travailleurs de la pierre dépose une première plainte,° devant le tout jeune Bureau international du travail (Bit), contre la substance miracle. L'amiante est accusé d'attaquer les poumons des mineurs, de les condamner à une lente asphyxie. On baptise «asbestose» la terrible maladie frappant ceux qui arrachent° l'amiante à la terre. Une maladie dont les symptômes apparaissent après une dizaine d'années d'exposition, et dont l'évolution semble irréversible. On découvre ensuite que l'asbestose n'atteint pas uniquement les mineurs, mais qu'elle touche aussi les ouvriers qui travaillent l'amiante dans des usines de transformation.° En 1946, la France reconnaît l'asbestose comme maladie professionnelle.

Dans les années 50, l'affaire s'aggrave. Des médecins détectent des cancers du poumon chez les ouvriers de l'amiante. Les examens révèlent l'existence d'une nouvelle tumeur maligne, le mésothéliome de la plèvre.° Carcinogène, la fibre à tout faire est devenue maudite.

Aujourd'hui, nul ne songe, dans le monde scientifique, à nier les dangers potentiels de l'amiante. Après le tabac, elle est sans doute l'agent le plus évident du cancer humain.

Interdire l'amiante serait une catastrophe

L'URSS est le premier producteur mondial, avec un peu plus de 2 millions de tonnes. Viennent ensuite le Canada – et, loin derrière, l'Afrique du Sud, le Zimbabwe et la Chine. Dans l'Europe des Dix, 88 000 personnes travaillent à la transformation de l'amiante, et environ sept fois plus en dépendent. Le chiffre d'affaires° de cette industrie pour l'Europe atteint 3 milliards de dollars.

Au Québec, où se trouvent la majorité des mines canadiennes, c'est l'emploi de 30 000 personnes qui relève° de l'amiante. Interdire l'amiante serait une catastrophe pour le pays.

Les mines québecoises ont d'ailleurs été paralysées par une grève° très dure en 1975: une épreuve de force° de huit mois dont l'enjeu° était les conditions de travail. Les mineurs ont gagné. Aujourd'hui, les syndicats° sont les premiers défenseurs du minerai.

L'amiante en accusation

Aux Etats-Unis, en revanche, la bataille de l'amiante fait encore rage. Pour la première fois, en février 1981, un jury de l'Illinois a condamné une compagnie de Chicago à payer 375 000 dollars d'indemnité à un ouvrier atteint d'asbestose. Des documents prouvaient que le patron de l'usine connaissait les dangers de l'amiante, et qu'il n'avait pas alerté ses employés. Le Dr Irving Selikoff, surnommé° «le prince de l'amiante», qui dirige le laboratoire d'environnement de l'école de médecine du Mont Sinai, à New York, cite quelques études qui font froid dans le dos. La plus importante porte sur une population de 632 ouvriers new-yorkais. Ils travaillaient en 1943 à l'isolation des bâtiments, selon un procédé qui utilisait l'amiante. Au 31 décembre 1981, 8% sont morts d'asbestose et 45% de cancer.

Dans un rapport remis en novembre 1981 à l'Administration Reagan, Selikoff va plus loin. Il prévoit, pour les Etats-Unis – où plus de 13 millions de personnes ont travaillé en contact avec l'amiante de 1940 à 1980 – deux cents décès° hebdomadaires° dans les vingt ans qui viennent dus à un cancer lié à la fibre.

Des contrôles inégaux°

En France, le procès de l'amiante a commencé en 1975. A la faculté de Jussieu, d'abord, où les chercheurs,° alertés par la presse scientifique américaine sur les dangers de ce matériau, ont entamé° la bataille: l'amiante était largement utilisé comme isolant dans des locaux° universitaires. A Amisol, ensuite, une usine de Clermont-Ferrand, sortie tout droit d'un roman de Zola: les ouvriers baignaient littéralement dans la dangereuse poussière d'amiante. Six ans après le scandale, l'usine est fermée, mais encore debout. Personne n'ose la détruire, par peur d'éparpiller° les fibres meutrières.

Ces affaires ont ébranlé° les pouvoirs publics:° c'est en 1977 que paraît le décret° qui fixe à deux fibres par centimètre cube l'empoussièrement maximal sur les lieux de travail et qui interdit aussi le procédé de flocage° des bâtiments. Les industriels ont entrepris de mettre leurs usines sous haute surveillance. Mais les résultats de ces efforts sont inégaux. Une enquête réalisée en 1980 par les services du ministère du Travail établit que, sur 195 établissements utilisant l'amiante, 39 seulement avaient effectué° correctement les contrôles exigés par la loi.

En 1981, on a recensé° en France 90 nouveaux cas d'asbestose et 23 de mésothéliome de la plèvre, déclarés selon la loi. Le Pr. Jean Bignon, de Créteil, estime que ce chiffre est très inférieur à la réalité.

Ces maladies, en raison du temps de latence qui les caractérise, sont le résultat de pollutions anciennes. Aujourd'hui, disent les industriels, les conditions de travail se sont, partout, notablement améliorées° et il est possible de contrôler le risque. Est-ce suffisant?

Le risque acceptable?

En fait, l'amiante n'est dangereux que lorsqu'il est diffusé dans l'atmosphère. Le bricoleur° qui découpe des plaques° «amiantées» ou les ouvriers qui démolissent des bâtiments isolés avec ce matériau s'exposent au péril.

Prompte à critiquer les dégâts du progrès, la société hésite souvent à se priver° de ses avantages. Après l'atome, l'amiante est le premier produit reconnu à la fois nécessaire et hasardeux. D'autres suivront. Faut-il le bannir? Même Irving Selikoff, «le prince de l'amiante», ne plaide° pas pour l'interdiction. Pour lui, dans cette affaire, la science est nécessaire mais non suffisante. «Le risque acceptable, dit-il, correspond à un choix de société éthique, qui prend en compte les problèmes économiques, sociaux, politiques et administratifs.»

● **procès** (m) trial   **amiante** (m) asbestos
hérissé bristling, spiked   **terril** (m) slag heap
auvent (m) shutter   **enseigne** (f) sign
contremaître (m) foreman   **marché** (m) **aux puces** flea market   **à ciel ouvert** open cast
minerai (m) ore   **friable** crumbly   **gradin** (m) tier   **faute de** for lack of   **commande** (f) order   **ailleurs** elsewhere   **ostracisme** (m)
ban   **maudit** accursed   **usure** (f) wear
subjuguer win over, beguile   **isolant** (m)

insulation   **matériau** (m) substance, material
garniture (f) **de frein** brake lining   **ignifugé** fireproofed   **déposer une plainte** lodge a complaint   **arracher (à)** extract (from)
transformation (f) processing   **(de la) plèvre** pleura(l)   **chiffre** (m) **d'affaires** turnover
relever de depend on   **grève** (f) strike
épreuve (f) **de force** trial of strength   **enjeu** (m) stake   **syndicat** (m) trades union   **surnommé** nicknamed   **décès** (m) death   **hebdomadaire**

per week   **inégal** inconsistent   **chercheur** (m) research worker   **entamer** commence
locaux (m pl) premises   **éparpiller** scatter
ébranler shake   **pouvoirs** (m pl) **publics** authorities   **décret** (m) decree   **flocage** (m) padding   **effectuer** put into action
recenser register   **améliorer** improve
bricoleur (m) DIY enthusiast   **plaque** (f) sheet, board   **se priver de** deprive oneself of
plaider pour advocate

1. «Un produit à la fois hasardeux et nécessaire»?

Dès le chapeau, cet article qualifie l'amiante d'indispensable, mais aussi de dangereux.

Travail individuel → Mise en commun
Relevez, dans l'ensemble de l'article, les **avantages** et les **dangers** de cette substance naturelle.
Ensuite, passez en revue vos deux listes avec le professeur.

Dans quel domaine, en particulier, les dangers de l'amiante se manifestent-ils? Dans quels secteurs d'activité se situent ses avantages?
Quelle est donc la nature fondamentale du **conflit** présenté dans *Les procès de l'amiante*?

Discutez ces questions avec l'ensemble de la classe.

2. Analyse de l'article: contenu et techniques de présentation

(a) Dans la première section de l'article, (jusqu'à … *interdire totalement l'utilisation*) que nous dit l'auteur et comment le dit-il?

Travail individuel → Mise en commun
Lisez attentivement ces trois paragraphes, puis choisissez, parmi les quatre phrases qui suivent, celle qui à votre avis exprime le mieux leur **contenu** et leur **technique de présentation**.

Dans la première partie:
– l'auteur veut faire comprendre que la production d'amiante ne garantit pas le plein-emploi même dans les mines et les usines québecoises,
– il démontre, à l'aide d'informations sur les mines canadiennes, les dangers de toute baisse de production

pour les communautés qui en vivent,
– il explique, à partir de l'exemple du Canada pays producteur, que tout en étant condamné dans certains autres pays, l'amiante est indispensable à la vie de milliers de travailleurs,
– il affirme qu'en temps de crise il est impensable que la production d'amiante soit interdite malgré les critiques provenant de certains pays.

La phrase que vous avez choisie rend-elle compte de façon équilibrée de chaque élément essentiel du **contenu** de l'article (critiques de l'amiante, ses bienfaits économiques, les dangers de l'interdiction, un cas précis)?
Dans lesquelles des phrases ci-dessus fait-on allusion à la **technique de présentation** (au moyen de quelles expressions)? Discutez ces questions avec l'ensemble de la classe.

(b) Pour se référer à la **technique de présentation** d'un auteur on emploie des expressions ou des structures telles que:

à l'aide de …/à partir de …
au moyen de …/compte tenu de …
en faisant allusion (à) …
en s'appuyant/se basant sur …
prenant en considération …
avec (des faits, etc.) à l'appui …

Et, pour faire allusion aux intentions de l'auteur, on peut employer des verbes tels que *affirmer, citer (à titre d'exemple), constater, déclarer, s'interroger (sur), présenter*, etc., souvent accompagnés d'expressions d'**énumération**:

L'auteur constate d'abord que
Il affirme par la suite que
Dans la section suivante, il déclare que
En conclusion, il s'interroge sur

Travail individuel Résumez, comme pour la première section, en 20–30 mots chacune, les cinq sections qui restent de l'article *Les procès de l'amiante*. Essayez de garder tous les éléments essentiels du **contenu** et de faire allusion en même temps à la **technique de présentation**.

VOCABULAIRE: *les procès de l'amiante*

Le titre de l'article que vous avez lu renferme une notion qui, littéralement et métaphoriquement, se poursuit dans tout le texte.
Travail individuel → Travail à deux Recopiez les mots et expressions qui suivent dans l'ordre nécessaire pour compléter le passage intitulé *L'amiante en accusation* présenté ci-dessous. N'oubliez pas de faire les changements grammaticaux qui conviennent. Ensuite, mémorisez les mots et expressions.

accuser – bannir – condamner – décret – déposer une plainte – exiger – incorruptible – indemnité – loi – meurtrier – ostracisme – plaider (pour) – procès – prouver – suspect

L'amiante en accusation

Dans de nombreux pays, l'amiante (du grec *amiantos*, ……….) s'étant révélé peu à peu ………., est hautement ………., victime d'un ………. légal. Il est ………. d'attaquer les poumons et de ………. des centaines d'ouvriers à une lente asphyxie.
Dès 1921, l'Internationale des travailleurs de la pierre a ………. une première ………. . En 1981, pour la première fois, une compagnie américaine a dû payer à un ouvrier une ………. de 375 000 dollars, parce que des documents ………. sa négligence.
En France, comme ailleurs, le ………. de l'amiante suit son cours: un ………. fixe le degré d'empoussièrement maximal sur les lieux de travail, mais les contrôles ………. par la ………. sont effectués de façon très inégale.
Faut-il donc ………. l'exploitation de l'amiante? Même Irving Selikoff, critique acharné du matériau, ne ………. pas ………. l'interdiction totale.
«Le risque acceptable, dit-il, correspond à un choix de société».

De mémoire, complétez oralement ce passage avec un(e) partenaire.

46

POINTS DE REPÈRE

L'auteur de cet article, Katie Breen, veut nous faire comprendre, dit-elle, les symptômes de la catastrophe écologique dont il est question dans son article, «ce qu'est une forêt morte-vivante», et les conséquences éventuelles de cette catastrophe, «ce que serait la vie sans arbres».

Travail individuel→ Travail en groupe Sans rien écrire, lisez une première fois l'article en entier. Notez mentalement les **symptômes** et les **conséquences** possibles de la mort de la forêt. Ensuite essayez, en groupe, de rappeler oralement les détails que vous aurez retenus. Ne regardez pas l'article.

● **outre-Rhin** beyond the Rhine   **sentier** (m) path, track   **laisser entrevoir** give an inkling of   **mélèze** (m) larch   **épicéa** (m) spruce   **citadin** (m) city dweller   **aiguille** (f) needle   **résineux** (m) conifer   **houx** (m) holly   **bouleau** (m) birch   **buisson** (m) bush   **éclater** shine   **luisant** glistening   **trompeur** (-euse) deceptive   **arbuste** (m) shrub   **fructifier** bear fruit   **épouvantable** terrible   **polluant** (m) pollutant   **charrier** carry   **régime** (m) bunch   **pelé** (m) bald (person)   **galeux** (m) mangy (animal)   **mine** (f) look, appearance   **pousse** (f) shoot   **se dresser** point upwards   **chaux** (m) lime   **ver** (m) **de terre** earthworm   **peine perdue** a waste of time   **stade** (m) stage   **génie** (m) spirit   **s'éclaircir** thin out   **pellicule** (f) film   **givré** frosted   **mousse** (f) moss   **croissance** (f) growth   **effectuer une percée** break through   **arracher** uproot   **racine** (f) root   **pourri** rotted   **jaunisse** (f) jaundice   **pré** (m) meadow   **verdoyant** brilliant green   **à brève échéance** before long   **futaie** (f) forest   **égrener** spell out   **matière** (f) **première** raw material   **caillou** (m) boulder   **freiner** slow   **courant** (m) flow   **inondation** (f) flood   **eau** (f) **potable** drinking water   **tarir** dry up   **arriération** (f) retardation   **cauchemar** (m) nightmare   **collé** stuck   **crever** die off   **rejet** (m) discharge   **centrale** (f) **thermique** thermal power station   **azote** (m) nitrogen   **imbrûlé** (m) residue   **parc** (m) stock   **chauve** bald, bare   **muet(te)** silent   **rossignol** (m) nightingale

---

Jusqu'à l'an dernier, c'était un requiem allemand: des forêts entières dans le coma … outre-Rhin.° Aujourd'hui les Vosges sont atteintes, les Français se réveillent. Pour comprendre ce qu'est une forêt morte vivante, ce que serait la vie sans arbres, nous sommes allés dans les Vosges parcourir le «sentier° de la désolation». Par Katie Breen.

ADIEU À LA FORÊT

Au premier coup d'œil, rien ne laisse entrevoir° le désastre. Sapins, mélèzes° et épicéas° sont au rendez-vous, des deux côtés de la route qui monte de Ribeauville, dans la plaine d'Alsace, à Aubure, village le plus élevé du massif vosgien. Air pur et silence, Aubure, trois cents habitants, est un véritable Eldorado pour citadins° stressés. A l'«hôtel des Sorbiers», on ne veut pas croire à la maladie de la forêt. «Ce n'est rien, ça passera … Mieux vaut ne pas le dire à l'extérieur, ça nous fait une mauvaise réputation,» dit le patron.

Les premiers symptômes sont apparus l'hiver dernier. Beaucoup de branches, bien vertes, s'étaient cassées sans raisons apparentes. Puis en mars, on avait noté des pertes d'aiguilles° sur presque tous les résineux.° Les feuilles du houx° sont tombées au mois de mai, celles des bouleaux° sont devenues jaunes dès le mois de juin, avec trois mois d'avance. «Alors, on a compris que la maladie allemande était arrivée chez nous», dit Christian Kletty, maire du village, jeune agriculteur à la belle barbe de montagnard.

La catastrophe, il faut la voir de près pour y croire. Suivre la route pendant deux kilomètres en direction de Sainte-Marie-les-Mines.

Le «sentier de la désolation» commence plutôt gaiement. Un buisson° de houx éclate° de mille boules rouges. Cet arbre a des feuilles si luisantes° qu'on le croirait faux, fabriqué spécialement pour la décoration. Trompeuse° luxuriance. Si les feuilles sont brillantes c'est qu'elles sont de l'année, les autres sont tombées. L'arbuste° est couvert de boules rouges parce qu'avant de mourir, il donne toute son énergie aux fruits. Un arbre stressé fructifie° comme un fou.

Ce matin, le froid est sec, le soleil éclaire pour quelques heures la vallée d'Aubure, le brouillard stagne dans la plaine. «C'est un temps épouvantable° pour nous, dit le maire, car l'air venu de l'Est s'installe ici, et le soleil transforme en ozone les polluants° qu'il charrie.° Et l'ozone attaque la surface des feuilles et des aiguilles pour y laisser pénétrer ensuite les pluies acides.»

Passés les premiers buissons de houx, c'est un épicéa qu'on aperçoit aux branches chargées de fruits, des cônes qui pendent du sommet comme des régimes° de bananes. A hauteur des yeux, l'arbre a l'air d'un pelé,° d'un galeux.° Sur ses branches, du tronc à la mi-hauteur, ses aiguilles sont tombées, et celles qui restent en bout de branche ont perdu leur belle mine,° elles sont jaunes. «Il en a pour deux ans à vivre, dit Christian Kletty, pas plus. Regardez ici les pousses° de détresse». De minuscules branches se dressent° à la verticale. Mais que peut-on faire pour cet arbre? Ailleurs, les experts ont essayé diverses techniques: traitement du sol avec de la chaux° pour le rendre moins acide, nourriture de l'arbre, même des bataillons de vers de terre.° Peine perdue.° A ce stade,° on ne peut que laisser mourir les arbres.

Nous continuons à monter le long de cette route forestière. A gauche, un sapin «en peigne», aux branches horizontales, là, un épicéa aux branches lamentablement pendantes, comme si quelque mauvais génie° les avait trempés dans l'huile. Autrefois, on ne voyait pas à travers cet arbre, il était dense, épais. Aujourd'hui on aperçoit l'autre côté du vallon. La forêt s'éclaircit;° le soleil renforce l'action des polluants.

D'autres grands malades encore sur le bord du chemin. Des sapins à hauteur d'homme, recouverts d'une pellicule° blanchâtre, à tel point qu'on les croirait givrés.° Les mousses° et lichens se sentent bien en milieu acide, alors, comme ils n'ont pas de prédateurs, leur croissance° est sans limite. Pour

ces faux sapins givrés, pas de rémission. Déjà morts, par étouffement.
Un peu plus haut, à droite du chemin, un véritable no man's land. Ici vécurent des sapins. Au printemps dernier on a constaté que des dizaines d'arbres étaient morts. On a dû tous les couper. Il y a là un trou maintenant, et comme au jeu de Go, quand on effectue une percée° rien ne peut retenir ce qui reste. Un vent violent viendra arracher° les arbres apparemment sains, mais aux racines° pourries° par les pluies acides.

* * *

«**V**enez maintenant, on va voir mes petits.» Les petits ne vont pas bien, ils ont la jaunisse.° Tout un pré° de petits épicéas, plantés sur une pente verdoyante.° Ils ont quatre ou cinq ans et, jusqu'à présent, ils poussaient bien, on était content à Aubure. Mais depuis cet été, ils sont devenus tout jaunes.
«Nous avions de l'espoir pour notre jeunesse, nous n'en avons plus, nous n'allons pas replanter. Aujourd'hui dans cette forêt, pratiquement tous les arbres sont touchés et condamnés à mort à relativement brève échéance.° Et le jour où il n'y aura plus de forêt, nous, on partira avec.»
«Les forêts précèdent les peuples, les déserts les suivent», disait Chateaubriand.
Plus de forêt: ce ne sont pas seulement les pique-niques du dimanche sur lesquels il faudrait mettre une croix, mais les hautes futaies° sombres comme des cathédrales, leur silence, leur incroyable beauté.
Certains diront: «On peut vivre sans.» Mais si l'on commence à égrener° toutes les conséquences de la mort de la forêt on a froid dans le dos.
La mort de la forêt, d'abord ce serait un désastre économique, la fin du bois comme matière première,° la fin d'une industrie. Des milliers de personnes vivent de la forêt.
Catastrophe climatique ensuite. La forêt est un régulateur de température, et en montagne, les habitants subiraient des variations de température beaucoup plus importantes qu'aujourd'hui entre la nuit et le jour, l'été et l'hiver. Plus de forêt et le climat deviendrait semblable à celui du désert…
Les plus grands dégâts surviendront dans les régions de montagne. Les vallées des Alpes en particulier ne seront plus habitables, car s'il n'y a plus d'arbres, plus rien n'arrêtera les avalanches. Quant aux roches, elles ne tiendront plus ensemble.

La Forêt Noire… avant la «peste verte»

Quand l'arbre meurt, adieu racines, adieu humus, plus rien n'arrête le vent, il balaie tout sur son passage. Pierres et cailloux° glissent dans les vallées. Ce sont des rues, des villages entiers qu'il faut abandonner, car ils deviennent trop dangereux.
Si les arbres ne freinent° plus le courant° des rivières, l'érosion des sols sera dramatiquement accélérée. De plus, les inondations° vont se multiplier. On compte déjà en Allemagne, actuellement, une douzaine d'inondations graves chaque année.
Une forêt saine est comme une éponge, et son travail est de régulariser le cycle de l'eau. L'essentiel de l'eau potable° provient des eaux souterraines qui se forment sous les massifs forestiers. Plus de forêt, et les eaux souterraines vont baisser, nombre de sources vont tarir.°
On pourra bien sûr trouver de l'eau ailleurs, dans les rivières par exemple, mais celle-ci sera de pitoyable qualité. Car la forêt, régulatrice de l'eau, est aussi une extraordinaire usine de purification. Si les matières polluées n'étaient plus retenues par le feuillage et par l'humus, les nitrates et métaux lourds descendraient dans les rivières. Et si cette eau, même traitée, devenait l'essentiel de l'eau potable, c'est peut-être le spectre de Minamata qui se profilerait à l'horizon: troubles psychiques et nerveux, arriération° mentale dus à l'accumulation de métaux dans l'eau, les aliments.
Pour en terminer avec ce cauchemar° écologique, il faudrait ajouter que l'action de la forêt est vingt fois plus efficace que celle des champs ou des prés pour nettoyer les fumées et gaz

des villes. S'il n'y a plus de forêt, les nuages de pollution vont rester collés° au-dessus des centres urbains, et nous chauffer comme si nous étions à l'intérieur d'une énorme cloche à fromage…

* * *

La forêt crève:° 1) Des rejets° acides, composés du soufre envoyés dans l'atmosphère par les centrales thermiques,° usines, installations collectives de chauffage, et oxydes d'azote° produits, aux deux tiers, par les moteurs de voitures. 2) Des photo-oxydants, comme l'ozone née de la transformation par le soleil, des oxydes d'azote et des imbrûlés° d'hydrocarbures.
Que faire? La solution est simple sur le papier, très compliquée dans la réalité: réduire immédiatement tous les polluants, filtrer, nettoyer. Un plan d'ensemble de lutte contre la pollution atmosphérique. La France s'est distinguée en annonçant qu'elle réduirait de 50% ses rejets de dioxyde de soufre d'ici 1990 (30% seulement pour les autres pays industrialisés, 0% pour la Grande-Bretagne et la Tchécoslovaquie).
En bref, il faudrait tout, tout de suite et chez tout le monde. Pour ne prendre qu'un élément, si l'Europe se met aux voitures «propres» en 1989, il faudra encore au moins dix ans pour que le parc° automobile soit remplacé. D'ici là, les monts des Vosges ont le temps d'être chauves.° Les experts prévoient qu'il n'y aura plus du tout de forêt en l'an 2002 en Allemagne, si les dégâts continuent au rythme actuel. C'est alors que le printemps sera muet,° car on n'entendra plus ni rossignols° ni coucous.

1. Les symptômes du mal (Transformation de noms en verbes)

(a) La première partie de l'article (*Au premier coup d'œil ... pourries par les pluies acides*) est consacrée surtout, vous l'avez constaté, à ce qui se voit de la maladie, à ses **symptômes.**

Dans un article paru dans *Le Monde*, un journaliste énumère les signes extérieurs de cette maladie (*La peste verte, à droite*).

Travail à deux → Mise en commun Avec un(e) partenaire, réexprimez ces symptômes en transformant les **noms** en italique en **verbes** (et les adjectifs *en italique* en **adverbes** ou expressions adverbiales). Consultez au besoin un dictionnaire.

Exemple:

> **Vieillissement accéléré des aiguilles**
> → *Les aiguilles **vieillissent plus rapidement.***

Vérifiez maintenant vos phrases avec le professeur.

(b) Tous les symptômes que vous venez d'énumérer sont-ils mentionnés dans l'article?

Travail individuel Relevez par écrit dans l'article les mots ou membres de phrase qui correspondent aux symptômes donnés ci-dessus. Lesquels de ces symptômes ne sont pas mentionnés?

Exemple:

> 1. *Ses aiguilles ... qui restent ... ont perdu leur belle mine.*

2. Les causes du mal et ses conséquences (Transformation de verbes en noms)

▶ Dans le domaine de l'écologie, il s'agit surtout de processus où s'enchaînent **causes** et **effets.** Ces processus peuvent s'exprimer linguistiquement par des **verbes,** mais aussi, souvent de façon économique, par des **noms** correspondants:

> détruire, disparaître, se développer, arrêter, etc.
> → **destruction** (f), **disparition** (f), **développement** (m), **arrêt** (m), etc. ◀

(a) Tout problème écologique a ses **causes.**

Travail individuel → Exercice oral En vous référant à l'article, cherchez le rôle que l'auteur attribue à chacun des facteurs

LA PESTE VERTE

Douze signes de détresse:
1 *vieillissement accéléré* des aiguilles ou des feuilles
2 leur *chute prématurée*
3 *éclaircissement progressif* de l'arbre
4 *jaunissement* de la partie supérieure
5 *fragilité* des rameaux
6 *perte de rigidité, mollesse* des branches secondaires
7 *arrêt* de la croissance centrale terminale
8 *aplatissement* de la cime
9 *développement* de pousses verticales *anormales*
10 *fructification abondante et désordonnée*
11 *pourrissement* des petites racines
12 *résistance réduite* aux végétaux parasites.

Douze conséquences de la catastrophe

qui suivent. Essayez de mémoriser ces facteurs sans les écrire.

A Aubure *(2ᵉ section, colonnes 1–2):*
– l'air venu de l'Est
– le soleil
– l'ozone
– les pluies acides.

Sur un plan plus général *(avant-dernière section, colonne 5):*
– les centrales thermiques, les usines, etc.
– les moteurs de voitures
– le soleil.

Sans regarder l'article, communiquez brièvement au professeur l'importance de ces facteurs.

Dans vos réponses avez-vous utilisé plutôt des **verbes** (*polluer, transformer, pénétrer, composer, produire, rejeter,* etc.) ou plutôt des **noms** (*pollution, transformation, pénétration, composition, production, rejet,* etc.)?

▶ En **langue orale,** on a tendance, pour se référer à des changements ou à des processus, à employer des **verbes** plutôt que des **noms.** En **langue écrite,** on emploie davantage de **noms.** ◀

(b) Selon Katie Breen, les effets de la destruction de la forêt ne sont pas uniquement d'ordre esthétique. Certes, beaucoup de gens déploreront l'anéantissement des «hautes futaies sombres comme des cathédrales, leur silence, leur incroyable beauté». Mais il peut y avoir des conséquences plus graves encore.

Exercice oral → Travail individuel Sous la direction du professeur, trouvez ensemble les **noms** qui correspondent aux

verbes suivants:

> abandonner, altérer, anéantir, arrêter, augmenter, causer, condamner, contaminer, se déchaîner, déclencher, dégrader, déraciner, déserter, déstabiliser, détruire, dévaster, disparaître, s'écrouler, s'effriter, empoisonner, épurer, éroder, perturber, se multiplier, nettoyer, stagner, supprimer.

Reprenez le document *La peste verte* (ci-dessus). En vous référant à la deuxième partie de l'article *Adieu à la forêt* (*Venez maintenant ... cloche à fromage*), faites la liste des **douze conséquences de la catastrophe.** Employez chaque fois un des **noms** que vous venez de trouver ainsi que les mots suivants:

> 1. *arbres* 2. *beauté* 3. *industrie* 4. *températures* 5. *avalanches* 6. *roches* 7. *villages* 8. *sol* 9. *inondations* 10. *rivières* 11. *santé mentale* 12. *fumées.*

Exemple:

> **Condamnation** à mort, à brève échéance, de tous les **arbres.**

Écrivez maintenant un paragraphe sur les effets, à court et à long terme, de la «peste verte». Employez des **noms** tels que ceux que vous avez trouvés, des **verbes** exprimant la cause et la conséquence (*amener, causer, entraîner, produire, provoquer,* etc.), des expressions d'**énumération** (*2, p. 105*):

Début possible:

> La **condamnation** à mort des arbres et la **destruction** de leur beauté **entraîneraient** des catastrophes aux conséquences multiples. **D'abord ...**

VOCABULAIRE
La cause et la conséquence

(a) Le texte *Le cycle des pluies acides* imprimé ci-dessous, et le schéma qui l'accompagne, proviennent d'un manuel sur la protection de l'environnement.

Travail individuel Lisez attentivement le texte et notez brièvement par écrit les éléments qui correspondent aux images du schéma (1. *centrales*, 2. *chauffage*, etc.).

Exemple:

1. **Centrales** *emploi de combustibles dans production de l'énergie → acidification de l'atmosphère.*

(b) Comme l'indique *Le point sur la cause et la conséquence* (p. 237) le rapport de cause à effet peut être exprimé de beaucoup de façons.

Travail individuel → Exercice oral Composez un tableau comme celui qui suit (*colonne de droite*). Pour le compléter, cherchez dans le texte des mots et expressions de **cause** et de **conséquence:**

▷ **Cause et conséquence**

Verbes	*attribuer (à), provenir (de), émettre,* ....
	....
Noms	*cause (primordiale), facteur,* ....
	....
Autres	*à l'origine de, car, à cause de,* ....
	....

Relisez vos notes (a) en essayant de mémoriser la contribution de chaque source de pollution (1. *centrales*, 2. *chauffage*, etc.) au cycle des pluies acides. Pour finir, sans regarder ni le texte ni vos notes, expliquez le schéma au professeur. Gardez sous les yeux votre tableau *Cause et conséquence.*

(c) ***Travail individuel*** A partir de vos notes (a), expliquez par écrit le schéma *Le cycle des pluies acides* sans regarder le texte présenté ci-dessous. Employez divers mots et expressions de **cause** et de **conséquence**.

Le cycle des pluies acides

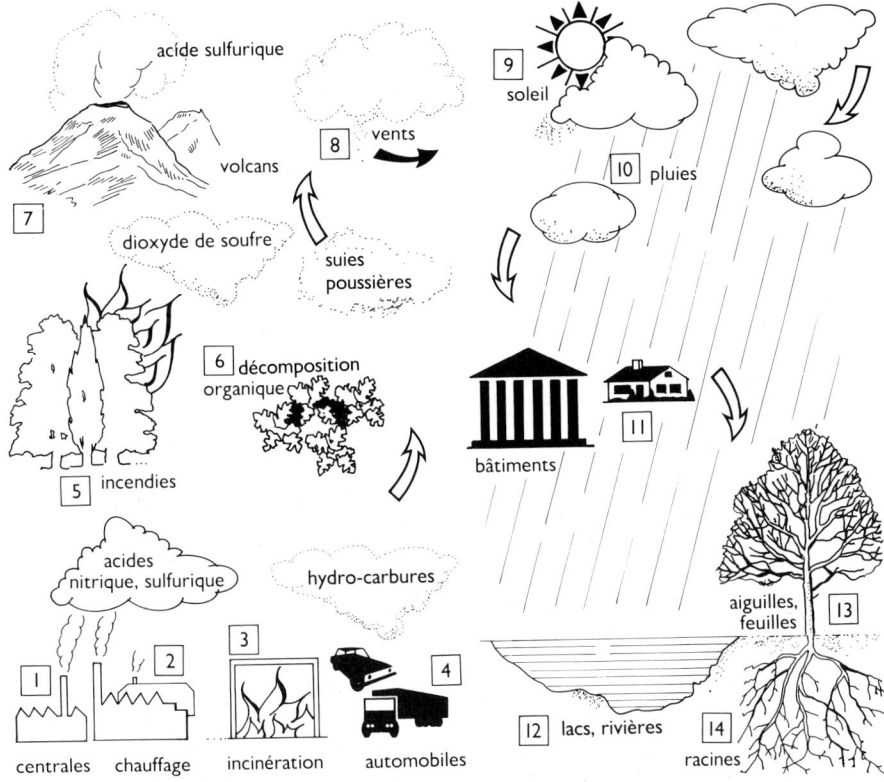

C'est principalement l'homme qui est à l'origine de la pollution atmosphérique à laquelle il faut attribuer les pluies acides, car celles-ci proviennent pour la plus grande part de la combustion du carbone. La cause primordiale de l'acidification de l'atmosphère est en effet l'emploi de combustibles pour la production d'énergie. Par ailleurs, les agglomérations urbaines émettent de vastes quantités de fumées et de gaz sulfureux, à cause des chauffages industriels et domestiques et par suite de l'incinération des déchets. En outre, dans les centres urbains, l'automobile est coupable de la moitié des vapeurs nocives: hydrocarbures, dioxide d'azote, plomb.

C'est encore l'homme qui, soit par imprudence soit par malveillance, est responsable de la plupart des incendies de forêt qui dégagent dans l'atmosphère des gaz et des particules de suie, alors que les éléments naturels – vent et soleil – ne sont que des facteurs aggravants. Il existe cependant des sources d'acidification naturelles: la décomposition des matières organiques peut créer des éléments riches en soufre; les éruptions volcaniques produisent de l'acide sulfurique. Si, aujourd'hui, des régions situées loin de toute agglomération sont atteintes par une catastrophe écologique, c'est que les vents transportent les effets des polluants sur d'énormes distances. En chemin, la transformation de certains de ces polluants en ozone, gaz particulièrement destructeur, est facilité par le soleil. Et les pluies jouent à leur tour un rôle essentiel: en captant ou en dissolvant les particules nocives en suspension, elles les ramènent à terre.

L'on sait qu'en milieu urbain, depuis fort longtemps, la pierre des édifices, notamment des bâtiments anciens, est altérée par l'effet corrosif de l'acide sulfurique. Mais, ces dernières années, une catastrophe plus alarmante s'annonce dans les campagnes: l'acidité provoque la mort de centaines de lacs et de rivières. Dans la forêt, en montagne surtout, les pluies acides attaquent les feuilles et les aiguilles, l'acidification cause la mort des fines racines. Résultat: des millions d'arbres se mettent à mourir.

3. La qualité de l'air (Recommander)

(a) Il serait inutile d'étudier une question écologique si l'on se bornait à constater des faits sans proposer de solutions. Les remèdes aux problèmes de la pollution atmosphérique se situent sur trois plans: **politique** (priorités, intervention, prévention, etc.), **industriel** (fabrication, combustion, diffusion, nettoiement, protection, etc.) et **scientifique** (surveillance, informations, recherches, etc.).

Travail à deux → Mise en commun Regardez les mesures de lutte proposées à droite et classez-les ensemble par écrit selon les trois plans d'action mentionnés ci-dessus, de la façon suivante:

Plan politique: a, f, . . . , . . . etc.

Ensuite, vérifiez vos solutions avec le professeur.

(b) Pour exprimer ces mesures sous forme de recommandations, vous aurez sans doute besoin de **verbes** aussi bien que de noms.

Travail à deux Trouvez ensemble les verbes qui correspondent à tous les noms qui s'y prêtent dans les mesures proposées à droite: *élaboration → élaborer*, etc. Lesquels des noms n'ont pas de verbe correspondant?

▶ Lorsqu'on veut **recommander** une démarche, une ligne de conduite, une solution, etc., on peut utiliser des **verbes** tels que *demander, exiger, préconiser, prôner, recommander*, etc., ou bien, pour une recommandation négative, *déconseiller, décrier, déplorer, incriminer, s'en prendre à, refuser*, etc. On peut également employer des **expressions suivies d'un infinitif:**

il est essentiel de . . .	*plus fort*
il s'impose de . . .	
il apparaît nécessaire de . . .	
on aurait tort de ne pas . . .	
le mieux serait de . . .	
il vaudrait mieux . . .	
on aurait (tout) intérêt à . . .	
on ferait bien de . . .	
il serait souhaitable de . . .	
il s'agit de . . .	
ce ne serait pas une mauvaise idée de . . .	*moins fort* ◀

(c) Vous faites partie d'une commission d'écologistes chargée d'enquêter sur les mesures à prendre pour lutter contre la pollution atmosphérique. Vous allez communiquer vos **recommandations** au préfet de la région.

Exercice oral Le préfet (le professeur) vous invitera à lui présenter vos recommandations (i) sur le plan **politique**, (ii) sur le plan **industriel**, et (iii) sur le plan **scientifique**. Dans chacune de vos recommandations, employez un **verbe** qui convienne ou une des **expressions suivies d'un infinitif** présentées ci-dessous à gauche.

Début possible:

– *Et bien, mesdames et messieurs, quelles sont d'abord vos recommandations sur le plan politique?*

– *A notre avis, **il est essentiel d'élaborer** une politique d'urgence.*

– *Et en quoi consiste cette politique?*

– *Nous **préconisons** des mesures de surveillance, d'intervention et de prévention.*

– *Cette politique concernerait surtout le gouvernement central?*

– *Ah non. Nous **recommandons** aussi la participation . . .*

LA QUALITÉ DE L'AIR

(a) élaboration d'une politique d'urgence (mesures de surveillance, intervention, prévention)

(b) épuration des gaz avant rejet (lavage, filtres à poussière, etc.)

(c) réseaux de surveillance (moniteurs, stations de captage, etc.)

(d) systèmes d'alerte (transmission d'informations aux autorités, etc.)

(e) réglage et contrôle des appareils (moteurs, chauffages, etc.)

(f) participation des administrations locales (mesures de surveillance, intervention, prévention)

(g) urbanisme qui respecte des priorités écologiques (emplacement de zones industrielles, zones d'air pur, ceintures vertes, espaces verts)

(h) procédés de fabrication nouveaux (combustion plus efficace, voitures propres, etc.)

(i) législation restrictive (réduction des nuisances)

(j) crédits budgétaires (en faveur de la recherche scientifique et technique)

(k) utilisation de combustibles plus propres (basse teneur en soufre, en acides, etc.)

(l) campagnes d'information publique (médias, écoles, entreprises)

(m) études et recherches (écologiques, géographiques, météorologiques, etc.)

(n) amélioration de la diffusion atmosphérique (hauteur des cheminées, etc.)

(o) protection des travailleurs (équipements, conditions de travail, etc.)

(d) A la suite de l'enquête menée par la commission sur la pollution atmosphérique, certains écologistes qui y ont participé lancent un tract pour attirer l'attention du public sur leurs conclusions.

Travail individuel Rédigez ce tract en y incorporant vos recommandations. Employez des verbes et des expressions qui conviennent.

Début possible:

NOTRE RÉGION MENACÉE PAR LA POLLUTION ATMOSPHÉRIQUE

Les origines et les effets de la pollution de l'air sont bien connus. Mais comment combattre ce fléau qui menace notre région et la France entière?

Le gouvernement Il est essentiel d'abord que

La Forêt Noire (même endroit)... après la peste verte

4. Rédaction: *«Donnez-nous un peu d'air»*

Dans les activités précédentes, vous avez revu de nombreuses façons d'exprimer des rapports de **cause** à **effet** et de présenter des **recommandations**. La rédaction que vous allez composer sur la pollution atmosphérique traitera sans doute des symptômes, des causes et des conséquences de ce phénomène ainsi que des solutions possibles.

Mais, avant de commencer, réfléchissez à votre **introduction** et à votre **conclusion**.

Pour votre introduction, allez-vous employer:

- un exemple célèbre (un événement qui a provoqué de vives réactions)?
- un fait divers (un incident qui illustre le problème au niveau du quotidien)?
- une observation générale (le rôle de l'atmosphère dans la vie terrestre, par exemple)?
- une citation (ce qu'a dit un expert ou une personnalité)?

(Voir aussi 4, p. 49 et 5, p. 170)

Pour votre conclusion, allez-vous employer:

- des pronostics (évaluation des chances de succès)?
- un avertissement (ce qui risque de se produire éventuellement)?
- une citation (la conclusion d'un expert ou d'une personnalité)?
- un appel à l'action (vos recommandations les plus urgentes)?
- une observation générale (la responsabilité qui incombe au public, aux gouvernements, etc.)?

(Voir aussi 4, p. 49 et 5, p. 170)

Travail individuel Préparez votre rédaction en adoptant le plan de travail que nous avons déjà proposé à deux reprises *(6, p. 129, 4, p. 186)*:

consultation de textes → prise de notes → organisation et classement des notes → choix d'une entrée en matière et d'une conclusion → préparation d'un plan détaillé → brouillon → rédaction.

LAISSONS-LES VIVRE!

47

POINTS DE REPÈRE

(a) Le «message» écologiste est souvent perçu comme un cri d'alarme. Il ne s'agit, dirait-on, que de dangers: dégradation, pollution, crises énergétiques ou économiques. Pourtant, pour les sociétés de protection de la nature, le mot «écologie» a un sens positif: conservation d'un patrimoine naturel précieux.

Protéger la nature (forêts, paysages, etc.)? Sauvegarder les animaux (oiseaux, papillons rares, etc.)? Pourquoi? Ne suffit-il pas de défendre avant tout l'intérêt de l'espèce humaine? Vous sentez-vous concerné(e) personnellement par la protection du milieu naturel?

Travail individuel Notez par écrit vos premières réactions aux questions posées ci-dessus.

(b) Le professeur Jean-Pierre Raffin, Président de la Fédération Française des Sociétés de Protection de la Nature, nous a parlé dans son bureau au Jardin des Plantes à Paris. Il s'est souvent posé les questions que vous venez de considérer.

Travail individuel/en groupe→Discussion Ecoutez **une fois** seulement ce que dit le professeur Raffin; puis, en groupes de trois ou quatre, retrouvez ensemble les éléments majeurs de son argument et comparez vos réactions déjà notées (a) avec celles des autres étudiants.

Pour finir, discutez vos réflexions sur la protection de la nature avec l'ensemble de la classe.

1. Les dimensions du problème: quand des espèces périssent ...

Avez-vous une idée du nombre d'espèces végétales et animales menacées d'extinction en France? Et dans le monde entier? Les documents présentés dans le *Livret*, A. *La mort du loup* et B. *125 000 espèces sauvages* (pp. 77–8) vous permettront de vous renseigner.

Travail individuel→Exercice oral La classe se divisera en deux groupes. Les membres d'un groupe étudieront individuellement le document A, ceux de l'autre le document B. Lisez attentivement votre extrait, puis notez brièvement les idées et les informations essentielles (espèces en danger, habitat, causes du problème, mesures de protection, raisons, etc.). Pour finir, le professeur demandera aux membres de chaque groupe de présenter aux autres étudiants ce qu'ils auront découvert. Le professeur notera au tableau les points majeurs que vous aurez relevés. Ajoutez-y vos propres réflexions sur la protection des espèces sauvages.

2. Un exemple: «Sauvons nos ours»

(a) Savez-vous qu'il existe encore des ours en France? Et que leur sauvegarde est l'une des préoccupations majeures des sociétés de protection?

La carte d'identité de l'ours brun (ci-contre) vous permettra en premier lieu d'amplifier vos connaissances sur cette espèce merveilleuse.

Travail individuel Dans les informations ci-dessous, notez un ou plusieurs détails susceptibles à votre avis de compléter chaque blanc de la carte d'identité de l'ours.

1. les Vosges, le Massif Central, les Alpes, les Pyrénées,
2. dans des cavernes, dans la forêt, en rase campagne,
3. 15–20, 20–50, 50–100, 100–500,
4. stable, en progression, en régression,
5. 15–25, 25–50, 50–100, 100–500,
6. 0,75m, 1m, 1,50m, 2m
7. 1,50m, 1,80m, 2,20m, 2,50m,
8. le jour, la nuit,
9. se baigne, grimpe dans les arbres, nage, pêche, dort debout,
10. jamais, un mois, trois mois, six mois de l'année,
11. végétaux, insectes, animaux sauvages, charognes, bétail/troupeaux,
12. blond, marron, brun, noir, gris,
13. bonne vue, mauvaise vue,
14. bonne ouïe, mauvaise ouïe,
15. bon odorat, mauvais odorat.

Pour vérifier vos solutions, consultez la clef (p. 201).

(b) Vous savez déjà qu'il ne reste en France qu'une vingtaine d'ours bruns, dans les Pyrénées. Le professeur Raffin a parlé à notre enquêteur de la protection de cette espèce. Avant de l'écouter, vérifiez le sens de ces mots, s'il le faut avec un dictionnaire: *braconnage/braconniers, empoisonnement, bergers, troupeaux de brebis, données, coupes (forestières), pistes, farouche, préjudiciable, ourson, battue, sanglier, indemniser, débardage, tanière, cheptel, effectifs, faune.*

Travail individuel → Mise en commun
Ecoutez une première fois cet enregistrement. Ensuite, en arrêtant la bande quand vous le voudrez, notez brièvement ce que dit le professeur Raffin sur:

● les caractéristiques de l'espèce

● activités traditionnelles/récentes dans la région
● conséquences pour l'ours brun
● solutions possibles.

Pour finir, comparez vos notes avec celles des autres étudiants.

(c) Le Plan Ours, dont nous a parlé le professeur Raffin, a rencontré l'opposition de certaines personnes et de certains organismes: agriculteurs, chasseurs, forestiers, élus locaux, députés.
Vous trouverez à droite des **arguments** qu'ils ont présentés. Un argument peut être essentiellement **négatif** (contre le Plan) ou **positif** (en faveur d'une priorité); il peut aussi être **positif et négatif** en même temps.
Travail individuel En lisant chacun de ces arguments, déterminez d'abord s'il est

surtout **positif**, surtout **négatif**, ou **positif et négatif** au même degré:

Exemple (premier argument):
1. ***positif*** (donnons la priorité aux troupeaux, au bétail) mais *aussi* **négatif** (l'ours constitue un danger).

★ La présence de l'ours constitue un danger pour les troupeaux et le bétail de la région.
★ La chasse, particulièrement au sanglier, est une tradition qu'il serait impensable de supprimer.
★ Le Plan portera atteinte à l'exploitation forestière essentielle pour l'économie locale et nationale.
★ Les inquiétudes au sujet de l'ours sont exagérées: sa survie est assurée ailleurs dans le monde.
★ Sur le plan mondial, la protection d'autres espèces menacées (l'éléphant, le tigre, le lion, etc.) a un besoin plus urgent de crédits.
★ L'intervention se fait trop tard: une si petite population sera incapable de se maintenir.
★ Certains travailleurs (gardes forestiers, bûcherons, scieurs, etc.) pourront peut-être perdre leur emploi.
★ Il serait préférable d'affecter les crédits disponibles à la lutte contre le chômage.
★ Le Plan a été inventé par des «experts» à Paris qui veulent l'imposer aux habitants des Pyrénées.

(d) En supposant que vous ayez à répondre, pour les sociétés de protection, à ces arguments, que diriez-vous aux intéressés ou au Ministère de l'Environnement qui doit déterminer la somme d'argent disponible pour le Plan?
Travail individuel → Discussion Lisez encore une fois *La carte d'identité de l'ours* et les notes que vous avez prises (*b*). Ensuite, pour chaque argument présenté ci-dessus (*c*), notez individuellement un argument contraire. Avant la discussion qui suit, consultez les pages où sont présentées les formules pour **poser un problème**, pour **proposer une solution** (*3, p. 65*) pour **concéder** et **s'opposer** (*1, p. 64*, etc.); notez des formules qui vous seront utiles.
Pour finir, discutez avec l'ensemble de la classe les arguments **pour** et **contre** le Plan Ours.

LA CARTE D'IDENTITÉ DE L'OURS BRUN

HABITAT   En France, l'ours persiste en montagne dans ...(1)...
Il vit ...(2)...

POPULATION Population qui reste: ...(3)... individus.
Le nombre d'ours est ...(4)...
En Europe, il subsiste encore en Yougoslavie: ...(5)...
en Suède: ...(5)...
en Italie: ...(5)...
en Tchécoslovaquie: ...(5)...

DIMENSIONS   L'ours adulte mesure, en moyenne:
a) ...(6)... de hauteur
b) ...(7)... de longueur

HABITUDES   Il se déplace et chasse surtout ...(8)...
Il ...(9)..., ...
Il est en hibernation ...(10)...

RÉGIME ALIMENTAIRE   L'ours se nourrit à 80% de ...(11)...

PELAGE   Il peut être ...(12)..., ...

CARACTÉRISTIQUES Il a ...(13)..., très ...(14)..., très ...(15)...

3. La piste de Terre Adélie (Poser un problème, etc.)

(a) La décision du gouvernement français en faveur de la construction d'une piste d'atterrissage en Terre Adélie a suscité de vives réactions de la part des sociétés de protection de la nature. Car cette piste devait être construite sur un site d'un «intérêt biologique exceptionnel».

Mais qu'est-ce que la Terre Adélie? Où se trouve-t-elle? Que s'y passe-t-il? Cet extrait du magazine breton *Penn Ar Bed*, à droite, vous l'expliquera.

Travail individuel Lisez rapidement cet extrait et notez les détails suivants:

La Terre Adélie
- situation géographique
- activité humaine

Le Traité de l'Antarctique
- date
- pays signataires
- dispositions

La présence française
- histoire
- la base (caractère, nom)
- personnel
- liaisons avec l'extérieur
- l'année en Antarctique

Ecoutez **deux fois seulement** ce que dit le professeur Raffin au sujet de la piste de Terre Adélie; n'arrêtez pas la bande. Après chaque écoute, notez par écrit ce que vous aurez retenu sur:

- l'espèce en question
- caractéristiques (physique, habitudes)
- population
- activités humaines en cours ou proposées dans la région
- solutions possibles.

(b) Les protestations des sociétés de protection ont donné lieu à une réunion entre une équipe de représentants de ces sociétés et des fonctionnaires du Secrétariat d'Etat de Territoires d'Outre-mer.

Travail individuel/en groupe → Exercice oral La classe se divisera en deux (ou quatre) groupes. Chaque groupe préparera soit les arguments des écologistes, soit ceux des fonctionnaires:

- Votre groupe a, en tout, douze points d'argument pour ou contre la piste «en dur».

Le traité de l'Antarctique

Le continent antarctique est placé sous juridiction internationale depuis 1960, année ou douze pays ont signé le **traité de l'Antarctique**. Ce document établit qu' «*il est de l'intérêt de toute l'humanité que l'Antarctique soit pour toujours utilisé à des fins pacifiques*». Parmi les principales clauses figurent le gel des revendications territoriales et l'interdiction de toute activité militaire, notamment dans le domaine nucléaire. En outre, tout projet susceptible de perturber la faune antarctique doit être étudié en fonction des mesures agréées sur la protection de la faune et de la flore antarctiques.

L'expiration du traité en 1990 provoque aujourd'hui un regain d'intérêt des pays membres, mais aussi d'autres pays pour ce continent vierge qui pourrait constituer un enjeu stratégique et économique pour les années à venir. C'est dans cette optique que le gouvernement français a décidé la construction d'une piste d'atterrissage pour avions en Terre Adélie afin d'assurer son indépendance logistique en Antarctique et d'y développer des travaux de glaciologie, météorologie et astronomie.

Depuis 1961, la France entretient une base permanente à caractère scientifique sur la partie du continent antarctique qu'elle revendique auprès de la communauté internationale: la Terre Adélie. Située sur l'île de Pétrels dans l'archipel de Pointe Géologie, la base porte le nom de Dumont d'Urville, navigateur français qui le premier, en 1840, s'aventura dans cette région.

Tous les ans, au mois de décembre, une cinquantaine d'hommes dont les deux tiers constituent l'équipe d'hivernage, et le reste l'équipe de campagne d'été, sont transportés par cargo mixte (danois jusqu'en 1981, canadien ensuite) depuis Hobart, en Tasmanie, jusqu'à Dumont d'Urville. Le voyage est long de 2 700 kilomètres et peut durer de six jours à un mois selon le dégel plus ou moins tardif de la banquise. Le navire quitte la Terre Adélie en février, à la fin de l'été antarctique, ramenant l'équipe d'été. L'équipe d'hivernage reste alors isolée jusqu'au mois de décembre suivant.

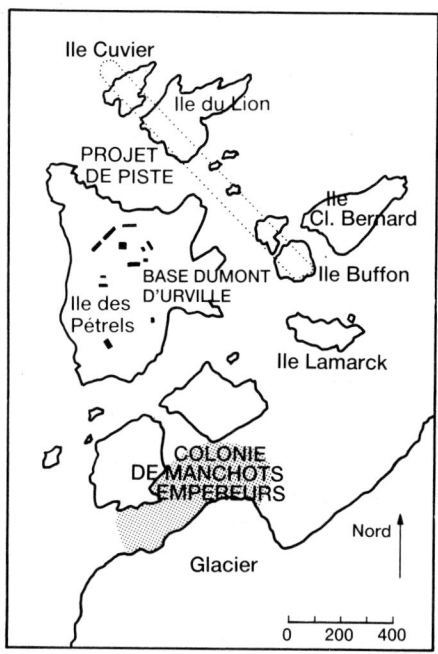

L'archipel de Pointe Géologie accueille chaque année plus de 25 000 couples d'oiseaux de mer.

– Le professeur vous donnera à chacun des notes (*Livret, p. 79*) sur trois, quatre or six de ces points, selon le nombre d'étudiants dans votre groupe.

– Rédigez une phrase complète et développée sur chacun de vos points, puis mémorisez ces phrases.

– Réunissez-vous en groupe; de mémoire, communiquez à votre groupe les arguments pour ou contre la piste (arguments positifs et négatifs); écoutez les autres arguments.

– Les deux groupes se présenteront l'un à l'autre leurs arguments, de mémoire encore une fois.

(c) Vous écrirez maintenant, à l'intention soit des mouvements écologistes soit du Secrétariat d'Etat, un compte rendu de deux ou trois paragraphes sur la réunion qui vient d'avoir lieu. Ce compte rendu, tout en se voulant «objectif» sera très partial: il avantagera les arguments d'un côté au détriment de l'autre.

Travail individuel Le professeur vous donnera maintenant les notes (*Livret, p. 79*) sur tous les arguments pour et contre la piste. A partir de ces notes, écrivez un compte rendu partial: rapportez les arguments des deux côtés mais contestez ceux de l'autre côté en favorisant ceux de votre côté. Pour ce faire, vous aurez sans doute besoin de formules qui servent à **poser un problème** et à **proposer une solution** (*3, p. 65*) à **concéder** et **s'opposer** (*3, p. 85*) et à **recommander** une démarche ou une ligne de conduite (*3, p. 196*).

4. Article: *Des espèces en péril*

Lorsqu'on rédige un article sur un sujet d'actualité, on peut l'introduire, comme vous le savez déjà, par un exemple frappant qui illustre un problème d'intérêt général. C'est le cas, par exemple, dans l'article sur les pluies acides *Adieu à la forêt* que vous avez étudié. Voici, en gros, comment s'organisait cet article et comment vous pourriez vous en inspirer en écrivant un article sur la disparition des espèces sauvages.

ADIEU À LA FORÊT	**DES ESPÈCES EN PÉRIL**
Introduction: **un exemple frappant**	
Aubure: le sentier de la désolation (*Au premier coup d'œil . . .*)	→ Les Pyrénées: l'ours en voie d'extinction? *ou bien* → La Terre Adélie: le manchot empereur menacé?
Développement: **conséquences**	
Faute de protection, la forêt mourra (*Plus de forêt: ce ne sont pas seulement . . .*)	→ Faute de protection, des centaines d'espèces mourront.
causes	
Si la forêt disparaît, c'est à cause de l'activité humaine. (*La forêt crève . . .*)	→ Si des espèces disparaissent, c'est à cause de l'activité humaine.
Conclusion: **solutions**	
Nous savons ce qu'il faut faire. En avons-nous réellement la volonté?	→ Nous savons ce qu'il faut faire. En avons-nous réellement la volonté?

Travail individuel Composer un article intitulé *Des espèces en péril* en suivant le schéma proposé ci-dessus.

Adoptez un plan de travail qui convienne (*4, p. 197*). Vous aurez sans doute besoin d'employer des expressions de **cause** et de **conséquence** (*Le point sur la cause et la conséquence, p. 237, etc.*) et de **recommander** des solutions possibles (*3, p. 196*); vous pourrez aussi employer des formules déjà mentionnées (*2d, p. 199*) dans ce dossier.

LA CARTE D'IDENTITÉ DE L'OURS BRUN

1. dans les Pyrénées
2. dans la forêt
3. 15–20 individus
4. en régression
5. Yougoslavie: 25–50
 Suède: 15–25
 Italie: 50–100
 Tchecoslovaquie: 200–300
6. Im de hauteur
7. 1,80m de longueur
8. la nuit
9. se baigne, nage, pêche
10. six mois de l'année
11. de végétaux
12. blond, marron, brun, noir, gris.
13. mauvaise vue
14. très bonne ouïe
15. très bon odorat

LA FRANCE ET LE MONDE

Depuis la Seconde Guerre mondiale, l'histoire de notre globe est dominée par deux conflits: celui qui oppose pays capitalistes et pays communistes; celui qui oppose pays développés et pays sous-développés

«La Quatrième République elle n'a pas de chance»

48

1945: La libération de Paris

POINTS DE REPÈRE

L'exposé que vous allez entendre est tiré d'une émission radiophonique consacrée à la France d'après-guerre de 1945 à 1958, à ce que l'on appelle la Quatrième République. Dans cet extrait, un historien, spécialiste du XXᵉ siècle, répond à des questions portant sur la situation nationale et internationale de la France à cette époque-là.

Travail individuel → Mise en commun Ecoutez une première fois l'enregistrement en entier. Ensuite, repassez la bande: arrêtez-la après chaque question et notez-en mentalement l'essentiel, sans rien écrire. Après chaque réponse, arrêtez de nouveau la bande et, toujours sans rien écrire, essayez de vous rappeler, en gros, ce que vient de dire le spécialiste sur:

- une situation qui «ne coïncide pas avec les apparences» *(1ʳᵉ réponse)*
- les premiers signes de «la désagrégation d'un Empire» *(2ᵉ réponse)*
- la République d'après-guerre qui hérite de «ruines de tous ordres» *(3ᵉ réponse)*
- le pays qui souffre intérieurement des «deux grands conflits du monde» *(4ᵉ réponse)*
- la comparaison avec «le cas de l'Italie et celui de l'Angleterre» *(5ᵉ réponse)*
- les gouvernements qui font face «simultanément à deux oppositions» *(6ᵉ réponse)*.

Ensuite, communiquez au professeur ce que vous aurez retenu des six questions posées à l'historien et de ses réponses.

Prise de notes et exposé écrit

(a) Pour bien rendre compte, par écrit, de l'exposé que vous avez écouté, vous aurez besoin d'en noter par écrit les **points essentiels**. *Travail individuel* Repassez la bande et transcrivez chaque question en entier. Ensuite, notez par écrit les grandes lignes de la réponse que l'historien donne à chaque question; suivez encore une fois les indications données à gauche *(Points de repère)*.

(b) Les six questions que vous avez transcrites ne paraîtront pas telles quelles dans votre exposé écrit; elles seront plutôt intégrées à l'ensemble. Vous aurez aussi, sans doute, besoin d'employer des moyens d'**articulation** *(1, p. 108* et *3, p. 126)* qui conviennent à un texte écrit.

Travail individuel Rédigez un exposé basé sur la situation présentée dans l'enregistrement *«La Quatrième République elle n'a pas de chance»*. Référez-vous de nouveau aux indications *(Points de repère)* et à vos notes *(a)*.

LE CRÉPUSCULE D'UN EMPIRE

La décolonisation

Au cours de l'époque de la décolonisation française, c'est-à-dire pendant dix-sept années d'après-guerre, la France et ses armées furent de nouveau entraînées dans deux guerres de longue haleine qui saignèrent, physiquement et moralement, la métropole.

POINTS DE REPÈRE

Le roman **Les centurions** de Jean Lartéguy débute par la défaite humiliante qui, en mai 1954, mit un terme au premier des deux grands conflits de la décolonisation française. Il se termine par l'insurrection qui, quelques mois plus tard, marqua le début du deuxième conflit, qui devait durer plus de sept ans.

Travail individuel → Mise en commun Lisez une première fois les deux extraits du roman de Lartéguy présentés à droite. Essayez de deviner ou, s'il le faut, de découvrir dans un manuel d'histoire la réponse à ces deux questions:

Au cours de quels conflits ces événements ont-ils eu lieu? Entre quels combattants?

Partagez avec l'ensemble de la classe vos réponses à ces deux questions (pour les vérifier, voir *p. 213*) et ce que vous savez déjà des deux conflits coloniaux dont il est question.

● **se crisper** clench   **boue** (f) mud   **Saint-Cyr** an officer cadet school   **stage** (m) course **école** (f) **d'application** combat training school **éclat** (m) splinter   **accroupi** squatting **cadavre** (m) corpse   **promotion** (f) intake **se remettre** recover   **saignée** bloodletting **sacré** (fam) hell of a   **dilapider** squander **orifice** (m) opening   **tranchée** (f) trench **(re)bondir** (re)bound   **caoutchouc** (m) rubber   **tirer** fire   **fonte** (f) cast iron **quadrillé** square-patterned   **dégoupiller** pull the pin out   **cuiller** (f) safety catch   **serrer** squeeze   **paume** (f) palm   **veuve** (f) widow **parenté** (f) kith and kin   **articulation** (f) joint   **phalange** (f) finger-bone   **buste** (m) head and shoulders   **rafale** (f) burst of fire   **encadrer** straddle   **motte** (f) clod **chair** (f) flesh   **s'enfoncer** flatten oneself **faubourien(ne)** (Parisian) working class   **salope** (f) (fam) bitch, lousy so and so   **arracher** tear off **galon** (m) (officer's) pip   **2e classe** (m) private   **s'évader** escape   **s'allonger** lie down   **prendre congé** say goodbye   **débiter** say, rap out   **doublage** (m) dubbed soundtrack **soigner** look after   **abri** (m) shelter   **appuyé** leaning   **paroi** (f) wall   **bougie** (f) candle

---

D'une Guerre ..

Les doigts du «p'tit» se crispèrent° un peu plus fort dans la boue.° Le «p'tit», c'était le sous-lieutenant Lacade, qui était arrivé au bataillon parachutiste trois mois plus tôt, sortant de Saint-Cyr° et après avoir fait un stage° de quelques semaines dans une école d'application.° Il avait pris des éclats° de grenade dans le ventre.

Boisfeuras s'approcha du capitaine, toujours accroupi° près du cadavre.°

— Sept promotions° de Saint-Cyriens détruites en Indochine. C'est un peu trop, Glatigny, quand le résultat est une défaite. Il sera difficile de nous remettre° de cette saignée.°

— Un gosse de vingt ans, une espérance et un enthousiasme de vingt ans sont morts, dit Glatigny. C'est un sacré° capital qui vient d'être dilapidé° et que l'on ne renouvelle pas facilement. Qu'en pensent-ils à Paris?

— C'est l'heure où l'on sort du théâtre.

Au lever du jour, les Viets attaquèrent de nouveau. Les derniers survivants de Marianne II les virent sortir un par un des orifices° de leurs tranchées° couvertes. Puis les silhouettes se mirent à apparaître et disparaître, agiles, bondissant° et rebondissant° comme des balles de caoutchouc.° Personne ne tirait° plus. Glatigny avait donné l'ordre de garder les munitions qui restaient pour l'assaut final.

Le capitaine avait une grenade en fonte° quadrillée° dans la main. Il la dégoupilla,° la cuiller° serrée° contre la paume.° Il pensa:

«Je n'ai qu'à la laisser tomber à mes pieds au moment où les Viets seront sur moi et compter 1–2–3–4–5; puis nous sortirons tous ensemble de ce monde, eux avec moi; je serai mort selon la tradition, comme l'oncle Joseph en 1940; comme mon père au Maroc, et au Chemin des Dames mon grand-père. Claude ira rejoindre le bataillon noir des veuves° d'officiers. Elle sera bien accueillie, elle trouvera de la parenté.° Mes fils iront à la Flèche, mes filles à la Légion d'honneur.»

Les articulations° de ses phalanges° crispées sur la grenade lui faisaient mal. À moins de dix mètres, trois Viets venaient de s'insinuer en file dans un trou. Il pouvait les entendre qui s'encourageaient les uns les autres avant de faire le prochain bond qui les amènerait jusqu'à lui.

— 1–2–3... Il lança la grenade dans le trou. Mais il avait sorti le buste° et des rafales° l'avaient encadré.° La grenade explosa et des mottes° de terre et des débris de vêtements et de chair° tombèrent jusqu'à lui.

Il s'enfonça° dans la boue. Tout près, sur la droite, il entendit l'accent faubourien° de Mansard, un sergent:

— Qu'est-ce qu'ils vont nous mettre, les salopes;° on n'a plus rien pour leur tirer dessus.

Glatigny arracha° ses galons;° il essaierait au moins de se faire passer pour un 2e classe;° ce serait plus facile pour s'évader°... plus tard... Puis il s'allongea° de côté dans le trou; il n'avait plus rien d'autre à faire qu'à attendre...

L'explosion d'une grenade dans son trou lui fit prendre congé° de la civilisation gréco-latino-chrétienne. Quand il reprit conscience, il était de l'autre côté... chez les communistes.

Dans la nuit, une voix débitait:°

— Vous êtes complètement encerclés. Ne tirez pas. Nous ne vous ferons aucun mal. Levez-vous et restez les bras en l'air.

Cette voix détachait chaque syllabe comme dans le doublage° d'un mauvais western. La voix s'approcha; elle était maintenant sur Glatigny:

— Vous êtes vivant? Blessé? Nous allons vous soigner;° nous avons des médicaments; l'infirmier va venir...

Glatigny se retrouva dans un abri° en forme de tunnel, long et étroit. Il était assis sur le sol, son dos nu appuyé° contre la terre de la paroi.° Le tunnel était éclairé par deux bougies;° mais chaque Viet qui passait ou repassait lançait des coups brefs de sa lampe électrique.

. . . à une autre

L'horreur s'installa à Alger dans le hurlement° des sirènes d'ambulance, au milieu des vitrines° éventrées,° des flaques° de sang sur lesquelles on jetait une poignée° de sciure.°

Les nerfs des Algérois, tendus jusqu'à la limite de rupture,° vibraient à la moindre rumeur, à l'invention la plus invraisemblable.° Mais parfois ces mêmes hommes restaient impassibles, devant des scènes atroces et, en buvant l'anisette,° levaient le verre à la prochaine grenade dont ils seraient peut-être les victimes. Puis ils devenaient véhéments pour parler football ou rugby.

Après l'horreur vinrent la peur et la haine.° Des musulmans° se firent rouer de coups° sans raison, tout simplement parce qu'ils portaient un paquet ou «qu'ils avaient une sale gueule».° Des Européens licencièrent° de vieux domestiques arabes, ou des «fatmahs» qui faisaient partie de leur famille depuis vingt ans.

— On ne peut se fier° à personne, disaient-ils. Un jour ils nous égorgeraient° ou empoisonneraient nos enfants.

Et ils racontaient l'histoire de ce boulanger qui avait été assassiné par son mitron.° Depuis plus de dix ans les deux hommes travaillaient toutes les nuits ensemble; ils étaient devenus des amis et on les voyait le matin sortir tout enfarinés° de leur cave. Ils traversaient la rue pour aller déjeuner dans un bistrot, ils emportaient leur pain qui sortait du four et se faisaient servir du jambon.

En quelques jours, un fossé° se creusa° à Bab-el-Oued entre musulmans d'une part, juifs° et Européens de l'autre. Et c'est bien ce que voulait le FLN:° trancher° dans cette zone indécise,° séparer des êtres° qui tendaient de plus en plus à se rassembler,° car ils avaient en commun une certaine nonchalance, le goût du bavardage, le mépris° de la femme, la jalousie, l'insouciance° et l'amour du rêve.

Villèle et Pasfeuro, tous deux journalistes, s'installaient la nuit à l'*Écho d'Alger*. Un poste° avait été branché° sur la longueur d'onde° de l'émetteur° de la police. Ils écoutaient les appels et pouvaient ainsi être renseignés sur le nombre des attentats° et le lieu où ils s'étaient produits. En novembre il y eut plus de cinq attentats par jour, qui firent deux cents morts.

Les premiers temps les journalistes fonçaient° aussitôt sur les lieux en voiture, à moto, en taxi, C'était pour voir quelques corps allongés sur un trottoir et que l'on recouvrait d'une vieille couverture, des blessés que l'on emmenait à l'hôpital Maillot, la rage impuissante° d'un homme dont la haine et la souffrance décomposaient le visage; c'était pour entendre les hurlements d'une femme qui se jetait griffes tendues° sur les policiers et les infirmiers. Les juives et les Espagnoles étaient les plus déchaînées.°

Bientôt les journalistes ne purent plus supporter de photographier ces horreurs, d'entendre ces cris et d'être pris à partie° comme si c'étaient eux qui armaient les terroristes.

1. D'une guerre. . . (La narration)

(a) Nous reviendrons plus tard sur la situation décrite dans le deuxième extrait. Dans le premier, la défaite humiliante qu'a été Diên Biên Phu est évoquée à travers l'expérience d'une poignée d'hommes.

Travail individuel → Mise en commun
Relisez attentivement cet extrait et notez brièvement ce que vous apprenez sur:

- la situation militaire du bataillon occupant la position appelée Marianne II
- les possibilités qu'envisage Glatigny
- ce qui lui arrive en réalité.

Comparez vos notes avec celles des autres étudiants.

(b) L'extrait que vous venez de revoir fait surtout partie d'un **récit**. Vous allez donc raconter, en résumé et à votre manière, les événements qu'il présente.

Travail individuel/à deux→Travail individuel Relisez le premier extrait avec les indications ci-dessous sous les yeux. En même temps, résumez mentalement les événements présentés dans l'extrait:

- la mort de Lacade
- réactions de ses camarades
- conservation des munitions
- réflexions de Glatigny
- lancement de la grenade
- galons arrachés
- évanouissement de Glatigny
- reddition du groupe français
- première question du Viet
- «prison» de Glatigny.

Ensuite, avec un(e) partenaire, faites en raccourci la **narration orale** de ces événements sans regarder le texte: employez les temps verbaux qui conviennent, principalement le **passé composé** et l'**imparfait** (*Le point sur la narration, p. 233*).
Pour finir, à partir des indications ci-dessus, résumez par écrit l'action racontée dans l'extrait en 250–300 mots. Pour cette **narration écrite** employez surtout le **passé simple** et l'**imparfait**.

● **hurlement** (m) wail　**vitrine** (f) shop window　**éventré** gutted　**flaque** (f) pool　**poignée** (f) handful　**sciure** (f) sawdust　**limite** (f) **de rupture** breaking point　**invraisemblable** unlikely　**anisette** (f) pastis (Pernod, etc.)　**haine** (f) hatred　**musulman** (m) Moslem　**rouer de coups** beat up　**sale gueule** (f) (*fam*) ugly mug　**licencier** sack　**se fier à** trust　**égorger qqn** cut sb's throat　**mitron** (m) (baker's) 'boy'　**enfariné** covered in flour　**fossé** (m) gulf　**se creuser** open up

Jew　**FLN = Front de Libération Nationale**　**trancher dans** cut into　**zone** (f) **indécise** grey area　**être** (m) individual　**se rassembler** come together　**mépris** (m) contempt　**insouciance** (f) happy-go-lucky outlook　**poste** (m) wireless　**branché sur** tuned into　**longueur** (f) **d'onde** wavelength　**émetteur** (m) transmitter　**attentat** (m) terrorist attack　**foncer** rush　**impuissant** powerless　**griffes tendues** all (tooth and) claw　**déchaîné** uncontrolled　**prendre à partie** take to task　**juif** (m)

2. La guerre d'Indochine, défaite ou trahison: le sous-entendu

Pour bien des militaires français, le principal responsable de leur défaite en Indochine fut le gouvernement français: son indifférence, son incompétence et son abandon étaient à leurs yeux une trahison. La manière dont sont racontés les événements du premier extrait (*p. 206*) **sous-entend** des réflexions sur la conduite de la guerre.

Travail individuel → Mise en commun
Relisez dans leur contexte les citations qui suivent et notez ce qu'elles sous-entendent, à votre avis, sur la situation des protagonistes et sur la responsabilité du gouvernement et du peuple français.

Les doigts de Lacade qui «se crispèrent dans la boue».
Le «p'tit» qui est arrivé «après avoir fait un stage de quelques semaines».
«Une espérance et un enthousiasme de vingt ans» qui «sont morts».
La population de Paris qui à cette heure-là «sort du théâtre».
Les silhouettes des combattants du Viêt-minh «agiles, bondissant et rebondissant comme des balles de caoutchouc».

Glatigny qui pense mourir «selon la tradition».
Le sergent qui se plaint de n'avoir «plus rien pour leur tirer dessus».
La voix qui, dans la nuit, «détachait chaque syllabe comme dans le doublage d'un mauvais western».
La même voix, qui dit: «Nous allons vous soigner».

Discutez vos réflexions avec l'ensemble de la classe.

Les Empires français et britannique en 1930

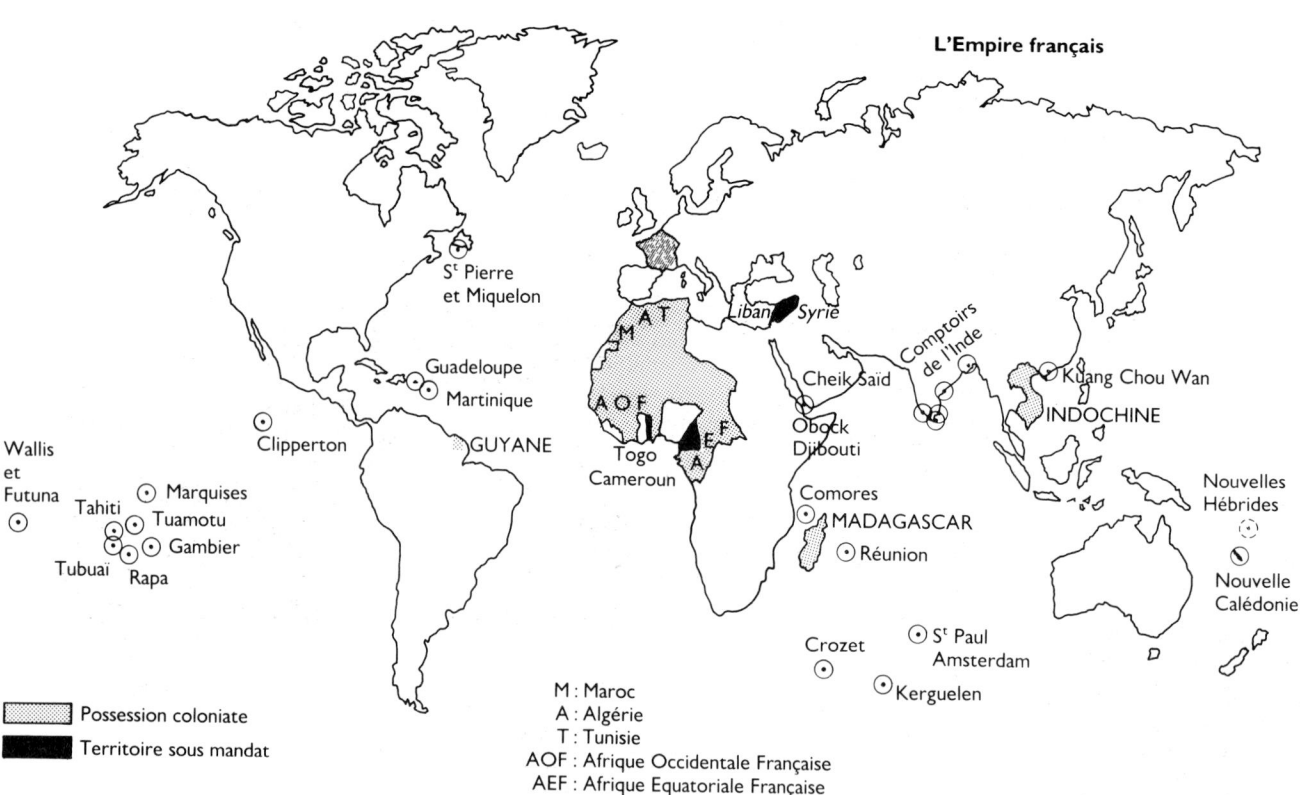

L'Empire français

St Pierre et Miquelon
Guadeloupe
Martinique
Clipperton
GUYANE
Wallis et Futuna
Tahiti
Marquises
Tuamotu
Tubuaï Rapa
Gambier

M
A
T
A O F
Togo
Cameroun
E
F
A
Liban Syrie
Cheik Said
Obock
Djibouti
Comptoirs de l'Inde
Kuang Chou Wan
INDOCHINE
Comores
MADAGASCAR
Réunion
Crozet
St Paul
Amsterdam
Kerguelen
Nouvelles Hébrides
Nouvelle Calédonie

▨ Possession coloniate
■ Territoire sous mandat

M : Maroc
A : Algérie
T : Tunisie
AOF : Afrique Occidentale Française
AEF : Afrique Equatoriale Française

3. Grandes étapes de la décolonisation française (Interrogation orale)

(a) Le document *Grandes étapes de la décolonisation française* (Livret, pp. 80–3) résume les événements les plus marquants de vingt ans de décolonisation de l'Empire français, et ses suites. Ce document est présenté en deux versions:

– la première version (à trous) emploie, comme c'est souvent le cas dans des documents historiques, le **présent historique**;
– la deuxième version (intégrale) emploie les temps de la narration écrite, en langue soignée au passé: principalement le **passé simple** et l'**imparfait**.

Le professeur vous donnera à tous la version à trous du document complet.

Exercice oral Interrogez le professeur, qui aura sous les yeux la version intégrale, sur les détails qui manquent aux trois premières sections de ce document:

- **Les Empires français et britannique**
- **L'Union française**
- **L'Afrique noire.**

Employez les temps verbaux du **passé** (surtout le **passé composé** et l'**imparfait**) qui conviennent; complétez en même temps, au **présent**, d'après ce que dira le professeur, votre version de ces trois sections.

Exemples:
*Combien de km² l'Empire britannique **couvrait**-il?*
*Quelles colonies **ont obtenu** dès 1931 leur indépendance?*

Relisez votre document complété; puis, pour finir, le professeur vous demandera de raconter oralement, au passé, ce que vous avez appris sur les deux Empires, sur l'Union française et sur l'Afrique noire.

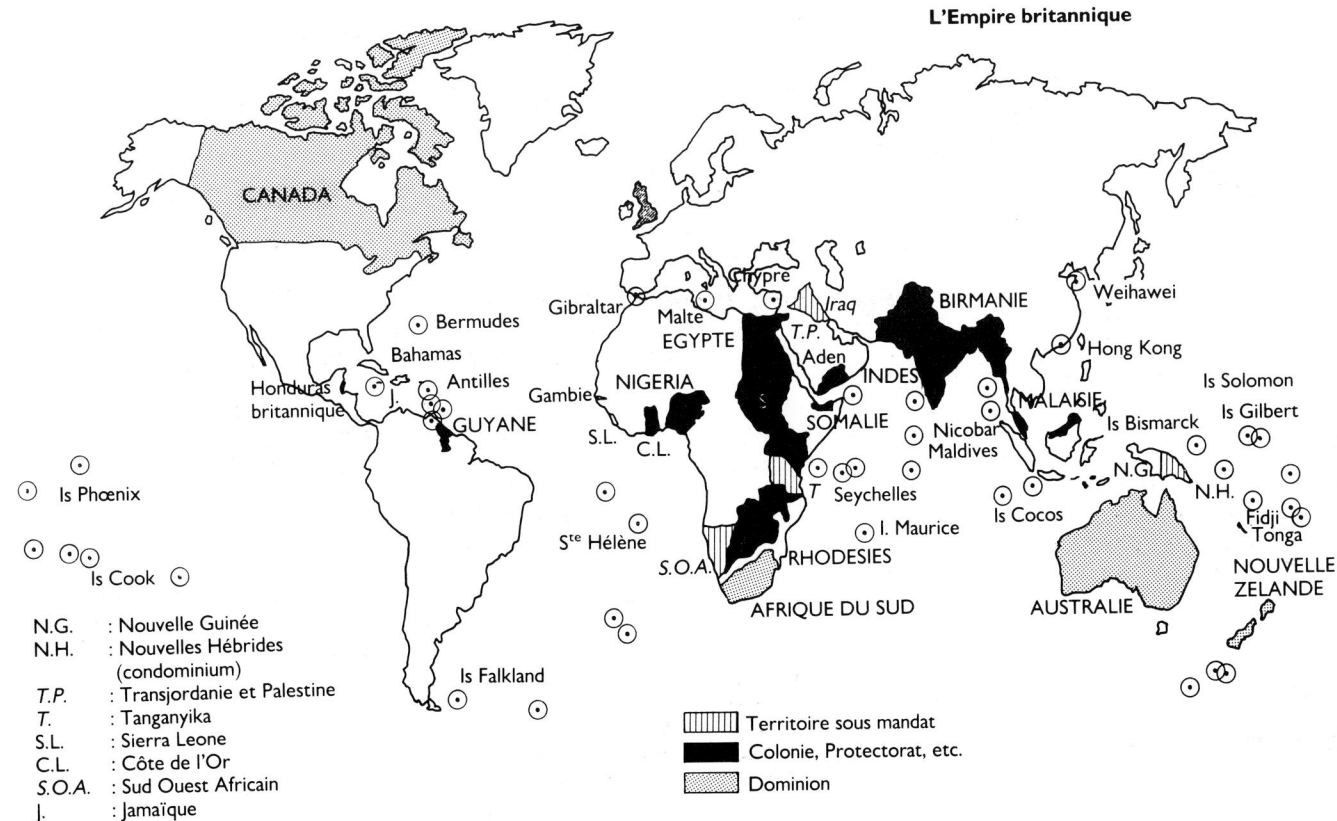

L'Empire britannique

N.G. : Nouvelle Guinée
N.H. : Nouvelles Hébrides (condominium)
T.P. : Transjordanie et Palestine
T. : Tanganyika
S.L. : Sierra Leone
C.L. : Côte de l'Or
S.O.A. : Sud Ouest Africain
J. : Jamaïque
S. : Soudan

▥ Territoire sous mandat
■ Colonie, Protectorat, etc.
▦ Dominion

(b) Ce travail, que vous ferez par groupes de deux, portera sur les deux grands conflits de la décolonisation française:

- **La guerre en Indochine**
- **La guerre d'Algérie.**

Vous travaillerez sur ces pages avec un(e) partenaire. A l'une d'entre vous le professeur donnera la version intégrale sur la guerre en Indochine, à l'autre celle sur la guerre d'Algérie.

Travail individuel/à deux D'abord, lisez les pages que vous avez entre les mains. Ensuite, à tour de rôle, interrogez-vous mutuellement au **passé** (**passé composé/ imparfait**) sur le conflit traité dans la version intégrale qui vous manque. Employez une variété de formules interrogatives. En même temps, complétez **au présent** cette section de votre version à trous.

(c) Dans la version intégrale de la section que vous venez de compléter, on emploie les temps de la narration qui conviennent à la langue soignée, principalement le **passé simple** et l'**imparfait**.

Travail individuel → Travail à deux Rédigez maintenant au **passé** en langue soignée (**passé simple/imparfait**) une version écrite de la section du document sur la décolonisation française que vous venez de compléter (*b*). Ce travail terminé, vous pourrez comparer votre version avec la version intégrale de votre partenaire. Au besoin, corrigez ou complétez votre version.

LA GUERRE D'ALGÉR

LES PREMIERS ATTENTATS DU F.L.N.

1er novembre 1954. Les Français, ce jour-là, comme tous les 1er novembre, se rendent dans les cimetières, un pot de chrysanthèmes dans les bras. Ils ne prêtent guère attention à ce qu'annoncent les radios (très peu de gens ont alors la télé): quelques attentats terroristes ont eu lieu en Algérie; un jeune instituteur français nommé Monnerot figure parmi les victimes.

Pour les autorités, ce n'est pas vraiment une surprise: depuis des années, le Maroc et la Tunisie, les voisins de l'Algérie, sont troublés par des attentats du même type. On se contente donc de faire appliquer le plan «orange amère», qui prévoit l'arrestation par la police d'un certain nombre de suspects, des gens connus pour leurs opinions favorables à l'indépendance.

L'ensemble du pays est calme. Alors, on pense qu'il suffira de quelques petites réformes et de quelques opérations de police pour régler la question. On ne prend pas garde que toutes les conditions d'une véritable explosion sont réunies.

MUSULMANS, EUROPÉENS: LES INÉGALITÉS

Lesquelles? Regardons de plus près. L'Algérie, à l'époque, compte **un million d'habitants «d'origine européenne» (les pieds-noirs), et huit ou neuf millions d'habitants «d'origine musulmane».** Ces derniers sont jeunes, en général pauvres (voire très pauvres), ils ont toujours été animés par des mouvements nationalistes, même si beaucoup d'entre eux ont rêvé à un moment ou à un autre de devenir des «Français à part entière», d'être considérés tout à fait comme des Français, avec des droits égaux. Car ils n'ont pas les mêmes droits. Théoriquement, l'Algérie est formée de trois départements français. Mais elle est administrée par un gouverneur général. Et surtout, quand il s'agit de voter, les «musulmans» votent d'un côté, les «Européens» de l'autre. C'est ce qu'on appelle «le double collège».

En clair, une voix de musulman ne vaut pas autant qu'une voix d'Européen. D'ailleurs, on truque régulièrement les élections pour faire élire des députés musulmans dociles qui ne posent pas de problèmes. Et on pourchasse les nationalistes. Bref, on bloque le couvercle sur la marmite qui bouillonne; c'est le plus sûr

moyen de la faire exploser. Les «pieds-noirs», eux, ne sont pas des gros colons, loin de là. Il en existe quelques-uns, bien sûr, qui vivent grassement dans des domaines à faire rêver. Mais l'immense majorité est à l'image des Français de France: bourgeois, classes moyennes, paysans, ouvriers. Il y a de tout. Les uns descendent des Alsaciens qui ont quitté leur pays quand l'Allemagne l'a pris en 1871, les autres descendent des Communards (de 1871 également), déportés par les Conservateurs; il y a des familles de Français de toutes provinces, des Espagnols aussi, des Juifs. Ils se sont mêlés, formant une population sympathique, qui vote parfois à gauche, qui a combattu en 1944 pour la libération de la France (elle estime donc que la métropole doit s'acquitter de cette dette), mais qui bien souvent n'a plus en France ni famille, ni maison, rien; aucun point de chute, comme on dit. Alors, ces gens-là vont s'accrocher autant qu'ils le pourront à l'Algérie, le pays où ils

sont nés, le seul pays qu'ils connaissent, le pays où sont les tombes de leurs morts. Et ils sont persuadés que si l'on accorde de nouveaux droits aux musulmans, ils seront, eux Européens, écrasés par le nombre, ils n'auront plus qu'à faire leurs valises, partir pour la France ou mourir. La valise ou le cercueil. Alors, ils se laisseront entraîner par les plus «ultras» d'entre eux, qui refusent aux musulmans tous droits démocratiques.

ARMÉE: GAGNER CETTE GUERRE-LA:

Troisième acteur: l'armée française. Quand commence l'affaire d'Algérie, cette armée n'a pas le moral – c'est le moins que l'on puisse dire. Elle vient d'essuyer au Vietnam un échec grave: la défaite de Diên-Biên-Phu, suivie des accords de Genève (juillet 1954), où la France a reconnu aux communistes du Nord-Vietnam le contrôle de leur pays. Les officiers français, que cette affaire a humiliés, qui ont eu le sentiment de mener

en Asie une guerre impopulaire et oubliée, qui se reprochent d'avoir dû abandonner ensuite les Vietnamiens qui les avaient aidés, ont deux réactions quand on les envoie en Algérie: ils vont tout faire pour gagner cette guerre-là; et ils se promettent de ne pas abandonner, par la suite, les Algériens qui se seront rangés de leurs côtés. Tout faire pour gagner cette guerre-là, cela entraînera certains militaires très loin: ils tortureront leurs adversaires algériens (qui, de leur côté, ne se privent pas d'assassiner ou de mutiler), pour leur faire livrer les noms, les cachettes ou les projets de leurs complices; ou encore ils se soulèveront contre le gouvernement français quand celui-ci négociera avec les nationalistes, avec la perspective d'accorder l'indépendance à l'Algérie.

Quatrième acteur: le monde entier. Depuis la fin de la guerre contre le nazisme, il est traversé par un profond mouvement anti-colonialiste. L'Europe avait colonisé, depuis des siècles (et surtout depuis le XIXe), une large partie de l'Afrique et de l'Asie. Or, pendant la Deuxième Guerre mondiale, l'Angleterre, les Etats-Unis, d'autres encore, ont lutté contre les nazis au nom de la liberté, du droit des peuples à disposer d'eux-mêmes. Ces propos, ces slogans, n'ont pas été perdus pour tout le monde: certains colonisés les ont entendus. Et puis, l'Europe sort affaiblie de la guerre: bonne occasion d'échapper à son pouvoir. D'autant que les régimes communistes, la Russie d'abord, puis à partir de

● **4. La guerre d'Algérie (Le subjonctif)**

(a) L'article tiré du magazine *Phosphore*, que nous présentons ici, raconte en quatre pages l'essentiel de la guerre d'Algérie. Les intertitres adoptés par l'auteur indiquent des divisions possibles de ce texte; la première section, en effet, se concentre sur un seul sujet, l'insurrection du 1er novembre 1954, avec ses antécédents et ses suites immédiates.

Mais il serait sans doute possible de diviser le reste de l'article différemment que l'auteur ne l'a fait sur la page.

Travail individuel → Exercice oral Lisez cet article en faisant particulièrement attention à son organisation: identifiez les principales sections du texte, qui peuvent être plus courtes que celles suggérées par les intertitres. Ensuite, notez en quelques mots le sujet de chaque section identifiée.

Exemple (Musulmans, Européens: les inégalités):

2e section: *La population musulmane*
3e section: *Les «pieds-noirs».*

Ensuite, le professeur vous interrogera sur l'article (**organisation** et **contenu**).

(b) Au cours des dossiers précédents, nous avons présenté de nombreux emplois du **subjonctif** que récapitule *Le Point sur le subjonctif (pp. 238–9)*: l'expression de la **nécessité**, de ce qui est **permis**, après certains **verbes** et certaines **conjonctions**, etc. Consultez maintenant ces pages.

Travail individuel → Mise en commun Relisez *La guerre d'Algérie*, puis, à l'aide de l'article, complétez à votre manière les phrases, pages 212–13. Indiquez aussi, à l'endroit marqué (entre parenthèses) de quel emploi du subjonctif il s'agit: (**nécessité**), (après ***dire au négatif***), (après ***bien que***), etc. S'il convient d'employer l'indicatif, inscrivez ce terme entre parenthèses: (**indicatif**).

Exemple:

Le 1er novembre jour des Morts, **bien que** la radio **ait annoncé** plusieurs attentats (après **bien que**), les Français se rendent tranquillement dans les cimetières.

Pour finir, comparez vos phrases avec celles des autres étudiants.

Les premiers attentats du FLN

Le 1ᵉʳ novembre jour des Morts, bien que la radio . . . . . . ( ), les Français se rendent tranquillement dans les cimetières.

Les autorités ne s'étonnent pas que ces attentats . . . . . . en Algérie ( ), car le Maroc et la Tunisie ont déjà été troublés par de pareils incidents.

On met en application le plan «orange amère», c'est-à-dire que la police . . . . . . ( ).

Aux yeux des autorités, il est possible que quelques petites réformes . . . . . . la question ( ).

Musulmans, Européens: les inégalités

Quoique l'Algérie . . . . . . départements français ( ), les Algériens musulmans ne seront jamais des Français «à part entière».

La population européenne d'Algérie ressemble essentiellement à celle de la France, puisqu(e) . . . . . . ( ).

Pour la majorité des «pieds-noirs», l'Algérie est le seul pays où . . . ( ); ils n'ont aucun autre point de chute.

Les «ultras» parmi les colons insistent pour qu(e) . . . . . . démocratiques ( ).

Armée: gagner cette guerre-là

L'armée française, en 1954, a honte qu'au Vietnam les communistes . . . . . . ( ).

Les militaires revenus du Vietnam en Algérie veulent absolument que cette nouvelle guerre . . . . . . ( ).

Le monde est traversé par un mouvement anti-colonialiste parce que, pendant la Deuxième Guerre mondiale, ... ( ).

Deux conceptions de la France

Selon une certaine conception de la France, sa grandeur exige qu(e) . . . . . . coins du monde ( ).

Par contre, une autre vision préférerait qu(e) . . . . . . par l'éclat de sa culture ( ).

Au début, le peuple français permet que ses jeunes soldats du contingent . . . . . . en Algérie ( ).

En 1958, lorsque la IVᵉ République s'effondre, l'armée et les «pieds-noirs»

1949 la Chine, vont venir en aide aux nationalistes de tous les pays colonisés, non sans arrière-pensées. Bref, il y aura bien du monde pour souffler sur le feu qui prend en Algérie, et l'attiser.

DEUX CONCEPTIONS DE LA FRANCE

Cinquième acteur enfin: le peuple français. Lui aussi va se déchirer, et de la pire manière. Tout au long de ces sept années, deux conceptions de la France vont s'affronter. Pour l'une, la France est grande si son drapeau flotte aux quatre coins du monde, si sa souveraineté s'étend sur de grands territoires. Pour l'autre, la France est grande si elle propage dans le monde l'idéal de liberté, si elle ne s'impose pas par la force mais séduit les autres par l'éclat de sa culture, l'ingéniosité de ses ingénieurs et de ses ouvriers. Alors, de 1954 à 1962, les uns répéteront que la France doit garder l'Algérie, quoi qu'il en coûte et sous peine d'être reléguée parmi les puissances de troisième ordre. Et les autres en viendront peu à peu à prôner l'indépendance de l'Algérie (très rares sont ceux qui le feront dès 1954). Entre deux, la masse du peuple français. Que pense-t-elle? Que veut-elle? Au début, elle accepte cette guerre, bien que l'on envoie en Algérie les soldats du contingent (ils font alors trente mois de service), dont des milliers seront tués au combat, ajoutant quelques noms sur les monuments aux morts des villes et des villages. Et puis elle se lasse, quand elle voit

qu'en dépit de ces efforts, aucune solution sérieuse n'apparaît au bout de sept ans. Alors, elle acceptera l'indépendance.

Voilà les cinq grands acteurs. On ne racontera pas ici toute l'histoire, compliquée, de la guerre d'Algérie. Il suffit de rappeler qu'elle connut deux phases. La première sous la IVᵉ République: les gouvernements français sont plutôt à gauche, et ce sont eux qui vont engager chaque jour un peu plus la France dans la guerre, bien que certains de leurs membres se soient fait élire sur le slogan «paix en Algérie» (la politique a de ces paradoxes, ou de ces contradictions). Pendant ce temps, les nationalistes algériens se renforcent. Du côté français, l'armée prend de plus en plus de pouvoir, les «pied-noirs» de plus en plus d'influence. A la fin, les uns et les autres réussissent à faire tomber les gouvernements de la IVᵉ République qu'ils jugent trop mous. La IVᵉ République s'effondre en

1958 sous leurs coups. Ils portent au pouvoir le général de Gaulle; il gardera l'Algérie à la France, pensent-ils (et par ses propos de l'époque, il leur permet de nourrir cet espoir). Le peuple français ratifie l'arrivée du général de Gaulle par un vote massif.

DE GAULLE CONTRE L'OAS

Deuxième phase, celle de la Vᵉ République. Sur le terrain, les combattants nationalistes algériens subissent des échecs répétés. Mais leur influence dans la population musulmane, et leur audience internationale, ne cessent de grandir. Et le général de Gaulle, progressivement, laisse entendre qu'il va négocier avec eux. Alors, les «pieds-noirs» et une partie de l'armée se détachent de lui, le combattent ouvertement. Les insurrections de «pieds-noirs» et les tentatives de putsches militaires

espèrent que de Gaulle ...   ...
(   ).

De Gaulle contre l'OAS

Craignant que le général de Gaulle
...   ... (   ), les «pieds-
noirs» et une partie de l'armée se détachent de lui.

Selon les accords d'Evian, il est encore
possible qu'en Algérie Européens et
musulmans ...   ... (   ).

Aujourd'hui, les passions restent
cachées au fond de la conscience
jusqu'à ce qu'un incident quelconque,
telle que la publication de cet article,
...   ... (   ).

se succèdent. En France, les
manifestations pour la paix
se multiplient, les passions
s'exacerbent. Et bientôt,
c'est une sorte de guerre
civile, menée notamment par
l'Organisation armée secrète
(OAS), composée de mili-
taires révoltés (parmi lesquels plusieurs généraux),
de «pieds noirs» et de Français (de droite ou d'extrême-
droite, le plus souvent).
L'OAS multiplie les attentats
terroristes, surtout en
Algérie, contribuant à creuser le fossé définitivement
entre «musulmans» et
«Européens.»
Les accords signés à Evian,
le 18 mars 1962, prévoyaient
une coopération entre l'Algérie et la France, et d'autre
part, à l'intérieur de l'Algérie,
une coopération entre Européens et musulmans. Mais
le fossé creusé par l'OAS et
par les ultra-nationalistes
algériens est décidément

trop profond. Dès que l'Algérie devient indépendante,
un million d'Européens la
quittent, dans les pires
conditions. Ils s'installent en
France, tant bien que mal,
avec courage, et réussiront à
s'assimiler. Mais c'est la fin
d'un rêve.
Du côté français, on a hâte
de tourner la page. On ne
veut plus entendre parler de
l'Algérie, on veut oublier ces
déchirements et ces haines,
on n'est pas toujours très fier
de ce qu'on y a fait, on est
vaguement humilié. Donc,
oublier. Et ce sera d'autant
plus facile que les années
soixante vont connaître une
formidable expansion éco-
nomique, que les Français
vont acheter des télévisions,
des voitures, des chaînes hi-
fi, et se loger mieux, qu'ils
vont entrer dans l'ère de la
consommation. 1962, c'est
vraiment la fin d'une époque,
qui n'a pas toujours manqué

de grandeur, quoi qu'on
dise, mais qui a aussi vu le
pire, l'époque de la colonisa-
tion.
Oublier. Vacances, voiture,
télé. Oublier. Mais au fond
de la conscience, le souvenir
de l'Algérie et les passions
qu'elle déchaîna sont toujours là, un rien suffit à les
éveiller. La preuve: lisez
quelques journaux aux alen-
tours du 19 mars, et vous
verrez. Autre preuve: si
d'aventure cet article est lu
par des gens qui ont bien
connu la guerre d'Algérie, il
s'en trouvera quelques-uns
pour m'adresser des lettres
d'insultes, parce qu'ils me
jugeront trop pro-FLN; ou
trop pro-OAS. Cela permettra de renouer avec une
vieille habitude: ayant suivi
comme journaliste la guerre
d'Algérie jour après jour, j'ai
reçu des milliers de lettres
de ce genre.

Jacques Duquesne

D'une guerre ...

Il s'agit de la débâcle de Diên Biên
Phu où l'Armée populaire
communiste du Viêt-minh, appelé
plus tard le Vietcong, battit l'Armée
française et mit fin à la guerre
d'Indochine (1946–54).

... à une autre

Il s'agit de l'insurrection par
laquelle commença la guerre
d'Algérie (1954–62); au cours de ce
conflit, qui dura plus de sept ans, le
FLN (Front de Libération
Nationale), harcela l'Armée
française par le sabotage, le
terrorisme et la guérilla.

5. La Nouvelle Calédonie en ébullition

(a) Le document *La présence française dans le monde d'aujourd'hui* (*Livret*, pp. 84–5) donne des informations et des observations sur les **DOM-TOM** et sur la **coopération**.

Travail individuel → Travail à deux Le professeur vous donnera deux versions de ce document, une version à trous et une version intégrale (*Livret*, pp. 84–5). Lisez-les attentivement en essayant de mémoriser les informations qui manquent à la première version.

Ensuite, avec un(e) partenaire, essayez de reconstituer oralement la version à trous sans regarder la version intégrale.

(b) Savez-vous où se trouvent les départements d'outre-mer? Dans la description des DOM (*à droite*), le nom de chacun des cinq départements a été supprimé.

Travail à deux Lisez ensemble *Les départements d'outre-mer* et essayez de retrouver les noms qui manquent. Vérifiez ensuite vos solutions en consultant la carte ci-dessous, à droite.

(c) La **Nouvelle Calédonie** (capitale: Nouméa) se trouve à 1000 km à l'est de l'Australie et à 1500 km au nord de la Nouvelle-Zélande. L'île est un important producteur de nickel.

Dans le reportage que vous allez entendre, diffusé le 6 décembre 1984 au cours de la crise calédonienne, il s'agit d'un affrontement entre membres des deux communautés du territoire, survenu aux abords du village de Thio dans la vallée de Hienghène.

Travail individuel → Mise en commun Avant d'écouter le reportage, lisez le texte *Kanaks et Caldoches* (p. 215) et répondez par écrit aux questions suivantes:

Qui sont les **Canaques (Kanaks)**, les **Caldoches**, le **FNLKS**, Jean-Marie **Tjibaou**, Yeiwene **Yeiwene**, Edgard **Pisani**? Selon le texte, qu'est-il arrivé en Nouvelle Calédonie en **1864**, en **1957**, dans les **années 60**, le **24 septembre 1984**?

Les départements d'outre-mer

1. Ces deux petites îles se trouvent non loin de Terre-Neuve. Ses habitants vivent de la pêche. On y élève également des animaux à fourrure pour l'exportation.

2. Ce petit pays latino-américain n'a qu'une très faible population. Depuis 1970, le gouvernement français y entretient la base aéro-spatiale de Kourou.

3. Ce département, à 1 000 km à l'est de Haïti, est formé essentiellement des îles de Basse-Terre avec le volcan de la Soufrière et de Grande Terre qui, malgré son nom, est la plus petite des deux îles. Ses principaux produits d'exportation sont la canne à sucre et les bananes.

4. Ile volcanique à 150 km au sud de la Guadeloupe, elle n'a que des ressources très limitées. En dehors de la canne à sucre et des fruits tropicaux, elle ne produit que des cultures vivrières – riz, maïs, manioc, patates douces – qui cependant ne suffisent pas aux besoins de la population.

5. Cette île, elle aussi de caractère volcanique, se trouve dans l'océan Indien à 800 km à l'est de Madagascar. Derrière le littoral, autour de l'île, une plaine étroite fournit la canne à sucre, le café et la vanille.

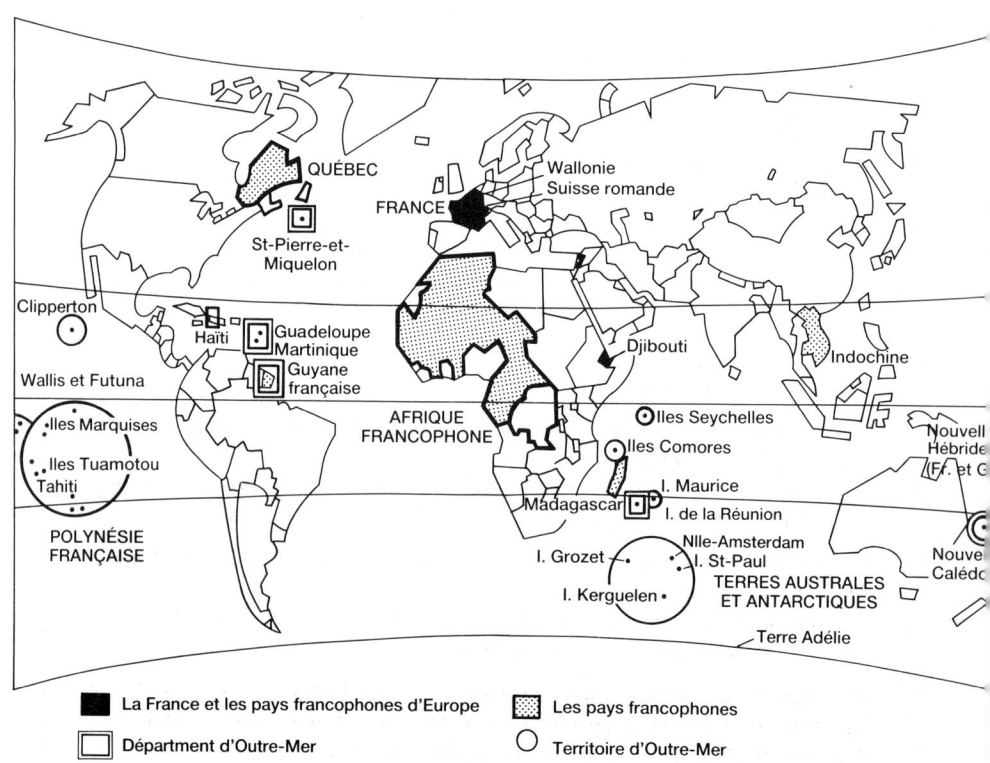

La France et les pays francophones d'Europe Les pays francophones

Département d'Outre-Mer Territoire d'Outre-Mer

Kanaks et Caldoches

Depuis l'arrivée des premiers Européens, forçats français, en 1864, les Mélanésiens de Nouvelle Calédonie, les Canaques (ou Kanaks) se voient progressivement exclus, souvent avec violence, de leurs meilleures terres, comme de l'administration de leur pays.

En 1957 le droit de vote est enfin accordé à l'ensemble de la population canaque, ce qui semble leur offrir la possibilité de participer à leur avenir ou même de le déterminer car les indépendantistes sont alors majoritaires dans l'île. Mais, dans les années soixante, le boom du nickel provoque l'arrivée de milliers d'Européens; les Blancs, ceux que l'on appelle les «Caldoches», constituent désormais la majorité de la population. Finalement, un référendum d'autodétermination est prévue pour 1986, mais les Canaques s'estiment assurés de perdre. Le 24 septembre 1984, le Front de Libération Nationale Kanak Socialiste, mené par Jean-Marie Tjibaou et son lieutenant Yeiwene Yeiwene, boycotte les élections territoriales. Le 18 novembre, la crise calédonienne éclate: partout dans l'île les indépendantistes installent des barrages, occupent des gendarmeries et des mairies. A Paris, Edgard Pisani est chargé par le gouvernement socialiste de François Mitterrand de préparer un plan pour l'avenir de la Nouvelle Calédonie. Il se rend aussitôt dans le territoire.

VOCABULAIRE: la décolonisation

Avant de terminer votre travail sur la décolonisation, vous aurez intérêt à mémoriser un certain nombre de termes, surtout de caractère historique, qui figurent dans les documents *Grandes étapes de la décolonisation française (Livret, pp. 80–3)* et *La présence française dans le monde d'aujourd'hui (Livret, pp. 84–5)*.

Travail individuel/à deux → Exercice oral Avec un(e) partenaire, vous réviserez les seize éléments de vocabulaire présentés ci-dessous en deux listes. En consultant si vous le voulez les documents, composez, pour l'une des listes, une courte phrase qui illustre le sens de chaque élément. Votre partenaire en fera de même pour l'autre liste. Cependant, lorsque vous rédigerez chaque phrase, **supprimez** le mot ou expression en question.

Exemple (différer):
Les Empires français et britannique . . . . sur le plan administratif.

1.° Vocabulaire tiré des sections consacrées aux **Empires**, à l'**Indochine** aux **DOM-TOM** et à la **coopération**:
différer, pouvoir (m), accord (m), susciter, chute (f), vulnérable, comprendre (= inclure), gérer, à l'égard de.

2.° Vocabulaire tiré des sections consacrées à l'**Union française**, à l'**Afrique noire** et à l'**Algérie**:
souveraineté (f), réclamer, attentat (m), ruineux, se révolter, autodétermination (f), négociations (f pl), à la suite de.

Votre partenaire lira maintenant votre liste de vocabulaire avec vos phrases sous les yeux; vous en ferez de même pour sa liste. Ensuite, vous compléterez chacune les phrases de l'autre sans regarder les listes.
Pour finir, le professeur vous demandera de composer oralement, de mémoire, des phrases illustrant les éléments de vocabulaire que vous venez d'étudier.

Ensuite, écoutez attentivement le reportage et notez:

- ce qui est sans aucun doute arrivé au cours de l'incident (*quoi? où? qui? quand? pourquoi?*, etc.)
- ce qu'avait dit auparavant le représentant du gouvernement français (*qui? quand? son appel, sa proposition*)
- ce qu'a dit par la suite le représentant du FNLKS (*qui? les promesses du Front*)
- le commentaire des scientifiques français (*qui? combien? leurs observations, pourquoi?*)

Vérifiez ces informations avec l'ensemble de la classe.

(d) Au cours des négociations qui suivent la «tuerie de Thio», un représentant du FNLKS et le maire européen de Hienghène se trouvent face à face, devant le délégué français Edgard Pisani. Ils se rejettant mutuellement la responsabilité de l'affrontement en soutenant chacun une version différente des faits.

Travail individuel/Mise en commun → Travail à deux Ecoutez une nouvelle fois le reportage et, en arrêtant la bande quand vous le voudrez, essayez par écrit de reconstituer l'essentiel des deux versions:

la version du FNLKS la décision du Front (barrages, etc.) – motifs de cette décision – le convoi – l'affrontement – la ferme incendiée – réactions devant le drame

la version des Européens la consigne «donnée par le FNLKS» – l'affrontement – la victime européenne – la justification des Européens – la ferme incendiée – la voiture accidentée.

Vérifiez ces deux versions avec le professeur.

Pour finir, vous prendrez l'un des deux rôles, celui du représentant du FNLKS ou celui du maire européen; votre partenaire prendra l'autre rôle. Discutez avec lui ce qui s'est passé au cours de la «tuerie de Thio». Au cours de votre discussion, vous aurez sans doute besoin de **concéder** un point, de **vous opposer** à ce que dit l'autre (*2, p. 55*) ou d'exprimer votre **désaccord** (*1, p. 114*) pour soutenir votre version des faits.

6. Jeu-concours
(La narration orale)

Quelles connaissances avez-vous maintenant acquises sur la décolonisation française? Le jeu-concours auquel vous allez participer vous permettra de renforcer et de vérifier ces connaissances.

La classe se divisera en deux équipes. En se référant aux documents *Grandes étapes de la décolonisation française* et *La présence française dans le monde d'aujourd'hui* et à l'aide-mémoire (à *droite*), les membres d'une de ces équipes se prépareront à répondre à des questions sur:

- Les Empires français et britannique
- La guerre en Indochine
- Les DOM-TOM.

A partir des mêmes documents, les membres de l'autre équipe se prépareront à être interrogés sur:

- L'Union française
- L'Afrique noire
- La guerre d'Algérie
- La coopération ou le néocolonialisme?

Travail individuel → Jeu concours Individuellement, à la maison ou en classe, relisez la documentation qui vous concerne. Essayez de mémoriser les principales informations qu'elle contient. Relisez également les sections qui concernent l'autre groupe et préparez mentalement des questions.

Ensuite, la classe se réunira pour participer au jeu-concours.

Les membres de chaque équipe poseront des questions sur les sections préparées par les autres étudiants. Si ces derniers arrivent à répondre, ils marqueront chaque fois un point. Sinon, ce sera à l'équipe qui aura posé la question d'y répondre et, si elle le fait correctement, de marquer un point. A la fin, l'équipe qui aura marqué le plus de points gagnera le jeu-concours.

Lorsque vous poserez des questions, et que vous répondrez, employez les temps de la **narration orale** au **passé** qui conviennent, principalement le **passé composé** et l'**imparfait**.

Pendant le jeu, ne regardez que l'aide-mémoire (à *droite*).

AIDE-MÉMOIRE
de la colonisation à la coopération

◆ **Les Empires français et britanniques**
L'Empire britannique – «dominions» – «Commonwealth» – colonies, etc. – «indirect rule»
L'Empire français – Afrique et Indochine – colonies, etc. – administration directe

◆ **L'Union française**
Fédération – souveraineté – défi

◆ **L'Afrique noire**
Conférence de Brazzaville – Communauté franco-africaine – indépendance

◆ **La guerre en Indochine**
L'accord franco-vietnamien – conférence de Fontainebleau – bombardement de Haïphong – massacre de Hanoï – armée populaire – «sale guerre» – Viêt-minh
Diên-Biên-Phu – accords de Genève – Cambodge, Laos – Etats-Unis – Vietcong – Offensive du Têt – conférence de Paris – bilan

◆ **La guerre d'Algérie**
Insurrection du 1er novembre – répression – «Algérie française» – Pieds-noirs – FLN – cycle infernal – insurrection d'Alger – Comité du Salut Public – investiture de de Gaulle – fin de la IVe République
«Je vous ai compris» – autodétermination – OAS – tentative de coup d'état – appel télévisé – négociations – cessez-le-feu – indépendance – bilan

◆ **DOM-TOM**
La République: départements métropolitains + DOM-TOM – agitation – mouvements indépendantistes – Nouvelle Calédonie

◆ **Coopération ou néocolonialisme?**
Autorité morale – rapports: coopération et défense de la paix
Tiers monde – aide aux PVD – accords techniques, économiques, culturels
neó-colonialisme – aide liée – investissements – profit – commerce bénéficiaire – produits – coopération culturelle

50

L'ATOME D'ORGUEIL

Est–Ouest

L'équilibre de la terreur oppose l'une à l'autre les Superpuissances, l'URSS et les Etats-Unis. Entre les deux, un petit nombre d'autres pays, dont la France et la Grande-Bretagne, possèdent une force de dissuasion nucléaire indépendante.

POINTS DE REPÈRE

(a) L'estimation du *Monde*, «L'atome d'orgueil», illustre l'une des différences politiques majeures entre la France et d'autres pays européens: les Français sont pratiquement unanimes pour soutenir la politique nucléaire militaire de leur gouvernement. Si vous viviez en France, feriez-vous partie de ce consensus? Pourquoi ou pourquoi pas? *Travail à deux* Parlez-en brièvement avec un(e) partenaire en justifiant votre point de vue.

(b) Pour les Français, **Mururoa** est un nom évocateur.

Que se passe-t-il à Mururoa?
De quelle «affaire» s'agit-il dans les coupures de presse à droite?
Qu'est-ce que «Greenpeace»?
Qui sont les Verts de l'article en bas?
Pourquoi la France possède-t-elle sa «bombe» à elle?

Travail individuel → Exercice oral Lisez *L'atome d'orgueil* et *Mururoa: l'atoll secret-défense*, puis communiquez à l'ensemble de la classe ce que vous savez déjà, ou ce que vous apprenez dans les deux coupures, sur ces questions.

🔊 1. «Ce que la France fait là-bas»

Depuis plus de trois décennies, la France a conquis l'atome et développe des armes nucléaires. Cette maîtrise, le pays l'a acquise seul, sans l'aide des deux grandes puissances, contrairement à la Grande-Bretagne et à la Chine.

Mais pourquoi cette présence militaire de la France dans le Pacifique-Sud?

Travail individuel → Mise en commun
Ecoutez l'enregistrement *«Ce que la France fait là-bas»* et notez:

– l'aspect physique de Mururoa
– le personnel et son mode de vie
– la nature des essais d'autrefois
– les problèmes qui en resultaient
– les raisons pour lesquelles ces essais ont été abandonnées,

et, plus tard dans l'enregistrement:

– les objectifs des tirs actuels
– leurs dangers éventuels
– les deux questions posées à la fin.

Comparez ensuite vos notes avec celles des autres étudiants.

L'ATOME D'ORGUEIL°

Si la France conserve l'orgueil d'une grande puissance – alors que son économie, sa technologie la placent au rang des nations de seconde importance – c'est sans conteste° au nucléaire qu'elle le doit. Les expérimentations de Mururoa, le rattachement° prochain au réseau° électrique du surrégénérateur° Superphénix, l'affaire Greenpeace même le prouvent: la France est une grande puissance nucléaire civile et militaire.

Cette politique nationale bénéficie en outre d'un consensus rarement atteint.

MURUROA: L'ATOLL SECRET-DÉFENSE

Un seul enjeu° clair derrière les rebondissements° de l'affaire Greenpeace: Mururoa, l'atoll interdit. Sous l'eau du lagon, les bombes et la capacité pour la France de perfectionner ses armes stratégiques.

Pourquoi a-t-on coulé° le «Rainbow Warrior»? C'était le vaisseau amiral° de la flotille que l'organisation écologiste compte envoyer vers l'atoll pour tenter de s'opposer, dans quelques semaines, aux prochains essais nucléaires souterrains. Les Verts ne désarment pas. Un remorqueur° de haute mer, le «Greenpeace I», prend la relève° du chalutier° éventré.° De son côté, François Mitterrand, chef de l'Etat et des armées, veille° sur le creuset° de notre dissuasion. Solennellement, il réitère l'ordre donné à la Marine° nationale de s'opposer – fût-ce° par la force – à toute intrusion étrangère à Mururoa.

C'est l'épisode le plus récent de l'histoire mouvementée dans laquelle ont été entraînés quelques îlots° perdus du Pacifique-Sud depuis que la France a décidé, il y a une vingtaine d'années, d'y mettre au point° sa «bombe».

En fait, le Centre d'expérimentations du Pacifique (CEP) regroupe deux atolls, cédés en toute propriété° à l'Etat par le territoire de la Polynésie française: Mururoa, à 1200 km au sud-est de Tahiti, et Fangataufa, 40 km plus au sud. La Nouvelle-Zélande, le grand pays le plus proche, se trouve à 4000 km, les côtes américaines à près de 8 000 km et Paris... de l'autre côté du globe.

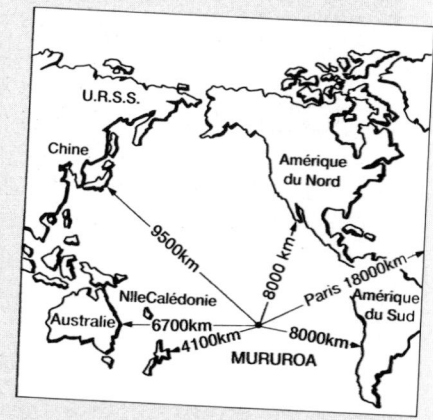

● **orgueil** (m) pride, proud status **sans conteste** indisputably **rattachement** (m) link-up **réseau** (m) network **surrégénérateur** (m) fast breeder reactor
● **enjeu** (m) (thing at) stake **rebondissement** (m) repercussion **couler** sink **vaisseau** (m) **amiral** flagship **remorqueur** (m) tug(boat) **prendre la relève** take over from **chalutier** (m) trawler **éventré** gutted **veiller sur** keep watch over **creuset** (m) crucible **Marine** (f) Navy **fût-ce** if need be **îlot** (m) small island **mettre au point** perfect **céder en toute propriété** transfer sole ownership of

Il s'agit en premier lieu d'...   sous ...   (dont) ...
A cette fin ...   jusqu'à ...
Puis ...   (contenant) en bas ...   et au-dessus ...
Il est vrai que ...   mais
    une fraction infinitésimale de seconde aura suffi pour ...
En effet ...
Une fois ...   , ...
Instantanément ...
D'emblée ...   tandis que ...   provenant de ...   lors du ...
De proche en proche ...   au-dessus de ...
Par la suite ...   afin de ...

2. Les tirs à Mururoa (L'articulation)

(a) L'exposition d'un procédé technologique ou scientifique exige une présentation particulièrement claire. Pour relier informations ou explications, on emploiera donc de nombreux **articulateurs**, comme ceux que vous avez déjà étudiés, pour exprimer le **but**, la **cause**, la **séquence**, etc.

Vous allez réécouter l'enregistrement à partir de «*La technique. Il s'agit en premier lieu ...*» jusqu'à «*... prélever des produits de fission*». Vous trouverez à gauche des expressions qui servent à articuler cette exposition technologique.

Il est question ici essentiellement d'une série d'actions. L'exposé est donc surtout articulé dans le **temps,** par des expressions de **séquence** en particulier.

Travail individuel → Exercice oral Ecoutez de nouveau cette partie de l'enregistrement: gardez sous les yeux les **articulateurs** ci-dessus et le **schéma** *Sous le lagon,* à gauche. Puis identifiez avec le professeur, parmi les articulateurs, les expressions de **séquence**.

La liste ci-dessus (à *gauche*) contient aussi des expressions de **localisation** pour dire **où** se font certaines actions. Lesquelles? Trouvez aussi une expression servant à indiquer: le **but,** la **cause,** la **concession,** la **confirmation** et le **contraste.**

(b) Vous allez maintenant réintégrer les articulateurs dans leur contexte.

Travail individuel → Travail à deux Repassez la même partie de l'enregistrement: transcrivez-la **en entier,** de «*La technique: ...*» jusqu'à «*... produits de fission*».

Ensuite, en consultant le schéma, regardez une dernière fois votre transcription, puis mettez-la de côté. Pour finir, le schéma et la liste d'articulateurs sous les yeux, décrivez oralement, de mémoire, avec un(e) partenaire, comment se fait à Mururoa un essai souterrain. (Employez tous les articulateurs donnés dans la liste.)

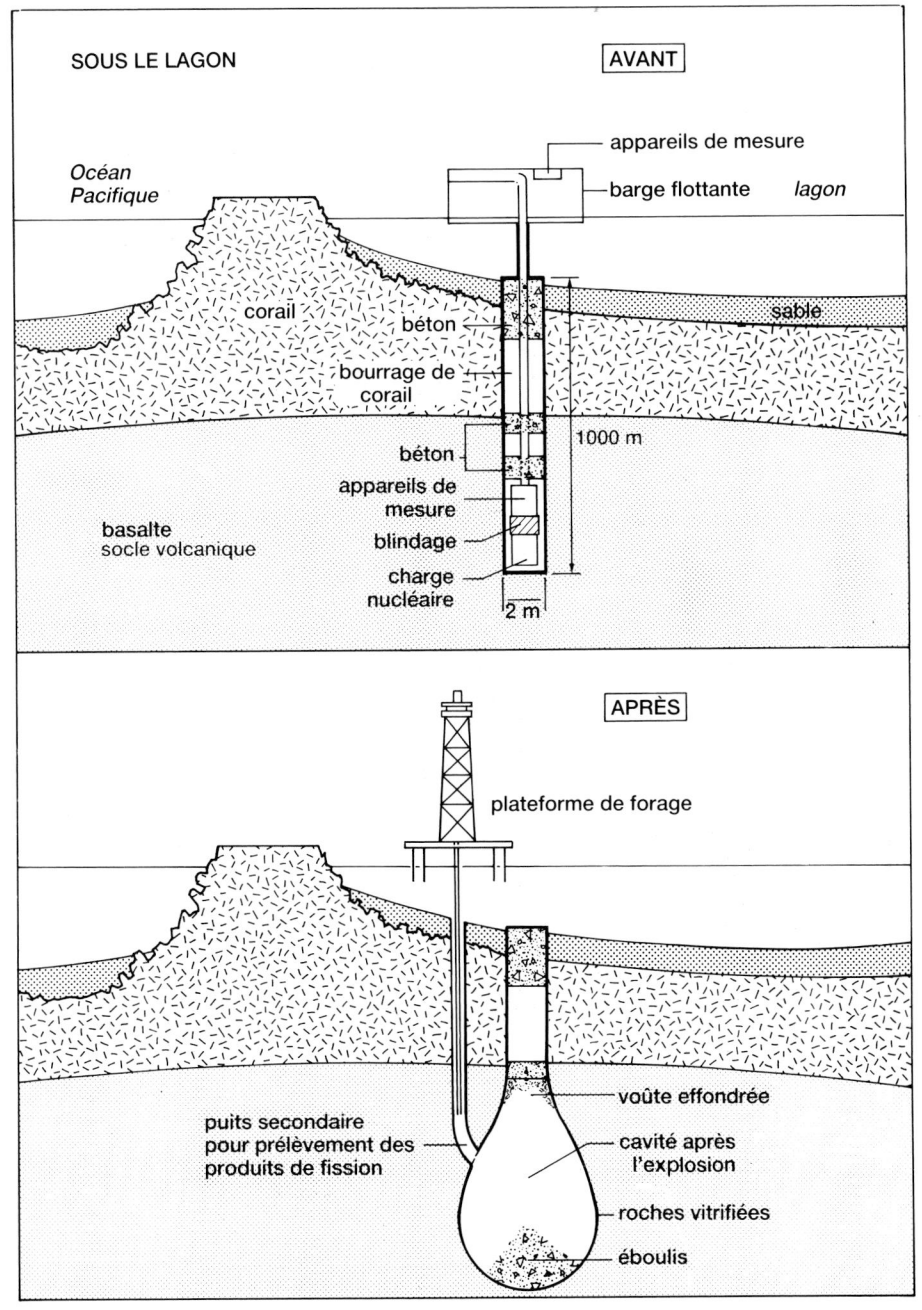

SOUS LE LAGON — AVANT

Océan Pacifique

appareils de mesure
barge flottante   *lagon*

corail
béton
bourrage de corail
sable

béton
appareils de mesure
blindage
charge nucléaire

1000 m
2 m

basalte
socle volcanique

APRÈS

plateforme de forage

puits secondaire pour prélèvement des produits de fission

voûte effondrée
cavité après l'explosion
roches vitrifiées
éboulis

3. Enquête: un incident, un homme, un programme. (Renseigner. Énumérer)

(a) A la fin de l'enregistrement (*1* et *2*) la question est posée: la politique de dissuasion nucléaire peut-elle se justifier? Vous avez sans doute déjà des opinions à exprimer sur cette question, l'une des plus brûlantes de notre époque, puisqu'il y va de l'avenir de l'espèce humaine.

Avoir des opinions, les exprimer avec conviction, c'est bien. Mais il est souvent hasardeux de s'exprimer sans **s'informer** auparavant. Pour bien comprendre les événements racontés dans l'enregistrement, il faudrait par exemple s'informer sur ces questions:

- Qu'est-ce que l'affaire «Rainbow Warrior» à laquelle fait allusion la coupure *Mururoa: atoll secret-défense*?

  (Il s'agit d'un incident qui a déstabilisé le gouvernement socialiste de l'époque et provoqué la démission du ministre de la Défense.)

- Comment s'explique la présence dans le Pacifique-Sud d'un voilier appartenant à «Greenpeace», organisation dirigée par un Canadien, David McTaggart?

  (Il s'agit d'un des mouvements écologistes anti-nucléaires les plus actifs sur le plan international.)

- Pourquoi la France est-elle le seul pays européen, à part la Grande-Bretagne, à posséder des armes nucléaires?

  (Il s'agit de la naissance et du développement de ce que l'on appelle la Force de Frappe française.)

Les textes d'appoint que vous allez étudier vous permettront de vous informer sur les questions que nous venons de poser:

A. *Un incident:* l'affaire Rainbow Warrior.

- **le sabotage**
  - incident en question
  - endroit
  - heure, date
  - saboteurs
  - conséquences matérielles
  - conséquences humaines

- **le rôle joué par**
  - le gouvernement français (version officielle)
  - le journal *le Monde* (révélation)

- **les équipes françaises**
  - les Turenge
  - trois autres agents
  - la «troisième équipe».

B. *Un homme:* le président de Greenpeace

- **David McTaggart**
  - physique
  - origine, famille
  - carrière

- **Greenpeace**
  - effectifs
  - équipement
  - objectifs

- **l'activité de McTaggart**
  - première expédition: résultat
  - deuxième expédition: compagnons de voyage résultat immédiat résultats politiques
  - position actuelle de McTaggart.

C. *Un programme:* La Force de Frappe

- **l'héritage nucléaire**

- **les missiles**
  - expérimentation
  - mise en service

- **la bombe**
  - naissance
  - premières explosions
  - arme opérationnelle

- **les avions de bombardement**
  - nom, caractéristiques
  - prototypes
  - déploiement

- **les sous-marins nucléaires**
  - conception
  - premières patrouilles
  - armes

- **le système d'ensemble**
  - caractère
  - puissance.

Travail individuel/Travail en groupe La classe se divisera en trois groupes dont chacun étudiera un des trois sujets détaillés ci-dessus et à gauche: A, B ou C.

Groupe A (**Un incident**) étudiera le document *Saboteurs et menteurs* (Livret, p. 86)

Groupe B (**Un homme**) étudiera l'article *L'homme qui défie le président* (Livret, p. 87)

Groupe C (**Un programme**) étudiera les extraits *La Force de Frappe* (Livret, p. 88).

Lisez d'abord individuellement le document distribué à votre groupe: prenez des notes selon les indications données ci-dessus et à gauche. Ensuite, réunissez-vous en groupe et mettez-vous d'accord sur les informations recueillies.

▸ Pour **renseigner** quelqu'un on emploie des expressions telles que:

> **je vous signale que ...**
> **il faut savoir que ...**
> **il faut bien noter que ...**
> **il ne faut pas oublier que ...**
> **j'attire votre attention sur le fait que ...**
> **en ce qui concerne ...**
> **pour ce qui est de ...**

Pour **énumérer** différents aspects d'une question, on peut employer:

> **je commencerai par ...**
> **mon premier point c'est ...**
> **venons-en maintenant à ...**
> **je poursuis ...**
> **je passe au point suivant ...**
> **je touche ici à un point essentiel: ...**
> **cela nous amène tout naturellement à ...**
> **je conclus: ...** (Voir aussi *2, p. 105*.) ◂

(b) Vous allez maintenant vous **renseigner** mutuellement sur les informations que vous venez de recueillir, en **énumérant** au besoin différents aspects de votre sujet.

Travail en groupe La classe se redivisera en petits groupes qui réuniront chacun un membre (ou, tout au plus, deux) des trois groupes précédents: A + B + C. Le professeur vous donnera à chacun un temps limité au cours duquel vous devez **renseigner** les autres étudiants sur votre sujet. (Si vous êtes deux pour votre sujet, vous le présenterez ensemble.) Employez des formules qui conviennent.

L'HYPOTHÈSE NUCLÉAIRE

(i) ACTIONS

 1.
abandon éventuel d'armes atomiques en Europe (possible).

 2.
résolution de la part de l'Ouest de posséder à l'avenir une défense puissante et crédible (   ).

 3.
existence dans certains pays (GB, France) d'une force de dissuasion indépendante (   ).

 4.
expansion future des mouvements anti-nucléaires des pays de l'Ouest: CDN etc. (   ).

 5.
«chantage nucléaire»: pression militaire par un État «nucléaire» sur un pays «non-nucléaire» (   ).

 6.
abandon par un seul pays de sa force nucléaire, p.ex. France, GB (   ).

 7.
continuation de la participation à l'OTAN des pays de l'Ouest (   ).

 8.
présence en Europe de missiles sol-sol nucléaires (   ).

 9.
«gel» des armements nucléaires dans les pays des deux blocs (   ).

 10.
déploiement par les Américains de l'Initiative de Défense Stratégique «guerre des étoiles» (   ).

(ii) CONSÉQUENCES

 élimination du danger d'un holocauste nucléaire (a).
 suppression de tout obstacle à une guerre de type traditionnel (b).

 tentation pour le camp adverse de renforcer sa propre défense (a).
prise de conscience de la nécessité de négociations sérieuses sur le désarmement (b).

 preuve de la volonté de l'Europe occidentale en matière de défense (a).
 complication de toute négociation entre les deux superpuissances nucléaires (b).

 signe de la désunion au sein des pays non-communistes (a).
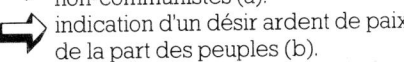 indication d'un désir ardent de paix de la part des peuples (b).

 impossibilité pour un pays non-nucléaire de répondre à une attaque (a).
en cas d'occupation, la résistance civile (b).

 démonstration de la possibilité de vivre sans la «bombe», exemple à suivre (a).
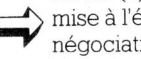 mise à l'écart de ce pays dans toutes négociations au niveau mondial (b).

 protection des pays faibles de l'Ouest par les plus forts (a).
 danger pour chaque pays d'être impliqué dans un conflit général (b).

 risque pour chaque pays d'être la cible des missiles du camp opposé (a).
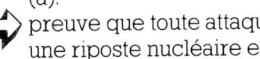 preuve que toute attaque provoquera une riposte nucléaire efficace (b).

 perpétuation de la supériorité nucléaire de l'URSS (a).
premier pas dans le processus du désarmement, frein à la course nucléaire (b).

 élimination permanente de la menace d'une attaque nucléaire (a).
obligation pour les Soviétiques de rétablir «l'équilibre de la terreur» (b).

(Suite: page 222)

● 4. Le désarmement nucléaire (La probabilité. L'hypothèse: la condition)

(a) Le débat sur le désarmement nucléaire tourne autour des conséquences de certaines actions. Ces actions peuvent être **réelles**, déjà en cours, ou considérées comme **probables, possibles** ou **impossibles**; c'est-à-dire que les conséquences dépendent de certaines **hypothèses**.

Vous allez préparer un débat public sur le désarmement nucléaire. D'abord, vous passerez en revue un certain nombre d'**actions**. Ces actions de *L'hypothèse nucléaire (à gauche et p. 222)*, colonne (i), vous semblent-elles probables?

Travail individuel → Exercice oral Lisez la colonne (i) du tableau et estimez la **probabilité** de chacune des actions proposées. Elle peut être **impossible** (irréelle), **possible, probable** ou même **réelle** (parce qu'elle existe déjà). (N'oubliez pas de tourner la page.)

Exemple (action 1):
   Abandon éventuel d'armes atomiques en Europe (***possible***).

Ensuite, communiquez vos conclusions au professeur. Employez des expressions de **probabilité**: *il est exclu que ... + subjonctif, il se peut que ... + subjonctif, il est probable que ..., il est certain que ...*, etc. (*Le point sur la probabilité, p. 235*).

(b) En supposant que chacune des **actions** de *L'hypothèse nucléaire* se produise, quelles en seraient à votre avis les **conséquences**?

Travail individuel → Discussion Pour chaque action, notez parmi les conséquences proposées, (a) ou (b), celle qui vous semble être la plus vraisemblable. Ensuite, discutez vos choix avec le professeur et l'ensemble de la classe. Essayez de les justifier. (Au besoin, proposez une autre conséquence qui vous semble plus pertinente.)

(c) Le débat sur le désarmement nucléaire fait surtout appel à des **hypothèses**. On peut exprimer ces hypothèses sous forme de phrases **conditionnelles** avec **si** (*Le point sur l'hypothèse*, p. 239).

Travail individuel A l'aide de *L'hypothèse nucléaire*, composez par écrit huit phrases sur les conséquences des actions proposées, colonne (i). Employez chaque fois une phrase conditionnelle avec **si (condition réelle, probable, possible, impossible)**, et choisissez vos phrases de façon à permettre l'emploi d'une variété de structures.

Exemples (actions 1 et 2):

Si *les gouvernements d'Europe* **abandonnaient** *leurs armes atomiques, cela* **éliminerait** *le danger d'un holocauste nucléaire.*

Si *tous les pays de l'Ouest* **se résolvent** *à posséder une défense puissante et crédible, le camp soviétique* **prendra** *conscience de la nécessité de négociations sérieuses.*

(d) Comme le montre *Le point sur l'hypothèse*, il y a plusieurs façons d'exprimer une éventualité envisagée comme possible.

Travail individuel En vous inspirant, si vous le voulez, de *L'hypothèse nucléaire*, complétez à votre manière les phrases suivantes:

1. Le danger d'un holocauste sera peut-être évité **à condition que** . . .
2. Les Soviétiques seront tentés de renforcer constamment leur propre défense **à moins que** . . .
3. **Pourvu que** les mouvements anti-nucléaires . . .
4. **A supposer qu'**un seul pays, la Grande-Bretagne ou la France par exemple, . . .
5. Les pays faibles de l'Ouest seront protégés par les plus forts, **à moins que** . . .
6. **En supposant que** les missiles américains . . .
7. **A condition qu'**un gel des armements nucléaires . . .
8. **Pourvu qu'**une guerre nucléaire . . .

5. Débat: *«Notre gouvernement doit adopter une politique de désarmement unilatéral»*

(a) Vous venez d'examiner (*4, ci-dessus*)

11. retrait, de 1945 jusqu'à présent, des bases nucléaires du sol européen ( ).	⇨	mise à nu de l'Europe devant le risque constant d'une invasion communiste (a).
	⇨	possibilité de développer une défense non-nucléaire indépendante des Etats-Unis (b).
12. invasion de l'Europe occidentale par les armées des pays communistes ( ).	⇨	tentation pour les Etats-Unis de ne pas intervenir dans un conflit européen (a).
	⇨	preuve tragique de la nécessité de maintenir une force de dissuasion indépendante (b)
13. remplacement il y a quelques années des forces nucléaires britanniques ou françaises par des forces conventionnelles ( ).	⇨	augmentation énorme du coût du programme militaire (a).
	⇨	élimination de ce pays en tant que cible nucléaire du Pacte de Varsovie (b).
14. déclenchement d'une guerre nucléaire ( ).	⇨	destruction de l'espèce humaine: «hiver nucléaire» (a).
	⇨	possibilité de limiter le conflit à un théâtre donné (b).

de nombreux arguments sur le désarmement nucléaire. Maintenant, la classe se divisera en deux, **pour** ou **contre** la motion proposée ci-dessous, à gauche.

Travail en groupe → Débat Votre groupe se réunira pour préparer ses arguments. Ajoutez aux idées présentées dans *L'hypothèse nucléaire* vos propres réflexions. Consultez les notes que vous avez prises au cours de l'étude de ce dossier.

Ensuite, l'un des membres du groupe unilatéraliste proposera la motion et l'un des membres de l'autre groupe présentera à son tour le point de vue opposé.

Une fois ces exposés terminés, le débat sera ouvert à tout le monde. Le président (le professeur) vous donnera tour à tour la parole. Au cas où vous voudriez interrompre, levez-vous; le président pourra peut-être vous permettre d'intervenir.

(b) Vous rédigerez maintenant un article, soit pour un journal qui soutient le consensus «nucléaire», soit pour un journal à tendance «unilatéraliste».

Travail individuel Présentez vos arguments pour ou contre le désarmement unilatéral, mais tenez compte des arguments contraires (voyez par exemple *2, p. 55*, **concéder** et **s'opposer**).

51

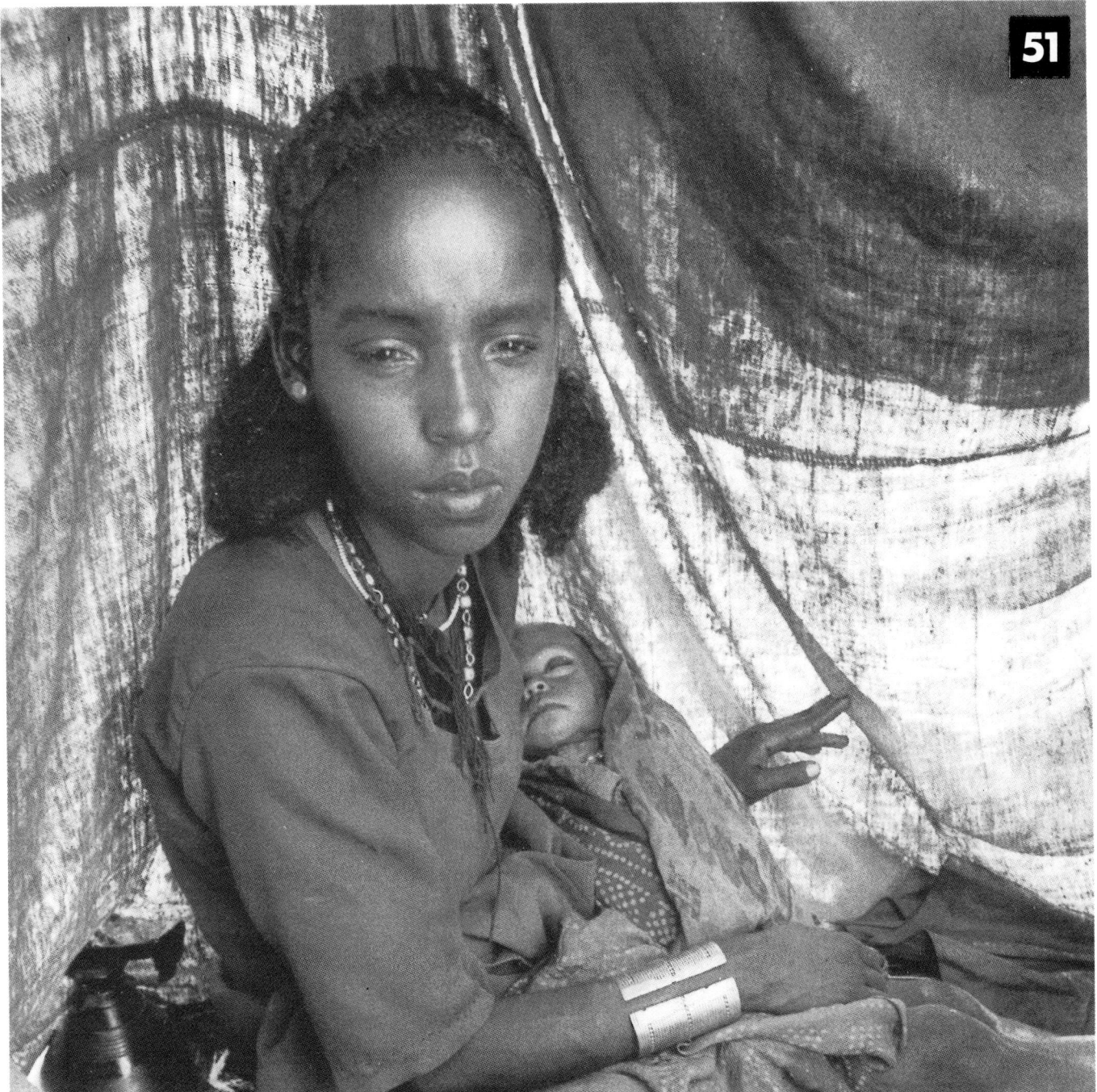

LA FAIM: UNE FATALITÉ?

Nord–Sud

L'écart entre pays riches et pays pauvres ne cesse de s'aggraver. À compter que vous consacriez cinq heures de travail à ce thème de la malnutrition, 2 000 personnes de par le monde mourront, pendant ce temps, de faim ou de maladies qui en découlent.

La faim: des spécialistes donnent leur avis

(a) Dans les déclarations qui suivent, des spécialistes de la lutte contre la faim expliquent quelles sont, à leurs yeux, les causes principales de ce fléau.

Travail individuel Lisez attentivement ces témoignages, puis composez un schéma comme celui présenté à droite: en consultant au besoin un dictionnaire, réduisez chaque cause à quelques mots seulement.

Exemples:

1. *Entre 1980 et 2000 . . . la population du globe doublera . . .*
   → **explosion démographique**
8. *. . . la population rurale immigre vers les villes . . .*
   → **exode rural**

▶ Pour **indiquer le sujet** traité dans un article, un document, une citation, etc., on emploie des formules telles que:

Dans cette citation (etc.)	**il s'agit de** . . . **on parle de** . . . **il est question de** . . .
Cette citation (etc.)	**fait allusion à** . . . **se rapporte à** . . . **se réfère à** . . . ◀

(b) Quelles sont vos réactions? Etes-vous d'accord avec les opinions exprimées? Voyez-vous d'autres causes du problème de la faim?

Mise en commun → Discussion Comparez votre schéma complété avec ceux des autres étudiants en employant des formules qui conviennent pour **indiquer le sujet** de chaque citation. Ensuite, discutez les questions posées ci-dessus.

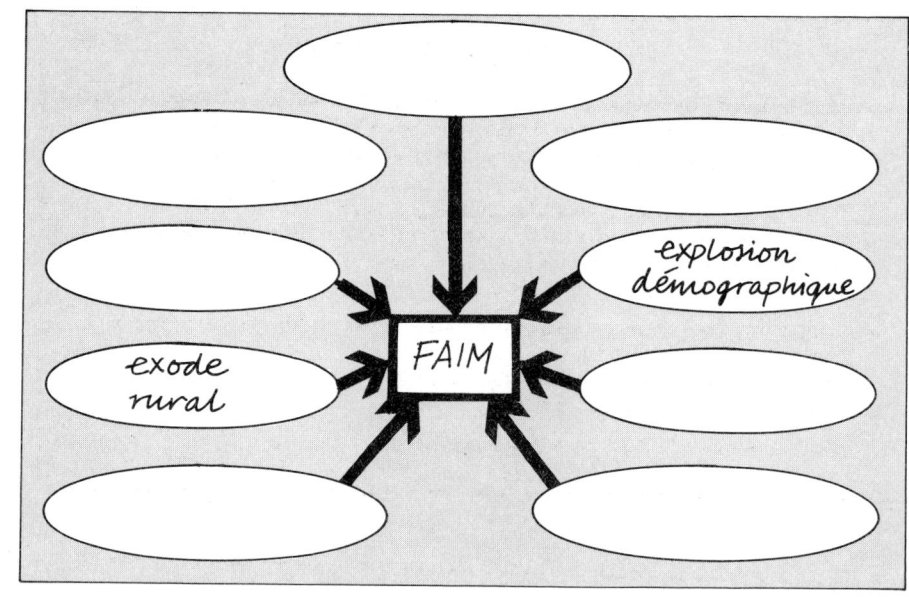

1 *Entre 1980 et 2000, si les tendances actuelles se poursuivent, la population du globe doublera, passant de 3 à 6 milliards . . .*

2 *La dégradation des sols au Tiers monde est certes un des problèmes agricoles les plus préoccupants . . .*

3 *Des centaines de millions d'hommes, de femmes et plus encore d'enfants sont plongées dans une pauvreté absolue . . .*

4 *Les organismes bancaires ont encouragé les pays en voie de développement (PVD) à s'endetter au-delà de leurs possibilités de remboursement . . .*

5 *Les guerres amènent toujours leurs cortèges de meurtres et de destructions . . .*

6 *Le marché agro-alimentaire international est contrôlé par un petit nombre de puissances financières transnationales . . .*

7 *Des modèles occidentaux amènent les PVD à développer des productions animales qui consomment trop de produits alimentaires . . .*

8 *Aujourd'hui, dans le Tiers monde, la population rurale immigre vers les villes à un rythme sans précédent . . .*

9 *L'humanité a toujours été à la merci de catastrophes naturelles: mauvaises récoltes dues à la sécheresse, aux épidémies, etc., . . .*

10 *Dans de nombreux pays la concentration des terres entre les mains de quelques-uns a accéléré la famine . . .*

11 *Le scandale de la faim est chaque jour renforcé par les sommes consacrées aux dépenses d'armements dans le monde . . .*

12 *Des structures sociales inégalitaires contribuent largement aux difficultés des pays pauvres*

13 *2½ millions de chômeurs en France, c'est tragique; mais ce n'est rien comparé aux 500 millions de sans-emploi du Tiers monde . . .*

14 *La nourriture est suffisante dans le monde mais très injustement répartie: en 1987 la terre produit assez pour nourrir tous les hommes; . . .*

52

POINTS DE REPÈRE

L'article *Enfants d'Afrique, peut-on les sauver?* a été publié par le *Nouvel Observateur* à la suite d'opérations d'urgence provoquées par la famine en Afrique vers le milieu des années quatre-vingts. Il commence par exposer la situation en Ethiopie et au Soudan où travaillent de nombreux organismes français, Médecins sans frontières, Terre des hommes, le Comité catholique contre la faim et pour le développement (CCFD), etc.

Travail individuel→ Mise en commun A la première lecture de l'article, déterminez quels sont les **problèmes de fond** qu'il traite et les **moyens de présentation** employés. Ensuite, relisez l'article en concentrant votre attention sur:

– les paragraphes consacrés à l'**exposition** générale des problèmes (à l'aide de quels éléments: chiffres? constatations générales? etc.)
– les paragraphes consacrés à l'**illustration** de ces problèmes (à l'aide de quels éléments: description visuelle? narration? etc.).

Communiquez ensuite vos réflexions aux autres étudiants.

● **in extremis** at the last minute **dévouement** (m) devotion **sens** (m) direction **animer** run **calé** propped **poitrine** (f) breast **creux** hollow **tâter** feel **bombé** bulging **membre** (m) limb **grêle** spindly **écuelle** (f) bowl **bouillie** mush **avaler** swallow **cracher** spit **natte** (f) mat(ting) **immatriculation** (f) registration **galette** (f) flat cake **lisière** (f) fringe **toile** (f) canvas **ferraille** (f) scrap metal **sinistré** (m) disaster victim **sécheresse** (f) drought **rougeole** (f) measles **retaper** (fam) fix up **réclamer** appeal for **d'urgence** emergency **taux** (m) **de croissance** growth rate **analphabétisme** (m) illiteracy **mal** (m) evil **émouvoir** rouse

Enfants d'Afrique

Peut-on les sauver?

● *Cinq millions sont morts l'an dernier. Cinq millions d'autres, victimes de la malnutrition, n'ont été sauvés qu'in extremis.° Dix millions d'enfants! Malgré les efforts et le dévouement° de plus de quarante organisations humanitaires, la situation reste tragique. Intolérable. René Backmann a suivi, un mois durant, les équipes de Médecins sans Frontières en Ethiopie et au Soudan. Voici ce qu'il a vu.*

«*J'ai quatre cent cinquante enfants ici. Ce sont les enfants des nomades du Kordofan, qui campent, un peu plus loin, dans le désert. Chaque jour, ils font quatre ou cinq kilomètres, à pied, dans les deux sens,° pour venir manger.*» Sabine, infirmière de Médecins sans Frontières, anime° le centre de nutrition d'El-Muelleh, près d'Omdurman, l'ancienne capitale du Soudan. Accroupie en face de l'enfant, calé° contre la poitrine° plate de sa mère, Sabine regarde son visage creux° de tout petit vieillard, tâte° son ventre bombé,° caresse ses membres° grêles.° D'une main la mère écrase dans une écuelle° de lait un biscuit vitaminé et porte un peu de bouillie° aux lèvres de l'enfant qui avale° puis crache.° Dans l'abri de branchages et de nattes° où Sabine a ouvert son centre de nutrition, les enfants entrent, l'un derrière l'autre, montrent leur bracelet d'immatriculation° et reçoivent un bol de lait, une galette° et des biscuits.

Dans les dunes du Kordofan, il n'y a plus d'eau, plus d'herbe, plus rien à manger. Les nomades ont vendu leurs chèvres, leurs vaches. Les dromadaires sont morts. Alors, ils sont venus vers Omdurman. Les moins pauvres se sont installés aux lisières° de la ville dans leurs abris de bois, de toile° et de ferraille.° Quelques-uns ont même commencé à construire de vraies maisons, en terre. En quelques mois, plus de 50 000 sinistrés° de la sécheresse° et de la faim sont arrivés. Le gouvernement soudanais a essayé de les chasser, en vain.

«*Chaque matin, raconte Sabine, trois ou quatre médecins soudanais et des infirmières viennent au centre. Ils vaccinent contre la rougeole,° la diphtérie, le tétanos, la polio, essaient de retaper° les gens pour les faire partir.*»

Au Soudan, selon les Nations unies, 200 000 enfants meurent chaque année de diarrhée et de rougeole. L'an dernier, la malnutrition en a sans doute tué plus de 500 000. Et cette année le chiffre des victimes pourrait dépasser le million. Oui, au Soudan, en 1985, un enfant sur six pourrait bien ne pas survivre. En Ethiopie, sur près de 8 millions de personnes en danger de mort à cause de la sécheresse, il y a 1 300 000 enfants de moins de cinq ans. Et 2 millions d'enfants entre cinq et quatorze ans. Au Tchad, la mortalité infantile dépasse aujourd'hui 240 pour 1 000. Et elle atteint des chiffres voisins en Ouganda, au Mali, au Mozambique, au Niger, au Burkina-Faso, en Somalie.

Vingt-neuf des trente-six pays les plus pauvres du monde se trouvent en Afrique et vingt-quatre d'entre eux réclament° actuellement une aide d'urgence° pour échapper à la famine. Dans son dernier «Rapport sur les enfants dans le monde», l'Unicef rappelle que «*l'Afrique est le continent où les revenus sont les plus faibles, les taux de croissance° économique les plus bas, l'espérance de vie la plus courte et le taux d'analphabétisme° le plus élevé. C'est aussi le continent qui connaît les plus forts taux de croissance démographique, la plus grande instabilité politique et les problèmes écologiques les plus graves. La résultante de tous ces maux° est que l'Afrique détient le record des taux de mortalité infantile. En 1984, environ cinq millions d'enfants africains sont morts et cinq autres millions, victimes de la malnutrition et de la maladie, ont été frappés d'incapacité.*»

Mais ce ne sont pas ces chiffres, pourtant terribles et connus depuis longtemps, qui ont ému° le monde. Alors que des équipes de volontaires venus d'Europe et d'Amérique du

Nord travaillaient depuis des mois en Ethiopie et multipliaient les cris d'alarme et les appels à l'aide, il a fallu attendre le film tourné en octobre, à Korem, par deux journalistes de la BBC, Mohamed Amin et Michael Buerk, pour déclencher° de Londres à Tokyo, de Montréal à Varsovie,° l'immense mouvement de compassion qui a permis de collecter des dizaines de millions de dollars, d'acheminer° en Ethiopie des centaines de milliers de tonnes de blé,° de mobiliser dans toute l'Europe des avions militaires et aussi de réunir autour d'un micro les stars du show-biz, en Grande-Bretagne puis aux Etats-Unis et en France.

«Lorsque nous sommes arrivés à Korem, au printemps de 1984, c'était l'enfer, raconte un volontaire de Médecins sans Frontières. *Les gens affluaient° de partout. Ils avaient marché pendant des jours et des nuits. En quelques semaines, ils étaient plus de 70 000. Puis les choses se sont organisées. Les camions de farine ont commencé à arriver. Le nombre de morts s'est à peu près stabilisé entre 400 et 600 chaque mois.»*

Le «livre des morts» de Korem le démontre mieux que vingt discours:° face à un fléau° comme celui qui frappe le Sahel, l'aide fournie° par les pays développés, aussi° ample

soit-elle, n'est qu'un remède provisoire. Indispensable mais provisoire.° Elle permet à l'Afrique de traverser, au prix quand même de quelques millions de morts, une crise aiguë.° Elle ne rompt pas le cycle infernal famine-malnutrition-maladie-misère-famine. Aucun des problèmes de fond du continent n'est réglé.°

A Korem, cependant, ce n'est plus la famine. Des grappes° de gamins, couverts de haillons° poussiéreux, mais les joues encore barbouillées° de lait ou de bouillie, courent parmi les bâtiments du centre de nutrition et s'accrochent° aux mains des médecins et des infirmières en riant et en criant: *«farandjis, farandjis»* (étrangers, étrangers). Sous un abri de tôle,° une armée de cuisinières prépare des crêpes tandis qu'une infirmière pèse les nouveau-nés et examine les futures mères.

Selon le dernier rapport annuel de l'Unicef, les enfants souffrant de malnutrition risquent trois fois plus de contracter des infections diarrhéiques et dix fois plus de mourir de maladies comme la rougeole. Et ces infections peuvent, à leur tour, provoquer ou aggraver la malnutrition. Certains parasites intestinaux absorbent jusqu'à 25% de l'ap-

port° calorique reçu par un enfant. Une malnutrition grave peut même provoquer des anomalies dans les connexions nerveuses du cortex cérébral. *«Des centaines de millions d'enfants,* estime l'Unicef, *ne seront jamais, s'ils atteignent l'âge adulte, des hommes et des femmes comme les autres.»*

Peut-on sauver les enfants d'Afrique? Sans doute. D'abord en les aidant à traverser, sans dommages irréversibles, une famine comme le continent n'en a peut-être jamais connu. C'est ce que font, de l'Ethiopie à la Mauritanie, ces véritables brigades internationales contre la faim que sont les grandes organisations d'aide d'urgence. C'est beaucoup, mais ce n'est pas assez. Pour sauver les enfants d'Afrique, il ne suffit pas de leur distribuer nos surplus de lait et de grain quand ils sont étendus, mourant de faim, dans la poussière, il faut les aider à produire leur lait et leur maïs.

«Ce dont nous avons besoin aujourd'hui, dit Berhane Deressa, responsable de la commission éthiopienne de secours et de réhabilitation, *c'est surtout d'aide au développement à moyen et long terme.° Aidez-nous à creuser° des puits,° à lancer un programme de conservation de l'eau, à replanter des forêts, à irriguer. Aidez-nous à ne plus dépendre de vous.»* ●

---

1. Résumé: l'article en détail

(a) Comme vous le savez déjà, afin de bien résumer un article de ce genre, il faut d'abord le diviser en sections et ensuite en relever les points majeurs.

Travail individuel → Travail en groupe
Relisez l'article et essayez mentalement de le découper en sections: notez le début et la fin de chacune des sections que vous aurez identifiées. Ensuite, pour chacune de vos sections, notez le **point majeur** et les deux ou trois **points secondaires** qui l'accompagnent.
Ceci fait, mettez-vous en groupes de trois ou quatre et comparez vos notes. En cas de difficulté, consultez le professeur.

(b) Quels sont les rapports logiques entre les points que vous avez notés?
Travail individuel Essayez de déterminer les **rapports** qui existent à l'intérieur de chacune de vos sections: de chaque point secondaire avec son point majeur ou avec le point secondaire qui le précède; s'agit-il d'un rapport de **cause**, de **conséquence**, d'**opposition**, etc.? (Voyez 1, p. 108 et 3, p. 126). Lorsque vous aurez établi la

nature de ces rapports, songez aux moyens linguistiques que vous pourrez employer pour exprimer le rapport en question. Pour finir, rédigez votre résumé de l'article.

2. Les causes de la faim: propositions principales et secondaires (L'articulation)

▶ Vous avez déjà étudié des expressions d'**opposition** (*3, p. 101*), de **cause** à **conséquence** (*p. 195*), de **but** (*3, p. 144*), de **comparaison** (*3, p. 80*) qui servent à relier des propositions entre elles.
Vous connaissez également plusieurs façons de développer des propositions en les **confirmant** ou en y **ajoutant** une autre idée, un **exemple**, une **explication** (*1, p. 108; 3, p. 126*) ou une **justification** (*1, p. 30*). ◀

(a) Les indications ci-contre développent **schématiquement** les citations présentées à la page 224 sur les causes de la faim.
Travail individuel/à deux → Mise en commun Relisez d'abord les déclarations, puis, avec un(e) partenaire, déve-

● **déclencher** trigger off **Varsovie** Warsaw
acheminer dispatch **blé** (m) wheat **affluer**
pour in **discours** (m) speech **fléau** (m)
catastrophe **fournir** provide **aussi** (+ subj)
however **provisoire** interim **aigu** (aiguë)
acute **régler** solve **grappe** (f) cluster
haillon (m) rag **barbouiller** smear
s'accrocher à cling to **tôle** (f) sheet metal
apport (m) intake **à moyen et long terme** in the
medium and long term **creuser** dig **puits** (m)
well

---

loppez chaque proposition principale en y ajoutant une proposition secondaire selon les indications données ci-contre. Employez les mots et expressions en caractères gras, qui représentent certains des moyens d'articulation que vous avez déjà étudiés.

Exemple:
*Entre 1980 et 2000, si les tendances actuelles se poursuivent, la population du globe doublera, passant de 3 à 6 milliards. Il faut **pourtant** souligner que les pays de la faim, excepté quelques cas comme le Bangladesh, ne sont pas surpeuplés.*

Ensuite, le professeur demandera à la classe de lui communiquer les propositions. Pour ce faire, ne regardez ni vos notes ni les déclarations (*p. 224*); ne consultez que les indications ci-dessous.

(b) A vous maintenant de relier à votre façon ces idées, ou les vôtres, sur les causes de la faim.

Travail individuel Composez, comme pour un rapport officiel, deux ou trois paragraphes sur les causes du problème de la faim.

1. Explosion démographique
... *il faut **pourtant** (opposition) souligner que* ...

- Pays à forte densité, exemples: Pays-Bas, RFA, Bangladesh, Japon
- Pays sous-peuplés, exemples: Laos, Mali, Tchad, Arabie saoudite

2. Dégradation des sols
... *mais ce danger est surtout **dû à*** (cause) ...

Méthodes agricoles inconsidérées:
– rendement immédiat ✓
– souci de l'avenir ✗

3. Pauvreté
... *une pauvreté **tellement** absolue **que*** (confirmer) ...

«A-t-on le droit de qualifier de condition humaine la pauvreté absolue où est plongé le tiers de l'humanité?»
Robert MacNamara.

4. Endettement
... *il suffit **en effet** de rappeler que* (justification) ...

PVD		
Endettement	1971	1982
(milliards de $)	90	600

5. Conflits armés
... *or **il n'en reste pas moins vrai que*** (opposition) *depuis 1945* ...

1939–45: guerre mondiale
1945 → : conflits localisés

6. Transnationales
... *dont le **but** (but) est **de*** ...

Objectifs:
accroissement de marchés ✓
augmentation de profit ✓
ressources alimentaires ✗

7. Productions animales
... ***car** (justification)* ...

céréales, consommation par bétail (PVD)
1968 → 1980: **+90%**

8. Exode rural
... ***Résultat:** (conséquence) dans les pays pauvres* ...

Population urbaine en 2000 (prévision)	
logements officiels	25%
bidonvilles	75%

9. Catastrophes naturelles
... ***en d'autres termes** (explication)* ...

■ Sociétés simples, production alimentaire normale ≏ minimum vital

10. Répartition des terres
... *en Amérique latine **par exemple** (exemple)* ...

	% de la population	% des terres
Gros propriétaires	7%	93%
Autres	93%	7%

11. Armements
... *; **rappelons que** (ajouter)* ...

Dépenses mondiales (1981)	
Armements	650 Md de $
Dettes des PVD	465 Md de $

12. Structures sociales
... ***de même** (comparaison) certaines coutumes interdisent* ...

COUTUMES CROYANCES RELIGIEUSES

13. Chômage
... *Ce chiffre **s'explique** (explication) en partie **par*** ...

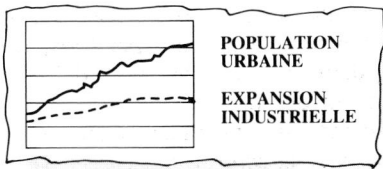

POPULATION URBAINE

EXPANSION INDUSTRIELLE

14. Ressources alimentaires
... *; en l'an 2000 **également** (ajouter)* ...

1987–2000 (prévisions)	
population	+50%
production alimentaire	+60%

3. Statistiques de la faim

(a) Il y a de nombreuses techniques de présentation statistique. En voici quatre: Quel est le sens de chacun de ces tableaux?

Exercice oral   Interprétez ces tableaux au professeur. Utilisez des expressions de **comparaison**, de **proportion**, etc. (*2, p. 15* et *3, p. 36*).

C. Formation du prix d'un sweat-shirt en coton fabriqué en France

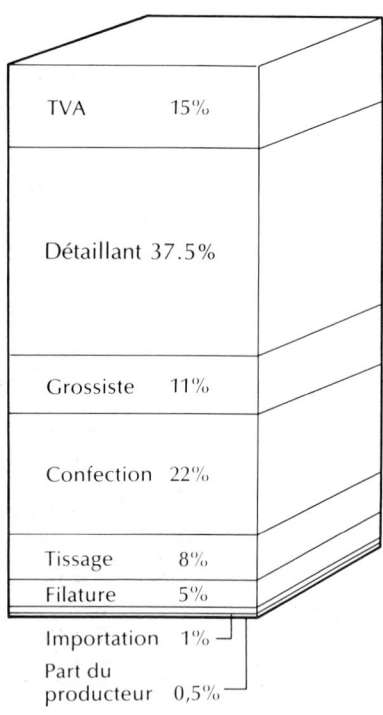

TVA	15%
Détaillant	37.5%
Grossiste	11%
Confection	22%
Tissage	8%
Filature	5%
Importation	1%
Part du producteur	0,5%

A. L'aide alimentaire européenne aux PVD en 1982

(en millions d'ECU; unité de monnaie européenne)

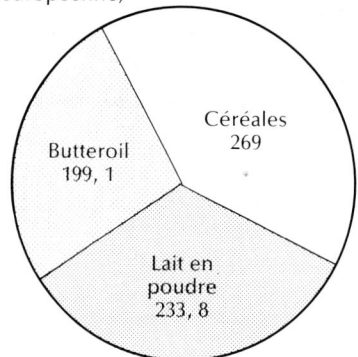

Céréales 269
Butteroil 199, 1
Lait en poudre 233, 8

B. Répartition des dettes en 1982 pour quatre pays

(en milliards de $)

Brésil	87
Mexique	85
Corée du Sud	39
Argentine	38

D. Progression du Produit National Brut (PNB) par personne (en dollars de 1980)

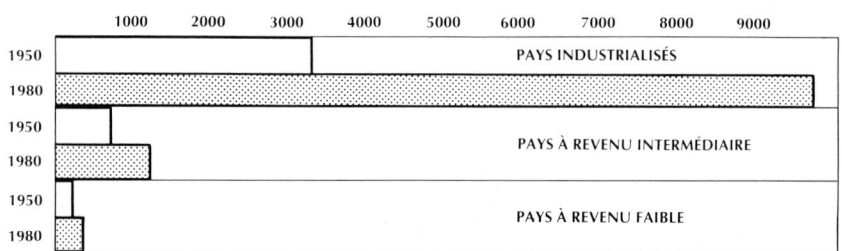

	1000	2000	3000	4000	5000	6000	7000	8000	9000
1950							PAYS INDUSTRIALISÉS		
1980									
1950						PAYS À REVENU INTERMÉDIAIRE			
1980									
1950					PAYS À REVENU FAIBLE				
1980									

(b) Pour présenter des données spécifiques on a souvent le choix entre plusieurs techniques, celles qui sont présentées ici par exemple.

Travail individuel/en groupe → Mise en commun   La classe se divisera en quatre groupes dont chacun composera un tableau basé sur les mêmes informations: celles contenues dans *Les inégalités alimentaires (ci-dessous)*; le professeur demandera à chaque groupe d'employer une technique différente: celle du tableau A, B, C ou D.

Pour finir, présentez votre schéma à l'ensemble de la classe, avec le rétroprojecteur par exemple; discutez les avantages et les inconvénients de la technique utilisée dans votre groupe.

LES INÉGALITÉS ALIMENTAIRES

En prenant comme base le concept d'une «alimentation suffisante» (2 700 à 2 800 calories journalières dont 40 grammes de protéines animales), comment se situent les différentes populations de la planète (sur plus de 4 milliards d'hommes existant actuellement)? Il s'agit évidemment de moyennes, avec des variations suivant les catégories de population, jours ou périodes de l'année.

25% (soit un peu plus d'un milliard) sont bien ou trop nourris. Sur ce chiffre:
■ 5% (environ 200 millions) ont une alimentation suffisante: c'est notamment le cas du Japon.
■ 20% (soit un peu plus de 800 millions) sont trop nourris: c'est le cas des Européens (Est et Ouest), des Nord-Américains et des minorités privilégiées du Tiers monde.

Il reste donc 75% (environ 3 milliards) qui n'ont pas une nourriture tout à fait suffisante, du moins qualitativement (manque de protéines animales notamment). Comment se répartissent ces 75%?
■ 15% (environ 600 millions) constituent une catégorie intermédiaire avec une consommation quantitative à peu près suffisante (2 500–2 800 calories), soit une quantité d'aliments énergétique presque suffisante, mais une quantité de protéines animales à peine suffisante. L'exemple de cette catégorie intermédiaire est le Mexique.
■ 20% (un peu plus de 800 millions) ont une alimentation énergétique presque suffisante (2 500 calories par jour en moyenne), mais peu de protéines animales. Tel est le cas de la Chine.

■ 30% (soit plus de 1,2 milliard) correspondent à des populations nettement sous-alimentées (entre 2 000 et 2 500 calories) sans être au seuil de la famine. Cette situation, qui ne se distingue de la suivante que par une différence de degré de sous-alimentation, se retrouve dans plusieurs pays d'Asie du Sud-Est (notamment Pakistan, Indochine, Bangladesh, Indonésie), d'Afrique et d'Amérique latine.
■ 10% (soit plus de 400 millions) sont pratiquement en situation de famine (1 500 à 2 000 calories en moyenne par jour avec très peu de protéines animales.) Il s'agit de populations qui souffrent en permanence de la faim. C'est-à-dire les catégories les plus pauvres des trois continents (28% de la population de l'Asie, Chine exclue; 25% de l'Afrique; 13% de l'Amérique latine).

L'AIDE PUBLIQUE EN CHIFFRES

L'aide des pays du CAD (Comité d'Aide au Développement regroupant les pays développés et industrialisés) était de 22,3 milliards de dollars, ce qui correspond à 0,34% de leur Produit national brut (PNB), en 1980. Rappelons que le pourcentage du PNB accepté par ces mêmes pays à la demande du Tiers monde, dans toutes les conférences internationales est de 0,7%, le double du pourcentage réel.

Quatre pays européens, en 1980, ont atteint ou dépassé les 0,7%: les Pays-Bas (1,02%), la Norvège (0,83%), la Suède (0,77%) et le Danemark (0,72%). Les pays de l'OPEP (exportateurs de pétrole) ont versé une contribution d'environ 1,25% de leur PNB, ce qui revient à quelque 4 milliards de dollars. Quant à la France, sa contribution a été de 0,59% (soit 15 milliards de francs). Cependant cette aide inclut les subventions aux Départements et Territoires d'Outremer; si l'on n'en tient pas compte, l'aide française se situe aux environs de 0,35%: chiffre moyen du CAD, le même que pour le Royaume-Uni. Parmi les autres pays donateurs, trois seulement dépassent le cap des 0,4%: l'Australie (0,47%), l'Allemagne et le Canada (0,42% chacun). Le don de la Nouvelle-Zélande et du Japon est légèrement supérieur à 0,3% (0,32% et 0,31% respectivement).

Enfin, nous devons savoir qu'en achetant des voitures et des casseroles françaises le Tiers monde a permis à la France de créer 100 000 emplois entre 1970 et 1976 et qu'il représente le tiers de nos investissements à l'étranger.

(c) Les chiffres de l'aide gouvernementale sont intéressants: ils mesurent la distance qui sépare les déclarations des gouvernements, celui de la France par exemple, de leurs contributions réelles.

Travail individuel Composez un tableau de votre choix pour représenter les informations données dans le texte *L'aide publique en chiffres*, à gauche.

(d) La carte ci-dessous est tirée d'un numéro des *Cahiers Français* (octobre 1983).

Travail individuel Relisez *L'aide publique en chiffres* et notez mentalement l'usage fait par son auteur de **pourcentages** et le moyen dont il **présente** ou **explicite** des chiffres. Ensuite, composez un ou deux paragraphes sur la distribution géographique de la faim et de l'abondance dans le monde; référez-vous à la carte et au tableau qui l'accompagne.

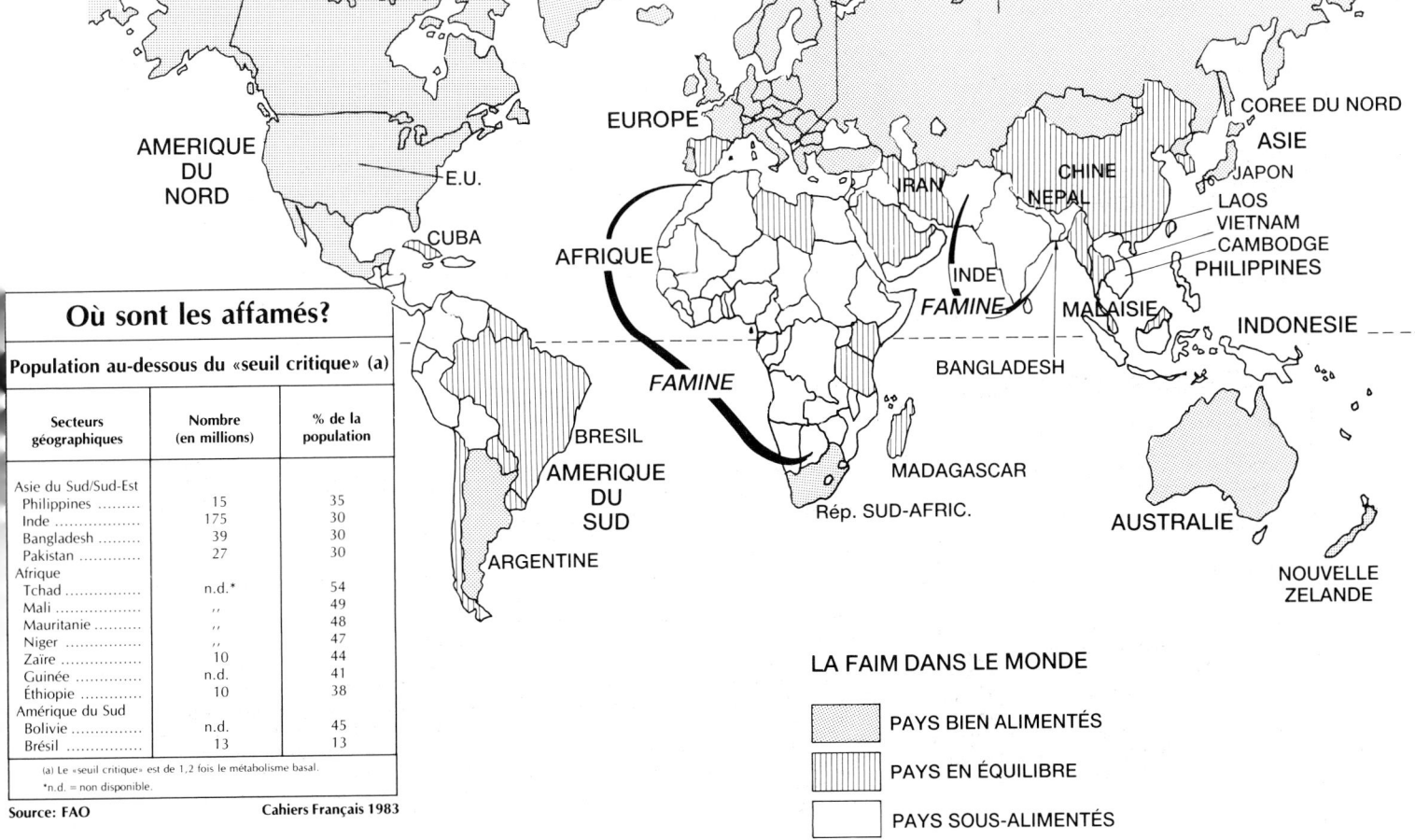

Où sont les affamés?

Population au-dessous du «seuil critique» (a)		
Secteurs géographiques	Nombre (en millions)	% de la population
Asie du Sud/Sud-Est		
Philippines	15	35
Inde	175	30
Bangladesh	39	30
Pakistan	27	30
Afrique		
Tchad	n.d.*	54
Mali	,,	49
Mauritanie	,,	48
Niger	,,	47
Zaïre	10	44
Guinée	n.d.	41
Éthiopie	10	38
Amérique du Sud		
Bolivie	n.d.	45
Brésil	13	13

(a) Le «seuil critique» est de 1,2 fois le métabolisme basal.
*n.d. = non disponible.

Source: FAO   Cahiers Français 1983

LA FAIM DANS LE MONDE

PAYS BIEN ALIMENTÉS

PAYS EN ÉQUILIBRE

PAYS SOUS-ALIMENTÉS

VOCABULAIRE: *la lutte contre la faim*

Le tableau *Vaincre la faim: des voies pour y parvenir* résume un certain nombre de mesures à prendre pour combattre la faim dans le monde.

Travail individuel → Travail à deux
Recopiez les mots et expressions à droite dans l'ordre nécessaire pour compléter les phrases du tableau, puis mémorisez-les. N'oubliez pas de faire les changements grammaticaux qui conviennent. Ensuite, avec un(e) partenaire, complétez oralement les phrases sans consulter ni le cadre ci-dessous ni votre liste.

> adapté – alimentaire – à long terme – à même de – auto-suffisance (f) – conseiller (m) – démographique – destiné – développement (m) – dominant – freiner – indispensable – investissements (m pl) – productif – protéger – répartition (f) – sol (m).

VAINCRE LA FAIM: DES VOIES POUR Y PARVENIR

Priorités
- Les gouvernements du Tiers monde doivent affecter une plus grande proportion de leurs crédits au _____ agricole.
- Ils doivent donner la priorité à l'_____ technique et agricole.
- Il faut privilégier les productions _____ à la consommation sur place.

Aide
- A court terme, un accroissement massif de l'aide _____ sera nécessaire.
- _____, l'aide présente des dangers: elle peut décourager la production locale et faire baisser les prix sur les marchés agricoles intérieurs.
- Seuls les pays riches sont _____ fournir les ressources financières dont le Tiers monde a besoin.

Réformes
- Sur le plan social, il faut éviter de remplacer les colonisateurs par une classe _____ et privilégiée.
- La promotion des paysans demande une _____ plus juste des terres entre riches et pauvres.
- Les pays avancés doivent garantir les prix agricoles mondiaux en vue de _____ le producteur.

Actions
- La formation de _____ agricoles joue un rôle essentiel pour le progrès de l'agriculture.
- Pour que les techniques soient _____ à la diversité des conditions, il faut multiplier les stations agronomiques locales.
- Une politique de limitation des naissances est nécessaire pour ralentir la croissance _____.
- Pour _____ l'exode rural, il serait souhaitable de subventionner des programmes de repeuplement des campagnes.
- L'irrigation est l'élément _____ à tout développement des terres sous-utilisées ou inutilisées.
- L'enrichissement des _____ demande la production de fumier et l'utilisation de déchets organiques.
- Le développement de l'agriculture exige des _____ dans le domaine du machinisme agricole.
- La recherche agronomique, la «révolution verte» peut fournir des variétés de cultures deux à trois fois plus _____ que les espèces traditionnelles.

(e) Quelles idées avez-vous retenues sur la lutte contre la faim?

Travail individuel → Exercice oral Relisez attentivement le tableau à gauche. Ensuite, le professeur vous demandera de lui communiquer des mesures à prendre pour combattre la faim. En répondant, ne consultez que votre liste de mots et expressions.

4. Rédaction

Au cours de ce dossier, vous avez étudié la manière dont la France a réglé son problème colonial (*pp. 204–16*), le développement de sa force de frappe nucléaire (*pp. 217–22*) et enfin, la faim dans le Tiers monde et la responsabilité des pays industrialisés comme la France (*pp. 223–30*); l'exercice de vocabulaire à gauche guidera peut-être vos réflexions sur les solutions qu'on pourrait adopter pour remédier à ce dernier problème. A vous maintenant d'organiser ces nouvelles connaissances de manière à traiter la question suivante:

La France a-t-elle bien fait de remplacer sa gloire impériale par «l'atome d'orgueil» dans un monde où règne la famine?

Travail individuel En suivant le plan de travail déjà proposé à plusieurs reprises (6, *p. 129* et 5, *p. 186*), composez votre rédaction. En particulier, faites attention à la présentation et à l'articulation de vos points majeurs et de vos points secondaires (2, *p. 226*, etc.).

LE POINT SUR ...

LE POINT SUR ...   ... l'interrogation directe

1. Comme vous le savez déjà, il existe en français trois formules différentes pour poser une question. Le choix de la formule dépend du contexte de la communication: **langue courante, familière** ou **soignée.**

En **langue courante**, on emploie **est-ce que**, souvent précédé d'un mot interrogatif (**pourquoi, comment,** etc.):

> **Est-ce que** vous avez identifié la cible?
> **Pourquoi est-ce qu**'ils ont choisi ce slogan?

En **langue familière**, on omet souvent **est-ce que**: l'interrogation s'exprime par **l'intonation** de la phrase (voir ci-dessous), avec ou sans mot interrogatif:

> Cette publicité s'adresse aux femmes?

> Elle s'adresse à **qui**?

2. L'interrogation en **langue soignée** s'exprime par l'**inversion**, (mot interrogatif +) (sujet +) verbe + pronom:

> **Sommes-nous** influencés par la publicité?
> **La publicité peut-elle** augmenter la vente d'un produit?
> **Pourquoi les femmes veulent-elles** utiliser un déodorant?

Lorsque la question porte sur le **sujet** de la phrase, on emploie **qui (est-ce qui)** pour les **personnes** et **qu'est-ce qui** pour les **choses**:

> **Qui (est-ce qui)** choisit le slogan publicitaire?
> **Qu'est-ce qui** motive ce choix?

Et quand la question porte sur l'**objet** de la phrase, on emploie **qui + inversion** ou **qui est-ce que** pour les **personnes**, et **que + inversion** ou **qu'est-ce que** pour les **choses**:

> **Qui a-t-on** choisi pour être la vedette de cette annonce?
> **Qui est-ce qu**'on a choisi?
> **Que symbolise** cette maison?
> **Qu'est-ce qu**'elle symbolise?

3. **Lequel, laquelle,** etc., impliquent un choix entre des personnes ou des choses qui viennent d'être ou vont être nommées:

> **Laquelle** (de ces annonces) préfères-tu?

4. **L'intonation** d'une question dépendra de la formule adoptée. D'une manière générale, dans une **question avec un élément interrogatif** (pourquoi, comment, qu'est-ce que, etc.) la voix **descend** au début et à la fin de la phrase:

> A **quel** moment l'annonce va-t-elle paraître?

Dans une **question sans élément interrogatif**, la voix **monte** à la fin de la phrase:

> Elle va paraître au mois de juin?

LE POINT SUR ...   ... l'interrogation indirecte

Lorsqu'on rapporte, au passé, une question exprimée par une autre personne, c'est-à-dire en **interrogation indirecte**, on modifie le temps (et éventuellement la personne) du verbe: le **plus-que-parfait** remplace le **passé composé**, l'**imparfait** remplace le **présent** et le **conditionnel** remplace le **futur**. Pour les questions qui appellent la réponse **oui** ou **non**, on emploie **si**:

> Regardez-vous le journal tous les soirs? ⟶ On m'a demandé **si** je **regardais** le journal tous les soirs.

> Pourra-t-on permettre aux enfants de tout regarder? ⟶ On a voulu savoir **si** on **pourrait** permettre aux enfants de tout regarder.

Les questions qui emploient un **mot interrogatif** (comment, pourquoi, etc.) le gardent en discours indirect:

> Pourquoi n'avez-vous pas apprécié cette émission? ⟶ Elle a essayé de découvrir **pourquoi** je n'**avais** pas **apprécié** cette émission.

N'oubliez pas que **qu'est-ce qui** et **qu'est-ce que** (ainsi que **que** + inversion) se transforment en **ce qui** ou **ce que**:

> Qu'est-ce qui se passera si notre poste tombe en panne? ⟶ On s'est demandé **ce qui se passerait** si notre poste **tombait** en panne.

> Qu'est-ce que la plupart des téléspectateurs ont regardé à 20h? ⟶ Je voulais apprendre **ce que** la plupart des téléspectateurs **avaient regardé** à 20h.

LE POINT SUR ...   ... la négation

Réponse négative à une question
Non, rien, aucun, jamais, personne, nulle part peuvent constituer à eux seuls la réponse négative à une question:

> Qui va lui trouver un emploi? **Personne.**
> Où peut-elle obtenir de l'aide? **Nulle part.**

Rien, personne, aucun peuvent être suivis de **de+adjectif**:

> **Rien de** bon. **Personne de** convenable.

La formule de réponse suivante est à noter:

> Je crois/J'espère **que non.**

Négation d'un verbe
Lorsqu'on exprime à la forme négative un verbe, la négation comporte en général **deux termes: ne + pas, point, plus, jamais, personne, que, aucun(e), rien, guère, nul(le).**

Aux **temps simples** (présent, imparfait, futur, passé simple, conditionnel) le verbe, précédé ou non d'un pronom, se place normalement entre le premier et le deuxième termes de la négation:

> Elle **n**'y peut **rien**.
> Les enfants **ne** s'en souviennent **plus**.

Le négatif peut comporter **trois termes**:

> Ils **ne** se rappellent **plus rien**.
> La jeune mère **ne** rencontre **plus personne**.

Aux **temps composés**, c'est **l'auxiliaire** qui se place entre les deux termes de la négation (les pronoms précédant toujours l'auxiliaire):

> Son mari **ne** lui a **rien** envoyé.
> Les services sociaux **n**'en avaient **pas** entendu parler.

A **l'infinitif**, les deux termes de la négation précèdent normalement le verbe:

> **Ne jamais** se plaindre, voilà sa règle.

Cependant, dans le cas de **ne . . . personne**, le deuxième terme suit toujours le verbe (le participe dans les temps composés, ou l'infinitif s'il y en a):

> Ses enfants **n**'ont incommodé **personne**.
> Afin de **ne** déranger **personne** . . .

Dans tous les cas, le deuxième terme de **ne . . . que**, **ne . . . aucun(e)** et **ne . . . nul(le)** précède immédiatement le mot auquel il s'applique:

> Cette jeune mère **n**'a obtenu absolument **aucune** aide de son mari.
> Il **ne** lui reste, pour l'aider à survivre, **que** l'espoir de trouver un emploi.

Après un verbe à la forme négative, on emploie normalement **de** (au lieu de un/une, du/de la/des) devant l'objet direct:

> Ses enfants **n**'ont **jamais** eu *de* vacances.

Aucun, Personne, Nul(le), Rien peuvent être sujets de verbe:

> **Personne ne** l'a aidée.

On peut indiquer la négation par l'emploi de **sans** + nom/ infinitif, ou avec **sans que** + **subjonctif**:

> **Sans pension** alimentaire, aucune solution.
> Il est parti **sans écrire** ni téléphoner.
> **Sans que** son employeur le **sache**, elle a eu un bébé.

La négation d'un adverbe ou d'un adjectif (très souvent un participe passé)
On emploie en général **pas** + **adv/adj** en langue familière, **non** + **adv/adj** en langue soignée:

> **Non loin** de son appartement
> **Pas loin** d'ici
> Une réponse **non** confirmée
> Un geste **pas très** sympathique.

Peu a un sens négatif lorsqu'il accompagne un adjectif:

> C'est **peu** sûr (= pas très sûr).

La négation de deux verbes, noms, adjectifs ou adverbes
Pour mettre à la forme négative deux **verbes** dans la même proposition, on emploie **ne . . . ni ne . . .**:

> Ses enfants **ne** crient **ni ne** pleurent.

Pour deux **noms, adjectifs** ou **adverbes**, on emploie **ne . . . ni . . . ni**:

> Ils **ne** sont **ni** méchants **ni** bruyants.
> Elle **n**'a **ni** argent **ni** emploi.
> Le patron **ne** traite ses employées **ni** bien **ni** mal.

Avec certains verbes, **ne** peut s'employer tout seul à la place de **ne . . . pas**:

> Cet employeur **n**'ose embaucher des femmes.
> Ses ouvriers **ne** peuvent tolérer cette concurrence.
> **N**'empêche qu'il devrait le faire.

LE POINT SUR . . .   . . . la narration

Un article de journal sur les femmes d'immigrés a évoqué les problèmes qui les attendent dès leur arrivée en France:

> Beaucoup de Maghrébines **ont quitté** leur village natal, où elles ne **se rendaient** même pas à la fontaine sans chaperon, pour venir adopter une vie d'HLM en banlieue française. Elles **ont trouvé** en arrivant un mari qui **avait pris** des réflexes de consommateur occidental . . . Et ces femmes, qui ne **parlaient** guère le français, **seraient** obligées de descendre dans la rue, pour y faire des courses ou régler des problèmes administratifs.

Dans un récit oral, dans un récit écrit en langue neutre ou familière (lettre, journal intime) ou dans un récit écrit en contact avec le présent (article de journal), on emploie normalement:

- le **passé composé** pour chacun des **événements** qui constituent le fil de la narration (*ont quitté, ont trouvé*)
- l'**imparfait** pour la **description** des circonstances qui existent déjà ou se poursuivent, ou pour des actions qui **se répètent**; pour décrire, par exemple, le lieu où l'action se passe, l'état d'esprit d'un des participants ou pour exprimer ce qu'il fait habituellement (*se rendaient, parlaient*)
- le **plus-que-parfait** pour des événements qui ont lieu **avant** ceux qui constituent le fil de la narration (*avait pris*)
- le **conditionnel**, dit futur du passé, pour des événements qui ont lieu **après** ceux qui constituent le fil de la narration (*seraient*).

Lorsqu'on écrit, en langue soignée, une **narration** sans contact avec le présent (récit historique, roman), on utilise normalement le **passé simple** au lieu du passé composé; l'emploi de l'**imparfait**, du **plus-que-parfait** et du **conditionnel** reste le même que dans un récit oral, etc.:

> Arrivé devant l'escalier qui **donnait** accès au hall, Madjid **se**

ravisa. Il **avait grimpé** déjà quelques marches quand il **fit** demi-tour. Il **marcha** jusqu'au fond du couloir . . .

(Pour l'emploi du **passé antérieur** dans une narration en langue soignée, voyez *3, p.177.*)

A la place du passé composé ou du passé simple, on peut employer dans une narration le **présent historique**. Ce procédé, souvent introduit par une expression qui marque le passé (*en 1911, vers l'âge de 15 ans,* etc.) ou par un ou plusieurs verbes au passé, sert à rendre vivante pour le lecteur la série d'événements en question:

J'**ai voulu** le rencontrer **hier**. J'**arrive** de bonne heure; je **frappe** à la porte: on ne **répond** pas.

LE POINT SUR . . .   . . . la durée

En parlant de son attitude envers le grand ensemble, une des Sarcelloises (*p.63*) dit: «J'ai vécu **quelques années** en province.» Pour exprimer la **durée simple**, on emploie normalement la préposition **pendant**, mais on peut, comme dans l'exemple ci-dessus, omettre la préposition, le plus souvent avec un nombre ou **tout le/toute la/tou(te)s les . . .**:

Elle est restée là (**pendant**) trois jours.
Il a travaillé **toute la** journée.

Notez aussi l'emploi de **depuis** (ou **de**) **. . . jusqu'à** (ou **à**):

Il est absent **depuis** 7 heures le matin **jusqu'à** huit heures du soir.
Ils sont restés à Sarcelles **de** 1960 **à** 1968.

Si on veut parler du temps pendant lequel une action doit continuer (**durée à prévoir**), on utilise **pour**:

Elle est venue/Elle s'installe ici **pour** trois jours.

Et le **temps nécessaire** pour qu'une action **s'achève** s'exprime par **en**:

Ils ont construit la cité **en** cinq ans.

ou bien par une expression verbale, **passer** (du temps) **à** + **infinitif, mettre/il faut** (du temps) **pour** + **infinitif**:

Elle **a passé** quinze jours **à décorer** l'appartement.
Nous **avons mis** deux heures **pour faire** le trajet à Paris.
Il m'a fallu un an **pour m'habituer** à Sarcelles.

Pour mettre l'accent sur ce qui se passe **pendant** une période donnée, on emploie **matinée(s), soirée(s), journée(s), année(s)** plutôt que **matin(s), soir(s), jour(s), an(s)**. (Après **plusieurs, quelques**, on utilise toujours **années**, non pas **ans**.):

Elle a passé toute la **journée** enfermée dans son appartement.
Plusieurs/Quelques années plus tard.

Si, enfin, on veut parler de la **durée** d'une **action inachevée**, on utilise, au présent, le **présent + depuis**, ou **il y a** ou (plus familier) **ça fait . . . que + présent**:

Nous **habitons** Sarcelles **depuis** cinq ans.
Il y a/Ça fait cinq ans **que** nous **habitons** Sarcelles.

Et au **passé**, on emploie l'**imparfait + depuis**, ou **il y avait/ça faisait . . . que + imparfait**:

Ils **vivaient** en banlieue **depuis** plusieurs mois.
Il y avait/Ça faisait plusieurs mois **qu'**ils **vivaient** en banlieue.

LE POINT SUR . . .   . . . la comparaison

Lorsqu'on veut faire une **comparaison** ou exprimer un **superlatif**, on emploie normalement un terme comparatif (**plus, moins,/le plus, le moins,** etc.) accompagné d'un **adjectif**, d'un **adverbe**, d'un **nom** ou même d'un **verbe**.

Avec des adjectifs
comparatifs

ce phénomène est (beaucoup/bien/un peu) **plus inquiétant que** . . .
ce facteur est (beaucoup, etc.) **moins grave que** . . .
cette situation est **aussi alarmante que** . . .
ce n'est pas **aussi/si préoccupant que** . . .
son rendement est **plus important de 10% que** celui de . . .
la productivité est **meilleure/pire que** . . .

superlatifs

le facteur **le plus inquiétant** (adjectif qui suit le nom)
la chose **la moins alarmante**
la plus forte augmentation **de** tous les pays (adjectif qui précède le nom)
les pires (= **les plus mauvais**) résultats
la moindre (= **la plus petite**) baisse

Avec des adverbes
comparatifs

le niveau de vie augmente **plus/moins rapidement que** . . .
ce pays est **mieux** placé **que** . . .

superlatifs

De toutes les énergies, cette ressource est celle qui augmente **le plus/le moins rapidement**.

Avec des noms
comparatifs

ce pays produit **plus/moins de pétrole que** . . .
cette région consomme **trois fois plus/moins de charbon que de** . . .
plus/moins de la moitié des ressources du monde
plus/moins du tiers/quart de sa production
(**plus/moins d'un tiers/quart** de . . .)
plus/moins de 10% de la production mondiale
plus/moins de onze millions de tonnes
autant de charbon que de gaz

superlatifs

ce pays produit **le plus de charbon**.

Avec des verbes
comparatifs

la France **consomme plus** d'énergie **qu'**elle **n'en produit**.

superlatifs

c'est le secteur qui **consomme le plus/le moins**
c'est le pays qui a **le mieux résolu** ses problèmes.

LE POINT SUR ...   ... la séquence

L'article *Un désenchantement bien tempéré* (pp.96–8) nous explique les projets d'Ali:

Après avoir/Ayant terminé ses études en CPPN, Ali commencera un CAP de mécanique auto.

Pour indiquer qu'une action en suit une autre (la **postériorité**), on emploie, comme vous le savez peut-être déjà, ces structures:
après avoir, être, s'être + participe passé/ayant, étant, s'étant + participe passé.
La postériorité s'exprime aussi à l'aide de l'expression **une fois + participe passé**:

Ali terminera ses études en CPPN. Ensuite, il commencera un CAP de mécanique auto. ⟶ **Une fois** ses études en CPPN **terminées**, Ali commencera un CAP de mécanique auto.

Ali sortira de la CPPN. Ensuite, il commencera un CAP de mécanique auto. ⟶ **Une fois sorti** de la CPPN, Ali commencera un CAP de mécanique auto.

La structure **en + participe présent** peut également exprimer la postériorité:

En sortant de la CPPN, Ali commencera un CAP de mécanique auto.

Et on peut aussi employer, selon les cas, **à la fin de/l'issue de + nom**:

A la fin de ses études en CPPN/**A l'issue de la CPPN**, Ali commencera un CAP de mécanique auto.

Si, enfin, il s'agit de deux actions futures, dont l'une sera accomplie après l'autre, on emploie **quand/lorsque + futur antérieur** pour la première action et le **futur** pour la seconde:

Quand il **aura terminé** ses études en CPPN, Ali **commencera** un CAP de mécanique auto.

Pour exprimer le fait qu'une action se passe avant une autre (l'**antériorité**), on emploie, si le sujet des deux parties de la phrase est le même, **avant de +infinitif**; si le sujet est différent, on emploie **avant que (+ ne) + subjonctif**:

Ali doit terminer ses études en CPPN **avant de commencer** un CAP de mécanique auto.
Pour Ali, une année de CPPN est nécessaire **avant qu'**il (**ne**) **commence** un CAP de mécanique auto.

L'emploi de **ne**, devant le verbe au subjonctif, est facultatif.

LE POINT SUR ...   ... la probabilité

Lorsqu'on estime le degré de **probabilité** d'une proposition ou d'une éventualité, on peut l'envisager comme quelque chose de **certain**, de **probable**, de **possible**, d'**incertain**, d'**improbable** ou même d'**impossible**.

Si on estime que quelque chose est **certain**, on peut employer des expressions adverbiales telles que **sans aucun doute, évidemment, de toute évidence, certainement**, ou bien certaines autres expressions (principalement avec **que + indicatif**):

Je suis sûr(e)/certain(e) que le chômage **restera** très élevé.
Il est clair/incontestable/évident que le taux du chômage se **maintiendra**.
Il ne fait pas de doute que/On ne peut (pas) nier que ce problème **est** préoccupant.
J'en suis persuadé(e)/convaincu(e).

Si on estime que quelque chose est **probable**, on peut employer des expressions adverbiales telles que **sans doute, probablement, vraisemblablement, selon toute probabilité**, ou bien certaines autres expressions:

Il est (fort) probable que les heures de travail **seront** réduites ('*probable*' + *indicatif*).
Il semble bien que cette réduction se **fera** progressivement.
Il est pourtant **très possible qu'**elle se **produise** ('*possible*'+ *subjonctif*).
Sans doute créera-t-elle un certain nombre d'emplois ('*sans doute*' + *inversion*).
Mais elle ne créera pas, **semble-t-il**, un nombre proportionnel d'emplois.
Enfin, **il y a de fortes chances pour que** la réduction de la durée du travail **soit** compensée par la productivité ('*pour que*' + *subjonctif*).

Si on estime que quelque chose est **possible**, on peut employer l'adverbe **peut-être**, suivi, en début de phrase, d'une **inversion** (de **que + indicatif** en langue orale), ou bien certaines autres expressions (principalement avec **que + subjonctif**):

Peut-être la croissance **créera-t-elle** de nombreux emplois.
Peut-être qu'elle en créera (langue orale).
Il est possible/Il se peut que la productivité **s'accroisse** sans augmentation de personnel.
Il n'est pas impossible que la productivité **soit** destructrice d'emplois.

Si on estime que quelque chose est **incertain**, on peut employer **pas forcément** ou **pas nécessairement** ou bien certaines autres expressions (principalement avec **que + subjonctif**):

Il n'est pas certain que le chômage **soit** attribuable à la récession.
De même, **rien ne prouve que** l'expansion **puisse** résoudre le problème.

Rien ne permet d'affirmer/de penser que le prix des matières premières **soit** un facteur important.

Si on estime que quelque chose est **improbable**, on peut dire (avec **que + subjonctif**):

> **Il ne (me) semble pas que** le plein-emploi **soit** réalisable à court terme.
> **Il est (bien) peu probable que** le chômage **puisse** être réduit de beaucoup.
> **Il y a peu de chances pour que** cela se **produise**.
> **Je doute (fort) que** cette réduction **soit** possible.
> **Cela (Ça) m'étonnerait que** le gouvernement y **réussisse**.

Si on estime que quelque chose est **impossible**, on peut dire (avec **que + subjonctif**):

> **Il est impossible/exclu que** les femmes **soient** incitées à revenir au foyer.
> **Il est hors de question que** les travailleurs immigrés **soient** renvoyés.
> **Il n'y a aucune chance pour qu'**une solution miracle **fasse** son apparition.

LE POINT SUR ... ... le but

Toute phrase qui exprime le **but** comportera normalement deux actions: (i) le but à atteindre, et (ii) ce qui est nécessaire pour l'atteindre.

Si le **sujet** des deux actions est le **même** on peut employer **pour, afin de** ou **en vue de** (plus délibéré) + **infinitif**:

> On boit **pour fêter** une bonne nouvelle ou bien **afin de meubler** sa solitude.
> On boit (délibérément) **en vue de se donner** du courage.

Si le **sujet** des deux actions est **différent** on emploie **pour que** ou **afin que + subjonctif**:

> On devrait limiter les heures d'ouverture des cafés **pour que/afin que** les buveurs ne **puissent** (pas) consommer à tout moment de la journée.

Après un verbe de **mouvement**, un **infinitif** seul suffit:
> Elle est **revenue prendre** un verre avec nous.

Si l'on ajoute au **but** l'idée qu'une certaine façon d'agir est nécessaire pour l'atteindre, on peut employer, pour deux actions ayant le **même sujet, de manière à** ou **de façon à** + **infinitif**:

> Le gouvernement doit engager son autorité **de manière à/de façon à mobiliser** l'opinion contre les dangers de l'alcoolisme.

Pour deux actions ayant un **sujet différent**, on emploie **de sorte que, de façon/de manière (à ce) que + subjonctif**:

> On doit faire pression sur les patrons de café **de sorte qu'**ils n'**encouragent** pas les mineurs à boire.

Ne devrait-on pas faire des recherches sur la détoxification **de façon/de manière (à ce) que** l'alcoolique **puisse** plus facilement s'en sortir?

Si l'on veut exprimer un **but** que l'on cherche **à éviter**, on emploie, pour deux actions ayant le **même sujet, pour/afin de ne pas**, ou **de crainte/de peur de + infinitif**:

> Les parents doivent limiter leur consommation **pour/afin de ne pas montrer** le mauvais exemple.
> Il faut bannir l'alcool des locaux scolaires **de crainte/de peur d'encourager** sa consommation.

Pour deux actions ayant un **sujet différent**, on emploie **de peur/de crainte que + ne + subjonctif** (en langue orale, on peut omettre **ne**)

> N'habituez pas votre enfant à boire **de peur/de crainte qu'il ne devienne** un jour alcoolique.

LE POINT SUR ... ... l'opposition

Le contraste

1. Quand on exprime de manière neutre le contraste entre deux faits ou deux idées, on emploie souvent les conjonctions **mais, alors que, tandis que**:

> François Mitterrand a été élu maire de Château-Chinon, **alors que** Jacques Chirac préside le conseil municipal de Paris.

2. Pour exprimer un contraste marqué, on emploie **cependant, pourtant, toutefois, néanmoins** (ce dernier en langue soignée). La position de ces adverbes est variable:

> Les hommes politiques s'empressent de plaire au public. Il est **cependant** évident (**Cependant** il est évident) qu'ils n'y arrivent pas très souvent.
> Cet homme ne résoudra pas les problèmes de la France: **pourtant** il est très intelligent (il est **pourtant** très intelligent).

3. Lorsque le contraste entre deux faits ou deux idées est très marqué, on peut employer **avoir beau** (+ *infinitif*), **bien loin de, au lieu de, en revanche, par contre, au contraire**:

> Ce candidat **a beau** se présenter aux élections, il n'a aucune chance d'être élu.
> **Bien loin d'**avoir été élu, il n'a même pas eu un pour cent des voix.
> **Au lieu de** se porter candidate aux élections, elle va abandonner la politique.
> Sa famille est très politisée: elle, **au contraire/par contre/en revanche**, ne s'intéresse pas du tout aux affaires publiques.

La concession

Dans une phrase **concessive**, où l'une des propositions semble prédire un résultat qui ne se produit pas, on peut marquer l'opposition en employant les mots et expressions en caractères gras dans les phrases ci-dessous:

Bien que/Quoique les hommes politiques **fassent** (*subjonctif*) de leur mieux pour plaire au public, ils n'y arrivent pas très souvent.
Malgré/En dépit de ses principes humanistes, bien des Français se méfient du Président de la République.
Tout intelligent **qu'il est**, cet homme ne résoudra pas les problèmes actuels de la France.
Si politisée **qu'elle soit** (*subjonctif*), une femme a du mal à s'imposer dans le monde politique.
Quelle que soit (*subjonctif*) sa popularité personnelle, ce député risque de perdre son siège.

Concéder et s'opposer

Lorsqu'on veut exprimer son opposition personnelle à quelque chose, on peut employer des verbes tels que:

s'opposer à, être/se déclarer contre, rejeter, déplorer, ne pas croire que (+ *subjonctif*).

Au cours d'une discussion, on **concède** souvent un point tiré de l'argument adverse avant de **s'opposer à** cet argument. A cette fin, on emploie **Tout en admettant/reconnaissant que; (Même) s'il est certain/exact/vrai que; N'empêche que; Bien sûr/Certes/Bien entendu/En effet; Bien que/Quoique** (+ *subjonctif*):

Tout en admettant que la gauche a fait des progrès, il faut tout de même noter qu'elle n'a obtenu que 30% des voix.
En effet, le gouvernement socialiste a commis des erreurs. On ne peut cependant nier qu'ils ont aussi fait de bonnes choses.
Bien que les médias **fassent** grand cas des élections, je ne crois pas que le Français moyen s'y intéresse réellement.

LE POINT SUR . . .   . . . la quantité, le degré, etc.

Selon l'article *Bretagne: le vent du progrès* (*pp. 182–3*), «**trop de** jeunes bien qualifiés . . . quittent le pays».
Voici d'autres expressions de **quantité** qui s'accompagnent normalement de **de + nom**:

beaucoup de cultivateurs
un grand nombre de policiers
une cent**aine**, etc., **de** gens
plus/moins de poulets
peu de bénéfices

avec **un peu de** chance
pas **assez d'**emplois
trop de jeunes qualifiés
tant de difficultés
pas **autant de** problèmes.

Notez aussi les expressions de **quantité** et de **degré** suivantes:

assez/trop de souplesse **pour** s'adapter
assez/trop intelligent **pour** employer cette tactique
encore du succès, **des** soucis
bien des ennuis
la plupart des femmes travaill**ent** (*verbe au pluriel*)

tellement/si contrariés **que** nous avons protesté
tout le temps, **toute la** journée
je les connais **tous** ('*s*' prononcé)
il **n'**en a **que** trois.

Certains **adjectifs** ou **pronoms indéfinis** servent à exprimer la quantité: **chaque, chacun(e) (de); plusieurs; quelques, quelques-un(e)s (de)**; par exemple:

chaque Breton, **plusieurs** manifestants, **quelques-uns des** agents.

La quantité s'exprime aussi par des expressions de **proportion** ou des **fractions** (*2, p. 15 et 2, p. 71*). Lorsqu'on les utilise, il est souvent utile de les accompagner d'une expression d'**approximation** ou de les **expliciter** à l'aide d'une comparaison (*2, p. 71*):

La Bretagne a perdu **près de la moitié des** emplois agricoles qu'elle comptait en 1954 (540 000); **en d'autres termes**, il n'y a qu'un Breton **sur** cinq qui travaille maintenant dans l'agriculture.

Enfin, savez-vous employer **moitié, demi(e), mi-**:

la moitié du temps, **de** sa vie
moitié breton, **moitié** français
il ne fait jamais rien **à moitié**

une **demi**-douzaine (*sans accord*)
une douzaine **et demie** (*accord*)
la mi-juin, **à mi**-distance?

LE POINT SUR . . .   . . . la cause et la conséquence

Le rapport de **cause** à **conséquence** s'exprime en français de façon très diverse. Son expression demande normalement, dans une phrase subordonnée, l'emploi de l'**indicatif**.

Pour montrer la **cause**, on peut employer **parce que** ou **car** (pour introduire la deuxième partie de la phrase):

Les automobiles sont responsables de la moitié de la pollution urbaine **car** elles se concentrent dans les villes.

Si la cause est déjà connue, on peut employer **puisque, vu que** ou **étant donné que** (normalement en début de phrase) ou **en effet** (dans la deuxième partie de la proposition):

Etant donné que les automobiles se concentrent dans les villes, elles sont responsables de la moitié de la pollution urbaine.
Les automobiles se concentrent dans les villes; **en effet** elles sont responsables de la moitié de la pollution urbaine.

Parce que (mais *non pas* **car**) peut s'employer en début de phrase; il a alors le même sens que **puisque**:

Parce que les pluies acides proviennent de la combustion, il faut les attribuer à l'activité de l'homme.

Comme indique une conséquence vue comme inévitable:

Comme elles proviennent de la combustion, il faut les attribuer à l'homme.

Si on **insiste** sur le lien entre la cause et l'effet, on peut utiliser **si . . . c'est (parce) que**:

Si la pollution s'est développée, **c'est que** l'emploi des combustibles a augmenté de façon dramatique.

L'expression **d'autant plus que** permet d'insister sur l'importance de la cause:

> La pollution s'est beaucoup développée, **d'autant plus que** l'emploi des combustibles a augmenté de façon dramatique.

Si/tellement + adjectif + que indique l'intensité de la cause:

> Cet arbre a des feuilles **si luisantes qu**'on les croirait fausses.

Une **conséquence qui se réalise** s'exprime souvent avec **si bien que** ou **de sorte que**:

> Les acides attaquent les feuilles **si bien que** des millions d'arbres meurent.

Si on met l'accent sur la conséquence elle-même, on peut employer **ce qui fait que**:

> La croissance de l'arbre s'arrête, **ce qui fait qu**'il s'aplatit à la cime.

Pour une **conséquence qui ne se réalise pas**, on emploie, si le **sujet** des deux parties de la phrase est le **même**, **sans + infinitif** (d'habitude accompagné d'une expression d'opposition: *cependant, quand même, pour autant,* etc.):

> Les polluants attaquent les conifères **sans** *pour autant* **montrer** tout de suite leurs effets nocifs.

Si le **sujet** est **différent**, il faut employer **sans que +subjonctif**:

> Ils attaquent les conifères **sans que** leurs effets **soient** *cependant* tout de suite évidents.

Plusieurs **expressions suivies d'un nom** expriment la **cause**: **à cause de, en raison de, vu, étant donné**:

> Les agglomérations émettent de vastes quantités de fumées **à cause des** chauffages industriels et **en raison de** l'incinération des déchets.

Vu et **étant donné** s'emploient surtout en début de phrase:

> **Vu** l'effet corrosif des acides, la pierre se détériore.

Grâce à exprime une cause ayant un résultat heureux:

> **Grâce à** la direction des vents dominants, les régions de l'ouest sont épargnées.

A force de + infinitif/nom souligne la persistance d'une cause:

> **A force de s'accumuler**, les acides provoquent la mort des lacs.

Plusieurs expressions expriment la **conséquence**: **en conséquence, par conséquent, c'est pourquoi, résultat:, ainsi, donc**:

> Les branches sont fragiles. **Résultat**: elles se sont cassées.

Donc se met normalement, en langue écrite, **après** le verbe qu'il accompagne, ou après l'auxiliaire s'il y en a:

> Les branches sont fragiles. Elles se sont **donc** cassées.

Aussi en début de phrase exprime également la conséquence; il est suivi d'une **inversion**:

> Les branches sont fragiles. **Aussi** se **sont-elles** cassées.

La construction **faire + infinitif** indique une action accomplie par une personne/chose à cause de l'activité d'une autre personne/chose:

> La maladie **fait tomber** les feuilles.

Lorsque **faire+infinitif** a deux 'objets', ou **un objet+que . . .**, celui qui subit l'action est l'objet indirect:

> La maladie fait perdre **aux branches** leur rigidité.
> La maladie fait croire **aux experts** que la forêt mourra.

Lorsque l'effet est indiqué par un adjectif, on emploie le verbe **rendre**:

> La maladie **rend** les branches **fragiles**.

De nombreux **verbes** expriment un rapport de cause à conséquence.
Pour souligner la **cause**, on emploie des verbes tels que: *découler(de), provenir(de), être dû/due(à)*.
Pour souligner la **conséquence**: *amener, causer, engendrer, entraîner, occasionner, aboutir(à), conduire(à), mener(à), être responsable(de)*, etc.

LE POINT SUR . . .   . . . le subjonctif

Vous savez sans doute que le **présent du subjonctif** peut être formé à partir de la troisième personne du pluriel (**ils/elles**) du présent de l'**indicatif**:

> **ils prennent ⟶ prenne, -es, -e, -ions, -iez, -ent**

Nous et **vous** ont la même forme que l'**imparfait** de l'indicatif (nous **tenions**, vous **receviez**, etc.), avec ces exceptions:

> **nous/vous fassions/fassiez, puissions/puissiez, sachions/ sachiez.**

Les verbes *aller, faire, pouvoir, savoir, valoir, vouloir* sont irréguliers au singulier et à la 3ᵉ personne du pluriel:

> **j'aille, tu fasses, elle puisse, il sache, ils vaillent, elles veuillent**, etc.

Notez *falloir* et *pleuvoir*: **il faille, il pleuve**.
Etre et *avoir* sont irréguliers aussi:

> **sois, sois, soit, soyons, soyez, soient**
> **aie, aies, ait, ayons, ayez, aient.**

Aujourd'hui, on trouve le subjonctif presque uniquement dans des propositions introduites par **que**.

Le subjonctif s'emploie pour indiquer la **nécessité**, l'**obligation**, les **commandes**, les **exigences**, un **désir** ou une **préférence**:

Il ne faut pas que l'image de la femme **soit** dégradée.
Yvette Roudy **voudrait que** la femme **puisse** choisir librement.

Ce qui est **permis** ou **défendu**:

La loi **interdit que** la discrimination **soit** appliquée dans les entreprises.

Le subjonctif exprime une **réaction émotive (approbation, désapprobation, indifférence, contentement, regret, déception, honte, étonnement, etc.)**:

On peut **s'étonner que** ce réacteur **produise** autant de plutonium.

La **crainte** (souvent avec **ne**):

Les scientifiques **ont peur qu'**un territoire pollué **(ne) devienne** inhabitable pendant des siècles.

La **possibilité**, l'**incertitude** ou le **doute**:

L'auteur **doute que** la police **puisse** empêcher le vol de ces produits.

Après **espérer, dire, croire, penser**, etc. au **négatif** ou à l'**interrogatif**:

Espérez-vous que la France **maintienne** sa force de frappe?
(**MAIS J'espère qu'**elle ne **maintiendra** pas sa force de frappe).

Le subjonctif s'emploie dans une phrase concessive après **bien que** ou **quoique**:

Quoique l'ouvrier **aille** de porte en porte, il ne trouve pas de travail.

Dans une phrase concessive, après **sans que** (souvent avec *toutefois, pour autant, cependant,* etc.):

L'idée lui vient de mendier **sans qu'**il s'y **résolve** *pour autant*.

On utilise le subjonctif, dans une phrase exprimant la séquence, après **avant que** (quelquefois avec **ne**) et **jusqu'à ce que**:

Nous restons dans la cour **jusqu'à ce que** la classe **reprenne**.

Après **attendre que, s'attendre à ce que**:

Nous **attendons que** la classe **finisse**.

Le subjonctif exprime le but, après **pour que, afin que, de sorte que**:

Il faudrait limiter les heures d'ouverture **de sorte que** les buveurs ne **puissent** pas consommer autant.

Après **de manière/de façon (à ce) que**:

Il faut lui offrir d'autres possibilités que l'alcool **de façon à ce qu'il vive** plus pleinement.

Le subjonctif est utilisé, pour exprimer une condition nécessaire, après **pourvu que, à condition que** et après **à moins que** (normalement avec **ne**):

Les pays faibles seront protégés **pourvu que** l'OTAN **survive**.

Le pays demeurera une cible, **à moins que** les armements nucléaires ne **soient** supprimés.

Dans une phrase relative, le subjonctif est employé après un **superlatif** et après le **premier**, le **dernier**, le **seul**, etc:

Il s'agit de **la crise la plus grave qu'ait** traversée notre espèce.
C'est la **seule** question **dont dépende** notre avenir collectif.

Après un nom/pronom ou une expression qui a une valeur **indéfinie** ou **négative (quelque chose/rien qui/que** etc., **où que/ qui que/quoi que**, etc.):

Il faut trouver **quelque chose qui plaise** au grand public.
Où que vous **alliez, quoi que** vous **fassiez**, les gouvernements font la sourde oreille.

Le **passé composé du subjonctif**, formé avec le subjonctif d'*avoir/ être*, s'emploie quand le sens l'exige:

Bien que l'ouvrier **ait fait** une suprême tentative, il revient les mains vides.
Quoiqu'il **soit** parti avant l'aube, il ne leur rapporte rien à manger.

L'**imparfait du subjonctif** peut être formé à partir du passé simple (tu):

tu donnas ⟶ donnasse, -asses, -ât, -assions, -assiez, -assent
tu finis ⟶ finisse, -isses, ît, -issions, -issiez, -issent
tu reçus ⟶ reçusse, -usses, -ût, -ussions, -ussiez, -ussent.

En principe, l'imparfait du subjonctif s'emploie, en **langue écrite** très **soignée**, dans les contextes énumérés ci-dessus, lorsque le verbe principal est au passé:

Les autorités ne **s'étonnaient** pas **que** ces attentats **eussent** lieu.

En réalité, on emploie presque toujours dans ces contextes le **présent du subjonctif**:

Les autorités ne **s'étonnaient** pas **que** ces attentats **aient** lieu.

Pourtant, la troisième personne du singulier (**il/elle**) de l'imparfait du subjonctif s'emploie plus fréquemment:

Les militaires revenus du Vietnam **voulaient** tout faire **pour que** la guerre d'Algérie **fût (soit)** gagnée.

LE POINT SUR ...   ... l'hypothèse

On emploie une phrase **conditionnelle** avec **si** pour indiquer que la réalisation d'une action dépend de celle d'une autre action: sa **condition**. Cette condition peut être **réelle** (elle s'est déjà produite et se reproduira), **probable, possible** ou même **irréelle** (quelque chose d'autre s'est déjà produit).

Pour la **condition réelle**, on emploie **si + présent + présent**:

Si le président **autorise** des essais, cette décision **déclenche** chaque fois des protestations.

Pour la **condition probable**, on emploie **si + présent + futur**:

> **Si** les essais **continuent**, les écologistes **protesteront**.

Pour la **condition possible**, on emploie **si + imparfait + conditionnel**:

> **Si** la France **annonçait** l'arrêt des essais, les écologistes se **féliciteraient**.

Pour la **condition irréelle**, on emploie **si + plus-que-parfait + conditionnel du passé**:

> **Si** le gouvernement français **avait abandonné** ses essais, il **aurait montré** le bon exemple à d'autres pays.

A condition que + subjonctif indique une condition vue comme possible mais incertaine:

> **A condition que** les Américains **soient** prêts à abandonner leurs essais, les Soviétiques suivront leur exemple.

A supposer que/En supposant que + subjonctif indique une condition vue comme douteuse:

> **A supposer que** les Français **veuillent** renoncer à leurs essais à Mururoa, le Pacifique pourra être dénucléarisé.

Pourvu que + subjonctif indique une condition à la fois **nécessaire** et **suffisante**:

> **Pourvu que** l'URSS **se mette** d'accord avec les Etats-Unis sur le programme, des négociations pourront commencer.

A moins que + ne + subjonctif indique une éventualité sans laquelle une autre action se produira (en langue orale, **ne** est facultatif):

> **A moins qu'**on **n'aboutisse** à un pacte nucléaire, la course aux armements continuera.

Survol linguistique des Dossiers

In the list below, we summarise those activities, contained in the dossiers, which place particular emphasis on language learning and practice.

Index: Notions, Fonctions, Grammaire

This index lists, with activity/page references, the main language features, items and patterns which we introduce and practise in **Aperçus**. These are listed in English and also, when appropriate, in French, as they appear in activity headings (PS = *Le point sur . . .*).

Stratégies

Throughout the dossiers which compose **Aperçus**, we seek to help you to organise and present facts, ideas, opinions, etc., in both speech and writing: essays and articles, discussions and debates. We list below the principal strategies introduced and practised in the book. For detailed references to particular activities, see the preceding index.

Shaping what you say or what you write
Articulation
Presentation techniques
Structure
– Introduction
– Development
– Conclusion

Putting forward ideas, developing a case
Adding
Aspects, dealing with
Clarifying
Confirming
Deducing
Enumerating
Exemplifying
Explaining
Explicit, making
Justifying
Narrating
Opinions, quoting
Referring
Reinforcing
Subject, stating
Summing up

Interacting with others
Agreement, asking for
Agreement, expressing
Arguments, putting forward
Asking, intonation for
Clarify, asking to
Conceding
Countering
Disagreement, expressing
General knowledge,
   appealing to
Hesitating
Impressions, asking for
Information, obtaining
Informing

Intentions, asking about
Interlocutor, appealing to
Opinions, asking for
Opinions, expressing
Problems, stating, specifying
Protesting
Questions, asking
Repeat, asking to
Reservations, expressing
Solutions, proposing
Spoken French, strategies

Taking up a position
Advising
Approving
Desiring
Disapproving
Doubt, expressing
Excusing
Fearing
Probability, estimating
Preference, expressing
Recommending
Requiring
True, stating as
Wishes, expressing

Logical links
Cause
Comparison
Concession
Condition
Consequence
Contrast
Hypothesis
Means
Opposition
Purpose
Sequence

Acknowledgments

The authors and publishers wish to thank the following for permission to reproduce extracts: *Dossier 1:* 'L'enfant devant la publicité' by Pierrette Sartin.

Dossier 2: 'C'est la faute à la télé' by Bernadette Drouet from *Documents Service Adolescence* © Bayard Presse; 'Nos prévisions d'audience TV' from *Médias* No. 125, 29.11.85; 'Pourquoi le journal?' from *Explorer le Journal* by D. Thibaut, Librairie Hatier SA; two extracts from *Science et Vie* No. 152, septembre 1985 © Excelsior Publications.

Dossier 3: 'Une femme parmi les femmes' by Madeleine Chapsal from *Elle*, 12.2.79; 'Une histoire banale à hurler' from *Elle*, septembre 1979; 'Appel du MLF' by the Mouvement pour la Libération de la Femme; 'Le féminisme a atteint son point de non retour' by K. Breen and J. Maury from *Marie-Claire*, mai 1987; 'Les obstacles tombent' by permission of the Ministère des Droits de la Femme.

Dossier 4: 'Les immigrés de la deuxième génération' by C. Bedarida from *Le Monde de l'Education*, janvier 1982; 'L'immigration au féminin' by R. Solé from *Le Monde*, 26.2.86; 'Dans un café' taken from *Elise ou la vraie vie* by Claire Etcherelli, © Editions Denoël; 'Une ville de Province' from *La Fin des immigrés* by Françoise Gaspard and Claude Servan-Schreiber, © Editions du Seuil.

Dossier 5: 'Vivre à Sarcelles' by Josette Alia from *Le Nouvel Observateur*, 13.12.67; 'On a humanisé les Biscottes' from *Le Nouvel Observateur* 19.11.79; 'L'eau ruisselle sur les murs et les meubles moisissent' by Jacques de Danne from *France-Soir* 12.5.80; 'Les Banlieues de l'an 2000' from *Le Nouvel Observateur*, 6.3.73.

Dossier 6: 'Quand l'électricité manquait' from '8h27 mardi: soudain tout s'arrête' by R. Vincent from *France-Soir* 21.12.78; 'Les différentes énergies' from 'Energies et environnement: la place du nucléaire' published by *Electricité de France*, 1982; cartoon by Morvan by permission of *Le Peuple Breton*, BP301, 22304 Lannion, Brittany; extract from 'La dictature du plutonium' by Michel Bosquet, *Le Nouvel Observateur* 28.6.76.

Dossier 7: 'Un désenchantement bien tempéré' from *Documents Service Adolescence* © Bayard Presse; 'Un collège parisien' and 'Un collège montagne' from *Le collège et votre enfant*, Editions de la Nouvelle Librairie; 'Le «J'accuse» de Jacqueline de Romilly' from *Marie-Claire* No. 381, mai 1984; 'Le bac vu par les candidats' from *Le Monde de l'Education*, juin 1980; 'Les champions' cartoon by Claire Brétecher, *Le Nouvel Observateur*.

Dossier 8: extract from 'Qu'est-ce qu'un chômeur', Collection Pluriel, Librairie Hachette; extract from 'Chômage: les pilules du président' by Roger Priouret from *Le Nouvel Observateur*, 20.11.78; three extracts from 'Chômage: quels remèdes?' by Roger Xavier Lantéri from *L'Express* 12.5.79.

Dossier 9: 'Patrick, Sandrine et la société' by Marcel Fécamp from *Le Monde* 25.2.79; 'Pourquoi fumez-vous?' by Dominique Simonnet from *L'Express* 28.7.79; 'Faites-vous plaisir. Arrêtez de fumer', Comité français d'Education pour la Santé; extract from map of St Brieuc-Rennes reproduced with the permission of Michelin from their map No. 59, 22nd edition 1987 © Michelin et Cie; extracts from 'L'ivresse de la colle' by Jacqueline Rémy from *L'Express* 18.9.81.

Dossier 10: 'Insécurité: les chiffres cachés de la délinquance' by Annette Kahn from *Le Point* 3.2.86; 'La guerre des étoiles n'est pas pour demain' by J. GL., © *Libération* 12.2.86; 'Nouveaux pauvres' from *Le Quotidien de Paris* 23.10.84; 'Les dingues de politique' by Judith Schlumberger from *Jacinte*, mars 1983; 'Un des chefs d'Etat les plus puissants du monde' from 'La présidence de la République telle qu'en elle-même' by R. Hadas-Lebel from *L'Express* 21.3.86; 'Ce qu'il faut faire: entretien avec un leader de droite' from 'Barre: ce que je crois' from *L'Express* 21.3.86; 'Les partis politiques: quelques définitions' from *Quid* by D. and L. Frémy, 1984, Editions Robert Laffont; 'Ne cultivez plus, la grange, est pleine' by Gérard Desmedt from *La Vie*; 'L'Europe entre dans la vie de tous les jours' from *Civilisation française quotidienne* by M. Paoletti and R. Steele, Librairie Hatier 1981.

Dossier 11: 'Que je dactylographiasse . . .' from *Le Cheval d'orgueil* by Pierre-Jakez-Hélias, Collection Terre Humaine, Plon 1955; 'Le monument de la honte' from 'Histoire de France, XII-Bretagne' by Michel Denis from *Le Monde Dimanche*, 11.9.83; leaflets and documents by permission of Brittany Ferries; 'Bretagne: le vent du progrès' from 'Bretagne: la course à l'égalité' by Jose-Alain Fralon from *L'Express*, 19-25.4.85; 'Evolution comparée des structures de l'emploi Bretagne-France' from *Bretagne 1982*, Centre régionale de Commerce et d'Industrie de Bretagne.

Dossier 12: extract from 'Inde: apocalypse now' by Frédéric Lewino from *Le Point*, 16.12.84; 'Les procès de l'amiante' by Sylvie O'Dy from *L'Express*, 9.7.82; 'Adieu à la forêt' by Katie Breen from *Marie-Claire*, février 1985; extracts from 'La Piste de Terre Adelie' by Christophe Offredo from *Penn Ar Bed*, No. 116, 15.1.84.

Dossier 13: two extracts from *Les Centurions* by Jean Larteguy, Presses de la Cité, 1960; 'L'Algérie 20 ans après' from 'La guerre d'Algérie' by Jacques Duquesne from *Phosphore*, mars 1982, © Bayard Presse; extract from 'Mururoa: l'atoll secret-défense' by Joseph Limagne from *La Vie*, 29.8.85; 'Peut-on les sauver?' by René Backmann from *Le Nouvel Observateur*, 21.6.85; 'Les inégalites alimentaires' and 'L'aide publique en chiffres' from *Les Cahiers faim-développment*, Comité catholique contre la Faim et pour le Développment; 'Ou sont les affamés?', Publications de la FAO, Editions Pedone; 'La faim dans le Monde' from *Croissance des jeunes nations*.

The authors and publishers also wish to thank the following for permission to reproduce photographs: Keith Gibson (p. 7), Centre national de Documentation pédagogique (pp. 8, 14, 102, 110 [Jean Suquet], pp. 54, 93, 111 [Marc Pialoux]); Channel 4 (p. 12); Topham Picture Library (pp. 28, 134, 157 [middle], 159, 204); Conoco UK Ltd (p. 32); Nance Fyson (p. 37); Documentation française (pp. 39 [RTL], 49 [P. Kohn], 56 [bottom left], 59, 79, 89 (J Niepce/Rapho], 113 [P. Kohn], 116 [P. Kohn]); Gamma, Paris (p. 41, 77); John Hillelson Agency (pp. 47 [C. Raimond-Dityvon], 75 [Jean Guichard], 87 [Henri Bureau], 119, 122 [Dennis Stock], 131 [M. Delluc], 142 [Dennis Stock], 143 [Gilles Paress], 160 [Marc Riboud], 164 [Marc Riboud], 167 [Sebastiao Salgado], 172 [Marc Riboud], 178 [Henri Bureau], 187 [Raghu Rai], 193 [Regis Bossu], 197 [Regis Bossu], 210–13 [Tikhomiroff], 223 [Sebastiao Salgado]); Sodel Photothèque (pp. 56 [top left] [Brigaud], 59 [Brigaud], 79 [Berenger], 82 [Brigaud], 83 [middle] [Brigaud], 83 [right] [Alvarez], 86 [Morceau]); Keystone Press Agency (p. 62); Etablissement public d'Aménagement, Cergy-Pontoise (pp. 56 [top left], 67); Shell Photographic Service (p. 80); Greenpeace (pp. 91, 201); Camilla Jessel (p. 138); Martin West (p. 147); Photothèque *Ouest France* (p. 155); French Government Tourist Office (p. 157 [bottom], 166); Camera Press (pp. 157 [top], 158); Feature-Pix (p. 169 [A. Huswitt]); Musée du Chateau des Ducs de Bretagne (p. 176); Brittany Ferries (pp. 180, 181); Citroen UK Ltd (p. 184); Asbestos International Association (p. 189); Bruce Coleman (p. 198 [bottom]); World Wildlife Fund (pp. 198 [top] [Behram Kapadia]), 199 [Mike Corley]); NHPA (p. 200 [D. C. Blossom]); Popperfoto (pp. 202–203, 205, 217); Associated Press (p. 222); and Sally and Richard Greenhill (p. 231).

The authors and publishers also wish to thank the following for permission to reproduce their advertisements: Société d'Hygiène Dermatologique de Vichy; Fromageries Bel; BDF Nivea; Chambourcy, Roche aux Fées; Buffalo (and their advertising agency, Joker); Astra-Calvé (Epi d'Or); Diététique et Santé (Gerblé); L'Oréal Parfumerie (Plénitude); Lever (Sun); Parfum Carven; and Société Générale des Eaux Minérales de Vittel (Hépar).